DER FREQUENT TRAVELLER

EINE MODERNE Odyssee

Über den Autor

Jean-Christian de Mons wurde 1941 in Breslau/Preußen geboren. Nach der Flucht verbrachte er seine Jugend in Südniedersachsen. Militärdienst bei der Luftwaffe. Besuch der Hotelakademie. Nach Abschluss der praktischen Ausbildung als Hotelkaufmann, Steward auf Kreuzfahrt- und Linienschiffen nach Amerika und Ostasien. Tätigkeit in renommierten europäischen Hotels als Rezeptionist. Anschließend Citrusfarmer in Mozambique in S/O Afrika. Wegen aufflammendem Bürgerkriegs Rückkehr nach Europa. Über drei Jahrzehnte bei der Lufthansa als Chefsteward/Purser in weltweitem Einsatz. Während der Energiekrise im unbezahlten Urlaub Studium vom Mandarin-Chinesisch an der Universität von Taiwan/Taipei. Es folgten Sprachausbildungen in Japanisch in Tokyo, Arabisch in Alexandrien und in den gängigen europäischen Sprachen in den jeweiligen Ländern. Diplom in kybernetischer Managementlehre. Schulung als Privatpilot. Beratend tätig bei zwei Dokumentarfilm-Projekten der Monarex Hollywood Corporation in Yunnan und in der Inneren Mongolei.

Nach der Pensionierung Beginn der Tätigkeit als Autor mit ausgedehnten Weltreisen. Zu Beginn der Corona-Krise Erwerb und Beschäftigung mit einem denkmal- und naturgeschützten Objekt. Bei Restaurierungsarbeiten der dazugehörigen historischen Eisenbahnbrücke Absturz mit Querschnittslähmung als Folge, was ihn nicht daran hindert am politischen und öffentlichen Leben teilzunehmen. Obwohl er selbst nicht mehr fahren kann, widmet er sich unvermindert seinem Hobby Klassiker-Automobile und ist Mitglied von zwei Clubs. Mit seiner koreanischen Frau lebt er bei Weilburg/Lahn.

Jean-Christian de Mons

DER FREQUENT TRAVELLER

EINE MODERNE Odyssee

Bibliografische Information der Deutschen Nationalbibliothek

Die Deutsche Nationalbibliothek verzeichnet diese Publikation in der Deutschen Nationalbibliografie; detaillierte bibliografische Daten sind im Internet über http://dnb.d-nb.de abrufbar.

Umschlagdesign, Satz, Herstellung und Verlag:
BoD – Books on Demand, Norderstedt
ISBN 978-3-7583-4190-8

*Dieser Titel ist meinem Freund Christopher E. Vale
in Rarotonga, Cook Islands, New Zealand gewidmet.*

Alle meine Freunde haben mich bekniet, meiner Erzählung »Die Flucht – Kindheitserinnerungen 1944–1955« unbedingt eine Fortsetzung folgen zu lassen, da sie diese so spannend und ungewöhnlich fanden. Umstände, auf die ich später zu sprechen komme, haben mich in die Lage versetzt, dieses in die Tat umzusetzen. Ich wünsche viel Spaß bei der Lektüre.

***

Was für Kopfschmerzen bereitet es doch meistens Schulabgängern, eine Berufswahl zu treffen. Ich hatte mich für die Ausbildung in einem Werbeunternehmen entschieden. Ich verschaffte mir jedoch noch einen Entscheidungsfreiraum, indem ich mich zuerst einmal freiwillig für 18 Monate bei der Luftwaffe meldete. Wenn es für die Ausbildung zum Piloten gereicht hätte, dann hätte ich mich für länger verpflichtet, aber meine Augenstärke rechts genügte nicht. Deshalb meldete ich mich zum Sanitätsdienst, wo ich eine gute Schulung bekam. Viel Spaß machte mir die allgemeine Grundausbildung durch alte Schleifer, die schon im Zweiten Weltkrieg Dienst getan hatten. Unvergesslich waren die sogenannten »Maskenbälle«, bei denen wir irgendwann nachts aus den Betten gepfiffen wurden und innerhalb von zehn Minuten marschbereit mit vollem Gepäck draußen angetreten sein mussten. Manchmal schlossen sich dann auch nächtliche

Orientierungsmärsche an. Das Graben von Schützengräben fiel uns in dem sandigen Boden an der Küste recht leicht. 1960 war ein sehr schlechtes Jahr für die Landwirtschaft, deshalb musste die Bundeswehr bei der Ernte helfen, was natürlich eine interessante Abwechslung für die Truppe war. Später bei einer großen Überschwemmung kam das Militär wieder zum Einsatz.

Nach der Grundausbildung kam ich zu einer Sanitätsschulung nach Hamburg und wurde dann als Sanitäter zur Luftwaffe nach Fürstenfeldbruck in Bayern nahe München versetzt. Die Bundeswehr hatte den Fliegerhorst gerade von der US-Airforce mit allen seinen Annehmlichkeiten übernommen. Dort wurde ich dem Truppenarzt als Verantwortlicher für die Krankenakten zugeteilt. Es folgten Übungen, bei denen ich voll ausgerüstet zusammen mit einer Gruppe von Soldaten meinen ersten Flug mit einer DC 3 »Dacota«, dem berühmten »Rosinenbomber« aus der Berliner Blockade, absolvierte. Dann ging es zu einem mehrwöchigen Einsatz zum NATO-Hauptquartier nach Fontainebleau nahe Paris. Nach der Rückkehr beorderte man mich zu einem weiteren Sanitätskurs in München. In Fürstenfeldbruck wurde ich dann dem Flugmedizinischen Institut überstellt. Dieses verfügte auch über eine Unterdruckkammer, um die Anpassungsfähigkeit der Düsenpiloten in großen Höhen zu überprüfen. Zu dieser Zeit wurde in der gesamten NATO Kriegsbereitschaft ausgelöst, dem der Warschauer Pakt folgte. Die Sowjets hatten auf Cuba Raketen stationiert, was die USA nicht dulden konnte. Auch das Stammpersonal der Truppe, zu dem ich auch gehörte, musste eine Dienstzeitverlängerung akzeptieren. Fast wäre ein dritter Weltkrieg ausgelöst worden. Chruschtschow und Kennedy hatten sich im letzten Augenblick geeinigt und eine akzeptable Lösung gefunden.

Ich habe mittlerweile auch eine Entscheidung gefällt und mich zu einem Kurs an der Hotel-Akademie in Bad Reichenhall angemeldet. Theorie und Praxis waren recht anspruchsvoll, aber bereiteten viel Spaß und vermittelten den »Duft der großen weiten Welt«. Im Anschluss daran folgte meine Ausbildung in dem renommierten vornehmen »Ritters Parkhotel« in Bad Homburg v. d. H. Meine Patentante lebte dort und später zogen meine Großeltern mütterlicherseits auch dorthin.

Nach Abschluss meiner Hotelfachausbildung gelang es mir, als Steward auf dem ersten großen Kreuzfahrtschiff der Hamburg-Amerika-Linie der »MS Hanseatic« anzuheuern. Als »Empress of Japan« hatte sie vor dem Krieg im Dienste der Canadian Pacific Company gestanden. Zuerst ging es nach New York und anschließend nach Fort Lauderdale/Florida. Dann starteten Round-Trips durch die Zauberwelt der Karibik. Da es kaum Passkontrollen für die Touristen gab, kamen wir Stewards auf die Idee, uns überall in den jeweiligen Postämtern unsere Pässe stempeln zu lassen. Haiti, welches mal ein prosperierendes Königreich war, zeigte sich bei meinem Besuch noch als eine exotische Perle, nicht zu vergleichen mit dem heutigen ärmsten Land der Welt.

***

Haïti.

Roi Henri Christophe de Haiti

Esthétique — Proportia Divina ... S. 41-43

Henri Christophe wurde als Sklave auf der britischen
Karibikinsel Grenada geboren,
als Teilnehmer am Massaker unter den Zuckerbaronen
entkam er ungeschoren.
Seine neue Heimat wurde Haiti,
eine damals blühende Kolonie,
ein tropisches Besitztum der französischen Monarchie.
Seine Karriere begann dort als Stallbursche und
später als Restaurantbesitzer,
sehr zugute kam ihm die Freundschaft mit einem ihm
wohlgesonnenen amerikanischen Beschützer.
Die Ideen der Französischen Revolution erreichten
schließlich auch die Sklavenquartiere im Land
und ein gewaltiger Aufstand verbreitete sich wie ein Brand.

Die Plantagenbesitzer wurden umgebracht oder vertrieben,
die französischen Garnisonen wurden systematisch aufgerieben.
Die Armee der entlaufenen Sklaven nahm Henri
auf mit offenen Armen,
seinen Widersachern gegenüber zeigte Henri kein Erbarmen.
Als fähiger Führer und Organisator
brachte er es 1802 zum Brigadegeneral,
und als Haiti 1804 von Napoleon die Unabhängigkeit
erhielt, traf er seine Wahl.
Mit seinem Mitstreiter Pétion beseitigte er Dessalines,
den Mulatten-Diktator aus Port au Prince,
und erhielt jetzt endlich seine Chance.
Den südlichen Teil der Insel erhielt der Mischling Pétion,
und Henri beanspruchte den Norden als verdienten Lohn.
Mit rigiden Maßnahmen brachte er Ordnung
in das chaotische Land,
die Landwirtschaft blühte auf dank seiner lenkenden Hand.
Der Export ging vorzugsweise in die
Vereinigten Staaten von Amerika,
besonders deren Nordstaaten mit größtem Interesse
seine Erfolge als Landesvater sah.
Als König Henri I. etablierte er 1811 eine erbliche
schwarze Monarchie,
doch seine bescheidene Herkunft vergaß er nie.
Bei vielen Entscheidungen diente Friedrich II.
von Preußen als sein Ideal,
sein Rechtssystem, der »Code Henri«, erinnert daran allemal.

Für öffentliche Arbeiten setzte er massiv die Bevölkerung ein,
Straßen, Schulen, Festungen und Staatsgebäude mussten es sein.
Eine Goldwährung, genannt »Gourde«,
gab dem Königreich Stabilität,
nur mit drakonischen Maßnahmen
setzte sich durch seine Majestät.
Der Gedanke an eine Rückkehr der Franzosen
und erneute Versklavung belastete ihn sehr,
auch die Möglichkeit eines Aufstandes unter seinen
Untertanen umso mehr.
Auf der Höhe seines Erfolges wurde er sehr krank,
in tiefe Depressionen er versank.
Mit einer silbernen Kugel beendete er schließlich sein Leben,
nahe seinem Schloss, dem er den Namen »Sanssouci« gegeben.

***

Als der deutsche Kartograph Waldseemüller, der den neuen Kontinent nach den Berichten des spanischen Seefahrers, Entdeckers und Kaufmanns Amerigo Vespucci den Namen America verlieh, war er auch mit der kartographischen Aufzeichnung der Inselwelt der der Karibik beschäftigt. Die Insel neben Hispaniola erhielt den Namen des Heiligen San Juan. Die Hafenstadt wurde Puerto Rico benannt. Dem Drucker unterlief bei der Herstellung ein Fehler als er die Namen verwechselte. Seitdem heißt die Haupt- und Hafenstadt San Juan und die Insel Puerto Rico.

Die Inseln Trinidad & Tobago die zahllose Male die Besitzer wechselten verblieben schließlich beim Britischen Empire. Der Anbau von Zuckerrohr erforderte viele Arbeitskräfte. Anstatt Sklaven zu importieren verdingte der Gouverneur Landarbeiter aus dem ostindischen Bengalen mit dem Ergebnis, dass heute noch außer Englisch und Spanisch, Hindi in den Schulen unterrichtet wird.

Wie in Rio de Janeiro wird in Trinidad noch turbulentes und farbenreiches Karneval gefeiert.

Die Insel St. Martin/San Maarten wechselte auch ständig den Besitzer bis eines Tages zwei Auswandererschiffe gleichzeitig dort landeten. Anstatt sich mit Waffengewalt das subtropische Juwel anzueignen einigte man sich auf eine humane Lösung. Die Gruppe der Franzosen und Holländer stellten jeweils einen Wettläufer aus Ihrer Mitte. Diese wurden nach Los der Franzose nach Norden und und der Holländer Richtung Süden geschickt um die Insel zu umlaufen. Wo sich die beiden trafen wurde eine gerade Linie zum Startpunkt gezogen. Seitdem beherrschen die Franzosen den Norden und die Niederländer den Südteil. Der EURO ist beider SEITEN Landeswährung und beide feiern gemeinsam den Nationalfeiertag der Franzosen an 14. Juli und den Geburtstag des niederländischen Königs Willem-Alexander am 27. April.

Viele Großmächte, die UNO und Konfliktparteien auf unserem gequälten Globus sollten sich einmal ein Beispiel an dieser Verfahrensweise nehmen.

Auf Grund der zahllosen Schatzschiffe der Spanier war die Karibik ein wahrhaftiges Paradies für Piraten und Freibeuter. Es gab eine Zeit, wo sie sich die Insel St. Croix erkoren um dort einen Seeräuber-Staat zu gründen. Einer der berühmtesten und berüchtigsten Piratenkapitäne Captain Morgan, der im Auftrag ihrer englischen Majestät Königin Elizabeth I./Virgin Queen hauptsächlich die gegnerischen spanischen Gold- & Silber Galeonen plünderte. Die britische Krone wurde großzügig an den Räubereien beteiligt. Als Belohnung für seine Treue und Erfolge wurde er dann zu dem offiziellen Gouverneur von Jamaica ernannt.

Die Hälfte der Virgin Islands Gruppe war früher dänischer Besitz. Die Hauptstadt der Zentralinsel St.Thomas trägt noch unverändert den dänischen Namen *Charlotte Amalie*. Der westliche Teil ist jedoch US-amerikanisches Außengebiet. 1917 erwarb der US Kongress die Inselgruppe aus strategischen Gründen für nur $25 Millionen von den Dänen. Der östliche Teil verblieb beim britischen Empire.

Die größte Insel Kuba verblieb immer in spanischen Besitz, bis es nach der Kolonialzeit durch US-amerikanischen Einfluss Pseudorepublik und später Militärdiktatur wurde. Nach vielen politischen Wirren erhob sich das Volk und siegte nach Jahren des Bürgerkriegs unter der Führung des Rechtanwalts Fidel Castro 1959. Er errichtete ein sozialistisches System was bis gegenwärtig besteht. Kuba leistet sich als einzige Insel ein ausgedehntes

Eisenbahnsystem, welches natürlich hauptsächlich dem Güter-
transport von Zuckerrohr und Tabak dient.

Eine besonders kuriose Insel unter den Antillen ist Saba die
praktisch aus einem riesigen steil aus dem Meer aussteigenden
Vulkan besteht.

Eine zweite Vulkaninsel, die viel größer ist, heißt Montserrat.
Ihr südlicher Teil mit der Hauptstadt Plymouth gilt als das ka-
ribische Pompei, denn beim gewaltigen Vulkanausbruch 1990
wurde ein Teil von Plymouth unter Asche begraben. Nicht nur
in Jamaica sondern auch hier hört man die warmherzigen und
exotischen Töne vom Calypso und der Steelpan-Klänge.

Abgesehen von herrlicher Natur, traumhaften Stränden und
kulinarischen Highlights hat die Karibik auch etwas für nüchterne Investoren zu bieten. Südlich von Kuba liegen die winzigen
Cayman Inseln über die auch der Union Jack weht. Es ist zwar
britisches Hoheitsgebiet, erhebt aber im Gegensatz zu fast allen
anderen Nationen weder Steuern auf Einkommen, Gewinne,
Erbschaften. Löhne und Verkäufe. Man begnügt sich mit Zöllen
auf Importe und Steuern auf Lizenzen und auf Touristenunter-
künfte.

Lästig für die gesamte Karibik ist die jährliche Gefahr der
Wirbelstürme/Hurricanes ab der Regensaison im Juli die in Regelmäßigkeit die Bahamas und Bermuda Archipele bedrohen.

Am sympathischsten waren mir die beiden französischen Über-
see-Departements Martinique und Guadeloupe und der niederländische Besitz Aruba. Auf den genannten Inseln ist jetzt der

Euro die offizielle Währung. Es ist spannend, sich mal damit zu befassen, wie oft die Inseln ihre Besitzer und Sprache gewechselt haben. Auf unserer Heimreise wieder via New York war wieder einige Prominenz an Bord, die es immer noch vorzog, das Schiff statt der Super Constellation zu benutzen.

Zurück in Deutschland wechselte ich auf die »MS Schwabenstein« des Norddeutschen Lloyd, welche unterschiedliche Häfen bis Yokohama/Japan bediente. Sie bot exklusiv 80 nur Erster-Klasse-Passagieren Platz, war aber gleichzeitig auf Stückgut spezialisiert. Penang/Malaysia, Hongkong und Yokohama wurden fest angelaufen, alle anderen Häfen nur nach Bedarf. So lernte ich Colombo/Ceylon, Kaohsiung/Taiwan, Pusan/Korea und Schanghai kennen. Letzteres war den Touristen noch nicht zugänglich. Einmal lagen wir vor Bugo/Mindanao (Philippinen) auf Reede, um einmal jährlich die gesamte konservierte Ananas-Ernte eines Verarbeiters an Bord zu nehmen. Einen Hafen gab es nicht. Die Konserven wurden sorgfältig in Kisten verpackt, auf Booten und Flößen zum Schiff gebracht, mit unseren Kränen an Bord gehievt und in den Laderäumen verstaut. Bei der Durchfahrt des Suezkanals wurden wir während der Wartezeit im Bittersee von Händlern überfallen, die Souvenirs feilboten. Sie akzeptierten jede gängige Währung, auch Münzen, und tauschten diese bei entsprechenden Schiffsbesatzungen in Banknoten um. In der Biskaya erlebte ich einen gewaltigen Orkan, bei dem ich auf dem Weg zu unserer Wäscherei fast über Bord geschwemmt wurde.

Ich entschloss mich dann, mich von der Seefahrt zu verabschieden und einen Französischkurs an der Alliance Française zu belegen. Gleichzeitig war ich als Rezeptionist im Grand Hotel Opera tätig, zu dem auch das berühmte Café de la Paix gehört. Bei strömendem Regen und schlechter Sicht verfilzte ich mich dann im Zentrum »Les Halles«, dem Versorger = Bauch von Paris. Ich ließ meinen Healy dann sicher geparkt stehen und machte mich mit meinem Regenschirm bewaffnet auf die Suche nach einem kostengünstigen Quartier. In einem Bistro wurde ich dann fündig. Der Besitzer sagte mir, dass er mir ein Zimmer für circa vier Wochen überlassen könnte, so hätte ich ja genügend Zeit, mich nach einem längeren Quartier umzuschauen. Das Zimmer war ganz in Pink eingerichtet, und sogar an der Decke über dem Doppelbett war ein Spiegel angebracht. Das Wichtigste jedoch war das großzügige Badezimmer. Vom schmiedeeisernen Balkon aus hatte man einen Blick auf das lebhafte Treiben der Viktualienhändler. Später erfuhr ich dann, dass ich in einem Stundenhotel gelandet war, welches von leichten Damen des horizontalen Gewerbes bewohnt war. Mein Zimmer stand mir nur deshalb zur Verfügung, weil die Bewohnerin vorübergehend auf das Land verreist war, um in Ruhe ihr Kind zur Welt zu bringen. Im Laufe der Zeit lernte ich alle Mitbewohnerinnen im Bistro kennen und tauschte mit ihnen in meinem immer besser werdenden Französisch Lebenserfahrungen aus. Die »Halles« waren, wenn Paris schlief, ein Tummelplatz für Händler und Nachtschwärmer. Es gab dort zwei berühmte und rustikale Restaurants, in denen sich Arbeiter im Blaumann mit Smoking tragenden Opernbesuchern mischten. Es waren »Je pied de cochon« und »Le pied de cochon«. Auch als ich schon längst ein primitives Zimmer auf der Insel

Île Saint-Louis gefunden hatte, kam ich auf dem Weg von und zum Arbeitsplatz Grand Hotel Opera an meinen Bistro vorbei, um mir einen »Coup de Rouge« oder Calvados zu genehmigen, mit großem Hallo von meinen »Schutzengeln« begrüßt. Mein vornehmer Stresemann, den ich als Rezeptionist immer trug, fiel in diesem Milieu natürlich auf und die Freier der Ladys wollten natürlich wissen, was ich so täte, und fanden es wahnsinnig komisch, dass ich umgeben von den »Papillons« mal hier gewohnt hatte. Die Bewohnerin des pink Boudoirs hatte übrigens einen gesunden Jungen zur Welt gebracht, der von verständnisvollen Freunden betreut wurde. Das Zimmer auf der Île Saint-Louis wurde zu teuer und ich zog dann in das Quartier Latin/Rive Gauche nahe dem Jardin des Plantes und des Pantheons, wo es wegen der vielen Studenten der Sorbonne recht lebhaft zuging. Meine Sprachschule Alliance Française war von dort auch gut zu erreichen. Das einfache »Hotel Normandie« vermietete die Zimmer nur monatsweise und man bot mir ein Zimmer im Obergeschoss an. Das Fenster war zwar etwas schief, aber ließ sich gut verschließen. Ich passte es meinen Bedürfnissen an: Über meinem Bett verlief längs das Rohr einer Wasserleitung. An zwei Haken befestigte ich dort eine immer voll aufgeblasene Luftmatratze für alle Fälle. Über das Waschbecken legte ich bei Bedarf ein passendes Brett und konnte dort den Kocher abstellen, um dort einmal Teewasser zuzubereiten. In der Nähe gab es genügend kleine Studentenbistros. Ich hatte auch Zugang zur Mensa der Sorbonne. Im Grand Hotel Opera gab es natürlich auch eine Personalkantine. Ich verhungerte also nicht. Wer sich in Paris gut auskennt, weiß, dass man im arabischen Bezirk gut Couscous und Lamm-Fritten bekommt. Die vietnamesische Küche hält auch einige Überraschungen bereit. Für alle Fälle hatte ich auf dem Fensterbrett gut verpackt in einem Netz ein kleines Käserad deponiert, denn ich besaß keinen Eisschrank. Immerhin gab es einen Garderobenschrank, auf dem oben noch Platz für meinen Koffer war. Um meine Wäsche kümmerte ich mich selbst. Ganz in der Nähe gab es einen Münzwaschsalon. Etwas gewöhnungsbedürftig war das außerhalb liegende platzsparende Dusch-WC. Die türkische in den Fußboden eingelassene WC-Schüssel wurde in hockender Stellung genutzt. Zum Duschen klappte man einen Holzgrill herunter und zog an einer Kette, um diese zu betätigen.

Ganz in der Nähe am lebendigen Place de Contrescarpe war mein Lieblingscafé, wo man schnell nette Bekanntschaften und Unterhaltungstipps bekam. Kurz vor dem Pantheon, in dem alle berühmten Franzosen geehrt werden. Kurz davor in einer Seitenstraße hatte eine Brocanteuse ihr Magazin, welches wie der Marché aux Puces mit seltsamen Dingen vollgestopft war. Seit über 30 Jahren lebte sie in Paris und war völlig zufrieden mit ihrem Job. Marika hatte sogar Kunst studiert und war dann in diesem Milieu gelandet. Zum Teil wurde sie von Clochards mit Sachen beliefert, die sie nachts aus den Mülleimern retteten.

Am Rive Gauche gab es einen verwahrlosten mittelalterlichen Bereich, der von Nordafrikanern bewohnt wurde. Dort wohnte auch Marika. Ich half ihr, ihr Apartment mit Hammer, Meißel und Schutzbrille zu restaurieren. Ich hoffe nur, dass dieses Gebäude ihr Eigentum war, denn später wurde dieser vernachlässigte Stadtbereich von Spekulanten entdeckt und kam dann in die Hände der Hautevolee.

Meine Metrostation war »Gobelin«. Direkt daneben hatte die Garde Republicaine ihre Unterkünfte. Dank meiner Studentenkarte konnte ich günstig die Metro und Stadtbusse nutzen. Meinen Austin-Healey fuhr ich deshalb kaum.

Ich überredete dann meine Mutter dazu, mich doch einmal für einige Wochen zu besuchen. Sie kam! Wenn ich Nachtdienst hatte, wärmte sie mein Bett vor und amüsierte sich, mit einem Stadtplan, Metroplan und Zehnertickets ausgerüstet und genauen Angaben von Sehenswürdigkeiten wie Museen, bis ich sie dann zu Haus oder im Grandhotel traf, denn ich besuchte ja noch die Sprachschule. Bei Tagdienst unternahmen wir viel zusammen. Wenn ich mal einen kompletten Tag frei hatte, ging es auch einmal nach Versailles, den Bois de Boulogne oder nach Fontainebleau. In der Pariser Innenstadt zeigte ich ihr die Dachterrassen der Nobelkaufhäuser »Galeries Lafayette« und »Printemps«, von denen man einen herrlichen Blick über die Stadt hat. Da meine Mutter Französisch beherrschte, besuchten wir auch mal ein Theater mit einem Stück, in dem J. C. Brialy und J. P. Cassel die Hauptrollen spielten. Viel Spaß bereitete ihr der Besuch des Marché aux Puces/Flohmarkt. Bei einem Einkaufsbummel erstand ich einen eleganten Hut für sie. Die Suche nach passenden Schuhen Größe 42 war leider vergeblich. Es hieß überall, dafür gäbe es kaum Nachfrage. Wir bummelten dann an der Kaimauer entlang und bewunderten die literarischen Schätze und Trivialliteratur der ambulanten Buchhändler, die dort ihre

Stände hatten. Unter den Brückenbögen der Seine lagerten die Clochards und hielten sich an ihren Rotweinflaschen fest. Wie gut ging es mir doch im Vergleich mit denen. Die Zeit war wie im Flug vergangen und ich stand nun am Gare d'Est, um meiner Mutter mit dem weißen Taschentuch nachzuwinken.

Ich hatte Glück gehabt, Paris noch in einer angenehmen Atmosphäre erleben zu dürfen. Schon ein Jahr später brach in Paris eine rabiate Studentenrevolte aus, die sich gegen die Regierung des Staatspräsidenten und Generals Charles de Gaulle richtete. Sprecher der Studenten war der Deutsch-Franzose Cohn-Bendit, der dann aus Frankreich ausgewiesen wurde.

Mich erreichte dann die Nachricht meines betagten Großonkels Günther v. R. aus Mozambique, portugiesische Kolonie in Südostafrika, der mir vorschlug, mich zum Verwalter seiner Zitrusplantage auszubilden. Sein Sohn hatte einen guten Job bei der australischen Regierung und hätte abgelehnt. Solch eine interessante Chance bot sich so schnell nicht wieder und ich flog via Lissabon nach Mozambique, um mich dort einzuarbeiten.

Der Flug ging mit der Boeing 707 der TAP über Luanda/ Angola. Die teilten Urkunden an alle Passagiere aus, die das erste Mal den Äquator überquerten. Ich nutzte meine Zeit und tauschte mich mit den Passagieren und der Besatzung aus.

Am Flughafen in Beira wurde ich erwartet. Onkel Günther war glücklich, dass ich den Mut hatte, in seine Fußstapfen zu treten. Wir begegneten auf der Strecke Kolonnen von Lastwagen aus Rhodesien und er berichtete mir, dass viele der Fahrer

Stammkunden an seinem Verkaufsstand nahe der Farm an dieser Fernstraße wären, wo er nicht nur Orangen und Grapefruit anbot. Auf der Bahnstrecke, die nahe der Straße verlief, kam uns ein endloser Güterzug entgegen, der von zwei Dampflokomotiven gezogen wurde. Er war mit Kupfererz aus Katanga/Kongo beladen, welches im Hafen von Beira auf Frachtschiffe verladen wurde, die nach Europa gingen. Wir bogen dann zu einer Mission ab, um Emanuel, einen Hausboy abzuholen, der hier zur Behandlung eines Beinbruchs abgeliefert worden war.

Endlich kamen wir dann in Maforga an, wo uns Tante Rosemarie zum Sundowner erwartete. Nachdem ich etwas von zu

Hause in Deutschland berichtet hatte, ertönte der Gong des schwarzen Kochs Schulz, der sich mit dem Dinner besondere Mühe wegen meiner Ankunft gegeben hatte. Ein Hausboy ganz in Weiß gekleidet, aber barfuß kümmerte sich um das Auftragen und Abräumen der Speisen. Zur Feier des Tages gab es einen vorzüglichen Wein aus der südafrikanischen Kapregion. Um 8 p. m. kam dann der Augenblick, um Kontakt mit der Welt aufzunehmen und die Abendnachrichten des BBC London zu hören. Das geschah mit einem batteriebetriebenen Radio, da die Farm noch keinen Stromanschluss besaß. Licht lieferten die Druckluft gesteuerten Petroleumlampen »Petromax«, die noch heute an offenen Märkten verwendet werden und ab und zu aufgepumpt werden müssen, wenn der Druck nachlässt. Sie machten sich durch leises Zischen bemerkbar. Für kurzen Lichtbedarf gab es Kerzenständer mit Streichhölzern in allen Räumen. Die Bibliothek war vorwiegend subtropische Fachliteratur für Pflanzer und ansonsten portugiesische und englische Weltliteratur. Die Jagdwaffen waren in einem Stahlschrank zusammen mit Dokumenten verschlossen. Nach dem Essen saßen wir oft noch im Dunkeln auf der Terrasse und genossen den herrlichen Sternenhimmel mit dem markanten Kreuz des Südens und den mir damals noch unbekannten Sternbildern. Aus dem Dschungel hinter uns hörte man das Schnattern der Affen und das Krächzen des Tukans und andere für mich noch undefinierbare Geräusche. Aus der ausgedehnten Savanne vor uns hörte man oft das Brüllen von Löwen. Dann ertönte auch das Pfeifen der Lokomotiven eines Kupfererz-Transportes, der einen Kilometer entfernt an der Farm vorbeiging. Dort hatte mein Onkel eine eigene Rampe an einem kurzen Nebengleis zur Verladung der Farm-Produkte.

An einem Beispiel zeigte mein Onkel mir seine Einschätzung der Mentalität der lokalen Bevölkerung: Wenn die Erntezeit der Orangen oder Grapefruit gekommen sei, und er zwei Güterwaggons nachmittags um 3.30 p. m. benötigte, bestellte er diese bereits schon für 9.30 a. m., dann wären sie irgendwann nachmittags da und er brauche sich nicht über die »unzumutbare« Verspätung zu ärgern. Montag, nachdem die Arbeiter sich am freien Wochenende amüsiert und sich an »Pombe« = Bananen + Frucht vergorener Alkohol berauscht haben, kamen nur wenige pünktlich zur Arbeit, wenn das Signal (Schlagen auf ein am Baum hängendes dreieckiges Eisenrohr) ertönte. Deshalb plante er keine aufwendigen Tätigkeiten und tat nur so, als wäre er schrecklich erbost. Hinter seinem Rücken kicherten dann die Schwarzen und sagten in Matebe = lokale Stammessprache: »Baas kuleketa maningi!« »Chef sehr, sehr wütend!« Allein schon wegen des Klimas gehen die Uhren dort sehr viel langsamer.

Später, als ich schon voll in die Arbeitsabläufe integriert war, brachte ich O. G. zum Staunen. Bei der Ernte transportierte der Traktor mit einem Anhänger die Grapefruit oder Orangen zur Bahnrampe vor dem Güterwaggon und nahm den anderen bereits geleerten Anhänger mit. Die wenigen Arbeiter, die zum Beladen benötigt wurden, bildeten eine Kette, an deren Spitze ich stand und im Waggon das Stapeln besorgte. Ein Weißer an der Spitze der Arbeitskolonne, das war etwas ganz Neues für sie. Alle richteten sich nach meiner Geschwindigkeit und betrachteten das Ganze als einen riesigen Spaß. Alle waren erstaunt, so schnell war noch nie ein Güterwagen beladen worden. Als die beiden Güterwagen dann zur Gremio/Agrar-Genossenschaft abgeholt wurden, fuhr ich mit meinem Team mit und sorgte für eine ebenso zügige Entladung.

Da die Besitzer der Plantagen in der Regel älter waren, konnten sie sich nicht in den Arbeitsablauf integrieren, sondern überwachten nur und gaben nötige Anweisungen.

Das Wichtigste bei der Pflege der Plantage war der Schutz der Bäume. Ohne Pflanzenschutzmittel ging es nicht. Sie kamen schon vor der Blüte zum Einsatz und wurden mit manuell betätigten Spraygeräten und auf den Rücken geschnallten Metallbehältern ausgeführt. Ein weiteres Mal geschah das kurz vor der Fruchtreife, um Fäulnis und das Anbohren der Früchte durch Schädlinge zu verhindern. Außerdem musste der Boden um die Bäume herum von Unkraut frei gehalten, gelockert und gedüngt werden. Viel Mühe, aber es lohnte sich. Die alte Orangensorte »Valencia late« hat sich gut bewährt.

Es gab noch Nebeneinkünfte durch Bohnen, Erdnüsse, Mangos, Maracujas, Melonen, Avocados, Süßkartoffeln und Mais. Tante Rosemarie hatte sogar Teebüsche und diverse Gewürze für den eigenen Bedarf gepflanzt und bekam viele Anregungen bei Besuchen von anderen Farmen.

Für Wasserreserven hatte O. G. große runde Betonbehälter zur Bewässerung angelegt. Neben dem Bungalow befand sich oben auf einem Eisengestell ein großer verzinkter Wasserbehälter, der den Haus- und Küchenbedarf abdeckte. Das Wasser wurde aus einem Tiefbrunnen ständig durch eine Dieselpumpe nachgefüllt und war wegen der Sonneneinstrahlung immer warm und reichte auch für die WC-Spülung. Es gab zwei Badewannen, die in den Boden eingelassen waren.

Im separaten Küchenhäuschen gab es sogar einen großen altmodischen Kühlschrank, der anstatt mit Strom mit Petroleum funktionierte. Das Problem waren dort nur die vielen Kakerlaken, wie überall in den Tropen.

In einer Ecke des Salons stand ein etwas verstimmtes Klavier, reiner Luxus, denn es gab nirgendwo jemand Erreichbares, der sich aufs Stimmen verstand.

In den Schlafzimmern gab es natürlich Moskitonetze, die einen vor nächtlichen Plagegeistern schützten. An den Fenstern und Türen nach draußen waren Maschendraht-Aufsätze angebracht, um die Luft hereinzulassen.

Ich war neugierig auf das Nachtgetier und bat Tante R. um ein großes Einweckglas mit Glasdeckel und O. G. um ein passendes Vergrößerungsglas. Ich stellte dann innen eine Petromax hinter den Maschendraht und ging außen auf Insekten- und Käferfang und präsentierte beiden meinen Fundus. So stark vergrößert hatten sie das noch nie betrachtet und waren höchst interessiert.

Begleitet von unserem Hund begab ich mich am Wochenende zur Minisiedlung nahe im Busch, wo die Landarbeiter der Farm in ihren strohgedeckten Lehmhütten lebten. Der Dorfälteste begrüßte mich ehrerbietig, und ich erklärte ihm auf Portugiesisch, dass ich eine besondere Überraschung für ihn habe, und zeigte ihm zuerst das Glas mit dem Fundus und ließ ihn anschließend durch das Vergrößerungsglas blicken. Es ist kaum zu glauben, aber keiner der Anwesenden hatte jemals eine Lupe in der Hand gehabt. Jeder wollte mal einen Blick durch die Lupe werfen. Um die Sache spannender zu machen, berichtete ich, dass diese Insekten teilweise sehr viel größer gewesen seien und dass es einmal Tiere gegeben habe, die sehr viel mächtiger gewesen seien als Elefanten und Nilpferde. Ich war den ganzen Nachmittag mit dieser Sache beschäftigt.

Bei meinem nächsten Besuch nahm ich ein paar deutsche Geldmünzen mit, erzählte ein wenig von Deutschland, Europa und der Welt und begann »Matebe« = Vokabeln in meinem Taschenbuch zu notieren. Die Münzen schenkte ich dem Dorfältesten.

Beim folgenden Besuch ging die Vokabel-Sammelei weiter, und ich überraschte alle mit der Multifunktions-Präsentation meines Schweizer Offiziersmessers, das sogar eine kleine Lupe und eine gute Säge für Holz besaß. Immer, wenn ich Lust und Zeit hatte, machte ich einen kleinen Spaziergang zum Dörfchen, um noch etwas dazuzulernen.

Bei einer meiner Inspektionsrunden fiel mir eine Baumsorte auf, die vor langer Zeit sichtlich systematisch angepflanzt worden war. Tante Rosemarie informierte mich dann, dass diese in der Hoffnung gepflanzt worden seien, weil Kapokbäume eine der Baumwolle ähnliche Faser hervorbringen, die sehr weich und leicht, innen hohl und voluminös und außen von einer Wachsschicht umgeben sei, weshalb sie sehr glatt ist und seidig glänzt. Kapokfasern wiegen nur einen Bruchteil von Baumwolle, es sind die leichtesten bekannten Fasern. Als Matratzenfüllung sind sie nicht anfällig für Milben. In Thailand wird sie gern als Füllung von Seidenkissen verwendet. Wegen der industriell hergestellten billigen Schaumgummi-Produkte ist Kapok in Europa leider aus der Mode gekommen.

Irgendwann verspürte ich mal Lust auf ein erfrischendes Bad und fragte O. G., ob es draußen eine Möglichkeit dazu gäbe. Er sagte, dass es hinten im Dschungel einen schönen kleinen Fluss gäbe, wo er oft gebadet hätte, das wäre ihm aber seit einigen Jahren zu anstrengend und der Pfad dorthin wäre leider zugewachsen. Daraufhin nahm ich mir dann kurz entschlossen zwei unternehmungslustige Helfer und wir begannen die anstrengende Arbeit, den Pfad mit den Macheten frei zu machen. Einmal begegnete uns eine Schwarze Mamba, die sich aber nicht stören ließ. Am zweiten Tag hatten wir es geschafft und konnten uns in den felsumrahmten Pool stürzen. Den kleinen Ausflug machte ich dann häufiger, auch mit der Begleitung von Tante Rosemarie, die noch recht fit war.

Unsere Arbeiter bekamen nicht nur Lohn, sondern ein gesetzliches Deputat an Grundnahrungsmitteln und Arbeitskleidung. Andere Hilfen wurden freiwillig vom Chef der Farm geleistet, wenn es um Krankheitsfälle und Geburtshilfe ging. Bei einer Gelegenheit wurde ich selber zum Geburtshelfer, als die Frau eines Arbeiters auf der Fahrt zur Mission vorzeitig auf der Ladefläche des Landrovers die Wehen bekam. Das ist ja kein großes medizinisches Problem, wenn alles glatt geht. Meist wenden sie sich auch an ihren Medizinmann, der über lange Erfahrung verfügt und sich bestens in traditioneller Naturheilkunde auskennt.

Gerne fuhr ich mit O. G. nach Salisbury, wo wir in dem imposanten alten »Meikles Hotel« logierten. Im Farmer's Club trafen wir dann alles, was Rang und Namen hatte. Dort wurde ich auch dem sympathischen Premierminister der weißen Minderheitsregierung Ian Smith vorgestellt. Trotz des Embargos der UNO, dem Rhodesien unterworfen war, boomte die Wirtschaft. Dinge, die früher teuer importiert wurden, stellte man plötzlich im Land her. Auf dem Clubgelände standen keine neuen Wagen. Die alten waren sehr gepflegt und mussten länger halten. Rhodesien ernährte sich selbst und wurde auch jetzt als größter Erzeuger seinen Tabak los. Der ging dann über Südafrika nach China. Es war ein Wunder. Trotz der Terroristen, die im Busch den Regierungstruppen Probleme machten, war Südrhodesien die gesündeste Volkswirtschaft ganz Afrikas und ein Touristenparadies. Man hatte das Gefühl, willkommen zu sein. Schwarze boten tadellose Bed & Breakfast-Unterkünfte an. Die Läden in Harare waren trotz des Embargos gut gefüllt und ließen kaum Wünsche offen.

Einige Gespräche mit gut informierten Persönlichkeiten aus Südrhodesien und Mozambique hatten mich sehr nachdenklich gemacht und meinen anfänglichen Enthusiasmus gedämpft. Weitere Berichte aus dem Norden über ermordete Farmer und Geschäftsleute und die Versuche der portugiesischen Regierung, diese Vorfälle zu vertuschen, bestärkten mich in meinem Entschluss, einen Schlussstrich unter mein mosambikanisches Abenteuer zu ziehen, und ich buchte einen Rückflug bei der TAP via Lissabon nach Frankfurt. O. G. und T. R. waren natürlich schwer enttäuscht, mich zu verlieren, hatten aber Verständnis für meine Beweggründe.

Ich wollte mir nur noch einen Wunsch erfüllen, und zwar einmal mit dem Zug, der von Salisbury kam, nach Beira zu fahren. Ich verabschiedete mich von allen Farmarbeitern, ihren Frauen, Kindern und dem Dorfältesten, dem ich versprach, ein paar Bildpostkarten aus Europa zu schicken. Er schenkte mir einen Raubtierzahn als Glücksbringer. Der Jäger gab mir eine Schlangenhaut für meinen Hut. Alle waren sichtlich traurig, den »Pequeinho Baas« = »Kleinen Chef« gehen zu sehen. In Gondola bestieg ich den Zug. Bei diesem war der Tender vor der Lokomotive und oben lag hinter Sandsäcken geschützt ein portugiesischer Soldat mit einem Maschinengewehr. Nachdem ich mein Gepäck im vordersten Compartment des Erste-Klasse-Wagens verstaut hatte, winkte ich noch einmal aus dem anfahrenden Zug und begab mich in die zweite Klasse, wo ich von dem dort mit seinen Soldaten befindlichen Capitao/Hauptmann erfuhr, dass am Vortag im Norden auf die Bahnstrecke bei Nampula ein Anschlag verübt worden sei und deshalb diese wichtigste Strecke vom Militär beschützt werde. Der Zugbegleiter sagte mir, dass auf dem letzten Streckenabschnitt das Gebiet Opfer einer Überschwemmung sei, die hohe Bahntrasse verlaufe jedoch höher. Den Zug konnte sich jeder leisten, denn es gab noch eine dritte Klasse mit Holzbänken und eine vierte Klasse, einen Güterwagen für Bauern mit Geflügel, Vieh und Agrarprodukten.

Die erste Klasse besaß in jedem Compartment zwei übereinander befindliche lederne Sitzliegen mit Staufächern für Bettwäsche. Die Wände waren mit Mahagoni getäfelt. Ein Tisch konnte heruntergeklappt werden. In einem kleinen Fach darüber befanden sich Briefpapier mit Aufdruck und Wappen der Rhodesian Railway Company und als Relikt aus vergangener Zeit Tintenfass, Schreibfeder und Löschpapier. Fensterseitig gab es noch ein herausklappbares Messingwaschbecken mit Spiegel und Handtüchern. Die Türdurchsicht und das Fenster hatten Jalousien. Von der Decke hing eine Kette, mit der ein Service-Boy gerufen werden konnte. Er war in Weiß gekleidet und kümmerte sich um den Tee und sonstigen Getränke-Service, bereitete bei Nachtfahrten zwischen Salisbury und Umtali die Betten vor und bürstete bei Bedarf die verstaubten Schuhe.

Der Blick aus dem Fenster bestätigte die Info des Zugbegleiters, überall war Wasser. Viele Schwarze hatten sich auf den breiten Bahndamm zurückgezogen und warteten in improvisierten Schilfrohrhütten das Ablaufen des Wassers ab. In Beira war schon alles wieder trocken.

Bis zum Abflug war noch viel Zeit, deshalb blieb ich erst einmal in einem Café und vertiefte mich in die Lektüre einer südafrikanischen Zeitung. Seit Monaten hatte ich keine mehr in die Hand bekommen und hatte nur BBC gehört. Ich ließ mir die ganze Situation noch einmal durch den Kopf gehen.

Die Sowjets hatten sich Mozambique und Angola auserkoren, um ihren Einfluss geltend zu machen, was ihnen in Südafrika nicht gelungen war. Sie wiegelten die Bevölkerung im Norden gegen die Kolonialmacht auf und terrorisierten die Farmer. Es dauerte noch eine Weile, bis der Umsturz in Portugal zur Entlassung der Kolonien in die Unabhängigkeit führte. Alles mündete dann später in einen Bürgerkrieg, der 17 Jahre dauerte (in Angola sogar 20 Jahre).

Ich nahm dann ein Taxi zum Flughafen und war dann doch froh, als ich endlich im Flugzeug meinen Platz einnahm.

Während des Fluges hatte ich dann wieder reichlich Gelegenheit, mich mit der Kabinenbesatzung auszutauschen und mich mit ihrem Berufsleben vertraut zu machen. Trotz des ganzen Glamours, der diese Tätigkeit umgab, musste man eine recht dicke Haut und einen soliden Charakter haben, um mit allen Widrigkeiten klarzukommen. Als ich nun das zweite Mal den Äquator überflog, fühlte ich mich bereits als alter Hase auf dem internationalen Parkett. Mir taten die vielen besonders älteren Menschen leid, deren Existenz wegen politischen Wahnsinns auf den Kopf gestellt wurde. Was sollte das kleine Portugal mit den voraussichtlichen Massen von Rückkehrern nach der Entlassung der Kolonien in die Unabhängigkeit anfangen? Das konnte nicht gut gehen. Schon in Lissabon am Flughafen war ich geschockt von der Menschenmasse und dem grauen Wetter verglichen mit dem tropischen Paradies, von dem ich kam. In Frankfurt und München musste ich mich an die ersten Nachtfröste gewöhnen.

Zu Hause bei meiner Mutter setzte ich mich an meine Reiseschreibmaschine und setzte drei Bewerbungen auf. Die erste ging an das Savoy Hotel in London, die zweite an ein Import & Export Unternehmen in Bremen und die dritte an die Deutsche Lufthansa in Frankfurt. Das Schicksal wollte es, dass die DLH sich zuerst meldete und Kopien meiner Zeugnisse und sonstigen Nachweise anforderte. Ein Curriculum Vitae hatte ich bereits mit der Bewerbung eingereicht. Ich erhielt dann die Einladung zu einem Vorstellungsgespräch.

Mir wurden gewiss noch Fragen gestellt wie: Warum ich den Wunsch hätte, zum LH fliegenden Personal zu kommen? Die Welt kennenzulernen, interessante Menschen und Kollegen zu treffen und den Horizont zu erweitern, ist akzeptabel. Einer angenehmen und gut bezahlten Beschäftigung nachzugehen, ist Unsinn, denn die Entlohnung ist anfangs erbärmlich und die Tätigkeit ist in der Regel ermüdende Knochenarbeit unter schwierigen Bedingungen, besonders Engigkeit, unruhige Flüge und Probleme mit Passagieren. Dann kommen noch die Flugunverträglichkeit, die Zeitdifferenz und die krassen Klimaunterschiede hinzu. Die jungen Bewerberinnen wurden eingehend auf die Gefahren leichtsinniger, nicht nur sexueller Liaisons hingewiesen und die Kenntnisse über Empfängnisverhütung überprüft. Die sehr viel geringere Zahl von männlichen Aspiranten wurde ähnlich instruiert. Homosexuelle Bewerber wurden übrigens von der weltoffenen LH nicht diskriminiert, sondern verpflichtet, ihre meist schuldlos angeborene Neigung nicht zu verheimlichen. Ihr Auftreten sollte jedoch keinen Anstoß der Passagiere erregen. Das Kabinen-Management hatte herausgefunden, dass diese Flugbegleiter im Umgang mit Fluggästen sehr viel mehr Zuwendung an den Tag legen als ihre Kollegen. Bei der brasilianischen VARIG Airline waren über die Hälfte der Stewards »andersrum«.

Beim psychologischen Test versuchte man besonders herauszubekommen, ob die Aspiranten für die Tätigkeit von ihren Anlagen her geeignet waren. Wer zum Beispiel unfähig war, sich diszipliniert zu verhalten und sich klaglos unterzuordnen, wurde garantiert abgelehnt. Diejenigen, denen es gelang, die Psychologen zu täuschen, erwischte es spätestens beim folgenden Flugdienst. Ganz wichtig war auch das Verhalten unter Druck, besonders bei Notsituationen wie Krankheitsfällen, Umgang mit Psychopathen, Feuerausbrüchen in der Kabine und Ausfall von Triebwerken. Später kamen leider auch Umgang mit Terroristen und Bombensuche dazu. Es wurde auch gefragt, ob man schon irgendwelche Flugerfahrungen hätte.

Gutes Aussehen, gepflegtes Äußeres und tadellose Umgangsformen waren eine Selbstverständlichkeit. Es wurde auch auf gut gepflegte Lederschuhe geachtet. Bei den jungen Damen wurde auch auf dezente Schminke geachtet, und überflüssiger Schmuck wurde mit kritischem Blick bedacht und bei der Arbeit an Bord später auch aus Sicherheitsgründen strikt untersagt. Zu dieser Zeit waren die ausgewählten jungen Ladys durch die Bank apart oder von blendendem Aussehen.

Eine weitere Hürde war ein Test in geistiger Regsamkeit. Von der obersten Chefin der Einstellungskommission erhielt man ein Stichwort und hatte ca. 20 Minuten Zeit, darüber eine kurze Story zu schreiben. Die stand dann bei Bedarf, denke ich, einem Graphologen zur Begutachtung zur Verfügung. Ich wurde dann nachher gefragt, warum ich eine so kleine, aber lesbare Schrift hätte. Ich erklärte das folgendermaßen: Bei meinen vielen Auslandsreisen wäre es mir immer eine Freude gewesen, meinen Angehörigen und Freunden Bildpostkarten zu schicken. Auf diesen brachte ich im Telegrammstil so viele Informationen unter, wozu andere einen ganzen Luftpostbrief benötigten. Außer dem Empfänger hatte gewiss auch der Postbote Freude an den exotischen Briefmarken.

Als Nächstes erfolgte der Sprachtest in Wort und Schrift. Grundbedingung war die perfekte Beherrschung von Hochdeutsch. Natürlich gab es einige, die zum Beispiel auf Bayrisch umschalteten, wenn Gruppen von ihren Landsleuten mit »Dös is a Gaudi!« das Flugzeug eroberten. Ich imitierte gerne Dialekte oder zum Beispiel Franzosen, Russen, Engländer und Amerikaner, die sich mit der deutschen Sprache abquälten. Radiomoderator Chris Howland wurde dadurch bei seinen lässigen Auftritten im NDR bekannt. Gute Englischkenntnisse waren Grundvoraussetzung. Zusätzliche Weltsprachen wie Französisch, Portugiesisch und Spanisch wurden positiv bewertet und später ab dritter Fremdsprache finanziell honoriert. Althumanistische Sprachen wie Latein, Altgriechisch und Hebräisch gehörten nicht dazu. Später erfuhr ich, dass LH ein Sprachlabor eingerichtet hatte, in welchem man während der Standby-Dienste oder in seiner Freizeit seine Sprachkenntnisse erweitern konnte. Überprüft wurden die Kenntnisse der genannten Sprachen bei Bedarf von dem Leiter des Sprachlabors, Herrn Selten. Bei exotischen Sprachen wurden Experten nach exakten Vorgaben von der Universität von LH verpflichtet. Man muss in der Lage sein, Ansagen zu machen, und sich zu gängigen Themen äußern können. Mit Amerikanisch und Englisch hatte ich ja schon als kleines Kind meinen ersten Kontakt gehabt. Im gleichen Zeitraum folgten Französisch und Russisch. Meine Mutter hat in den 30er Jahren von ihrer Gouvernante Französisch gelernt. In der Realschule ging es dann mit Englisch weiter. Im Wirtschaftsgymnasium kam noch Spanisch dazu. Bei der Luftwaffe belegte ich in Fürstenfeldbruck einen Abendkurs in Russisch. In der Hotelakademie waren Englisch, Französisch, Spanisch und Italienisch auf dem Programm. In Paris studierte ich an der Alliance Française die Sprache und hatte endlich Gelegenheit, meine Kenntnisse beruflich und privat anzuwenden. Italienisch hatte ich mir auf meiner ersten großem Autostop-Tour beigebracht, die mich übrigens bis nach Neapel führte. Die Lastwagenfahrer, die mich mitnahmen, hatten ihre Freude daran, mir die Grundlagen dieser Sprache sowie Lieder wie »O sole mio« und »Quando sponta la luna al marecchiare« beizubringen. Auf dieser Ferienreise lernte ich auch einen Musikstudenten aus Genua kennen, der mich in seine Familie einlud. Ernesto Oppicelli wurde später ein geachteter Opernsänger. Portugiesischkenntnisse eignete ich mir während meiner Tätigkeit in Mozambique an. Auf den Flügen mit der TAP hatte ich ja auch Gelegenheit, mich über die Arbeitsbedingungen der Kabinenbesatzung zu informieren.

Die Chefin der Einstellungskommission war verblüfft über meine vielseitigen Sprachkenntnisse. Ich berichtete ihr daraufhin von meinem diesbezüglichen Vorbild meiner Urgroßmutter

Ida-Nadieschda von Reibnitz. Diese sprach sieben Sprachen und hatte Italienisch hauptsächlich deshalb erlernt, um Dantes »Divina Comedia« und Boccaccios »Decamerone« in der Originalsprache lesen zu können.

Der Job gab mir die einzigartige Gelegenheit, Sprachen laufend anzuwenden. Die Sprachhürde überwand ich mündlich wie schriftlich wie auch alle anderen, was auf meine schon lange Lebenserfahrung zurückzuführen war. Ich hatte Disziplin gelernt und konnte auch eine Sanitätsausbildung aufweisen. Außerdem hatte ich vier Kontinente bereist.

Als mein Großvater die Ritterakademie abgeschlossen hatte, gab ihm sein Vater die Gelegenheit zu einer ausgedehnten Auslandsreise. Er sollte sich erst einmal »die Hörner abstoßen«, bevor der Ernst des Lebens begann. Seine Mutter, deren Wurzeln in Schweden und Russland lagen, hatte immer noch einen schweren russischen Akzent, den meine Mutter so gerne nachahmte. Im Familienclan wurde sie »Momo« genannt. Sie hatte meine Mutter »Bibi« ins Herz geschlossen und nahm sie, wann immer es ging, auf ausgedehnte Reisen durch Europa mit.

Es war nach der Zeit, als eine entsetzliche Inflation im Deutschen Reich wütete. Die Preise stiegen ins Uferlose und erreichten Zahlen, die uns nur noch im Bereich unserer Staatsschulden von Billionen bekannt sind. Der Reichsbankpräsident Dr. Hjalmar Schacht hatte dem Irrsinn ein Ende bereitet, indem er die auf Grund und Boden basierende Rentenmark einführte, welche die Wirtschaft wieder in Schwung brachte, bis zu dem Börsenkrach an der Wallstreet 1928, mit dem die Weltwirtschaftskrise begann. Diese Zeit hat sich in der Erinnerung der Deutschen als die »Golden Twenties« eingeprägt.

Auf Momos Reisen zusammen mit ihrer Enkelin lernte meine Mutter unseren weitverzweigten Familienclan und Freunde in ganz Europa kennen. Da waren besonders die Krohns in Skandinavien, England und Portugal. Diese waren von den Kommunisten enteignet und aus St. Petersburg vertrieben worden und hatten sich auch außerhalb von Europa in Südafrika, Marokko und Brasilien neue Existenzen aufgebaut. Ich habe ihnen in meinen Satiren »Esthétique« ein literarisches Denkmal gesetzt. Am dänischen Hof in Kopenhagen wurde sie auch dem Prinzen Harald vorgestellt. Auch lernte sie einige adelige Bekannte ihrer Mutter kennen, die vor dem Weltkrieg ihre Pflichtjahre am kaiserlichen Hof absolviert hatten. Diese Kontakte erweiterten den Horizont meiner Mutter enorm und blieben teilweise bis zu ihrem Ableben bestehen wie auch diese aus ihrer Internatszeit. Meine Urgroßmutter hatte in weiser Voraussicht schon vor dem Ersten Weltkrieg ihr Kapital im Ausland investiert, dass sie sich auch als Witwe später ihren gewohnten Lebensstil leisten konnte.

Nun bin ich schon wieder einmal vom Thema abgekommen, eine Schwäche, die ich von meiner Großmutter geerbt habe. Man möge mir das verzeihen.

Auch mein Äußeres wurde akzeptiert, denn ich war glatt rasiert. Den mir gut stehenden Vollbart leistete ich mir sehr viel später, als es die geänderten Regeln zuließen. Nur meine von der Farmarbeit rauen Hände bedurften dringender Pflege, aber dazu hatte ich ja während des folgenden Lehrganges reichlich Zeit.

Beim Abschlussgespräch kam Frau Tautz nochmals auf meinen beruflichen Werdegang zurück und sagte mir, dass ich der Einzige sei, der schon eine so perfekte berufliche Vorbildung und Welterfahrenheit vorzuweisen hätte. Mein Alter würde mir in einer späteren Vorgesetztenrolle zugutekommen, auch in der Kooperation mit dem Cockpitpersonal.

Die offizielle Einladung zum Flugbegleiter-Lehrgang 76 erhielt ich jedoch erst einige Tage später. Unsere Akzeptanz, wir waren 16 junge Damen und 4 Herren, wurde mit Sekt gefeiert.

Es gab ein spezielles Büro, welches sich um die Unterbringung der Lehrgangsteilnehmer in der Nähe des Flughafens mit gutem Bus/S-Bahn-Anschluss kümmerte. Mit meinem Lehrgangsteilnehmer Rolf Niethammer teilten ich mir ein Zimmer bei einer älteren Witwe in Kelsterbach am Main, ca. 10 km von der LH-Basis entfernt. Die LH-Aspiranten waren sehr beliebt, da sie keine Probleme machten. Dazu blieb ihnen auch keine Zeit. Diese wurde mit der Verarbeitung des vielfältigen Lehrstoffes ausgefüllt. Rolf hatte seinen VW Karmann-Ghia dabei, der uns immerhin am Wochenende Gelegenheit gab, zumindest die Umgebung zu erforschen. Die Jahreszeit war ja auch nicht dazu angetan, sich draußen viel herumzutummeln, denn es war Januar mit Schnee und Minustemperaturen. Ich erinnere mich nur noch an ein Highlight, und das war unser Besuch des Opel Automobilwerkes und dessen bemerkenswerten Museums, in dem auch Nähmaschinen und Fahrräder ausgestellt waren. Mit denen hatte ursprünglich die Produktion vor den Automobilen in Rüsselsheim begonnen. Opel trug ja den Namen der adligen

Familie, welche wegen der Wirtschaftskrise ihr Automobilwerk 1929 an General Motors in den USA verkaufen musste. Ähnlich wie Ford in Köln wurden beide 1941 bei Eintritt der Amerikaner in den Krieg von den Nazis enteignet. Die Produktion der Militär relevanten Fahrzeuge ging dann bis 1945 unvermindert weiter. Nach der Landung der Alliierten an der Normandie stellten die Gegner bei den von ihnen erbeuteten Ford- und Opel-Lastwagen fest, dass die Teile austauschbar waren. Auch die äußerst praktischen Jerrycans/20-Liter-Benzinkanister stimmten überein. Bei den Engländern verblieb man bei Zollmaßen, was besonders im Wüstenkrieg in Nordafrika sehr viele Probleme bereitete. Wir kehren nach diesem kurzen Ausflug in die Geschichte zum LH-Lehrgang zurück.

Um das Frühstück mussten wir uns selbst kümmern. Milch, Joghurt, Banane, Nescafé mussten genügen. Für das Mittagessen von Montag bis Freitag erhielten wir Essensmarken für die Personalkantine für das Tagesmenü. Besteck, Gläser und Porzellangeschirr waren übrigens das Gleiche, welches an Bord in der First Class zum Einsatz kam. Für Sonderwünsche musste man natürlich das eigene Portemonnaie bemühen. Alle paar Jahre wurde alles von bekannten Designern neu kreiert und das Bisherige den Vielfliegern und Lufthanseaten günstig angeboten. Bei LH-Freaks und Souvenirjägern fand es immer reißenden Absatz. LH hatte zu dieser Zeit noch Kultstatus.

Den Lehrgangsteilnehmern wurden alle notwendigen Grundlagen der Gastronomie beigebracht, die besonders auf die Engigkeit, wetterbedingte Situation und internationale Klientel abgestimmt waren. Es gab bereits Fälle, dass bereits voll ausgebildete neue Flugbegleiter schon nach wenigen Flügen die LH wieder verließen, da sie mit der Enge, den Turbulenzen und dem Stress nicht klarkamen. Es wurden auch einige Tipps vermittelt, um Unfälle beim Service zu vermeiden: Café, Tee und sonstige Getränke immer nur auf einem kleinen Tablett einreichen. Fällt es um, dann bleibt die Flüssigkeit meistens auf dem hochrandigen Tablett. Zucker und Sahne nimmt sich der Passagier selbst, sie werden gleich mit angeboten. Bei plötzlicher Turbulenz nimmt der FB, nachdem er die Bremse des Service-Trolleys betätigt hat, sofort Platz auf der nächsten Armlehne oder dem Schoß eines Passagiers und hält zusammen mit den umsitzenden Passagieren den Tablett- oder Getränketrolley fest. Ich habe noch nie erlebt, dass die Hilfestellung von Paxen verweigert wurde. Unabhängig davon, dass vom Abräum-Trolley Café/Tee angeboten wird, sollte man später nochmals mit dem Tablett durchgehen und ein zweites Mal heiße Getränke anbieten, was besonders beim Frühstücksservice beachtet werden sollte. Bei der Menükunde ging es unter anderem auch darum, den Gästen zu vermitteln, dass Speisen nur beschränkte Zeit gekühlt gehalten werden können und dass es bei einem 12-Stunden-Flug irgendwann keine Eiswürfel oder knusprigen Croissants mehr gäbe. Menüs müssen so konzipiert sein, dass sie auch Turbulenzen schadlos überstehen. Da gibt es auch noch eine Reihe von Sondermenüs auf Wunsch zur Verfügung wie koscher, vegetarisch, diabetisch, muslimisch, vegan, japanisch, chinesisch, koreanisch. Auf Fernost-Flügen wurde grüner Tee und für Japaner Osake = Reiswein beladen.

Die in Aluminiumfolien abgepackten Portionen-Menüs dürfen weder zu kurz oder zu lange aufgeheizt werden, damit sie in der richtigen Konsistenz beim Pax ankommen. Routinierte ältere FBs arbeiten schneller als Neulinge und müssen sich deshalb an die langsamere Gangart anpassen. Besondere Zuwendung zu den Paxen bedeutet auch mehr Zeitaufwand.

Im Unterricht wurden auch die Eigenarten der einzelnen Nationalitäten besprochen. Bei Indern zum Beispiel die Kopfbewegung nach oben bedeutet NEIN und die seitliche JA. Das ist bei Griechen genauso. Vielleicht ist das ein Erbe von Alexander dem Großen, der es doch immerhin bis zum Indus geschafft hat?! Eine Befragung einer Inderin in Begleitung nach ihren Wünschen kann dazu führen, dass der Ehemann sich mit den Worten einmischt: »Sorry, my wife does not talk to servants!« Japaner klopfen immer, bevor sie ein WC betreten. Ist es besetzt, klopft der Insasse ebenfalls. Geschenke werden in Japan mit beiden Händen überreicht. Das sollte dann auch geschehen, wenn zollfreie Waren aus dem Bordverkauf mit den Worten »doozo, arigatoo gozaimasu!« überreicht werden. Die oft rüde Art von Russen, die ihren Anspruch auf alles an Bord erheben und nie bitte und danke kennen, sollte nie persönlich genommen, sondern als interessante Erfahrung gewertet werden. Die Flüge mit LH sind ja auch enorm teuer für ihren Geldbeutel. Wer einmal die überschäumende russische Gastfreundschaft erlebt hat, wird diese Erfahrung schnell vergessen. Die oft verletzende Art von Juden besonders auf den immer überfüllten Flügen nach Tel Aviv sollte auch nicht überbewertet werden, denn Holocaust und Shora werden nicht so schnell vergessen. Da helfen nur Freundlichkeit und Humor. Zitate und Witze von Kishon, dem berühmten Satiriker der Israelis, tun da auch ihre Wirkung. Muslims muss immer Gelegenheit gegeben werden, bei Bedarf zu beten. Die Information über die momentane Richtung nach Mekka erfährt man im Cockpit. Dem hohen Alkoholkonsum von Skandinaviern und Vertragsarbeitern von Saudi-Arabien sollte man auch Verständnis entgegenbringen. Alkohol wird im hohen Norden extrem hoch besteuert und die Facharbeiter von Aramco und Hoch & Tief etc. haben oft monatelang auf dem Trockenen gesessen. Uns trocken zu saufen, schafften sie immer. An irgendein Problem in dieser Hinsicht kann ich mich nicht erinnern. Anfangs mussten alkoholische Getränke noch kassiert werden, doch wegen der lästigen Wechselkurs-Komplikationen wurde das bald abgeschafft. Nur bei der Condor Chartergesellschaft der LH wurde das beibehalten, da die Paxe dort einheitlich mit DM zahlten.

Bordverkauf kam eine wichtige Rolle zu. Die Duty-Free-Läden an den Flughäfen steckten noch in den Kinderschuhen. Bordverkäufer erhielten eine Plombenzange, Bleiplomben und ein großes ledernes Portemonnaie. Ein kleiner Folder enthielt Listen aller gängigen Währungen mit aktuellen Wechselkursen, die durch Ausbesserungen ständig korrigiert wurden. Münzen wurden auch akzeptiert. Diese wurden gesammelt und mit der Company Mail den jeweiligen Stationen mit der Bitte um Verrechnung zugesandt. Die Bordverkauf-Trolleys wurden von dem jeweiligen FB übernommen, die Zollplombe überprüft, geöffnet, der Inhalt gecheckt und mit einem eigenen Schlösschen wieder verschlossen. Die Trolleys enthielten vor allem gängige Zehnerstangen von internationalen Zigarettensorten, Alkoholika und Parfums und Accessoires. Damals gab es auch Schweizer Offiziersmesser »Victorinox«, die aber wegen der Terrorismus- und den damit verbundenen Sicherheitskontrollen aus dem Programm genommen wurden. Nach Abschluss des Verkaufs zollfreier Artikel wurde der Endbestand festgestellt, die Warenliste im Wagen belassen und der Trolley mit Zollplombe versiegelt. In Frankfurt wurden die Einnahmen bei der Filiale der Deutschen Bank eingezahlt. Später gab es zusätzlich ein LH-Magazin in den Sitztaschen, in welchem sich auch eine Aufstellung von außergewöhnlichen Geschenkartikeln befand, die der Pax per Post oder Internet bestellen konnte.

Die Kabinen-Crew musste bei jedem Flugzeugtyp genau wissen, wo welche Reserveartikel wie Decken, Kissen, WC-Artikel und Bordmagazine zu finden waren.

Immenser Wert wurde bei LH auf Erste Hilfe und Verhalten bei Notfällen wie Bränden, Sinkflügen bei Dekompression, Emergency-Landungen und Notevakuierungen gelegt. Für jeden Flugzeugtyp gab es Attrappen, in welchen in regelmäßigen Abständen trainiert wurde. Den richtigen Umgang mit Feuerlöschgeräten übten wir außerhalb.

Vor jedem Tageseinsatz wurde jedem FB eine Checkliste für seinen ihm zugewiesenen Arbeitsbereich überreicht. So wurde vermieden, dass irgendetwas nicht funktionierte oder fehlte. Der große Sanitätskasten musste verplombt sein. Er enthielt unter anderem Stethoskop, Thermometer, Blutdruckmessgerät und Herzspritze. Nur Ärzte durften ihn benutzen. Ein kleines Erste-

Hilfe-Köfferchen wurde in den Galleys beladen mit gängigen Medikamenten gegen Darmverstopfung, Übelkeit, Schwindelgefühl, Brechreiz und Herzprobleme. Für Ohnmachts-Attacken standen uns Sauerstoffgeräte mit Beatmungsmasken zur Verfügung. Bei gravierenden Notfällen waren wir verpflichtet, durch mehrsprachige Ansage nach einem Arzt zu suchen. Für reguläre Krankentransporte wurden Sitze blockiert und dort ein Bettgestell montiert, welches mit einem Vorhang versehen war. Eine Krankenschwester oder ein Arzt begleiteten den Transport. Meist handelte es sich um Paxe, die im Urlaub oder bei einer Geschäftsreise einen Unfall oder einen Herzinfarkt erlitten hatten. Die erheblichen Kosten wurden in der Regel von einer Reiseversicherung getragen.

Die Beladung der Galleys musste von den jeweils dort tätigen FBs zusammen mit dem Caterer gecheckt werden.

Der Purser/Chefsteward überprüfte das technische Kabinen-Logbuch und benachrichtigte bei Bedarf einen Techniker zur Behebung von Beanstandungen. Anhand der Passagierliste informierte er die jeweils zuständigen FBs über die MUKIs = Mütter mit Kindern, WCHR = Rollstuhlfälle, Ums = Unbegleitete Kinder, Hör-Seh-Gehbehinderte, HON = wichtige Kunden, VIPs = Internationale Persönlichkeiten/Stars/Hochadel, Frequent Travelers, Ausgewiesene mit Polizeibegleitung, ID = Industrial Discount (Standby Airline Staff).

Auf Langstreckenflügen gab es auch Babykörbe, die an der Trennwand installiert wurden. Passagiere, die neben Behinderten zu sitzen kamen, mussten von den FBs eingewiesen werden.

Ein trauriges Thema ist der Terrorismus, der mit Entführungen nach Cuba begann. Die IRA, Gaddafi, PLO und andere Gruppierungen haben mit ihren Bombenattentaten und Überfällen die ganze internationale Luftfahrt auf den Kopf gestellt. Ausgerechnet Jassir Arafat erhielt den Friedensnobelpreis, um ihn ruhigzustellen. Wie notwendig waren die Sicherheitskontrollen, die jedoch oft dazu führten, dass die Paxe ihren Flug verpassten. Dann merkten die dortigen Beschäftigten, welche Machtposition sie besaßen, indem sie wie die Lokführer streikten und den ganzen Flughafen lahmlegten.

Die Ausbildung der FBs ist bei der LH so gewissenhaft und gründlich, dass viele internationale Airlines ihre FBs bei ihr ausbilden lassen.

Als Nächstes wurde dann der psychologische Umgang mit Terroristen behandelt. Einzelaktionen sollten möglichst unterlassen werden, da man nicht sicher war, ob sich »sleeper« (als Paxe getarnte weitere Terroristen) an Bord befanden. Bombenwarnungen wurden sehr ernst genommen und die Suche mit besonders flexiblen Spiegeln durchgeführt. Bei dem Fund einer vermeintlichen Bombe während des Fluges wurde diese vor einen der hinteren Exits = Ausgänge platziert und mit Decken und Gepäck abgedeckt, wo bei einer Explosion die geringste Beeinträchtigung des Fluges zu erwarten war.

Nach diesen Einweisungen wurden wir mit der physikalischen Seite des Fliegens vertraut gemacht.

Auch technisch unbedarfte FBs sollten in der Lage sein, diesbezügliche Fragen von Passagieren zu beantworten. Dank meiner

Neugier und Beziehungen (ein Verwandter war Chef des Ersatzteillagers bei der Werft) wusste ich Bescheid, was die kleinste
geprüfte Schraube im Vergleich zu den gleichwertigen Edelstahl-
schrauben im Handel wert waren (oft das Fünffache!). Alles am
Flugzeug ist speziell, es gibt kaum Massenartikel. Das Material darf nicht korrodieren und muss extrem haltbar, aber leicht
sein. Die kalkulierte Reparaturanfälligkeit soll minimal sein und
durch regelmäßige Checks auch des Kabinen-Equipments überprüft werden. Dann befassten wir uns mit den verschiedenen
Flugzeugtypen unserer Flotte.

Nach all dem »Tsunami« vom Wissen wurden wir noch mit
dem aktuellen Streckennetz und den Codes der Zielorte und der
Bedeutung der IATA (International Air Transport Association)
und der ICAO (International Civil Aviation Organisation) vertraut
gemacht. Dann befassten wir uns mit dem Organigramm, der Ver-
waltungsstruktur der LH, die zum Teil in Köln war, denn dort war
ja die LH 1953 neu gegründet worden. Zu meinem Dienstbeginn
war die Firma noch zu über 50 % im Staatsbesitz. Das Personal
hatte praktisch noch Beamtenstatus. Das zeigte sich auch in der
aufgeblähten Verwaltung, die erst viel später nach der Privatisie-
rung auf ein vernünftiges Maß zurückgeführt wurde.

Nun gut, alle hatten auch den medizinischen Check bestanden, der zukünftig alle zwei Jahre wiederholt werden musste,
allein schon wegen der obligatorischen Impfungen. Cholera und
Gelbfieber waren noch aktuell.

Alle Kursteilnehmer hatten durchgehalten und das erste Be-
rufsziel ihres Lebens erreicht. Jedem wurde sein Diplom über-

reicht und das Abschlussereignis mit »Fürst Metternich« begossen.

Unsere notwendigen Maße waren schon im Verlauf des Kurses von der LH-eigenen Kleiderkammer abgenommen worden und wir wurden zur ersten Anprobe der von den Schneidern vorbereiteten Uniformteile gebeten, nach der oft nur einige wenige Korrekturen vorgenommen werden mussten. Bei den Herren waren es meist der Hosenbund, die Hosenlänge sowie die Knöpfe der Zweireiher, die lediglich etwas versetzt werden mussten. Bei den weißen Diensthemden gab es sogar wie in meinem Fall solche mit Ärmeln in Überlänge. Die Hemden konnten mit dezenten Manschettenknöpfen oder auch schlicht geknöpft getragen werden. Für die Tropen gab es kurzärmlige Hemden und Tropenuniformen in dünnerer Webart. Die Damen erhielten zur Uniform ein großes dunkelblaues Tuch mit dem stilisierten gelben LH-Kranich. Die Kopfbedeckungen für Damen waren damals topfartige Gebilde und die der Herren waren die üblichen Schirmmützen. Jede Airline versucht da ihren eigenen Stil zu zeigen. Beide, AHs und Stwds, erhielten außerdem feine schwarze Lederhandschuhe, einen Wintermantel mit ausknöpfbarem Futter und einen dunkelblauen Wollschal. Für die Damen gab es noch eine blaue Leder-Umhängetasche. Herren konnten sich noch ein praktisches Flight Kit zulegen. Für passende Uniform-Lederschuhe gab es später ein spezialisiertes Geschäft im Flughafen-Terminal. Dunkelblaue oder schwarze Socken für Herren und dunkelblaue oder durchsichtige Strümpfe für Damen waren Pflicht. Extra Dienstschuhe brauchte ich nicht zu erwerben, denn ich war ein Freak von englischen Schnürschuhen und Stiefletten, deren Steg ich auch mit Hingebung pflegte. Das habe ich meinem vornehmen preußischen Großvater abgeschaut, der immer betonte, dass er Menschen auch nach dem Schuhwerk beurteile. Er brachte mir auch bei, dass altmodische Gummigaloschen, welche bei Regen die Schuhe trocken hielten, eine recht vernünftige Angelegenheit seien. In Abständen musste ich ihm immer welche aus London von Moss & Bros. mitbringen, da es diese in Deutschland nirgendwo mehr gab.

Bei Koffern konnte sich LH nicht einheitlich durchsetzen, aber auf Dauer setzten sich die robusten Hartschalenkoffer von »Samsonite« durch, die bei Transportschäden auch prompt von LH ersetzt wurden.

Die angehenden Stewardessen erhielten bei Frau Katke noch einen Schönheitspflege-Kurs verpasst und sie achtete tagsüber beim Check-in darauf, dass die Regeln auch eingehalten wurden. Bei den Stewards wurde auf Fingernägel, Frisur und Rasur geachtet. Bärte waren nicht gestattet.

Für den ersten Flug-Umlauf gab es noch eine spezielle Einweisung durch eine Checkstewardess und den Chefsteward. Nur bei Bedarf griffen sie ein und die Crew ging die Arbeitsabläufe etwas langsamer an. Mit der Routine wuchs dann auch das Selbstbewusstsein und dann lief alles wie am Schnürchen. Hektik führt immer zu Fehlern. Von Konfuzius stammt der Ausspruch: »Es gibt drei Arten, zu handeln: Die edelste ist Nachdenken. Nachahmen ist die leichteste und Erfahrung ist die bitterste!« Anfangs ist es für Neulinge schwierig, sich die einzelnen Stauorte der Container zu merken. Mit einer erfahrenen Kollegin muss man das immer wieder durchgehen. Da darf kein Fehler passieren. Wenn das Flugzeug schon zum Start rollt, ist keine Korrektur mehr möglich. Schon das einfache Fehlen von Kaffee- und Teekannen oder von Mahlzeiten kann äußerst peinlich sein. Nur nach sorgfältiger Kontrolle kann der jeweilige FB seine Unterschrift unter die Ladepapiere setzen. Besonders unerfahrenen FBs passieren Malheurs, wenn sie beim Durchschieben vom Trolley durch die Gänge übersehen, dass Passagiere ihre Arme und Beine in den Gang raushängen lassen. Verletzungen sind die Folge. Ärgerlich ist es auch, wenn heiße Getränke beim Anreichen durch Ungeschicklichkeit verschüttet werden. Mit Küchenhandtüchern und Papierservietten wird prompt reagiert, und wenn es sich um einen Anzug handelt, übernimmt LH die Reinigungskosten mittels eines vom Purser ausgestellten Vouchers.

Ausgeschlossen sind natürlich Schäden, die durch Turbulenzen verursacht werden. Ich erinnere mich an einen Fall, wo ein Gast als Vortragender bei einer Konferenz auf seine Hose angewiesen war. Ich bat ihn, sich im FC-WC seiner Hose zu entledigen und dann in eine Decke gehüllt auf dem Crew-Klappsitz Platz zu nehmen. Mit einem Galley-Schwammtuch beseitigte ich dann die Flecken, hing die Hose dann über die Tür und trocknete anschließend mit dem mit Adapter Bordstrom konformen Föhn, den ich immer in meinem Flight Kit dabeihatte. Das geht natürlich nur, wenn genug Zeit zur Verfügung steht und sich einer der FBs oder der Purser einem solchen Problem widmen kann und der Service nicht darunter leidet. Auf die Idee mit dem Föhn war ich gekommen, als ich mehrfach im Vorfeld auf dem Weg mit dem Koffer zur Ladeluke und anschließend zum vorderen Eingang klatschnass wurde. Die Jacke kann man ja während des Fluges zum Trocknen in der Galley lassen, aber mit nasser Hose und Schuhen zu arbeiten, das war kein Vergnügen. Mir taten dann immer die Paxe leid, die eingezwängt mit durchnässter Kleidung auf ihren Plätzen verharren mussten. Andock-Positionen gab es am alten Flugplatz noch nicht, alles spielte sich noch auf dem Vorfeld ab. Es gab auch weniger Flüge und diese waren teuer. Vom kleinen Terminal wurden die Paxe in Bussen zu nummerierten Positionen gebracht und verblieben so lange im Bus, bis der Ramp Agent das Zeichen zum Einsteigen gab. Während des Einsteigens ging das Verladen des Gepäcks als Stückgut oder in Containern unvermindert weiter. Während des Betankungsvorganges durften keine Passagiere an Bord der Maschine sein. Ausnahme waren Transitflüge, bei denen nur zum Tanken zwischengelandet wurde. Da mussten Feuerwehr-Löschfahrzeuge am Flugzeug bereitstehen. Auch eine der zahllosen Sicherheitsvorschriften der ICAO, denen sich 98 % aller Fluggesellschaften freiwillig unterwarfen.

Zurück zu unseren Neulingen. Hatten diese den ersten vier- bis fünftägigen Umlauf überstanden und sich mit dem Geschehen vertraut gemacht und einen passablen Abschluss-Check erhalten, wurden sie beim nächsten Einsatz laut Plan in ihrem Postfach allein auf die Menschheit losgelassen. Sie waren verpflichtet, ihren Status beim Purser zu melden. Am Boden nahm ihr Divisionschef sie unter seine Fittiche. Die Organisation sieht vor, dass

FBs außer auf der Kurz- & Mittelstrecke je nach Wunsch und Sprachkenntnissen auf gewissen Langstrecken-Regionen eingesetzt werden. Erstere bediente Europa, Nahost und Nordafrika mit Boeing 727 & 737 & Vickers Viscount 814. Die interkontinentalen Routen wurden von der Boeing 707 und später Boeing 747 & DC 10 bedient. Da gab es mehrtägige Flugzeug-Umläufe mit Übernachtungen zum Beispiel in Amsterdam, Brüssel, London, Stockholm, Moskau, Budapest, Genf, Mailand, Barcelona, Lissabon, Paris, was sich aber häufig änderte. Da manche Flüge nicht jeden Tag gingen, kam es vor, dass man ein oder zwei Tage frei hatte, bis man den nächsten ankommenden Flug übernahm. Beispiel: Tag 1 = FRA (Frankfurt) BRU (Brüssel)–FRA–CAI (Cairo) Tag 2 + 3 frei. Tag 4 = CAI–via ENT (Entebbe)–DAR es Salaam) Tag 5 = DAR–CAI. Tag 6 = CAI–FRA–HAM (Hamburg)–FRA. Aus Gründen von Fluglotsenstreiks, Wetterproblemen, Flugzeugausfällen etc. konnten Umläufe sich plötzlich ändern oder fielen ganz aus. Dann wurde man zu Hause oder auf der Basis auf Standby/Bereitschaftsdienst gesetzt.

Das Unangenehmste waren Umläufe im Winter, die von Nebel und starkem Schneefall betroffen waren. Ganz wichtig war dann die richtige Zusammensetzung des Kofferinhaltes, der mindestens auf fünf Tage angelegt war. Je nach Jahreszeit an den Zielorten sollten das zivile Schuhwerk und die Kleidung den zu erwartenden Klimabedingungen angepasst sein. Für Malheurs hatte ich immer eine Bürste und Flüssigseife dabei, um Flecken zu beseitigen. Zur Vorbeugung von Erkältungen hatte ich immer ein Fläschchen Japanöl und chinesisches Tigerbalm dabei. Für alle Fälle hatte ich im Koffer in einem dünnen Kleidersack immer einen dunklen Blazer mit dezenter Krawatte, grauer Hose und einen auseinanderschraubbaren englischen Regenschirm dabei, um in korrekter Kleidung an Theater-, Opern- und sonstigen Veranstaltungen teilnehmen zu können. Clevere AHs hatten für solche Fälle immer »das kleine Schwarze« dabei. Ich habe es immer bedauert, dass die meisten Kollegen, auch die vom Cockpitpersonal, sich unterwegs außerhalb des Dienstes mit Sneakers, Bluejeans, T-Shirts und Polohemden begnügten. In den Tropen und Subtropen trug ich privat, wie früher in Afrika, einen Safari-Dress in Khaki oder Weiß. Die zuknöpfbaren Taschen erwiesen sich auch als guter Schutz gegen Taschendiebe. Kleine Innentaschen in meinen Stiefeletten erfüllten den gleichen Zweck. Was ich bei der Privatkleidung der AHs oft bedauerte, ist, dass diese sich über den Rahmen der Schicklichkeit hinwegsetzte. Die Mini Skirt Mode von Twiggy aus London war damals gerade in Mode und machte alle verrückt. Die Empörung darüber, dass sie besonders im Orient wie Prostituierte behandelt und in den Hintern gekniffen wurden, erweist sich als lächerlich, wenn man die dortigen strengen Moralgesetze in Betracht zieht.

Unter den FBs gab es erstaunlich viele Raucher. Zollbestimmungen sahen vor, dass pro Zugehörigen des fliegenden Personals nur zwei Päckchen Zigaretten zum persönlichen Gebrauch zollfrei zustanden. Nichtraucher wurden deshalb oft gebeten, auch jeweils zwei Packungen mitzunehmen. Nach Zollkontrolle wurden sie dann wieder eingesammelt. Als gelegentlicher Pfeifenraucher war ich davon nicht betroffen. Meine runde Dose mit

Dunhill Special Mixture reichte für lange Zeit und es wurde nie eine Sucht daraus. An Bord durfte ja noch viele Jahre geraucht werden. In der First- bzw. Senator-Klasse wurden noch lange Zigarren angeboten, bis die ICAO ein Verbot weltweit durchsetzte. Damit verschwanden dann auch die Aschenbecher in den Armlehnen und den WCs. Mein Großvater war ein Zigarrenraucher und die mit Cognac befeuchtete wohlriechende Zigarre gehörte zum Ritual der Moccastunde dazu. Meiner Großmutter musste ich immer nach Ambra duftende Zigaretten aus Ägypten und dem Libanon mitbringen.

Wegen meiner Vorbildung im Hotelfach und meiner Sprachkenntnisse wurde ich bereits nach zwei Jahren zum Chef de Cabin ernannt und Vorgesetzter von je nach Flugzeugtyp bis zu fünf FBs. Außer der Führung und Anleitung der Kabinen-Crew war ich für die Beladung, Koordination mit dem Bodenpersonal, Cockpit und Catering verantwortlich. Außerdem musste ich die Ansagen je nach Fähigkeit auch über Deutsch und Englisch hinaus machen. Bevor die Zollschranken in der EU fielen, gab es noch viele bürokratische Hürden wie Zollpapiere und Landekarten, die ausgeteilt werden mussten. Für die Layover-Hotels musste ich einen Voucher mit allen Namen und Personal-Kontonummern ausstellen. Ein Flight Report musste nach Umlauf-Beendigung an die Dienststelle abgegeben werden.

Die Koordination mit dem Bodenpersonal lief sehr viel besser, als es nach Fertigstellung des neuen Terminals 1 die Andockvorrichtungen an den meisten Gates gab, dank Betreten derer die

Paxe direkt trockenen Fußes das Flugzeug erreichen konnten und der Purser sich bei Bedarf zum Gate begeben konnte.

Es war dann auch möglich, HONs, VIPs und Behinderte schon vor der Masse der Paxe an Bord zu nehmen. Ich versuchte dann auch ein Problem zu lösen, welches immer wieder zu endlosen Staus führte. Mit Ansage forderte das Check-in-Personal beim Einsteigen zuerst die Paxe mit Sitznummern im hinteren Bereich des Flugzeuges zum Beispiel 30 bis 40 einsteigen zu lassen, dann 20 bis 30 etc., was das sonst übliche Chaos an Bord vermeidet. Das funktioniert natürlich nur bei Flugzeugpositionen am Terminal. Es hat dann jedoch noch endlose Zeit gedauert, bis dieses Vorgehen internationaler Standard wurde.

Die Frage des zulässigen Handgepäcks war ein Dauerbrenner. Der Hauptgrund ist, dass man die hohen Übergepäckgebühren vermeiden will, außerdem will man sich die oft lange Wartezeit am Gepäckband ersparen. Bei nicht voller Maschine konnte man drüber hinwegsehen, aber bei voller Maschine gab es ein Problem. Da half nur radikale Abnahme am Eingang und Verladung im Frachtraum.

Interessant waren für mich immer die Boarding-Cards, auf denen ja nicht nur die Klasse und Sitznummer, sondern auch der Name vermerkt war. Wenn ich glaubte, richtig zu raten, dann begrüßte ich den Fluggast in seiner Landessprache und fragte, ob er schon von woanders herkam. Erst dann dirigierte ich ihn in seinen Gang. Nichts ist für einen Pax frustricrender, als sich wie eine Nummer zu fühlen, besonders wo wir heutzutage ständig von Robotern umgeben sind.

Es mag von Vorteil sein, ständig mit der gleichen Crew unterwegs zu sein, denn sich ständig auf andere Kollegen einzustellen ist sehr anstrengend. In der Praxis ist das jedoch undurchführbar. Für mich war es jedoch auch interessant, die vielseitigen Menschen kennenzulernen. Lustig war es, den Wechsel von Moden bei dem Fliegenden Personal und den Passagieren zu beobachten: Man trank plötzlich Johnnie Walker Whisky, orderte Tomatensaft mit Salz & Pfeffer, rauchte Benson & Hedges, Damen und AHs hatten plötzlich Schminkköfferchen, welche spöttisch BUKU = »Beischlaf-Utensilien-Köfferchen« getauft und nach Auslaufen des Trends zu Werkzeugkisten oder Picknick-Behältern umfunktioniert wurden. Die Herren legten plötzlich Wert darauf, einen Diplomaten-Aktenkoffer zu besitzen, der auf Chinesisch »Ling-ling-shi« = 007 heißt (Ich frage mich bloß, in welchem James-Bond-Film man Werbung dafür gemacht hat.). Plötzlich waren Rolex-Uhren und Artikel von Ralph Lauren, Lacoste und Givenchy der Hit und überschwemmten wie ein Tsunami die Welt. Ich jedoch blieb der alten Repetieruhr meines Großvaters treu, die zeitlos war und um die mich alle beneideten.

Ich hatte immer ein Faible für gute Kleidung und konnte es mir leisten, diese bei meinem Schneider in London und später in Taiwan, Hongkong und Bangkok anfertigen zu lassen. Man kann es sich kaum vorstellen, wie angenehm es sich anfühlt, maßgeschneiderte Kleidung zu tragen mit dazu passenden Seidenhemden aus Hongkong mit gesticktem Namenszug auf der Brusttasche.

In meiner Freizeit trug ich auch gern Mechaniker-Overalls, denn ich hatte mir schon seit meiner Militärzeit ein kostspieliges Hobby zugelegt. Es war das Interesse für klassische Automobile. Es begann mit einem lustigen Gefährt, dem ich mal einen Artikel in einem Club Journal gewidmet habe, den ich hier beifüge.

Kleinschnittger – oder: Es muss nicht immer ein ROVER sein. Ich bin Baujahr 1941, habe also als Jugendlicher noch mit Bewusstsein auf den Straßen, die damals noch mit zahllosen Schlaglöchern übersät waren, Automobile aus der Vorkriegszeit erlebt. Ich kann mich sogar noch an Holzvergaser-PKWs und LKWs sowie an Straßenwalzen, die mit Dampf (Kohlefeuerung) betrieben wurden, erinnern. Es muss 1949/50 gewesen sein. Am Ende unserer Flucht aus Schlesien waren wir schließlich in einem kleinen niedersächsischen Dorf nahe der Universitätsstadt Göttingen sesshaft geworden. Später zogen wir dann besonders aus schulischen Gründen in die Unistadt um. Meine Schule war in den ehemaligen Luftwaffenkasernen am stillgelegten Militärflugplatz untergebracht. In einer alten Wellblechhalle am Rollfeld existierte der örtliche Segelflugverein. Da mich schon damals die Fliegerei interessierte, war ich Helfer bei dem Team, welches sich mit dem Anschleppen der Segelflugzeuge befasste. Einen Führerschein brauchte man auf dem Gelände nicht, deshalb hatte ich bald die Gelegenheit, mich an das Steuer des alten »Adler Trumpf Junior« zu setzen und das Fahren zu erlernen. Der Wagen diente zum Anschleppen der Flugzeuge, falls einmal die Seilwinde aussetzte, was sehr oft geschah. Der zerbeulte graue »Adler« hatte nur ein Problem, der Schalthebel war abgebrochen und man schaltete praktisch mit Zange und Hammer – aber irgendwie funktionierte es. Außerdem gab es statt eines Tankdeckels einen mit einem Lappen umwickelten Holzpfropfen als Verschluss. Anfang der 60er Jahre absolvierte ich dann zur Zeit der Cuba-Krise meinen Militärdienst bei der Luftwaffe in Fürstenfeldbruck bei München, wo ich dann endlich nach häufiger »Schwarzfahrerei« meinen offiziellen Führerschein machte. Meine damalige Geldbörse war noch recht mager, denn der Wehrsold belief sich auf 60 bis 80 DM im MONAT!!! Es gelang mir jedoch, für ein paar Hunderter ein Automobil oder besser ein »Motorrad mit REGENSCHIRM« von einem anderen Soldaten zu erwerben. Es war eines der zahllosen Miniwagenmodelle, die damals die Straßen unseres Landes bevölkerten. Zum Teil waren es geniale Konstruktionen, wie mein »Kleinschnittger« aus Arnsberg in Westfalen, Baujahr 1952. Er wurde dort von einem Herrn Kleinschnittger, einem – glaube ich – ehemaligen Luftwaffen- oder Flugzeugingenieur aus vermutlich »organisierten« Aluminium-Restbeständen eines ehemaligen Flugzeugmontage-Werkes zusammengebaut. Für diejenigen unter Ihnen, die noch nie etwas von dieser ominösen Marke gehört haben, eine kleine Beschreibung: Der vierrädrige offene und türenlose »Mini Sportwagen« aus Aluminium besaß ein mit flexiblen Plastikluken versehenes Druckknopf-Faltverdeck. Das Reserverad war ursprünglich hinten angebracht, wanderte dann aber auf die rechte Seite, um für eine Gepäckkiste Platz zu machen. Der 1LO-Zweitaktmotor von 125 ccm brachte das Gefährt auf stolze 80 km/h auf ebener Strecke mit Rückenwind! Ein elektrischer Anlasser existierte nicht, mit Hilfe eines Holzgriffes an einem Stahlseil neben dem Fahrer wurde der Kleinschnittger wie ein Rasenmäher oder eine Kettensäge »angeschmissen«. Dabei musste man sehr auf den Zündzeitpunkt aufpassen, sonst gab es buchstäblich etwas auf die Finger. Da Rückwärtsgänge nicht vorgesehen waren, musste bei Bedarf ausgestiegen und geschoben werden. Kein Problem, der »Supermini«, bei dem man zum Ein- bzw. Aussteigen einen Schuhlöffel und einen Stiefelknecht benötigte, wie es spöttisch hieß, wog dank der genial simplen Konstruktion nur 160 kg. Der Sprit- und Ölverbrauch war entsprechend minimal, vermutlich 1 1/2 Liter Benzin-Öl-Gemisch auf hundert Kilometer; ich erinnere mich nicht mehr genau. Das Einparken war übrigens ganz einfach. Man fuhr schräg rein, stieg aus, hob das hinten leichte Fahrzeug hoch und stellte es dann in die Lücke. Notfalls parkte man den Wagen auch quer, eine entsprechende Lücke fand man immer … Parkprobleme kannte ich nicht. Die Seilbremsen mussten ständig kontrolliert werden, da die Seile oft in den Führungen einrosteten. Da es die fertigen Beläge in den 60er Jahren kaum noch gab, musste man die Belegstreifen selber anpassen und aufnieten. Da ich die Streiche, die mir irgendwelche »Halbstarken« wiederholt spielten, satt hatte, kettete ich den Kleinschnittger schließlich mit einer robusten Stahlkette und einem Vorhängeschloss an Bäumen an. Ich hatte ein sehr nettes Verhältnis zur Polizei in Bad Homburg, wo ich damals wohnte. Die kannten bald meine Adresse. Oft weckten sie mich frühmorgens oder nachts, um mir mitzuteilen, dass mein Kleinschnittger im Kurpark am Denkmal des Kaisers Friedrich in der Tulpenrabatte, im Springbrunnen oder im Siamesischen Tempel stände. Von den Übeltätern wurde nie einer »in flagranti« erwischt, deshalb waren die Polizeibeamten immer sehr hilfsbereit, weil ich ihnen sichtlich leidtat. Irgendwann am Anfang eines Januars hatte mir irgendein Zeitgenosse einen alten Weihnachtsbaum in den Wagen gesteckt. Eine Heizung hatte der Kleinschnittger natürlich nicht. Da ich auch im Winter längere Strecken fuhr, behalf ich mich mit einem Katalyt-Leichtbenzin-Öfchen, vielleicht kennt irgendjemand noch diese Dinger. Das Benzin verglühte in einem oben positionierten und mit feinem Maschendraht überzogenen Asbestpolster. Es stank penetrant, aber die Frontscheibe blieb eisfrei. Die kleine Kühlerklappe war übrigens mit einem Vorhängeschloss (ab Werk!) gesichert, wahrscheinlich um zu vermeiden, dass jemand Benzin oder sogar den Motor klaute. Die Stoßstange taugte nichts, da sie aus Aluminium war. Ich montierte mir bald eine robustere vom damaligen Fiat 500 »Topolino«. Ich erinnere mich noch an einen Engländer mit seinem gewaltigen schwarzen Rolls-Royce, hinter dem ich zufällig vor einem Bad Homburger Luxushotel einparkte. Er sprach mich an und spaßte: »How about exchanging cars, everybody seems to be interested in your funny little thing!?« 1964 waren die Kleinschnittger schon eine Rarität. Ich verkaufte ihn schließlich, weil ein Sammler mir ein sehr gutes Angebot machte. Für den Erlös plus ein paar Hunderter erwarb ich von demselben Sammler einen BMW-Dixi 1928er-Modell, Zweisitzer mit Anlasskurbel.

Bis ich dann Mitte der 70er Jahre schließlich in der Schweiz meinen ersten P6 erwarb, besaß ich noch mehrere andere Fahrzeuge, u.a. einen der ersten Morgan +8 … »but that is another story«. Ich möchte nur noch eines zu diesem Thema sagen. Vielleicht ist es Psychologie, aber nie hat mir ein Fahrzeug so viel Spaß gemacht wie mein winziger Supermini.

Vielleicht existiert er noch irgendwo. Die Fahrzeuge werden mittlerweile wegen ihres Seltenheitswertes übrigens zu astronomischen Preisen gehandelt, sagte mir vor kurzem ein Sammler. In den einschlägigen Inseratteilen werden sie jedoch nie angeboten. Mein erstes Auto Kleinschnittger – optisch getunt der Antrieb! Kleinschnittger Typ: F 125 Bauart: Zweisitzer, Cabrio Bauzeit: 1950–1957 Anzahl: ca. 2.500 (nach anderen Quellen 2.980) Motor: ILO 125 ccm, 1-Zylinder-Zweitaktmotor, Leistung: 6 PS, Höchstgeschw.: 70 km/h Karosserie: Aluminium, genietet Preis 1954: (2.400 DM).

Er wurde gefolgt von einem Lizenzbau des englischen Austin 7 von BMW, seinem ersten Automobil, welches unter dem Namen »Dixi« 1928 den Markt eroberte und das noch mit Handkurbel angelassen werden musste. Dem folgte ein secondhand Austin-Healey 100/4 BN1 Baujahr 1952, für den es schon schwierig wurde, Ersatzteile zu bekommen. Es war ein knochenharter offener Sportwagen mit 2,6 Liter 4-Zylinder Reihenmotor, mit dem es großen Spaß bereitete, über die Autobahn zu flitzen. Dieses Hobby konnte ich mir nur deshalb leisten, da ich mir von Freunden, die das gleiche Hobby mit mir teilten, und bei mir wohlgesinnten Werkstattbesitzern Wissen angeeignet hatte, das mich befähigte, die meisten Reparaturen selber vorzunehmen.

Bei Lufthansa genoss ich das Privileg, günstig auf Standby-Basis nach London zu fliegen. Man holte sich das Ticket bei der Reisestelle und wartete so lange am Gate, bis alle Passagiere eingestiegen waren, und bekam erst dann die Erlaubnis, wenn alle Fluggäste im Flugzeug waren und noch ein Platz zur Verfügung stand, einzusteigen. Als Angehöriger des fliegenden Personals hatte ich sogar die Möglichkeit, auf einem Jumpseat oder sogar im Cockpit mitzufliegen. Das hing allerdings von der Genehmigung des Kapitäns ab. Seit der Einführung des Security-Checks musste ich meine Kiste mit Zollwerkzeugen jedoch als Gepäck aufgeben. Warum London? Ersatzteile waren durch Zoll- und Frachtgebühren sehr teuer, und wegen der häufigen Streiks dauerte es oft endlos, bis man diese erhielt. Mir stand nicht weit vom Flughafen Heathrow der Morris Minor eines Freundes zur Verfügung, mit dem ich einige außerhalb der Stadt liegende Autoschrottplätze besuchte und meist selbst mit Genehmigung der Manager die benötigten Teile von Unfallfahrzeugen demontierte, was mir Unsummen ersparte. Es ging dabei meist um transportable Artikel wie Generatoren, Anlasser, Rückleuchten, Scheibenwischergetriebe, Benzinpumpe, Stoßstangen etc. Für größere Artikel musste ich einen niederländischen Verwerter bemühen, bei dem ich Karosserie-, Motor- und Getriebeteile erwarb und selber abholte.

Nach einer dieser Aktionen war ich abends in einer lustigen Runde in einem Pub in Osterley an der Piccadilly Line. Einer dieser Auto-Enthusiasten, David Hamilton, er fuhr einen Aston Martin, fand meine Art, mir Ersatzteile zu organisieren, super.

Er war Ölbohr-Spezialist für British Petroleum in Libyen. Er lud mich ein, anstatt im Bed & Breakfast bei ihm zu logieren. Ich lernte dann auch seine liebenswürdige Frau kennen, die die Tochter eines britischen Kolonialoffiziers und einer Inderin war. Sie war in der Kosmetikabteilung des Kaufhauses Selfridges in der Oxford Street tätig. Wir verstanden uns blendend und es ergab sich, dass er einer der besten Freunde in England wurde. Er vertraute mir dann seinen Hausschlüssel an und ich durfte seinen Zweitwagen, den Morris Minor, benutzen. Das ist nur eines der Beispiele, wie ich im Laufe meines Lebens außergewöhnliche Menschen kennenlernte.

Eine besonders skurrile Bekanntschaft geht bis zu meiner Schulzeit zurück. Der Multi-Doktorand George-Philipp Ranke war im Zweiten Weltkrieg für den britischen Geheimdienst tätig gewesen und hatte Titos Partisanen im Balkan mit Informationen, Waffen und Sprengstoff versorgt. Er war dort 1944 mit dem Fallschirm abgesprungen und hatte sich den Partisanen angeschlossen. Wegen seiner Verletzungen wurde er dann von einem britischen U-Boot abgeholt und verbrachte das Ende des Krieges in einem Lazarett in England. Sein Vater war Kanadier und seine Mutter Griechin. Er ging dann nach Griechenland und erwarb dort das Steuermannspatent. Mitte der 50er Jahre entschloss er sich zu einem Studium der Naturwissenschaften an der renommierten Universität Göttingen, wo wir ihn kennenlernten. Er war häufig Gast bei unserer weltoffenen Mutter. Zuerst erwarb er Doktorgrade in Mathematik und Physik, zeigte aber nicht die geringste Lust, einer akademischen Beschäftigung nachzugehen. Immer wenn das Geld ausging, verschwand er nach Piräus, um auf irgendeinem griechischen Öltanker oder Seelenverkäufer als Steuermann anzuheuern. Dann kam er wieder zurück und vertiefte sich wie ein buddhistischer Mönch in seine zahllosen Bücher, um dann noch zwei weitere Doktortitel in Literatur und Biologie zu erwerben. Durch Yoga und Meditation hielt er sich fit. Ich war ja irgendwo in der Welt, schaffte es jedoch, ihm ab und zu finanziell unter die Arme zu greifen. Dafür sollte ich im Falle seines Ablebens seine Bibliothek erben. Wer immer sich dann um seine Beisetzung kümmerte, nahm keine Rücksicht auf seinen expliziten Wunsch.

Wie alle paar Jahre nahm ich wieder einmal eine Kur in Anspruch. Dieses Mal war es eine Kneipp-Kur nach den Anwendungen des berühmten Vertreters dieser Behandlungsmethode aus Wörishofen/Bayern Pfarrer Kneipp. Bad Lauterberg ist ein Ort am Rande des Harzes und ist auch wegen seiner landschaftlich reizvollen Umgebung sehr bekannt. Im Zweiten Weltkrieg wurden ganz in der Nähe V2-Raketen in geschützten unterirdischen Anlagen unter Einsatz von Zwangsarbeitern produziert und abgeschossen. Ein Sohn der Stadt war der Afrikaforscher und Gouverneur von Tanganjika/Deutsch-Ostafrika, Baron H. von Wissmann. Bei meinen Wasserkuren lernte ich eine reizende alte Dame aus Berlin kennen, die schon öfters in Bad Lauterberg gekurt hatte und sich in der Gegend gut auskannte. Da sie mit der Bahn angereist war, nahm ich sie unter meine Fittiche und zu Ausflügen am Wochenende mit dem Auto mit. Vor ihrer Heirat war sie Lehrerin gewesen, und es war äußerst angenehm, sie als Tourist-Guide dabeizuhaben. Sie lud mich dann ein, sie zu besuchen, wenn ich mal in Berlin sei. Das ergab sich dann, als ich meinen Patensohn besuchte. Sie lebte in einem beeindruckenden Patrizierhaus aus der Jahrhundertwende mit großer Toreinfahrt und einem gepflegten Hinterhof, welches die Bombenangriffe schadlos überstanden hatte. Ihr Refugium war das Erdgeschoss. Zur Straßenseite hin lag der ehemalige Geschäftsbetrieb ihres verstorbenen Mannes mit großen, jetzt mit Vorhängen abgeschirmten Schaufensterscheiben. Er war Glasermeister gewesen und hatte im Krieg situationsgemäß sehr viel zu tun gehabt. Die nahe S-Bahn-Station Schönholz war zugemauert, denn die Strecke gehörte schon zu Ost-Berlin. Mit Elli Schröter verband mich dann eine Freundschaft, die bis zu ihrem Ableben hielt.

Ihr Cousin Dr. Ernest Jäger kam einmal im Jahr von Toronto/Kanada zu Besuch und schloss dann eine Europatournee daran an. Ich besuchte ihn, als ich mal in Toronto landete. Elli hatte ihm im Testament das Wohnrecht in ihrem Apartment zugesichert. So kam er jedes Jahr im Mai nach Berlin, um im Kreise seiner Freunde und Bekannten seinen Geburtstag zu feiern. Das Haus hatte sie der Freien Universität vererbt, wo ihr Sohn während seines Studiums verstorben war. Zu dem Geburtstag gehörte ein üppiges Mittagessen, dem sich eine gemütliche Rundfahrt auf dem Tegeler-See und der Havel anschloss. Dann folgte die Kuchenschlacht in einem nahe dem Landeplatz liegenden Café, wo sich Ernest schließlich an das Klavier setzte und alles ohne Noten spielte, was immer auch gewünscht wurde. Unter den Gästen waren auch betagte Berliner Urgesteine. Vor dem Krieg hatte er Jura studiert, hatte sich jedoch auch mit Musik befasst. Er war dann in der Reichsmusikkammer tätig gewesen, um Marschlieder zu komponieren, die damals unter der Regie vom Kulturbeauftragten Dr. Goebbels so in Mode waren. Später wurde er bei Verhören von Kriegsgefangenen eingesetzt, da er gut Russisch beherrschte. Nach dem Krieg hatte er, um eine Einreisegenehmigung für Kanada zu erhalten, eine Ausbildung als Schweißer absolviert und war zusammen mit seiner Frau, der Witwe eines gefallenen Kriegskameraden, nach Kanada ausgewandert. In Toronto bekam er als studierter Jurist eine Stellung bei einem jüdischen Rechtsanwalt. Wann immer er es konnte, nahm er seinen Rucksack und reiste durch die Welt. Seinen letzten Besuch in Berlin machte er mit 1998 und starb im folgenden Jahr.

Wie schon berichtet, war die Einsatzzentrale des fliegenden Personals damals noch im Gebäude neben dem Tower aus dem Krieg untergebracht. Dort war auch die Filiale der Deutschen Bank im 1. Stock, wo die Bord-Verkaufserlöse eingezahlt wurden und wo sich auch unsere Giro-/Gehaltskonten befanden. Zu den Angestellten hatte ich bald ein nettes Verhältnis, weil ich ihnen ab und zu Kleinigkeiten aus dem Ausland mitbrachte. Außerdem hatte ich dort auch ein Wertpapierdepot, um welches ich mich kümmern musste. Bis die jeweilige Besatzung nach dem Briefing, wo der bevorstehende Flug besprochen wurde und die Arbeitspositionen verteilt wurden, zum Crew-Bus gerufen wurde, verbrachten wir die Wartezeit im »Blauen Salon«, der den Namen auch beibehielt, nachdem er längst Ort und Farbe gewechselt hatte. Dort hielten sich auch diejenigen FBs auf, die Standby-Dienst am Flughafen hatten, um kurzfristigen Ausfall von Personal sofort zu ersetzen. Auch solche, die zum Dienst weit angereist waren, hielten sich dort auf. Es war schlicht auch der »Meeting Point« für alle, wo immer die Gerüchteküche brodelte, kurz: eine Masse von tatendurstigen, gepflegten jungen Leuten, die auf die Menschheit losgelassen wurden.

Ich verwirklichte dann, was ich mir schon lange vorgenommen hatte, und belegte einen Fernkurs in kybernetischer Managementlehre. Nach drei Jahren erhielt ich ein Diplom. Außerdem verbesserte ich meine Spanischkenntnisse an einer Sprachschule in Madrid.

Inzwischen war ich von Kelsterbach nach Bad Homburg umgezogen, wo mir meine Patentante vorübergehend ein Zimmer im Souterrain zur Verfügung stellte, bis meine Neubauwohnung in Mörfelden südlich des Flughafens bezugsfähig war. Der Termin verschob sich von Monat zu Monat, doch endlich war es so weit. Mit meinem Lehrgangskollegen Rolf teilte ich mir erst einmal die Wohnung, da wir ja meist unterwegs waren und sie kaum nutzten. Sie hatte 68 m² und war urgemütlich und bestand aus Küche, Bad, Flur, Wohnzimmer, Schlafzimmer mit Schräge und Balkon mit Blick auf die gepflegten Gärten der Nachbarn. Im Keller gab es einen Abstellraum. Als die berühmte Startbahn West endlich fertiggestellt war, gingen alle Flugzeuge direkt über uns hinweg, und wir konnten mit bloßem Auge feststellen, um welche Airline es sich jeweils handelte. Der Lärm störte uns kaum, das gehörte zu unserem Job. Bis zur Dienststelle waren es 20 Minuten. Die letzten drei Kilometer nördlich der Werften waren von einer hohen Lärmschutzmauer abgeriegelt. Die Suche nach einem Parkplatz in der Tief- und Hochgarage führte einen oft zur Verzweiflung, denn es dauerte oft viel länger als die Anfahrt. Dem ganzen zivilen Flughafen-Komplex gegenüber im Süden lag die ausgedehnte US Air Force Base und das General Aviation Terminal für kleine Privatflugzeuge. Vor 100 Jahren wurde auf dem jetzigen östlichen Teil des Flughafens noch der Zeppelinverkehr abgewickelt, bis das Unglück bei Lakehurst/ New York diesen Zeppelinflügen ein Ende bereitete. Bei Baggerarbeiten im angrenzenden südlichen Waldgelände stieß man übrigens auf Giftgasgranaten-Depots vom Ersten Weltkrieg. Die Straße, die auch ich immer zur LH-Basis benutzte, wurde daraufhin fast ein Jahr geschlossen, um das gesamte Wald-Terrain auf weitere Depots zu durchsuchen. Auch mit Hilfe von Minensuchgeräten wurde man fündig.

In meiner neuen Behausung existierten neun Mietparteien, alles angenehme Leute, die am Flughafen tätig waren. Neben uns ein Meister zuständig für Rolls-Royce-Triebwerke in der LH-Werft, dann ein Ramp Agent zuständig für die Abfertigung der LH-Flugzeuge am Boden, eine Bodenangestellte der Passagierbetreuung, ein Catering Agent, ein Flugzeugeinweiser, ein spanischer LH-Kabinenmechaniker mit Frau und Kindern, seine Eltern und eine LH-Stewardess. Der Besitzer des Hauses, ein Spirituosen-Großhändler aus Frankfurt, besaß noch zahlreiche weitere Häuser dieser Art in der Nähe des Flughafens, ließ sich nur selten blicken und kümmerte sich lediglich darum, dass die Mietzahlungen pünktlich erfolgten. Es dauerte noch eine ganze Weile, bis das Grundstück zivilisiert aussah. Ich ergriff die Initiative und pflanzte einen Busch mit herrlichen Teerosen in die hintere Grundstücksecke. An der südlichen Seite des Hauses pflanzte ich ein paar Weinstöcke. In die andere Ecke kam ein Hochbeet, in dem Tomaten prachtvoll gediehen. Vor meinen Einsätzen stellte ich dort eine Zinkgießkanne voll Wasser auf, und so konnte José, der Spanier, sie bei Bedarf gießen. Alle Fahrzeuge der Mieter fanden Platz auf dem Grundstück, denn einige waren ja immer abwesend. Mein Stauraum im Keller lag direkt neben der Luke, so konnte ich dort mit Hilfe einer kurzen Trittleiter zu meinem Parkplatz hinaus und ersparte mir den weiten Weg um das Haus herum. Im Winter legte ich dort ein Kabel hinaus und schaltete gleich nach dem Aufstehen mit Trainingsanzug bekleidet einen Heizlüfter ein und verlud bei dieser Gelegenheit auch gleich meinen Koffer. So bestieg ich später einen angenehm beheizten Wagen, dessen Scheiben nicht freigekratzt werden mussten und dessen Motor sofort ansprang, denn im Winter sorgte ich immer für eine voll geladene Batterie. Da im unterdimensionierten Stauraum zu wenig Platz für meine Bedürfnisse war, baute ich mir ein Regal, welches bis zur Decke reichte. Die Beleuchtung war erbärmlich. Ich installierte deshalb eine Neonlampe, die ich bei Bedarf anschließen konnte. Als fahrbaren Werkzeugbehälter besorgte ich mir bei der LSG/

LH Service GmbH zwei ausrangierte Trolleys, die ich reparierte und die bis heute ihren Zweck erfüllen. Unter der Kellertreppe war ungenutzter Platz, den ich dann für mich reklamierte und dort einen Reservemotor für meinen Rover deponierte. Gut, dass meine Macken von allen lächelnd geduldet wurden.

Für Strom hatte jede Wohnung ihren eigenen Zähler. Die Kosten für die Zentralheizung, also der Ölverbrauch, wurden nach einem Verteilerschlüssel berechnet. Im ersten Winter stellten wir fest, dass es trotz dichter Türen und Fenstern zog und nie richtig warm wurde. Als Ursache fanden wir dann heraus, dass alle Deckenpartien der Wohnung aus Nut & Feder-Kiefernholz-Verschalungen überhaupt nicht isoliert waren. Ich war noch nie auf dem geräumigen Dachboden gewesen, den man mit der üblichen ausziehbaren, an der Bodenklappe montierten Leiter erreichen konnte. Dort befand sich lediglich der isolierte Warmwasser-Behälter für das gesamte Haus. Den Dachboden konnte man lediglich auf schmalen Planken in der Mitte durchqueren. Der Vermieter war recht korpulent und hatte deshalb den Dachboden bei der Inspektion nie zu Gesicht bekommen. Wir einigten uns gütig mit ihm und baten um Lieferung von passenden Styropor-Dämmplatten und halfen bei der Verlegung.

Ich kam dann auf die Idee, den großen Dachboden sinnvoll zu nutzen. Bei den vielen Mietern gab es immer Engpässe beim Trocknen der Wäsche im kleinen Trockenraum. Bevor wir diesen nutzen konnten, musste erst eine begehbare Fläche geschaffen werden. Das Material beschafften wir uns bei Lufthansa Cargo, wo ständig große Mengen von Verpackungsholz anfielen und ich mir die Genehmigung dafür besorgte, dieses abzuholen. Zur Geräuschminderung organisierten wir uns noch Teppichböden. Nicht nur Wäsche konnten wir nun dort aufhängen, sondern sperrige Ersatzteile wurden dort bequem untergebracht. Wenn meine einzigartige Mutter oder mein Bruder aus New York oder Freunde aus dem In- und Ausland zu Besuch kamen, konnten sie bei mir quartieren. Ich schlief dann oben auf dem Dachboden in meinem Schlafsack, auf der Luftmatratze oder auf dem Feldbett. Mein Erscheinen wurde dann zeitlich mit den Gästen abgestimmt. Wer Lust hatte, konnte nach dem Frühstück bei gutem Wetter mit mir zu Fuß oder mit dem Rad eine Tour durch den nahen Wald machen. Ich hatte drei Fahrräder zur Verfügung. Das Rhein-Main-Gebiet mit Wiesbaden und Frankfurt waren in unmittelbarer Umgebung und Gäste brauchten sich nicht zu langweilen. Als Rolf dann zu seiner portugiesischen Freundin umzog, habe ich die Wohnung dann häufig auch Freunden überlassen, die in Frankfurt zu tun hatten. Sie wurde ja gewöhnlich ca. 22 Tage im Monat nicht genutzt.

An Musikinstrumenten beherrschte ich nur Flöte, Mundharmonika und Fanfare. Für anspruchsvollere Instrumente wie Klavier hatte es aus finanziellen Gründen nie gereicht. Dafür sei meine Stimme für das Singen wie geschaffen. Der Opernsänger Hanappel de Maes, der neben meiner Tante in Bad Homburg lebte, hat mich ein paar Mal mit Stücken von R. Leoncavallo, B. Gigli und E. Caruso trainiert und mir dieses Zeugnis ausgestellt. Heute sind J. Iglesia, L. Pavarotti und A. Bocelli meine Lieblinge.

Der Vorteil der Kurz- und Mittelstrecke war, dass man den Auswirkungen der Zeit- und Klimaunterschiede kaum ausgesetzt war. Unsere Quartiere bei Layovers waren gute bis erstklassige Hotels. LH hatte oft lange Verträge mit internationalen Hotelgesellschaften wie Intercontinental, Hilton, Sheraton, Holiday Inn. Sie lagen fast immer im inneren Bereich der Städte, was immer lange Anfahrten bedeutete. Die großen Hotel-Konzerne legten großen Wert darauf, ein junges Klientel im Haus zu haben, welches sich sonst diese Hotels nicht leisten konnte. Die feste Belegung eines gewissen Kontingents von Zimmern erleichterte ihnen auch die Planung. Unsere knappen Spesen gaben wir natürlich nur selten in den Luxusrestaurants der Hotels aus, sondern hatten oft außerhalb irgendwelche Spezialitätenrestaurants, welche die Crews häufig frequentierten.

***

Da die frühen Pick-ups immer um 05.00 Uhr herum geplant waren, reichten ein Apfel oder eine Banane mit einem Stück Schokolade und einem Schluck Mineralwasser völlig aus. An Bord gab es dann reichlich Kaffee, um alle zufriedenzustellen. Während die Cockpitbesatzung an der Station ihre Flugpläne besprach, befassten wir uns mit den Pax relevanten Infos. Von dem Cockpit erfuhren wir noch die Wetterbedingungen und begaben uns dann mit unseren als Crew-Gepäck markierten Koffern zur hintersten Ladeluke, um sie dort abzustellen und anschließend die Maschine zu besteigen.

Dort überprüften wir anhand unserer Checkliste das Sicher-heitsequipment und die sonstige Kabinenausrüstung. Dann über-wachten wir die Galley-Beladung und trafen Service-Vorberei-tungen. In manchen Fällen trafen wir die Cockpit-Crew erst an Bord, nachdem diese die Post geflogen hatte. Da wurden die Postsäcke getrennt von der Fracht im Belly in der Kabine auf den Sitzen festgeschnallt befördert. Es gab auch Versionen, bei denen die Passagiersitze auf Paletten montiert waren und nachts durch die große Cargo-Door ausgeladen wurden. Stattdessen wurden Frachtcontainer beladen. Als reines Frachtflugzeug flog dieses dann nach FRA und dann ebenfalls als solches wieder zurück, wo es wieder in ein Passagierflugzeug verwandelt wurde. Diese Flugzeugtypen waren die ökonomischsten der LH, da sie ihre Zeit nie lange am Boden verbrachten. Allerdings mussten diese Maschinen eher zum General-Check/TÜV, der sich nach Flugstunden richtete. Da gewisse Flüge am Sonntag oder am Wochenende nicht gingen, konnte es sein, dass wir uns ein volles Kulturprogramm leisten konnten. Museen, Theater, Oper, Zoo, Vorträge, Jazzkneipe, Kirchenbesuche, Ausflüge.

In Hamburg waren die besonderen Anziehungspunkte der berühmte Fischmarkt, wo lustige Versteigerungen besonders durch Holländer stattfanden, weltweit einmalig war die Schiffs-begrüßungsanlage in Blankenese, wo Schiffe mit ihrer National-hymne begrüßt oder verabschiedet werden. Dann gab es nahe dem Hauptbahnhof die Witthüs Teestuben, wo man gemütlich Schach spielen konnte. Manche Crews konnten es nicht lassen, die Nacht auf der Reeperbahn bei Salambo und anderen Etablissements zu verbringen, wo Sexlife und Schlammschlachten zwischen Frauen auf dem Programm standen.

Über meinen Großvater mütterlicherseits wurde folgende Story kolportiert. Als junger kaiserlicher Garde-Jäger war er zusammen mit Offizieren in Hamburg zu einer Schulung abgeordnet. Er war für seine enormen Kräfte bekannt und es hieß, er wäre in der Lage, das dicke Telefonbuch von Breslau zu zerreißen. Als die Offiziere so über die Reeperbahn schlenderten, fasste ein dreister Taschendieb ihm in die rückwärtige Hosentasche, um seiner Brieftasche habhaft zu werden. Mein Großvater, der das bemerkte, erwischte die Hand des Gauners und brach ihm Daumen, Zeige- und Mittelfinger und ließ dann den vor Schmerz brüllenden Kerl jedoch laufen.

Hamburg war mir allein schon wegen seiner weltoffenen und Seeatmosphäre sympathisch. Ganz in der Nähe unseres Crew-Hotels am Botanischen Garten »Planten & Blomen« war ein antiquarischer Buchladen, dessen Besitzer einem fast alles besorgen konnte, nach was sich die Literaturliebhaber sehnten. Dort stöberte ich lange in den Regalen und verbrachte einige Zeit beim Schmökern. Bei einem Faschingsball im Hotel machte ich die Bekanntschaft eines verblühten sympathischen Modells. Wenn ich privat nach Hamburg kam, lud sie mich immer ein, gratis in ihrer nahe gelegenen Pension zu übernachten.

Nach Hamburg schätzte ich sehr den Layover im Penta Hotel in München nahe dem Deutschen Museum. Im Rahmen des Diversifizierungsprogramms hatte Lufthansa begonnen, eigene

Tourist-Hotels zu erwerben. Meine recht unternehmungslustige Mutter lebte am Rande der nördlichen Peripherie von München. Mein Bruder hatte ihr das Apartment in Karlsfeld besorgt, bevor er nach den USA auswanderte. In und rund um München lebten viele Freunde und Verwandte, dort fühlte sie sich wohl. Je nach Situation und Dienstplan besuchte ich sie mit der S-Bahn und wir machten bei schönem Wetter Ausflüge in die Umgebung, zum Beispiel ins Moos, wo die größte Heilkräuter-Anpflanzung von Deutschland existierte. Nicht weit war es nach Schleißheim zur Flugzeugabteilung des Deutschen Museums. Sonst verabredeten wir uns in München im Penta Hotel. Entweder wartete sie bereits schon in der Lobby auf mich oder sie klopfte an meine Zimmertür, als ich schon aus der Dusche kam. Je nach Wetter planten wir dann unseren Tagesverlauf mit einem Essen in einem rustikalen Restaurant wie »Schneiders Weiße« im Tal, wo es am Sonntag auch Weißwürste gab, oder wir waren im »Hackerbräu«, wo es in der warmen Jahreszeit gerösteten Steckerlfisch vom Chiemsee gab, oder im Hofbräuhaus nahe dem Maximilianeum, wo sich kaum ein Tourist hin verirrt. Dann spazierten wir entlang der Isar oder benutzten eine Tram (die so treffend von dem Komiker Valentin in bayerischer Mundart beschrieben wird). Im Museumsviertel gab es immer eine Ausstellung zu bewundern. Als Jugendlicher hatte ich mich nicht nur mit Aquarellen beschäftigt, sondern hatte mich auch in Ölmalerei versucht. Ich kannte mich also etwas aus in diesem Metier. Dann ging es zum gemütlichen Café Luitpold in der Nähe des Hofgartens, wo wir uns einen Kaffee mit Schlagobers und Cognac sowie einen Apfelstrudel oder Käsekuchen genehmigten. Wir schauten dann in der Zeitung nach, was zum Beispiel das Theater am Gärtnerplatz auf dem Programm hatte. Wir versuchten dann noch Karten an der Abendkasse zu ergattern. Wenn es nach einer Aufführung zu spät wurde, übernachtete meine Mutter bei mir im Hotel. Sie blieb dann immer noch zwei Stunden länger liegen, wenn um 04.45 Uhr der Weckruf für mich kam. Ich hing dann ein »Don't disturb!«-Schild an den Türknopf. Für ein frugales Frühstück war auch gesorgt, welches mit einer Folie abgedeckt im Kühlschrank deponiert war. Ein Heißwasser-Topf stand auch zur Verfügung. Bei anderen Gelegenheiten besuchten wir Nymphenburg Schloss und Park oder fuhren mit der S-Bahn zu Verwandten und Freunden, bei denen wir uns bereits Tage vorher angemeldet hatten. Ich war wie immer bei solchen Gelegenheiten tadellos gekleidet und brachte immer ein passendes Gastgeschenk mit, zumindest den obligatorischen Blumenstrauß. Es war erstaunlich, was für ein Sammelsurium von Menschen ich durch meine Mutter kennenlernte. Schade, dass ich es versäumt habe, ein Tagebuch zu schreiben.

Beim Stuttgart Layover lud ich oft meine Tante Gräfin v.d. Schulenburg zum Brunch ins Hotel ein um besonders Familienklatsch auszutauschen. Über unseren gemeinsamen Vorfahren Mathias Feldmarschall Graf von der Schulenburg gibt es bemerkenswertes zu berichten.

Feldmarschall v. d. Schulenburg

Esthétique   – Proportia Divina... 46-49

Nach seinem Studium in Paris und Saumur
begann sein militärisches Wirken,
mit den kaiserlichen Truppen kämpfte er 1688
in Ungarn gegen die Türken.
Im Dienste des Herzogs von Braunschweig
stieg er rasch auf in der militärischen Hierarchie,
er entwickelte sich zum Spezialist für defensive Strategie.
Auch für diplomatische Missionen wurde er
vom Herzog erfolgreich eingesetzt,
in militärischen Kreisen wurde sein Urteil hochgeschätzt.

König August der Starke setzte ihn als
Generalleutnant gegen die Schweden ein,
im spanischen Erbfolgekrieg kämpfte er auch
in der Pfalz und am Rhein.
In weiter folgenden Kriegen schonte er durch
geschickte Rückzugtaktik Truppen und Material,
weshalb man ihn an den britischen Kommandeur John
Churchill, 1. Duke of Marlborough, weiterempfahl.
Unter diesem kämpfte er in Flandern und
belagerte dort erfolgreich mehrere Städte,
und als er Prinz Eugen von Savoyen kennenlernte,
sich sein Schicksal drehte.
Dieser vermittelte den Feldmarschall für
drei Jahre in die Dienste der Republik Venedig,
kein Problem, denn das Schlachtenross war immer noch ledig.
Dort erhielt er das Oberkommando über die
heruntergekommene Landarmee,
die er gründlich reorganisierte im Auftrag des Serenissime.
Die Venezianer hatten bereits schon bedeutende
Gebiete an das osmanische Empire verloren,
und der Sultan hatte sich Venedig und Wien
als nächste Etappe auserkoren,
um das christliche Abendland in den Zangengriff zu nehmen
und so allen Widerstand der europäischen Mächte zu lähmen.
Doch der Feldmarschall hatte sich eine
geniale Strategie ersonnen
und hatte unverzüglich mit dem Ausbau der

Inselfestung von Korfu begonnen.
Von dort aus blockierte er die Adria
und die herbeigesegelte osmanische Flotte lag hilflos da.
Wäre sie weitergezogen,
dann wäre sie prompt in die Falle gegangen,
die Situation die Türken zu unpopulären
Maßnahmen zwangen.
Erfolglos erwiesen sich die Angriffe
auf das Fort und deren Belagerung,
die gut organisierte und tapfere Verteidigung
bremste den osmanischen Schwung.
Mit dem dringend notwendigen Nachschub hatte
die türkische Flotte auch kein Glück,
sie zog sich schließlich gedemütigt nach
Konstantinopel zurück.
Wien wurde gleichzeitig gerettet
durch das polnische Reiterheer,
was die politische Landkarte zugunsten
Österreichs änderte sehr.
Der Doge verlängerte den Vertrag mit dem
Feldmarschall auf Lebenszeit
und dieser stand dann in der Folge
auch für viele diplomatische Missionen bereit.
Sein Palast »Loredan« am Canal Grande war ein beliebter
gastfreundlicher Ort,
berühmte Persönlichkeiten trafen sich gerne dort.
Der Graf wirkte als Mäzen für Maler und Literaten

und korrespondierte lebhaft mit Voltaire und anderen
Geistesmagnaten.
Wäre der Feldmarschall 1712
nicht gefolgt dem venezianischen Gesuch,
dann wäre heute vielleicht der Koran unser wichtigstes Buch.
Ein prachtvolles Denkmal auf Korfu erinnert an diesen
außergewöhnlichen Mann,
der viele Potentaten einst zog in seinen Bann.

***

Bei einem Layover in Düsseldorf versäumte ich es nicht, die
jüngste Schwester meines Vaters, eine Juristin, zu besuchen. Sie
war die erste Oberposträtin in Deutschland. Sie hängte ihren
Beruf jedoch mit 45 Jahren an den Nagel, um sich der Erziehung
ihrer Kinder zu widmen. Es war eine lebhafte Familie mit drei
Mädels und Zwillingsbrüdern. Der Vater hatte als Panzerkom-
mandant ein Auge verloren und hatte dann Artilleristen ausgebildet. Nach dem Krieg hat er auch Jura studiert und dabei
meine Tante kennengelernt. Bei der neu etablierten Bundeswehr
hatte er im Amt Blank dann die Führung des militärischen Abschirmdienstes übernommen. Als es herauskam, dass sich ein
geschickter DDR-Spitzel dort eingenistet hatte, versuchte man,
ihm die Schuld in die Schuhe zu schieben. Er war so verärgert,
dass er seinen Dienst quittierte und einen Job bei der ARAG Ver-
sicherungsgesellschaft annahm. Bei einer guten Flasche Rotwein
konnte er spannend aus seiner Kriegszeit und danach berichten.

Besonders faszinierten mich seine Berichte über große Versicherungsfälle und Betrügereien, was sich meist hinter den Kulissen abspielte. Als Laie hatte ich natürlich keine Ahnung davon.

An diesem Beispiel möchte ich nur zeigen, wie schön es ist, überall nette Kontakte zu haben, die einem auch die Orte vertrauter machen, an welchen sie leben.

Außer London war mir Paris besonders ans Herz gewachsen. Dort habe ich ja mal gelebt. Wenn ich zum Layover in Orly landete, rief ich Jane Fiedler in ihrem Büro an und verabredete mich mit ihr im Café Fouquet's auf der Champs Élysées oder im Café de la Paix bei der Oper zu einem Schwätzchen. Manchmal bat sie mich auch nach Hause in La Defense hinter dem Arc de Triomphe, wo sie zusammen mit ihrem Partner, einem renommierten Radiologen, in einem der Hochhäuser residierte. Jane war die Witwe eines Schweizer Diplomaten. Nicht aus finanzieller Notwendigkeit, sondern aus Freude an ihrem Job arbeitete sie als Fremdsprachen-Korrespondentin bei Siemens. Woher kannte ich sie? Ihre Mutter, eine geborene Martignoni, deren Vater ein geachteter Hotelier und Manager des noch heute existierenden Züricher Luxushotels »Baur au Lac« war, wurde von ihm 1914 zur Hotelausbildung nach Davos geschickt. Während im restlichen Europa der Erste Weltkrieg tobte und sich die Menschen gegenseitig abschlachteten, verhielt sich die Schweiz neutral und stellte lediglich Gardesoldaten zum Schutz des Papstes und des Vatikans zur Verfügung. Nicht nur Bankgeschäfte, Schokolade und Präzisionsinstrumente sind für die Schweizer Wirtschaft wichtig, sondern immer noch die Touristen, die dieses irdische Paradies beleben und für Vollbeschäftigung sorgen. Diese Devisenbringer fehlten jedoch. Die Regierung in Bern ließ sich daraufhin etwas recht Cleveres einfallen. Über ihre Diplomaten boten sie den Mittelmächten und den Alliierten Folgendes an: Organisiert vom eidgenössischen Roten Kreuz wurde ein humaner Austausch von gefangenen schwer verletzten vorwiegend Offizieren eins zu eins, zum Beispiel ein amerikanischer Captain gegen einen österreich-ungarischen Marineoffizier oder ein preußischer Rittmeister gegen einen französischen Colonel der Infanterie, vorgenommen. Diese wurden mit Sonderzügen an die Schweizer Grenze gebracht und dort dem Roten Kreuz übergeben. In den bisher leeren Hotels wurden die Kranken gesund gepflegt und dann an Frankreich oder Deutschland übergeben. Natürlich wurde darauf geachtet, dass die Gegner keinen Kontakt miteinander hatten, das heißt, dass Davos für die Mittelmächte und St. Moritz für die Alliierten reserviert war. Eine Fraternisierung war so nicht möglich. Vertraglich war auch festgelegt, dass die geheilten Offiziere nicht wieder an der Front eingesetzt werden durften. Die Kosten für die gesamte Aktion übernahmen die kriegführenden Gegner. Mein Großvater Baron Hans von Reibnitz, dem es gelungen war, sich mit seinem Mitstreiter nach Frontverschiebung wochenlang der Gefangennahme zu entziehen, wurde dann schließlich doch erwischt und erduldete Hunger, Durst, Erfrierungen und fehlende medizinische Betreuung. Mein Großvater erlitt eine Verletzung durch einen Granatsplitter, der noch eine schwere Lungenentzündung folgte. Zur Rehabilitierung war er nach Davos verschickt worden. In der angenehmen Atmosphäre des Luxushotels und der exzellenten ärztlichen Betreuung erwachten wieder seine Lebensgeister. Er verliebte sich dann in die attraktive Hotelierstochter und sie hatten eine heiße Affäre miteinander. Nach Entlassung wurde er zur Ausbildung von Gardejäger-Rekruten in Potsdam bei Berlin eingesetzt. Meine Großmutter war zur gleichen Zeit dort im Lazarett als Krankenhelferin tätig. Kurz vor Kriegsende grassierte die »Spanische Grippe« zuerst in Europa und verbreitete sich dann über die gesamte Welt. Mehr Menschen wurden Opfer dieser Epidemie als Soldaten auf den Schlachtfeldern. Meinen Großvater I. hat diese auch nicht verschont. Er starb Mitte Januar 1919. Meine Mutter hatte gerade ihren vierten Geburtstag gefeiert. Kurz vor seinem Ableben gestand er meiner Großmutter seinen Seitensprung und bat sie, ihm zu verzeihen. Das tat meine Großmutter auf ungewöhnliche Weise. Als die ersten Unruhen nach dem verlorenen Krieg sich gelegt hatten, lud sie seine Geliebte Ricarda Martignoni zu sich nach Oberschlesien ein. Sie verstanden sich auf Anhieb und wurden die besten Freundinnen. Die Zuneigung zu »Tante Riekchen«, wie man sie liebevoll nannte, wurde ein fester Bestandteil in unserem Familienclan und übertrug sich bis auf die folgende Generation. Nach unserer Flucht aus Schlesien landeten wir schließlich in einem kleinen niedersächsischen Dorf nahe der Universitätsstadt Göttingen. Wir waren völlig mittellos und überlebten die ersten Nachkriegsjahre auf primitivste Art in einer Holzhütte ohne elektrischen Strom und Wasserzufuhr. Über das Internationale Rote Kreuz veranlasste dann Tante Riekchen, dass mein neunjähriger Bruder in die Schweiz verschickt und dort von ihr ein paar Wochen lang aufgepäppelt wurde. Alle Mitschüler beneideten ihn um diese Reise in das Schweizer Schlaraffenland, von dem er unter anderem mit köstlicher Schokolade im Gepäck zurückkehrte. Nach Tante Riekchens Ableben übertrug sich die Anhänglichkeit auf ihre Tochter Jane, die ich so oft in Paris und später in der Nähe von Versailles aufsuchte.

Das Übernachtungshotel in Barcelona befand sich ganz in der Nähe des Placa de Catalunya, unter dem alle RENFE-Zuglinien zusammentrafen. Dort liegt auch das vornehme Kaufhaus »Corte del Ingles«, welches sich mit dem Kaufhaus »Harrods« in London durchaus zu messen vermag. In der Mitte des Platzes sorgt ein großer Springbrunnen dafür, dass die zahllosen Tauben nicht verdursten. Vom Platz aus führt eine breite, mit Bäumen gesäumte Promenade zum Hafen. Diese »Rambla«, die an der Altstadt, der Oper und dem Lebensmittelmarkt vorbeiführt, ist die richtige Kulisse für Ausdruckskünstler und ein Paradies für Taschendiebe. Am Ende der Rambla erhebt sich eine riesige Säule, auf deren Spitze die Bronzefigur von Christobal Colon/Kolumbus thront, dessen rechte Hand in Richtung Westen weist. Gleich daneben vor dem Hafen liegt das Marinemuseum, dessen größte Attraktion die reich geschmückte königliche Galeere ist. Der Passagierhafen bietet nicht nur den Kreuzfahrtschiffen Platz, sondern ist auch für die Fährschiffe zu den Balearischen Inseln da. Dort liegt auch die Replica der Santa Maria, dem Flaggschiff von Kolumbus, vertäut. In der Altstadt faszinieren Kathedralen und Klöster, deren Innenhöfe noch aus der maurischen Zeit stammen. Am Placa de Catalunya, genau gegenüber der Rambla, beginnt die Prachtstraße, in welcher sich sehenswerte Luxusgeschäfte befinden. Eines dieser Häuser wurde von dem exzentrischen und hochbegabten Architekten Gaudí kreiert, von dem auch die einmalige »Sacra Familia« stammt. In einem Buchladen machte ich dann zufällig Bekanntschaft mit einer Nichte von Fidel Castro, die an der Universität von Barcelona studierte. Sie nahm mich dann in ein Café mit, in dem ich noch weitere Studenten aus Lateinamerika kennenlernte. Dort tranken wir Unmengen von brasilianischem Kaffee. Ich brachte dann natürlich das militärische Engagement Cubas zugunsten des kommunistischen Diktators Santos und die sinnlose Zerstörung der wirtschaftlichen Grundlagen und der Kultur von Angola und Mozambique zur Sprache. Dort wüteten gerade zwei endlos andauernde Bürgerkriege, die nichts als Leid und Elend brachten. Die einst blühenden und friedlichen Länder haben ja bis heute nicht aus ihrer Stagnation herausgefunden. Niemand hat Interesse daran, Verträge mit unzuverlässigen Diktatoren abzuschließen, die nichts Besseres vorhaben, als die gut eingespielten westlichen Unternehmen zu verstaatlichen und diese wegen fehlendem Know-how in den Ruin zu treiben. Clevere Finanziers investieren doch lieber in zuverlässige Länder der Dritten Welt, wie es China macht. Die Weltverbesserungs-Diskussionen führten ins Uferlose, aber erweiterten den Horizont.

In Nizza/Nice gab es zwar zu meiner Zeit nie eine Übernachtung, aber man hatte während der Transitzeit bei den an den Flughafen angrenzenden Blumenbauern üppige Nelkensträuße zu erwerben. Dazu wurde ein FB abgestellt. Das hatte natürlich nur Zweck, wenn der Umlauf in FRA endete oder es als Nächstes eine Übernachtung gab, wo es jemanden gab, dem man damit eine Überraschung bereiten konnte. In einem Fall hatten wir versehentlich einen Strauß zu viel bestellt. Die Nelken haben wir dann einzeln an weibliche Passagiere verschenkt. Auf Langstrecke wurden für die FC-Paxe weltweit als Begrüßung Senator Rosen geschenkt, die, um sie lange frisch zu halten, in kleinen Plastikbehältern mit etwas Wasser verstaut waren. Die FC-Paxe der Thai International bekamen eine Orchidee.

Ich zähle hier einmal auf, wo es irgendwelche besonderen Artikel von Interesse gab, die wir erwerben konnten: Dublin/Irland = Wildlachs, London = Parker Pens und Tee, Kopenhagen = Dänisches Buttergebäck, Paris-Orly = Parfum, Kosmetika, Amsterdam = Gouda Käse, Stockholm = Rentier Steaks, Brüssel = Modeschmuck, Zürich/Genf = Bohnenkaffee, Riesen Schokolade, Davidoff Zigarren, Prag = Pilsner Bier, Malaga = Sherry, Lissabon = Vinho Verde, Portwein, filigranen Goldschmuck, Madrid = Serrano Schinken, Istanbul = Lederartikel, Khartum = Hibiskustee, Nairobi/Kenia = exotisches Obst/Gemüse, Athen = Demestika Wein in Korbflaschen, Olivenöl Extra Vergine, Teheran = Kaviar. Alle diese Spezialitäten gab es entweder beim Catering oder manchmal auch beim Bodenmechaniker, der damit einen kleinen Nebenverdienst hatte. Für einige Artikel musste man sich zum Abflugbereich bemühen. Wegen der oft weiten Wege wurde dann ein FB damit betraut. Crews genossen in der Regel bei einigen Geschäften Sonderkonditionen.

Beirut/Libanon war für mich die faszinierendste Stadt, die wir weltweit anflogen. Mit seiner französisch-arabisch geprägten Kultur und multinationalen geschäftstüchtigen friedlich zusammenlebenden Bevölkerung wurde sie damals als die Schweiz des Nahen Ostens bezeichnet. Die reichen Ölstaaten hatten dort bei renommierten internationalen Banken ihr Kapital deponiert und hatten auch in die libanesische Wirtschaft investiert. Ein altbewährtes Gesetz hatte bestimmt, dass der Präsident ein maronitischer Christ und der Prime Minister immer ein sunnitischer Muslim war. Die Flagge des Libanon ist eigentlich ein Witz, denn die Zeder, die darauf abgebildet ist, wurde für den Schiffs-, Hausbau und für Holzkohle schon verbraucht. Es erfolgte nie eine systematische Aufforstung. Nur im hohen Atlas in Marokko entgingen sie dem menschlichen Zugriff. Einige schöne Exemplare existieren bei uns in botanischen Gärten. Die beiden prächtigsten und ältesten befinden sich vor dem Parkeingang des Bad Homburger Schlosses, der Sommerresidenz unseres letzten Kaisers. Sie sind über 200 Jahre alt und wurden 1822 dem Landgrafen als Gastgeschenk des Duke of Cambridge aus den Kew Gardens bei London mitgebracht.

Landschaftlich hat der Libanon auch einiges zu bieten. Ein deutscher Farmer und ehemaliger Schiffskapitän, mit einer Libanesin verheiratet, nahm mich mal auf sein Weingut oben im Gebirge mit. Der libanesische Wein ist vorzüglich, so wie die Schweizer Weine vom Rhonetal und Genfersee. Beide werden im eigenen Land genossen. Nur kleine Mengen geraten in die Weinkeller von europäischen Luxushotels wie dem Ritz in Paris und dem Adlon in Berlin. Im Libanon gibt es Jahreszeiten, wo man je nach Wunsch Wasserski an der Corniche oder Ski in den Bergen laufen konnte. Besonders in der südlichen Stadt Tyros kann man Überreste aus der Antike bestaunen. Alexander der Große hatte es fertiggebracht, diese als unbesiegbar geltende Stadt mit Hilfe der von ihm erdachten Belagerungstechnik zu besiegen. Rollende Belagerungstürme aus Zedernholz, die mit ständig befeuchteten Tierfellen ummantelt waren, schob man dann an die Stadtmauer und ersparte sich die üblichen Sturmleitern, bei denen es zu vielen Verlusten kam. Zwischen den Gebirgszügen des Libanon und Trans-Libanons erstreckt sich die Bekaa Ebene, das lange Zeit zur Ausbildung von PLO-Terroristen diente. Dort gibt es allerdings auch Überreste einer unbekannten Kultur, wo man noch heute darüber rätselt, mit welchen Mitteln man vor Jahrtausenden die riesigen Steinquader aufeinandergefügt hat. In nördlicher Richtung, nicht allzu weit von Beirut entfernt, vorbei an ausgedehnten Besitzungen kommt man zum versteckten Eingang einer farbig ausgeleuchteten Tropfsteinhöhle. Einmal erwarb unsere gesamte Crew Kurzzeit-Touristenvisa nach Syrien. Ausnahmsweise wurden unsere Personalausweise mit Hilfe eines kleinen »Bakschisch« akzeptiert. Unser Ziel war das »Krak des Chevaliers«, eine sehr gut erhaltene und einst heiß umkämpfte Kreuzritterburg aus dem 11. Jahrhundert. Ich bin sicher, dass dort schon einige historische Filme gedreht wurden. Im Libanon gab es schon immer eine bunte Minderheit von Flüchtlingen und Abenteurern aus aller Herren Länder.wie Armenier, Russen, Kurden, Kosaken, Tscherkessen, Jemeniten, Syrer, Palestinenser und Juden, die jedoch arabische Namen trugen. Unser Crew-Hotel an der Corniche gehörte einem Syrer. Mit dem Sohn habe ich mich angefreundet. Ihm ist es zu verdanken, dass ich Zutritt zu dem feinsten Club erhielt. Es wurde dann zum Ritual, dass ich meinen Geburtstag immer dort im Kreise von netten Bekannten feierte, zu dem ich auch den LH-Manager einlud. Um nicht so sehr als Tourist eingestuft zu werden, kleidete ich mich besonders bei großer Hitze auf die angenehme Art der Einheimischen in einer weißen oder sandfarbenen Galabeya/Burnus. Bei Bedarf verbargen Sonnenbrille und entsprechende Kopfbedeckung meine Herkunft. Unbelästigt von aufdringlichen Händlern, Bettlern und Kindern konnte ich mich dann unter die quirlige Menschenmasse in der Stadt oder im Bazar nahe dem Place de Canon mischen. Meine ersten autodidaktischen Arabischkenntnisse halfen mir auch, nette Kontakte zu knüpfen.

Später belegte ich einen Arabischkurs in Alexandria/Ägypten. Er war von libanesischen Jesuiten für Missionare organisiert worden und fand im St. Mark Gymnasium statt, das in den langen Sommerferien frei war. Ein Freund in Frankreich hatte mich darüber informiert und mir empfohlen, mich dazu anzumelden, da noch Plätze frei waren. Der Unterricht fand in Französisch statt und es wurde das Arab-Egyptien vermittelt, welches sich recht stark von den übrigen Dialekten unterscheidet. Viele Ausdrücke stammen aus dem Türkischen. Man soll sich nicht wundern, wenn Ägypter und Marokkaner nur schwer miteinander kommunizieren können. Was man sich in allen Sprachen zumindest beibringen sollte, sind zwei Sätze: »Wie ist Ihr werter Name?« und »Wie bezeichnet man das in Ihrer Sprache?« Das ist der Schlüssel zu jeglicher Konversation. Namen haben im Arabischen alle eine Bedeutung und können deshalb gut behalten werden. Beispiele: Abd-al-chalif = Vater des Kalifen, Ibn-Saud = Sohn des Saud, Ibn-Wassir = Sohn des Ratgebers. Begrüßungen können recht malerisch sein wie »Sabah al Jasmin = Morgen des Jasmins!«, »Allah karim! Allah sei Dir gnädig!« Grammatik spielt keine so große Rolle wie im Lateinischen oder Deutschen. Die Osmanen haben sehr zur Bereicherung der arabischen Sprache beigetragen, was besonders in der ägyptischen Version zum Ausdruck kommt. Kein Wunder, denn das Herrscherhaus der osmanischen Dynastie hat erst in den frühen 50er Jahren des 20. Jahrhunderts abgedankt.

Kommen wir zurück zu dem kleinen Vielvölkerstaat Libanon, wo fast ein Dutzend Religionsrichtungen friedlich zusammenlebten. Die Einzigen, die in Transjordanien und im Libanon in Flüchtlingslagern lebten und nichts zur prosperierenden Wirtschaft beitrugen, waren die Palestinenser. Die Unterstützung durch die UNO und die westliche Welt hinderte sie nicht daran, ihr Gastgeberland zu destabilisieren. Vor den Unruhen konnte man bei mehrfachen Aufenthalten Dinge schnell und kostengünstig erledigen, da es überall tüchtige Handwerker gab. Hier einige Beispiele: Bei meinem betagten Austin-Healey war das Verdeck brüchig und die Heckscheibe undurchsichtig geworden. Außerdem waren die seitlichen Steckfenster aus Plexiglas zerkratzt. Bei einem darauf spezialisierten Handwerker ließ ich beides erneuern. Anstatt des abgenutzten Kunststoff-Ganghebels ließ ich mir einen formschönen aus Messing mit meinen eingravierten Initialen oben herstellen.

Einem Handwerker, der sich mit komplizierten Edelstahl-Schweißarbeiten befasste, erteilte ich den Auftrag, anhand meines Musters eine Anlage aus Edelstahl herzustellen. In diesen Jahren hatten nur Bentley und Rolls-Royce serienmäßig solche Anlagen in ihren Modellen. Ich hätte mir auch größere Teile reparieren bzw. anfertigen lassen können, aber als Crew-Gepäck konnte ich das ja schlecht deklarieren. Am liebsten hätte ich dort meinen kompletten Wagen einer Generalüberholung unterziehen lassen. Stattdessen eignete ich mir einige Mechaniker-Fertigkeiten an, die mich von Werkstätten unabhängiger machten.

Ein Freund, der ein wunderschönes Jugendstilhaus im Taunus besaß, machte mich auf seine abgenutzten und zum Teil fehlenden Türklinken und Beschläge aufmerksam. Ich nahm je ein Muster nach Beirut mit und ließ die benötigte Anzahl anfertigen. Der Spezialist bereitete die entsprechenden Formen vor, um diese dann mit der geschmolzenen Messinglegierung zu füllen. Anschließend wurden die Stücke noch bearbeitet und dann poliert. Meine ganze Junggesellenwohnung war mit solchen Messingteilen ausstaffiert. Lediglich die Eingangstür hatte außen einen bescheidenen Knopf aus Aluminium. Zu Hause trug ich meistens einen praktischen Overall, weil ich ständig etwas reparierte, montierte oder bastelte.

Die Auswahl richtiger Geschenke bereitet oft Kopfschmerzen. Bei meinem Messing-Spezialisten in Beirut oder in Karatschi bestellte ich dann häufig Namensschilder, Hausnummern oder passende Türglocken. Auch Windspiele aus Perlmutt oder kunstvoll bemalte Fächer fanden großen Anklang. Manche Freunde bestellten bei mir aufwendige Messingschilder mit ihrem Familienwappen. Sie erfreuen sich wegen ihrer geschmackvollen Ausführung großer Beliebtheit.

Außerdem war Beirut ein Paradies für Liebhaber von seltenen Antiquitäten. Manche Beduinen tauschten zur Freude aller Sammler ihre uralten Steinschlossgewehre und Pistolen gegen billige moderne Waffen ein. Mein Interesse lag jedoch an seltenen antiken griechischen und römischen Münzen. Noch heute besitze ich einige auseinandernehmbare Safari-Sitze aus Leder und Holz, runde Sitzkissen und orientalische Lampen aus durchbrochenem Messingblech. Teppiche, um ramponierte Fußböden zu bedecken, waren damals groß in Mode. Auch Textilgeschäfte mit ihrer großen Auswahl an Stoffen auf Rollen waren ein Anziehungspunkt. Den Verkäufern machte es sichtlich Spaß, die Kunden, fast immer nur Frauen, zu unterhalten, indem sie mit geschicktem Schwung Rolle nach Rolle vor ihnen ausbreiteten. Einmal besorgte ich einen robusten goldfarbenen Stoff, um meine Stühle neu zu beziehen.

Ein anderer exotischer Ort, an dem ich mich gerne aufhielt, war die Hafenstadt Karatschi in Pakistan. Es reichte zwar nicht an das Ambiente von Beirut heran, hatte jedoch etwas Einzigartiges für die Crews zu bieten. Wegen der Gefahr von Dysenterieerkrankungen von Crew-Mitgliedern hatte Lufthansa in unserem Hotel, dem Metropol, eine ganze Etage gemietet und dort auch ein Kasino mit Küche eingerichtet, um Ausfälle von Besatzungsmitgliedern zu vermeiden. Rund um die Uhr wurde man dort unter hygienischen Bedingungen versorgt. Der Verzehr wurde über unser Spesenkonto verrechnet. Der Manager Mr Muneer war ein zuverlässiger und hilfsbereiter Partner, der uns beriet und manchmal auch Extrawünsche erfüllte. Ich nahm zum Beispiel immer eine Flasche mit frisch gepresstem Lime Juice mit nach Hause, den ich unter anderem zur Anreicherung von Obstwein als Säurezusatz bei der Vergärung benötigte. Bier durfte in diesem streng muslimischen Land nicht aus dem Casino nach außerhalb mitgenommen werden. Ein alter sympathischer Koch, der früher bei einem englischen General tätig gewesen war, herrschte in der Küche über seine Assistenten und achtete streng darauf, dass die Hygienevorschriften eingehalten wurden. Jeden Tag überraschte er uns zum Lunch und Dinner mit einer landesüblichen Köstlichkeit. Zwischendurch konnten wir jederzeit ein englisches Clubsandwich ordern. Dank ihm bekam ich zum Frühstück immer meinen geliebten Masala-Tee. Besonders genoss ich den Saft frisch gepresster tropischer Früchte. Das Service Personal und der Koch waren fast alle Flüchtlinge, die Opfer der Teilung Indiens in einen hinduistischen und einen muslimischen Staat waren.

Der östliche bengalische Teil Pakistans verselbständigte sich bald und wurde nach einem Militärputsch Bangladesch, einer der ärmsten und bevölkerungsreichsten Staaten der Welt. Da uns mit Pakistan gute wirtschaftliche Beziehungen verbinden, sind die Flüge immer ausgebucht. Auf der Strecke von Dubai/Abu

Dhabi nach Karatschi und zurück fliegen Gastarbeiter mit uns, die kein Englisch sprechen. Später lernte ich dann den pakistanischen Initiator dieses Business-Abkommens kennen. Er hatte sein Office ganz in der Nähe des Hotels und ich fungierte dann als Kurier von Geschäftspapieren nach Frankfurt, was schnell und unkompliziert vor sich ging.

Das Metropol, ein in die Jahre gekommener Hotelpalast aus der Kolonialzeit. Für den nicht existenten Swimmingpool gab es über dem 6. Stockwerk Liegen und eine Dusche mit Handtüchern. Von dort hatten wir einen schönen Blick über Karatschi. Ganz in der Nähe befanden sich die katholische Mädchenschule, das Offizierskasino und der Business Club. Abends vor Sonnenuntergang kreisten überall Massen von Krähen, die einen mächtigen Lärm veranstalteten. Die Stewardessen konnten sich zur Schönheitspflege oder zur Massage anmelden, die im Hotel angesiedelt war. Gegenüber in der Seitenstraße des Hotels gab es im ersten Stock einen Barbier, der dort sein kleines Refugium hatte. Ein tadelloser Haarschnitt bei ihm kostete umgerechnet nur 1,10 DM. Das war der heftigen Inflation des pakistanischen Rupees zu verdanken. Der weißhaarige alte Haudegen freute sich immer über meinen Besuch, denn nur äußerst selten verirrte sich ein Europäer zu ihm. Er lebte von Empfehlungen. Vor der Teilung Indiens war er jahrelang Leibbarbier von seiner Lordschaft Louis Mountbatten, des ehemaligen General-Gouverneurs von Indien, gewesen und hatte ihn überallhin begleitet, auch nach Shimla, und deren Sommerresidenz genossen. Er hatte auch noch Mahatma Gandhi und den ersten Präsidenten Pakistans, M. A. Jinnah, erlebt.

Wie bei uns früher im Mittelalter die Zünfte existierten, gibt es in Karatschi noch streng nach Handwerk geordnet Bereiche für Teppiche, Textilien, Schreiner, Metallbau, Glaser, Nähmaschinenhändler, Steinmetze, Schmiede, Töpfer, Schuhmacher etc. Ein wahres Paradies für neugierige Menschen wie mich. Ich hatte meine schönen Lederstiefel mitgebracht, die sofort besohlt wurden. Einem netten Alten, der einen winzigen Krimskramsladen betrieb, brachte ich gute gebrauchte Kleidungsstücke mit. Die chemische Reinigung der Uniform und das Waschen der Uniformhemden wurden über Nacht erledigt. Auf dem Fußweg in die Innenstadt fiel mir auf, dass an allen strategisch wichtigen Straßenkreuzungen Soldaten mit einem Maschinengewehr hinter Sandsäcken geschützt diesen Bereich überwachten. Hatte es doch immer wieder in der Vergangenheit Aufstände gegen die Regierung gegeben, wer immer auch gerade an der Macht war. Die Crews, wenn sie genug Sonne getankt hatten, fuhren mit dreirädrigen Tuktuk-Taxis zum Bazar, wo man billige T-Shirts oder Polohemden von Lacoste und Bluejeans kaufen konnte. Ich erstand dort Badetücher und eine Fellmütze mit dem Kopf und Schwanz eines Fuchses aus den Bergen von Kaschmir. Ungewöhnlich war auch der riesige Waschplatz, wo die meiste Wäsche von Karatschi unter freiem Himmel in großen Steinbottichen gekocht und dann außerhalb gewalkt und gespült wurde. In der Innenstadt existierte noch der große Viktoria Markt aus der Kolonialzeit, der mich sehr an die alten Markthallen in Paris erinnerte. Dort besorgten die Hausangestellten täglich frische Lebensmittel. Malerisch waren die Obst-, Gemüse- und Gewürzstände. In der Fleisch- und Geflügelabteilung stank es jedoch bestialisch, denn dort standen große frühere Öltonnen, in welchen Därme und sonstige Innereien deponiert wurden, was natürlich auch zahllose Fliegen anzog. An den Geschäften entdeckte ich Folgendes: An jedem Stand hingen einfache Rohbaumwolltaschen mit zwei Griffen in drei verschiedenen Größen. Der jeweilige Preis war in großen Zahlen, zum Beispiel 5 Rupees, aufgedruckt. Sie waren, wie ich später erfuhr, aus Überschussmaterial der Baumwoll-Spinnereien hergestellt. Das brachte mich auf eine Geschäftsidee, die ich später in die Praxis umsetzte. Zuerst waren es nur Wäschesäcke, für welche ich folgendes Design entwarf: ein Elefant, der sich mit seinem Rüssel duscht. Darunter kamen die Bezeichnungen WÄSCHE, LAUNDRY und BLAN-CHISSAGE. Der Aufdruck erfolgte mittels Siebdruck.

Er wurde mit einem unverwüstlichen Band verschlossen. Unten befand sich noch ein kurzer Griff, mit dessen Hilfe man den Wäschesack leeren konnte. Eine kleine Tasche für den Waschzettel befand sich innen. Für mittlere und kleine Größen entwarf ich ansprechende Szenen aus verschiedenen Weltgegenden wie zum Beispiel »einen Mexikaner mit breitrandigem Sombrero, der sich sitzend an eine Palme gelehnt eine Siesta gönnt«. Aber zu meinen Initiativen diesbezüglich komme ich später noch einmal. Bei einer Gelegenheit besorgte ich mir mal ein paar Kilo getrocknete Datteln und verarbeitete sie durch Vergärung wie Trauben zu Wein. Das Resultat war ausgezeichnet und wurde mit dem Alter immer besser. Was Lebensmittel betrifft, interessierten mich noch die in Gläsern oder Dosen verpackten arabischen Spezialitäten Tahina und Hummus.

Vom Hafen aus machte die Crew dann in der passenden Jahreszeit in einer altmodischen Dhau einen Ausflug zu einer vorgelagerten langgestreckten Sandinsel, auf der Riesenschildkröten bei Dunkelheit ihre Eier ablegten und eingruben. Den Vorgang konnten wir mit Hilfe von Taschenlampen, welche die Schiffsbesatzung uns zur Verfügung stellte, beobachten. Die Schildkrötenweibchen fühlten sich durch unsere Gegenwart nicht gestört. Die Insel war übrigens von bewaffneten Soldaten bewacht, welche den Raub von Schildkröten und Eiern verhüteten. Beides galt als Delikatesse, und deshalb waren sie vom Aussterben bedroht.

Nur wenige Kilometer entfernt befindet sich am Strand das größte Schiffsabwrack-Unternehmen von Südasien. Die Arbeiter, die mit Schweißbrennern beschäftigt sind, die Schiffe auseinanderzunehmen, tragen kaum Schutzkleidung und arbeiten in Schichten rund um die Uhr. Vermutlich sind sie auch nicht unfallversichert. Sie schaffen es, in einer Woche einen Öltanker oder ein Cargo-Schiff zu zerlegen, dabei fließen Schadstoffe wie hauptsächlich Öl ungehindert auf den Strand und ins Meer. Der anfallende Schrott ist dann Futter für die Schmelzöfen Chinas, Koreas und Europas. Ich kenne auch die Shipwrecking-Anlage in Kaohsiung, der südlichen Hafenstadt von Taiwan/Nationalchina, wo es allerdings sehr viel »zivilisierter« zugeht. Karatschis Handwerker kommen in der Geschicklichkeit denen von Beirut fast gleich.

Meine spätere Villa auf dem Lande hatte eine Doppelgarage, deren beide Türen mit einer Fernsteuerung ausgestattet sind. Als das »Remote Control Gerät« ausfiel, rief ich bei meinem

Garagentor-Hersteller an, ob ich das Gerät zur Reparatur einschicken könne, da hieß es, das sei nicht möglich, ich müsse ein neues Gerät erwerben. Da gerade Karatschi auf meinem Dienstplan stand, packte ich das kleine Handgerät in meinen Koffer, um dort mein Glück zu versuchen. In einem kleinen Geschäft, wo ich schon mehrfach Messingschilder geordert hatte, fragte ich, ob er jemanden kenne, der sich mit Elektronik auskennt. Er schloss daraufhin seinen Laden, hing ein Schild mit »Komme gleich wieder!« an die Ladentür und begleitete mich zu einem Bekannten ein paar Straßen weiter, der Radios reparierte. Dort setzten wir uns erst mal, bekamen Tee angeboten und schwatzten über Gott und die Welt, bis er auf das Gerät zu sprechen kam. Er schraubte es dann auf, nahm seinen Lötkolben und lötete das Kupferkabel der Wicklung um den Kohlekern fest und verschloss das Gerät wieder. Die Prozedur hat kaum eine Minute gedauert. Als ich meine Geldbörse zückte, lehnte er es strikt ab, bezahlt zu werden.

Dann lernte ich Amin Hassan, einen tüchtigen pakistanischen Geschäftsmann, im Shuttlebus vom Londoner Großflughafen Heathrow zur Innenstadt kennen. Die Piccadilly Line ging damals noch nicht bis zum Flughafen. Wir haben unsere Visitenkarten ausgetauscht und ich versprach ihm, mich bei ihm in Karatschi zu melden. Aus dieser Begegnung entwickelte sich eine Freundschaft, welche seine moderne Frau und seine beiden Jungs mit einschloss. Sie gehörten der muslimischen Glaubensrichtung der Ismaelis an, deren Führer der Aga Khan ist, der durch tadellose Schulen, Krankenhäuser, gehobenen Lebensstil für ein gutes Image seiner Institution sorgt. Amin nahm mich dann auch in den Business Club mit, wo ich viele Geschäftsleute auch seiner Glaubensrichtung traf. Dort kam ich auch mit dem Polizeichef von Karatschi zusammen. Ich berichtete ihm Folgendes: Ich hatte mal meine Frau und Tochter mitgenommen, die ich während meines Shuttlefluges nach Kathmandu/ Nepal in Karatschi zurückließ. Sie hatten ein Taxi genommen und die Stadt erforscht. Ein Polizist hatte das Taxi dann zur Seite gewunken und sie nicht weiter gelassen, bis der Fahrer ihm die unter einem Vorwand genannte Geldsumme überreicht hätte. Der Polizeichef erklärte das folgendermaßen: Polizisten würden so miserabel bezahlt, dass sie versuchten, auf diese Art ihr Gehalt aufzubessern. Zwei ausländische Frauen ohne männliche Begleitung wären da schnell Opfer. Der Taxifahrer würde am Ende des Trips sowieso eine überhöhte Summe verlangen, das sei die Regel. Trotz der vermeintlichen Strafe hätte er also keinen Verlust gehabt. Bei meinen Taxifahrten hatte ich übrigens fast nie erlebt, dass der Taxameter funktionierte, der Preis musste dann vor der Fahrt ausgehandelt werden. Ich habe den Verdacht, dass da ein geheimer Schalter war, mit dem man den Taxameter stilllegen konnte. Der sympathische Polizeichef sah das Ganze sehr pragmatisch und gab mir seine Visitenkarte. Bei Ärger mit Polizisten solle ich nur seinen Namen nennen, das genügte schon, um nicht belästigt zu werden, das gelte auch für Taxifahrer.

Was mir besonders imponierte, war die sichtliche Disziplin des Militärs. Da verspürte man noch das Reglement der Royal Army, die es mit geringen Kräften geschafft hatte, Groß-Indien durch ständige Rotation der Kolonialtruppe unter Kontrolle zu halten.

Was die Kleidung der Pakistanerinnen betrifft, so ist sie im Gegensatz zu den freizügigen bunten Saris der Inderinnen züchtig und völlig geschlossen weiß. Der Kopf wird ebenfalls bedeckt. Wegen des Klimas zieht man Sandalen als Fußbekleidung vor. Die Männer tragen das traditionelle weiße Kurta Pajama (unser Begriff »Pyjama« kommt daher) und eine runde, meist schwarze Kappe. Westliche Bekleidung wird nur bei internationalen Treffen und Flugreisen getragen.

Das kulturelle Leben ist sehr beschränkt. Theater, Oper, Balletts und Vorträge gibt es nicht. Dazu muss man nach Kairo fliegen. Hockey ist jedoch Nationalsport. Auch vermisste ich einen richtigen Buchladen. Nur im Bazar entdeckte ich einen Händler, bei dem außer ein paar Souvenirs aus Messing Postkarten und einige Secondhand-Paperbacks angeboten wurden. Das TV, welches ich als lästigen Hintergrund oder in Privathäusern kennenlernte, war unter allem Niveau. Trotz der immer noch spürbaren Feindschaft gegenüber Indien liefen dauernd kitschige Filme aus Bombay/Bollywood im lokalen TV.

Ständig gegenwärtig waren die mit schlecht justierten Lautsprechern von den Minaretts der Moscheen ausgesandten Aufrufe des Muezzins zum Gebet. Nicht nur die Gläubigen strömten fünf Mal am Tag zur Moschee, um dort ihrer Pflicht nachzukommen, sondern auch die Bettler versammelten sich vor dem Eingang, um davon zu profitieren, dass laut Koran jeder Muslim dazu verpflichtet ist, die Bettler zu versorgen. So gab es dort so viele wie sonst nirgendwo in der Welt. Meist waren sie entsetzlich verstümmelt und bewegten sich auf Brettern mit Holzrädern. Die körperlichen Entstellungen waren oft nicht auf Fehlgeburt oder Unfall zurückzuführen, sondern wurden ihnen absichtlich von ihren Eltern zugefügt, um sich ein regelmäßiges Einkommen zu sichern.

Nahe des Victoria Markets gab es etwas Ungewöhnliches. An der belebten Straße warben Amateur-Zahnärzte mit ihrem Können. An den Bäumen, unter denen sie saßen, prangten große Schilder mit aufgemalten Backenzähnen. Ich schaute ihnen länger bei ihrer Arbeit zu und muss zugeben, dass sie sehr professionell vorgingen. Die Werkzeuge, die sie benutzten, waren die gleichen, die mein Zahnarzt auch verwendet. Was solch eine Behandlung kostete, habe ich leider vergessen, aber viel kann es nicht gewesen sein.

Etwas weiter war ein würdiger alter Mann, der auf einer betagten, aber gut funktionierenden Schreibmaschine Briefe an Behörden oder Freunde aufsetzte. Oft waren seine Kunden Analphabeten.

Meiner Frau brachte ich dann eine handbetriebene Sheba-Nähmaschine mit, die sie noch heute der elektrischen bevorzugt.

Im Westen der Stadt besaß ein erstklassiger Schreiner außer einer ausgedehnten Werkstätte eine Ausstellungshalle, in welcher er die verschiedensten Möbelstücke aus massivem Rosenholz in englisch-arabischem Stil mit eingelegten Messing-Dekorationen den Kunden präsentierte. Er nahm auch Aufträge entgegen, die natürlich ihre Zeit in Anspruch nahmen. Man brauchte nur anzurufen und eine Zeit auszumachen, dann schickte er einen

Wagen mit dem Chauffeur, der einen auch wieder in das Hotel zurückbrachte. Die sperrigen Möbel waren alle zerlegbar, konnten also sehr gut transportiert und versandt werden. Ich gab ihm dann einmal eine außergewöhnliche Aufgabe zu erledigen. Eine Tante war dabei, eine uralte, nicht mehr brauchbare Reisekiste aus Kaisers Zeiten dem Sperrmüll zu überlassen. Da mir die wunderschönen Messingbeschläge so gefielen, kam ich auf die Idee, die Kiste nach Karatschi mitzunehmen, um unter Verwendung der alten Beschläge eine Replika herstellen zu lassen. Der Test fiel positiv aus und ich orderte daraufhin zahllose Möbel bei ihm, obwohl ich noch immer in meiner bescheidenen Junggesellenwohnung residierte. Ich hatte dann viel Zeit, nach dem Haus zu suchen, zu dem die wunderschönen Möbel passten.

Bei einem längeren Stopp wagte ich es mal, mit dem Zug zur nördlichen Grenzstadt Peschawar zu fahren. Alles, was ich über diesen Ort, der nicht weit von Kabul/Afghanistan und dem berüchtigten Khyber Pass liegt, gehört hatte, wurde noch übertroffen. Jeder lief da mit einer Waffe herum und konnte ein Bandit oder ein Mujaheddin sein. Für ein paar US-Dollar hätte ich alles kaufen können, von Drogen angefangen bis zu einer Kalaschnikow. Auch hier faszinierte mich die Geschicklichkeit der Handwerker, die zum Beispiel das britische Lee-Enfield-Gewehr kopierten. Allein die Zugfahrt war ein gewagtes Abenteuer.

Ein LH-Bordmechaniker, der ständig in KHI stationiert war, nahm mich dann einmal zu einer »wilden Ausgrabungsstelle« an einem Nebenarm des Indus-Deltas mit, wo man Artefakte aus der Mogulzeit praktisch ohne nachzugraben auflesen konnte.

Bei der Gelegenheit besuchten wir einen Bauern, um zu sehen, wie mühsam er sein täglich Brot verdienen musste. Die Rupien-Banknoten waren allein wegen des Klimas in einem unappetitlichen Zustand, dass es ratsam war, sich nach Zahlungsvorgängen mit einem Hygienetuch die Hände zu säubern. Sehr praktisch war es, dass wir die nicht verbrauchten Rupien-Beträge beim Check-out aus dem Hotel wieder auf unser Spesenkonto einzahlen konnten. Die Fahrt zum Flughafen im Crewbus, bei dem nie die Aircondition ging, war immer recht abenteuerlich, denn es schien, dass diese Ausfallsroute die meistbefahrene in Karatschi war. Da fielen meist die sonderbar reichlich verzierten und mit Dutzenden von Lämpchen verzierten Lastwagen auf, die bei einem Karnevalsumzug in Köln bestimmt für Aufsehen gesorgt hätten.

Lufthansa hatte gerade die nach eigenen technischen Plänen georderte Boeing 737 erhalten, als im Oktober 1973 die Energiekrise begann. Nach endlosen Streitigkeiten hatten die Mitglieder der OPEC unter Führung der arabischen Staaten es geschafft, sich auf höhere Preise und reduzierte Fördermengen zu einigen. Die westlichen Industrieländer sollten damit für ihre Unterstützung Israels im Yom-Kippur-Krieg bestraft werden. Die Folgen für die Wirtschaft waren verheerend. An den Wochenenden wurde ein autofreier Sonntag eingeführt. Die Autobahnen wurden zu einem Paradies für Radfahrer. LH legte viele Strecken still oder reduzierte die Frequenzen. Dem überschüssigen Personal bot sie an, gegen eine Abfindung den Dienst zu quittieren.

Ich entschied mich für eine bessere Lösung, indem ich unbezahlten Urlaub für mehrere Monate einreichte und mir dann einen sehnlichsten Wunsch erfüllte und an der National Universität von Taiwan in Taipeh einen Intensivkurs für Mandarin-Chinesisch belegte. Die Uni hatte mir bei der Suche nach einer Logis geholfen. Taiwan (Formosa) war seit 1895 für 50 Jahre japanische Kolonie gewesen. Während dieser Phase wurde es wie Korea und die Mandschurei systematisch japanisiert. Der Universität benachbart entstanden für japanische Professoren typische Holzhäuser mit Tatami-Fußböden, Schiebetüren und Garten. Ich hatte das Glück, eine dieser Residenzen zugewiesen zu bekommen. Der Besitzer war ein vor Maos Volksbefreiungsarmee geflüchteter Bankier aus Schanghai. Er und sein Bruder mit Frau bewohnten den Haupttrakt des Gebäudes. Hsü Hsiensheng sprach kein Englisch und sein Bruder war ständig auf Reisen. So war ich gezwungen, immer Chinesisch zu sprechen. Das Studentenlokal, wo ich immer mittags zu essen pflegte, wurde von einer Witwe geführt, die mich als einzigen Ausländer bald ins Herz geschlossen hatte. Ihr Sohn war schwach in englischer Konversation, da er keinen Gesprächspartner hatte. Sie bat mich dann, ihm diesbezüglich ein wenig auf die Beine zu helfen. Das wirkte dann Wunder und alle Hemmungen fielen von ihm ab. Ausländer aus Europa waren damals noch recht selten in Taiwan, obwohl gute Wirtschaftsbeziehungen existierten. Die US Forces dominierten die Insel.

Ein anderer Student war recht glücklich darüber, mich kennenzulernen, denn er hatte in einem Jesuiten-College Deutsch gelernt. Er machte mich dann wiederum mit einem Jesuitenpater Dr. Wang bekannt, der weit in der Welt herumgekommen war. Durch ihn lernte ich einen Pflanzenzüchter kennen, dem Taiwan viel verdankt. Er war mit dem Präsidenten befreundet, der ihn wegen seiner wissenschaftlichen Forschungen sehr schätzte. Auf meine Bitte hin ermöglichte der Botaniker es mir, bei einem Bauern mal aktiv bei der uralten Tätigkeit des Reispflanzens mitzumachen. Er hatte zum Beispiel eine neue Ananaspflanze und eine Spargelsorte in Taiwan eingeführt, die dort prachtvoll gediehen und als Konserven Exportschlager wurden. Weißer Spargel, den wir so schätzen, kommt bei den Inselbewohnern nicht an. Auf den Gemüsemärkten dort wird nur grüner Spargel angeboten, der viel vitaminreicher und gesünder ist. Der Bekannte vertraute mir dann sein altes Motorrad für die Wochenenden an, mit dem ich dann die überbevölkerte Umgebung der Hauptstadt erforschte. Leider waren der Tamsui River und seine Nebenflüsse und Kanäle durch die Industrie verseucht, was heutzutage kein Problem mehr sein sollte. Als Nebenverdienst hatte der Student am Wochenende einen Job als Nachtwächter im berühmten National Palace Museum, wo alle Schätze der chinesischen Dynastien aufbewahrt werden, die Marschall Chiang Kai-shek auf seiner Flucht vor der plündernden Volksbefreiungsarmee gerettet hat. Die Ausstellung ist grandios, aber es wird behauptet, dass im Keller des Museums eine so gewaltige Anzahl von Ausstellungsstücken lagert, dass man damit jeden Tag des Jahres eine komplett neue Ausstellung ausrichten könne, ohne sich zu wiederholen. Die unglaubliche Geduld, die nur chinesische Kunsthandwerker aufbringen können, zeigt sich in den historischen und landschaftlichen Darstellungen, die von Miniaturschnitzern auf Pfirsichkernen untergebracht werden und die man nur richtig mit einem Vergrößerungsglas zu würdigen vermag. Es mag verwunderlich erscheinen, dass sich mein Bekannter außer für Kunst auch für den Kurs von Schweinehälften an der Chicagoer Rohstoffbörse interessierte und dort mit Erfolg spekulierte.

Andere Bekannte, die ich ebenfalls durch den Jesuitenpater Dr. Wang kennenlernte, waren Luke und Lucia Chou. Sie hatte eine leitende Stellung im Telegraphenamt und er hatte zusammen mit seinem Bruder das Unternehmen ihres Vater in Taichung übernommen. Dort wurden Metallabfälle aus Kupfer, Messing, Zinn und Bronze, die hauptsächlich von der großen Schiffsverschrottungsanlage in Kaohsiung stammten, eingeschmolzen. Anschließend goss man daraus Buddha-Figuren, Türglocken, Möbelbeschläge, Kamin-Einrahmungen, Tierfiguren und Büsten. Für die Herstellung war sein Bruder verantwortlich und Luke kümmerte sich um die Vermarktung und den Versand nach den USA in Schiffscontainern. Wie groß oder klein seine Sendungen auch waren, er musste immer einen ganzen Container mieten. Einen anderen Versender nach Los Angeles zu finden, der die freien Kapazitäten nutzte, war fast unmöglich. Nach langem Grübeln fanden wir dann die Lösung. Die Beiladung musste aus etwas bestehen, was gut mit den Messing-Artikeln harmonierte, und das waren kleine Möbel und Einrichtungsstücke, die auseinandernehmbar waren, wie Beistelltischchen, Faltstühle, Garderobenständer aus Bambus, Rattankörbe, drehbare Tischaufsätze, Bilderrahmen, Kosmetiktischchen mit Wandspiegel und Rattansitze, Truhen aus Sandelholz und Bücherregale. Die Abnehmer der Messingartikel hatten gewiss auch Verwendung für diese Artikel. Da gab es nur ein kleines Problem. Hersteller dieser Artikel lieferten direkt an japanische und US-amerikanische Abnehmer. Durch den Zwischenhandel hätten sie sich in die Hände der inländischen Konkurrenz begeben. Da trat ich in Aktion. Als deutscher Importeur von solchen Inneneinrichtungsartikeln bestellte ich während der Messe in Taipeh testweise eine Anzahl von Artikeln an die Adresse meines Freundes. Seine Frau Lucia fungierte dabei als meine Sekretärin und Übersetzerin. Dass die Artikel dann als Test-Beiladung nach den USA anstatt nach Deutschland gingen, war dann unwichtig. Meine Scheinfirma existierte dann noch eine Weile weiter, bis Luke dann trotz florierenden Geschäfts bei seinem Bruder ausstieg und sich dem neuen vielversprechenden Computermarkt zuwandte.

Am Sonntagmorgen holte er mich oft zum katholischen Gottesdienst ab mit dem Ergebnis, dass ich bald Gleichnisse von Jesus in Mandarin zitieren konnte. Dass sich nur wenige Ausländer die zeitraubende Mühe machen, Mandarin zu studieren, liegt an unseren oft vergeblichen Anstrengungen, die vier Betonungsvarianten im Chinesischen zu erlernen. Kinder begreifen das intuitiv, aber Ausländer quälen sich meist vergeblich damit ab, da es überhaupt keine Regeln gibt, an die man sich halten könnte. Jedes Wort kann also mindestens vier verschiedene Bedeutungen haben. Es gibt da lustige Merksätze, welche dieses Problem demonstrieren: »Mama chi ma, ma man, mama ma ma!« = »Mama reitet ein Pferd, das Pferd ist langsam, Mama beschimpft das Pferd!« oder »Sisi shr sz sz shr sz!« = »Sisi starb mit 44 Jahren!« Letzteres verdeutlicht auch den schwierigen Umgang mit Zischlauten ähnlich wie in der russischen Sprache. Mandarin kann im Vergleich mit anderen Weltsprachen wie Französisch und Italienisch nicht gerade als schön bezeichnet werden, aber sie kommt der deutschen Sprache in Ausdrucksfähigkeit sehr nah. Kurz: Ein Ausländer schwebt immer in Gefahr, durch falsche Betonung ins Fettnäpfchen zu treten. Das zeigt sich oft schon bei der Begrüßung und Vorstellung: »Wo hen gau shing sien nin!« »Es freut mich sehr, Sie kennenzulernen!« Nachdem man seinen Namen genannt und eventuell Visitenkarten ausgetauscht hat, folgt das »Djou jiang!« = »Außerordentlich erfreut!«. Oft wird das verwechselt und es heißt dann »Djang you!« = »Sojasauce!«, was natürlich für große Heiterkeit sorgt. Wenn mir ein ähnlicher Fauxpas unterlief, hatte ich immer einen Satz auf Lager, den der vorletzte Kaiser der Ching Dynastie geprägt haben soll: »Tien pu pas, di pu pas, djou pa yang gweize swo chung kuo hua!« = »Fürchte weder den Himmel noch die Erde, fürchte dich nur davor, dass ein Teufel aus Übersee versucht Chinesisch zu sprechen!« Rauschendes Gelächter vermied, dass ich mein Gesicht verlor. Alle Chinesen sind ausgesprochen Humor begabt und können ihrem Gefühl lauthals und fröhlich Ausdruck verleihen. Auch westliche Witze werden verstanden, soweit die Situation bekannt ist. Über China weht seit 1949 eine Flagge, deren Bedeutung vielen Ausländern nicht bekannt ist. Auf rotem Feld prangen fünf gelbe Sterne. Der große stellt das Kernland der Han Chinesen dar, die vier kleinen symbolisieren die autonomen Regionen Mandschurei, Innere Mongolei, Tibet und die westliche muslimisch geprägte Region der Uiguren Xinjiang. In der Letzteren ist Humor besonders, wenn es sich um politische Themen handelt, nur hinter vorgehaltener Hand möglich. Für Mao waren Humor und verfeinerte Kultur kapitalistische Laster und er hat auch versucht, die Geschichte auszulöschen. Aber was sind 50 Jahre Mao-Regime gegenüber 5000 Jahre alter Kultur. Mit Deng Xiaoping und seinen Nachfolgern hat dann ein vorsichtiger Wandel eingesetzt. Das heutige Geschäftsmodell vermischt kapitalistische mit sozialistischen Stärken, bei denen Schnelligkeit und Unauffälligkeit hervorstechen. Als Beispiele erwähne ich die Neue Seidenstraße und die erfolgreichen Investitionen in Afrika. China unterhält mittlerweile eine Marinebasis am Horn von Afrika, um zusammen mit den Industriestaaten gegen die vorwiegend somalischen Piraten vorzugehen und um seine Handelsinteressen zu schützen.

Mein alter konservativer Lehrer, Professor der Literatur an der Universität von Taipeh, der nicht nur die Poeten der Sung-Dynastie, sondern auch die alten Griechen, Römer, Voltaire und Goethe kannte, empfahl mir Lin Yutang zu lesen. Er schrieb in Englisch und machte mich mit der unvergleichlichen chinesischen Kultur bekannt. Er hatte einen faszinierenden Lebenslauf, war weit gereist und beherrschte mehrere Sprachen, sodass ich mir vornahm, ihn mal kennenzulernen. Er lebte damals in den USA, starb jedoch schon 1976 und wurde auf seinen Wunsch hin nach Taiwan überführt. Im Yangmingshan-Nationalpark bei

Taipeh befindet sich sein Grab. Ich habe ihm zumindest dort einen Besuch abgestattet. Sein Titel »My country and my people« machte ihn weltberühmt.

Um meinen Freunden und Bekannten und möglichen Briefmarkensammlern eine Freude zu bereiten, verschickte ich damals geschmackvolle Postkarten und Briefe mit so vielen Briefmarken, die dem überprüfenden Postbeamten so einiges abverlangten. Im Vergleich mit den deutschen Marken waren sie exotischer und vielseitiger. Als ich mal im Hauptpostamt in der Warteschlange stand, um Briefmarken zu erwerben, kam ich mit dem sympathischen Taiwanesen hinter mir ins Gespräch. Er machte mir Komplimente wegen meiner Mühen und äußerte spaßeshalber, dass er auch gerne mal eine hübsche Postkarte von irgendwo auf der Welt erhalten würde. Ich tat ihm den Gefallen. Er besaß den schönsten Golfplatz nahe Taipeh und besaß noch zwei weitere in Kalifornien. Golf wurde in England erfunden, diente dann später Geschäftsleuten, die sich in freier Natur erholen wollten, die es aber nicht lange im Liegestuhl aushielten. Wie viele politische Entscheidungen von größter Tragweite sind wohl auf Golfplätzen gefällt worden. Mit Ausnahme des an den Rollstuhl gefesselten Franklin D. Roosevelt waren alle nachfolgenden US-Präsidenten mehr oder weniger gute Golfspieler. Golfplätze in schönen Landschaften sind nur mit bedeutendem Pflegeaufwand in Stand zu halten. Die Kosten tragen die Mitglieder mit hohen Beiträgen. Deshalb konnten es sich nur gutbetuchte Angehörige der Upperclass leisten, Mitglieder zu werden. Golfclubs hängt deshalb immer noch der Ruf des Snobismus an.

Bei einem Layover in Genf lernte ich im Hotel die an der Rezeption tätige reizende Chinesin kennen. Sie war von ihren vermögenden Eltern an die Hotel-Akademie in Lausanne geschickt worden und machte nach erfolgreichem Abschluss dort gerade ihr Praktikum. Ich lud sie zum Essen ein, wo wir unsere Erfahrungen austauschten. Sie bat mich, den Kontakt aufrechtzuerhalten und mich unbedingt bei ihr zu melden, wenn es mich einmal nach Taiwan verschlagen sollte. Dank der Ölkrise trafen wir uns dann wieder, und ich lernte auch ihre gastfreundlichen Eltern und ihre jüngere Schwester kennen. Sie nahmen mich dann auch einmal in den hoch in den Bergen gelegenen Taroko-Nationalpark mit, wo sich die subtropische Natur in ihrer ganzen Pracht entfaltete. Diese Bergregion ist übrigens das größte Schmetterlingshabitat auf Erden. Viele Arten kommen nur dort vor, und in Taipeh gibt es auch eine Ausstellung, die diesen Faltern gewidmet ist. Unten an der felsigen Pazifikküste bei Hualien hatten sich clevere Fischzüchter niedergelassen und züchteten edlere Sorten, die einen vernünftigen Profit versprachen. Was gibt es Schmackhafteres als Fisch, der dann später frisch aus einem Aquarium geholt und zubereitet wird. Sashimi vom Seelachs ist eines meiner internationalen Lieblingsgerichte, natürlich zusammen mit dem unübertrefflichen japanischen Wasabi-Meerrettich. Ein Highlight war auch der am Wochenende stattfindende Midnight-Markt, der um einen Konfuziustempel herum auch ungewöhnliche Delikatessen anbot. Oktopus und Muscheln und Seeschnecken kannte ich ja bereits. Völlig neu war jedoch die Kobra-Suppe. Die lebendige Kobra wird unterhalb des Gebisses an einem Haken aufgespießt, dann wird das Gift für medizinische Zwecke abgedrückt und ein Längsschnitt vorgenommen und das Blut aufgefangen, welches als Potenzmittel gehandelt wird. Erst dann nimmt der Kobra-Bändiger unterhalb des Kopfes einen Rundschnitt vor und zieht der noch lebenden Schlange die Haut ab, welche Verwendung in der Modeindustrie findet. Erst dann wird der Kopf abgetrennt und der Schlangenkörper in kurze Stücke zerhackt, die dann zusammen mit Kräutern und Gewürzen gekocht werden. Ein Spritzer Limettensaft verfeinert den Geschmack noch. Die Suppe gleicht etwas einer Consomme double der französischen Küche. Man muss jedoch sehr vorsichtig sein, wenn man das Fleisch verzehrt, denn die feinen Rippen sind spitz wie Nadeln. Die Bauern, welche die Kobra-Schlangen mit bloßen Händen in ihren Feldern einfangen, sind meist immun gegen Schlangenbisse, da sie im Laufe ihres Lebens schon öfter gebissen wurden. Kobra-Serum hilft laut Aussagen von chinesischen Ärzten gegen Pankreaskrebs, aber nur im Anfangsstadium.

Durch die Eltern meiner Bekannten wurde ich dann zu einer Party eingeladen, bei der ich auch einem alten General und Weggefährten des Generalissimus Chiang Kai-sheks vorgestellt wurde. Ich erwähnte dann, dass mein Großonkel mit dem General von Seeckt befreundet gewesen sei. 1933–1935 wurde dieser im Auftrag der Reichsregierung als Leiter eines Beraterteams zur chinesischen Kriegsakademie Whampoa abkommandiert. Dort hatte er die Aufgabe, ein Lehrbataillon für Offiziere der Nationalen Armee aufzustellen. Surplus-Bestände kleinerer Größen vom Ersten Weltkrieg wurden mitgeliefert. So ist es nicht erstaunlich, dass in den damaligen Wochenschauen chinesische Offiziere mit deutschen

Uniformen und Stahlhelmen auftauchten. Erst als die Amerikaner Waffenlieferungen an China davon abhängig machten, dass die Kuomintang-Regierung in Chongqing dem Deutschen Reich den Krieg erklärte, wurden auch amerikanische Uniformen mitgeliefert. Als Gastgeschenk hatte der General von Seeckt noch ein Dutzend Heinkel-111-Bomber mitgebracht. Von Seeckt war auch für die Koordination von Wirtschaftsbeziehungen durch die Lieferung von Rohstoffen und Industrieprodukten verantwortlich. Durch unseren Pakt mit Japan wurden alle guten Beziehungen hinfällig. Als ich dem alten Haudegen von General v. Seeckt berichtete, blühte er richtig auf und berichtete mir, dass sie ihn »Einauge« genannt hätten, denn er war Monokelträger. Er habe den General als junger Offizier an der Kriegsakademie kennengelernt. Ohne sein Wirken hätte China es nie geschafft, den achtjährigen Krieg mit Japan durchzustehen. Wenn der General es geschafft hätte, anstatt Hindenburg Reichspräsident zu werden, wäre Hitler 1933 nie Reichskanzler geworden. Eins überraschte mich, als er mir berichtete, dass er zusammen mit Chou En-Lai von den deutschen Offiziersausbildern geschliffen worden sei. Er wäre im Grunde ein anständiger Mensch gewesen, der sich jedoch zu sehr mit der ausgebeuteten, hungernden und ungebildeten Landbevölkerung identifiziert hätte und dadurch in den Bannkreis von Mao Tse-tung geraten sei. Er bedauerte immer noch, dass sie sich im Bürgerkrieg als Feinde gegenübergestanden hätten. China hätte dieses Chaos nach dem endlosen Krieg mit den Japanern nicht verdient. Er berichtete mir von seinen kriegerischen Erfolgen und Niederlagen und Abenteuern und ich berichtete ihm von meiner Flucht und Kindheitserinnerungen.

Ich beantragte dann nochmals unbezahlten Urlaub für nur zwei Monate. Da die Energiekrise noch andauerte, wurde auch dieser gewährt. Dieses Mal belegte ich einen 6-Wochen-Kurs an einer regulären Sprachschule. Ich gönnte mir dann eine Reise mit einem noch dampfbetriebenen Expresszug nach Kaohsiung im Süden, um die schöne Küstenregion, besonders den südlichsten Punkt »Oelanbi« (Gänseschnabel) mit seinen schönen Stränden kennenzulernen. Kaohsiung, die lebhafte Industrie und Hafenstadt, hatte ich ja bereits schon vor einem Jahrzehnt mit der MS Schwabenstein vom Norddeutschen Lloyd besucht. Die große Schiffsdemontage-Werft war immer noch der wichtigste Arbeitgeber. Die zahllosen Notunterkünfte der Flüchtlinge vom Festland waren verschwunden und hatten hübschen kleinen Häusern mit Gärten Platz gemacht. Der Generalissimo und seine Frau hatten sichtbar ihr Versprechen gehalten und geholfen. Durch einen spanischen Ingenieur, der für seine Firma einen technischen Auftrag auszuführen hatte, den ich bei meinem Schneider kennenlernte und den ich zum Essen einlud, lernte ich dann seine temperamentvolle chinesische Freundin kennen, mit welcher er sich verabredet hatte. Diese wiederum erwähnte, dass ihre Freundin gut einen englisch sprechenden Gesprächspartner gebrauchen könnte, da ich ja noch einige Zeit in Taipeh bliebe. Sie würde momentan für abwesende Freunde Kinder hüten. Wenn ich Lust hätte, könnte ich ja dort vorbeischauen. Neugierig geworden, nahm ich ein Taxi und fuhr dorthin. Ich war angekündigt worden und wurde mit gleicher Spannung erwartet, und sie strahlte, als sie mich erblickte. Da stand meine grazile Prinzessin, die größte Liebe meines Lebens. Vielleicht stufte sie mich auch als attraktiv und aufrichtig ein. Natürlich hatte ich berufsbedingt einige kürzere Affären hinter mir, aber das hier traf mich wie ein Blitzschlag aus heiterem Himmel. Wie es sich dann herausstellte, passten wir perfekt zueinander. Wang Tz-Lee gab mir zwar ihre Adresse, bat mich jedoch, sie nie dort aufzusuchen oder zu telefonieren, das erledigte ihre Freundin und später mein Schneider, der eingeweiht war und in der Parallelstraße von ihr wohnte. Ihre Mutter war eine ehemalige Balletteuse. Ihr Vater war Colonel im Armeekorps der Kuomintang, welches im Süden in Kaohsiung stationiert war. Er war Chef des dortigen militärischen Abschirmdienstes und ständig mit der Infiltration von Spionen beschäftigt. Tz-Lee sah ihn nur selten. Gern hätte ich ihn mal kennengelernt, aber er hätte die Affäre seiner Tochter mit einer »Langnase« auf keinen Fall geduldet. Post an sie ging entweder an ihre Freundin oder ich schickte sie als fiktive chinesische Studentin aus Deutschland. Obwohl ihr Vater beim Geheimdienst war, kam er nie auf die Idee, mal die ausländische Post seiner Tochter zu checken. Sechs Jahre ging das gut! Das erste Ereignis, welches wir nach unserem lustigen Kennenlernen durchstanden, war ein trauriges. Am 05. April 1975 segnete der Vater des Freien Chinas das Zeitliche. Das Land verfiel in Schockstarre und alle Fahnen gingen auf Halbmast. Mein Schneider nähte uns schwarze Armbinden, das westliche Symbol für Trauer, falls keine schwarze Kleidung vorhanden war, und wir schlossen uns dem Defilee an, um uns von dem berühmten Marschall und Staatspräsidenten zu verabschieden, der seit dem Ableben von Dr. Sun Yat-sen das Schicksal Chinas wesentlich geprägt hat. Man sollte nicht vergessen, dass er als Repräsentant der vierten

Großmacht an der Konferenz von Kairo teilnahm, der folgenden Konferenz von Teheran jedoch fernblieb, da er Stalin unausstehlich fand. Mit auf seine Initiative hin wurde dann 1945 die UNO gegründet, bei der er ganz China vertrat. Mao Tse-tung bewirkte dann jedoch, dass Taiwan ausgeschlossen wurde und er die Vertretungsrolle übernahm. Chiang Kai-shek unterhielt in Taiwan ein Schattenkabinett, welches im Falle eines Umsturzes auf dem Festland sofort von Nanking als Regierungszentrum aus die Regierung hätte übernehmen können. Taiwan hat sich dann von einem autoritär regierten Staat zu einer gut funktionierenden Demokratie unter Beteiligung der Taiwanesen entwickelt.

***

Carpe diem Epicurus

Ein Papagei trifft Jesus S.13-15

Epicurus, Philosoph aus dem antiken Griechenland,
ist bei uns kaum noch bekannt.
Es war in seinem schönen Garten,
wo sich die Schüler um ihn scharten.
Er lehrte zu überwinden Begierden, Furcht und Schmerz,
alles, was ständig bedrängt unser Herz,
zu meiden, was beeinträchtigt unseren Seelenfrieden,
die Politik wird strikt gemieden.
Man sollte genießen das irdische Leben
und nichts auf leere Versprechen geben.
Das Streben nach Unsterblichkeit,
empfindet er als nicht gescheit.
Götter zu bitten, zu dirigieren unser Leben,
lehnt er ab als unsinniges Bestreben.

Freundschaft ist das kostbarste Geschenk,
jeder sollte sich darum bemühen, ich denk.
Bescheidenheit ist eine Zier,
denn sie befreit uns von der Gier.
Man darf alles tun und braucht sich nicht zu schämen,
nur Körper und Seele dürfen keinen Schaden nehmen.
Was du nicht willst, das man dir tu,
das füg auch keinem andern zu!
Moral-Lehre allein genügten ihm nicht,
er befasste sich auch mit Atomphysik.
Caesar und Maecenas waren Anhänger seiner Philosophie,
das sollte man vergessen nie.
Glückseligkeit auf Erden propagiert er als Lebensziel,
vom Jenseits dagegen hält er nicht viel.
Horaz bemerkte dazu, dem die Kürze lag:
»Carpe diem!« … »Nutze den Tag!«

***

Marschall Chiang Kai-shek, China

Ein Papagei trifft Jesus S107-110

1911 wurde nach Jahrtausenden
die letzte Dynastie Chinas abgeschafft,
wegen chaotischer Verhältnisse hatte man sich dazu aufgerafft.
Durch den Arzt Sun Yat-Sen wurde die Republik ausgerufen,
zahllose Fraktionen von nun an Unruhe schufen.
Als nun der Begründer und Chef
der Kuomintang-Partei verstarb,
General Chiang sich um die Präsidentschaft bewarb.
Die Hauptstadt wurde von Peking ins moderne Nanking verlegt,
wo westliche Formen wurden gepflegt.
In einem blutigen Coup befreite sich Chiang
von der kommunistischen Fraktion,

das Zusammenschweißen der gigantischen
Nation bereitete Kopfschmerzen schon.
Warlords und Banditen hatten in der Provinz das Sagen,
das schlug der Zentralregierung mächtig auf den Magen.
Präsident Chiang veranlasste eine radikale Reform der
republikanischen Armee,
die deutsche Reichsregierung wurde verpflichtet
zu senden ein Ausbildercorps aus Übersee.
Das Offizierscorps erhielt dann in der
Kriegsakademie Wampoa preußischen Schliff
und bekam dann die chinesischen Soldaten in den Griff.
»Law and Order« wurden im Lande endlich wiederhergestellt,
die Wirtschaft in der Folge boomte wie bestellt.
Dann brachten die Japaner Unfrieden in das prosperierende Land,
die Besatzer benahmen sich wie die Vandalen, es war eine Schand.
Die Küstenregionen Chinas wurden von Nippons Truppen besetzt
und Ausländer in Internierungslagern festgesetzt.
Die freie Regierung verschanzte sich in den Bergen von Szechuan,
mit erbärmlichen Mitteln fuhr man fort zu kämpfen dann.
Um Ausrüstung zu erhalten für einen Sieg,
verzichtete Chiang auf die Neutralität und
erklärte Deutschland »pro forma« den Krieg.
Von Indien aus wurde er unter schwierigsten
Bedingungen aus der Luft versorgt,
mit Ausrüstungen, die von den Amerikanern geborgt!
Unterdessen lauerte, gut verborgen in den Bergen im Norden,
Maos kommunistische Volksbefreiungsarmee

mit minderen Sorgen.
1945 nach der Kapitulation der Japaner
setzen die »Roten« auf Sieg
in ihrem grausamen und endlosen Bürgerkrieg.
Chang zu beschäftigt hatte es leider versäumt, sich der Probleme
der Bauernmassen anzunehmen,
Mao Tse-tung gelang es, ihn in diesem Bereich zu beschämen.
Ausgelaugt durch die jahrelangen Kämpfe
gegen die japanische Feindesmacht
wurden Changs Truppen Opfer besonders
von Terrorangriffen bei Nacht.
1948 war es dann so weit,
die »Rote Volksbefreiungsarmee« machte
sich in Peking und Schanghai breit.
Sie überschwemmte so langsam das ganze Land,
Chang rollte die Sonnenflagge ein und
Zuflucht auf Formosa er fand.
Dort regierte er noch lange unangefochten,
doch China zurückzuerobern seine Truppen nicht vermochten.
Jahrzehnte war er unangefochten frei gewählter
Regierungschef von China und dann Taiwan,
seine Leistungen man nur im Nachhinein
richtig einschätzen kann.
Roosevelt und Churchill behandelten ihn bei der
Kairo-Konferenz noch als chinesischen Zar,
wer weiß es noch, dass Chang 1948 Mitbegründer UNO war.
Eine charismatische internationale Persönlichkeit,

herausragend aus der Schar der Politiker seiner Zeit. Hätte er rechtzeitig auf das richtige Pferd gesetzt, wäre China bereits ein moderner Staat, das haben Historiker geschätzt.

***

Dank dem Schutzbündnis mit den Amerikanern war die Unabhängigkeit von Rotchina bisher gewährleistet. Wirtschaftlich läuft es ausgezeichnet und es bestehen sogar Handelsbeziehungen mit dem Festland.

In Begleitung Tz-Lees lernte ich Taipeh und seine Umgebung gründlich kennen. Der Yangmingshan-Naturschutzpark war zu jeder Jahreszeit einen Besuch wert. An der Pazifikküste nahe der Hafenstadt Keelung waren es seltsame, vom Meer geschaffene Gesteinsformationen. Als Jungverliebte suchten wir, es ist das Natürlichste der Welt, immer lauschige Plätze auf. Aber wohin wir auch kamen, immer entdeckten wir einen gut getarnten Soldaten, der nach rotchinesischen Invasoren Ausschau hielt. Die waren dann immer glücklich über die Unterbrechung der Monotonie. Ich hatte immer »Lucky Strike«-Zigaretten oder »Chewing Gum« zum Anbieten dabei. Ein Langnase aus dem fernen Deutschland mit einer bildschönen chinesischen Lady, das war schon was Besonderes. Das gab reichlich Gesprächsstoff, denn sie hatten in der Regel noch nie ihre Insel verlassen. Zusammensein mit Tz-Lee war eine einzige Freude, denn sie interessierte sich für alles und unterließ es nicht, mich auf irgendwelche Besonderheiten aufmerksam zu machen. Trotz aller Zuneigung vernachlässigte ich meine Studien nicht und machte mit ihrer Unterstützung besonders bei der Erlernung der Schriftzeichen gute Fortschritte. Ihr Englisch wurde dabei nicht vernachlässigt. Ich hatte Glück und bekam meine Logis bei Mr Hsü wieder. Er war sichtlich begeistert von Tz-Lee und gestattete mir, entgegen den herrschenden Sittlichkeitsgeboten in meinem Zimmer uns unseren Studien zu widmen. In meinem bescheidenen Raum zeichneten sich die Schatten des Bambus an dem Schiebefenster ab. Tropische Vögel mit buntem Gefieder tummelten sich im Papayabaum und in den Bananenstauden. Dann kam der Abfallwagen vorbei, der sich mit dem Lautsprecher und einer Opernmelodie ankündigte. Dem folgte der Rikschafahrer mit einer Glocke und dem Ruf »Siao lung bau tse!« (Teigtäschchen). In der Schule und zu Hause trank ich Unmengen von grünem Tee, der ja dem Geist recht zuträglich sein soll.

Überall in meinem Zimmer waren große DIN-A4-Seiten mit Schriftzeichen angepinnt, die ich mir im Liegen mit geschlossenen Augen ins Gedächtnis zurückzurufen versuchte, in dem ich sie mit einem imaginären Pinsel nachzeichnete … immer von oben links nach unten rechts, das ist die eherne Regel seit zur Zeit von Konfuzius der Pinsel als Schreibgerät eingeführt wurde. Vorher hatte man Kohlestifte benutzt und noch früher Holz- oder Bronzestifte, um die Zeichen auf Tontafeln einzuritzen. Genauso hatten die Sumerer in Mesopotamien ihre Spuren hinterlassen. Vor Konfuzius wurde die Sonne als Kreis mit einem Punkt in der Mitte dargestellt. Mit der Einführung des Pinsels als Schreibutensil verwandelte sich das Symbol in ein Rechteck, das von einer horizontalen Linie geteilt wird, die den Horizont darstellt = die Sonne, die am Horizont auf- oder untergeht. Ursprünglich waren alle Schriftzeichen Piktogramme, die jedoch, um das Schreiben zu beschleunigen, vereinfacht wurden. Der Mensch ist ein Torso mit zwei Beinen. Fügt man diesem einen Querstrich hinzu, wird daraus ein Mensch mit ausgestreckten Armen, was »groß« bedeutet. Hat der Mensch einen dicken Bauch, dann vermag er Kinder zu bekommen, was »Frau« bedeutet. Trägt er eine schwere Last, dann ist das ein »Mann«. Eine Frau unter einem Dach versinnbildlicht »häuslicher Frieden«. Zwei Nuggets in einem Bergwerk = Gold, ein Kranich mit ausgebreiteten Flügeln = fliegen, ein Mann unter einem Baum sitzend = ausruhen, Sonne und Mond gemeinsam = strahlend, ein Vogel der auf einem Berg hockt = Insel, ein Dach, unter welchem ein Tier hängt = Bauernhaus, mehrere Bäche, die zusammenlaufen = Wasser, Dampf und Sänfte = Automobil. Wer nun glaubt, dass chinesische Schriftzeichen so leicht zu lernen sind, den muss ich enttäuschen. Nur ein minimaler Prozentsatz kann auf diese Weise auf seine Ursprünge hin zurückverfolgt werden und das Erstaunliche ist, dass diese Wissenschaft in den Schulen nicht gelehrt wird. Ein Meister dieser Wissenschaft war kein Chinese, sondern ein Jesuitenpater und Missionar Dr. L. Wiegert, dessen Werk für die Studenten an allen sinologischen Instituten der Welt Pflichtlektüre ist. Was den chinesischen Schülern bleibt, ist stures Büffeln, was bereits im Kindergarten beginnt. Es existieren vermutlich weit über 40.000 Schriftzeichen. Um zu studieren, benötigt man circa 7.000. Chinesisch kann von rechts nach links und umgekehrt sowie von oben nach unten geschrieben und gelesen werden. Für dekorative Schriften werden immer noch Schriftrollen benutzt. Ich will hier keine langweilige Vorlesung über Schriftzeichen, Grammatik, Betonungen etc. halten, sondern nur begreiflich machen, wie schwer es besonders für die Kinder in Taiwan, Singapur, Hongkong, San Francisco und Vancouver ist, Chinesisch zu lernen, welches ein unschätzbares Kulturgut Chinas ist. Eigentlich reicht ein Menschenleben nicht aus. Mao und seine Garden haben während der sogenannten Kulturrevolution nur deren Zerstörung im Sinn gehabt. Intellektuelle wurden systematisch verfolgt und ausgerottet. Die uralte Schriftsprache wurde radikal vereinfacht, damit die Massen seine »Rote Bibel« lesen konnten. Ich beherrsche diese neue Schrift kaum. Ich finde sie scheußlich und die Kulturträger ganz Chinas auch, sie dürfen es aber nicht kritisieren, sonst landen sie als Dissidenten im Umerziehungslager. Um nicht das Gesicht zu verlieren (diou lian), hat die Führung noch nicht den Mut gehabt, ihren Fehler einzugestehen. Immerhin meinem Bruder, Dokumentarfilm-Produzent aus Los Angeles, gestattet man in seinem Film »Burma Road & Flying Tigers«, Szenen mit Generalissimo Chiang Kai-shek und der Kuomintang-Armee im mörderischen Kampf gegen die japanischen Invasoren zu zeigen. Ein so gigantisches Land wie China zu regieren ging immer nur mit äußerster Strenge. Einem Mandarin, der seinen Aufgaben nicht im Sinne des Gelben Kaisers zum Beispiel durch Korruption nachkam, wurde ein seidener Strick zugesandt, was bedeutete, dass er in Ungnade gefallen war und sich aufzuhängen hätte. Die Mandarine/Gouverneure gehorchten.

Im deutschen Kaiserreich zu Zeiten Wilhelms II. ging es sehr viel humaner zu. »Schwarze Schafe«, besonders unter den Adeligen, die sich nicht an das Gebot »Noblesse oblige!« »Adel verpflichtet!« hielten, indem sie ihr Vermögen verspielten, Mesalliancen eingingen, Duelle führten, wurden in die deutsche Strafkolonie Südwestafrika abgeschoben. Das ist der Grund, dass nirgendwo in Afrika so viele Blaublütige und deren Nachkommen lebten wie im heutigen Namibia. Mein Onkel Klaus Nebe ist heute hochbetagt und besitzt in dritter Generation nördlich von Okahandja eine Jagdfarm. Er machte mich auf diesen Umstand aufmerksam und gab mir zum Beweis ein altes Telefonbuch, welches seine Angaben bestätigte. Es gab sogar Mischlinge mit Adelstitel. Einer der letzten weißen Minister im Kabinett des ersten Präsidenten Sam Nujoma war der Minister für Landwirtschaft Baron von Wietersheim. Nach der Übernahme des Landes von der terroristischen SWAPO/South West African Political Organisation verließen viele enttäuschte Farmer Namibia und emigrierten nach Australien oder Südamerika. Die verlassenen Farmen wurden entweder ausgeplündert oder von SWAPO-Angehörigen übernommen und heruntergewirtschaftet. Die neuen Herren verstanden es wohl, mit der Kalaschnikow umzugehen, hatten jedoch nicht die geringste Ahnung von der Führung einer Farm. Ähnliches war ja in Deutschland nach der Übernahme des schlesischen Großgrundbesitzes durch polnische Kommunisten passiert. Dort wurden die polnischen Adeligen, die man ebenfalls enteignet hatte, gebeten, den deutschen Großgrundbesitz zu übernehmen. Das jüngste Beispiel von sinnloser Enteignung und

Zerstörung von prosperierenden Farmen geschah in Rhodesien, Mozambique und Angola. Eines der bestregiertesten Länder Afrikas war das von einem absolut herrschenden König dominierte Eswatini/Swasiland. Es liegt im Hochland zwischen Mozambique und Südafrika. Der jetzige extravagante König Mswati III. hat 16 Frauen, von jedem Stamm eine. Wegen einer gut integrierten weißen Minderheit und niedriger Steuern prosperiert das Land, über dessen Unabhängigkeit England wacht. Die Bevölkerung ist zwar arm, doch jeder Staatsbürger besitzt ein vom König garantiertes Stück Land, damit er keinen Hunger leidet. In letzter Zeit kam es jedoch in den Schulen zu Protesten gegen den absoluten Führungsstil des Königs und den aufwendigen Haushalt. Das Militär löste die Demonstrationen auf.

Bei dem Thema »Gute Regierung« fällt mir die Anekdote eines Gesandten ein, der einen geachteten arabischen Sultan befragte, warum es in seinem Land im Gegensatz zu all den umliegenden Ländern nie zu Unruhen käme. Er erklärte darauf: »Zwischen mir und meinem Volk gibt es eine Verbindung wie die eines feinen Seidenfadens. Ist das Volk zufrieden, straffe ich den Faden. Begehrt es jedoch auf, lockere ich ihn. So reißt die Verbindung zu meinen Untertanen nie ab und es herrscht eine dauerhafte Harmonie!«

Die Energiekrise war noch spürbar, aber der Flugverkehr hatte fast schon wieder zur Normalität zurückgefunden. Die zweistrahlige Boeing 737 war nicht nur ein sparsames Flugzeug, sondern begnügte sich dank besserer Instrumentierung mit zwei Piloten. Außerdem hatte sie links zwei bordeigene Ausstiegstreppen. Bei der dreistrahligen Mittelstreckenversion der Boeing 727 war noch ein Bordingenieur zur Überwachung eines Teiles der Instrumente, die im Cockpit seitlich angeordnet waren, notwendig. Im Heck besaß dieser Typ eine vom Kabinenpersonal bedienbare Ausstiegstreppe, welche sie von Rolltreppen unabhängiger machte. Die dreistrahlige DC 10 hatte sich dank besserer Rolls-Royce- und General-Electric-Triebwerke auch gut auf den Langstrecken eingeführt. Die Flugpreise sanken und ermöglichten einer etwas weniger betuchten Klientel das Reisen. Dann kam die Boeing 747-200, liebevoll »Jumbo Jet« getauft, und trat ihren Siegeszug um den Globus an. Die großen Weltflughäfen mussten mit ihrem Equipment völlig den neuen Anforderungen angepasst werden. Zur Unterhaltung der Paxe wurden anfangs Filme auf ausziehbaren Leinwänden gezeigt. Dann folgten digitale individuell an den Sitzen abrufbare Programme, die Filme, Musik und Kindersendungen anboten. Ich muss dazu spöttisch bemerken, dass unsere Langstreckenpaxe nie mehr ausgeschlafen ihr Ziel erreichten. Daran waren natürlich auch die Handys beteiligt. Wer selten schlief und uns ständig in Trab hielt, waren die UM's (unbegleitete Kinder), die auf dem Wege zur Schule oder dem Internat oder zu den Eltern waren. Es waren Kinder von Diplomaten, Entwicklungshelfern, Firmenangehörigen, die länger im Ausland lebten, UN-Mitarbeitern und solche, die ihren Urlaub bei Verwandten zubrachten. Für diese oft sehr verwöhnten Kinder arrangierte ich Cockpitbesuche, solange das noch gestattet war, oder veranstaltete Zeichenwettbewerbe. Dann zeigte ich ein paar Zaubertricks, die ich mal während einer Kur gelernt hatte. Um sie zu beschäftigen, zeigte ich ihnen Beispiele der Papierfaltkunst, aber das überließ ich den japanischen Stewardessen, wenn welche zur Crew gehörten. In Japan lernt man »Origami« schon im Kindergarten. Größeren Jungs zeigte ich ein paar einfache Tricks in Selbstverteidigung. Wenn Interesse existierte, erklärte ich ihnen die Funktion eines Automotors, einer Dampfmaschine oder eines Düsentriebwerkes. Es war besser, die Kinder zu beschäftigen, wenn es irgendwie möglich war, als sie sich selbst zu überlassen, wo sie nur auf dumme Gedanken kamen. Ein arabisches Kind, dessen Eltern schliefen, kam auf die kuriose Idee, die gerade erneuerte WC-Papierrolle von hinten angefangen über den ganzen Gang bis vorn abzurollen. Erst als ich ihm drohte, die Zufuhr von Coca-Cola und Obstsaft zu stoppen, fand sich der kleine Nörgler bereit, die Papierschlange zu beseitigen. Ich beauftragte ihn dann damit, die Passagiere zu zählen. Ein anderer Junge hatte bei der Schwimmwesten-Vorführung vor dem Start sichtlich gut aufgepasst. Während des Fluges hatte er es geschafft, die Schwimmweste unter seinem Sitz hervorzuholen und durch den Zug an den Straps automatisch aufzublasen. Ganz unschuldig bat er darum, diese als Souvenir mitnehmen zu dürfen. Das ging natürlich nicht. Laut ICAO-Regel bestehen hohe Strafen auf die Entwendung von Notfall-Equipment.

Was sonstige Mitnahme von Souvenirs betraf wie Gläser und Besteck oder Salz & Pfeffer-Streuer mit LH-Logo, schauten wir oft darüber hinweg, es waren halt Werbeartikel. Wenn es jedoch um attraktive Schlafdecken der First Class ging, bat ich um die Visitenkarte des Gastes und schickte diese mit kurzem Bericht an die zuständige Akquisition zur Erledigung.

Was diese betrifft, wurde uns Pursern & Purseretten die Gelegenheit geboten, mal durch Begleitung eines Akquisiteurs hinter die Kulissen des Betreuungsgeschäftes der LH von besonders wichtigen Gästen wie Chefs großer Firmen und Vielfliegern zu schauen. VIPs (Very Important People), HONs (berühmte Persönlichkeiten, Würdenträger wie Adelige, Politiker, Staatsoberhäupter, Kulturträger wie Opernsänger, Schauspieler, und Schriftsteller, Nobelpreisträger, Kardinäle, Bischöfe, internationale Großindustrielle und Modezare) hatten alle Anspruch auf persönliche Betreuung. Sie wurden vor allen anderen Fluggästen zuerst von mir an Bord gebracht, nachdem sie oft die Wartezeit in der First-Class-Lounge zugebracht hatten. Beim Übergepäck wurden meist alle Augen zugedrückt. Auch große Konzert-Instrumente wie Bassgeigen, Harfen etc. durften allein schon aus Versicherungsgründen in der Passagierkabine mitgeführt werden, dann wurden für diese jedoch extra Sitze reserviert und die Instrumentenbehälter dort angeschnallt. Ich muss hier einen ganz extremen Fall erwähnen. Ein bekannter Segelsportler und Teilnehmer an der Kieler Woche hatte als Gepäck für den Flug von Frankfurt nach Hamburg einen Mast für seine Yacht dabei. Da dieser nicht in den Frachtraum der Boeing 727 passte, entschied man sich, diesen überlangen Mast in der Passagierkabine zu befördern, denn die B 727 hatte hinten eine bordeigene Treppe, über die der Mast bequem verladen werden konnte. Der wurde dann an den gangseitigen Sitzen verzurrt. Vor dem Einsteigen machte ich dann die Paxe auf das Hindernis aufmerksam und bat um Verständnis. Für die Service-Trolleys war der Mast auch kein Hindernis, denn der Gang war breit genug.

Manchmal entdeckte ich irgendeine bekannte Persönlichkeit unter den Tourist-Class-Gästen und bat diese diskret in die Erste Klasse, wenn ich sicher war, dass noch ein Sitz zur Verfügung stand. Stand eine Mahlzeit dann auf dem Programm, bat ich diese jedoch darum, darauf zu verzichten, da sie ja nicht beladen war. Diese Flexibilität brachte mir viele Belobigungen ein.

Bis spät in die 80er Jahre waren Saison-Fahrpläne der LH auf allen Flügen beladen. Auf der Langstrecke gab es zusätzlich das dicke ABC, eine Ausgabe der IATA, welche alle weltweiten Flüge der Mitglieder auflistete. Es erschien zu jeder Saison neu.

Auf Langstreckenflügen hatte ich immer ein paar gängige Lexika und vor allem die aktuelle Ausgabe des Fischer Weltalmanachs dabei, in welchem alle aktuellen Angaben über alle Staaten der Welt lückenlos enthalten waren. Mit den sich ständig ändernden politischen Verhältnissen kam aber nicht einmal das Handbuch für Diplomaten mit. Bis jetzt unterstütze ich Wikimedia und Wikipedia für ihre freien und guten Informationen, die ohne die lästige Werbung nur durch Spenden ermöglicht werden können.

Meiner Neugierde verdanke ich eines meiner Hobbys. Beim Studium der internationalen Zeitungen und Magazine, die LH besonders seinen FC/BC-Gästen zur Verfügung stellt und die meist nach Ende des Fluges auf dem Platz liegen gelassen werden, suchte ich überall bei der Lektüre gekonnte Karikaturen und außergewöhnliche Artikel aus dem Feuilleton heraus. Die Artikel schickte ich dann oft meinem Bruder in Los Angeles oder Freunden und Bekannten. Bei den Karikaturen haben ja einige Weltberühmtheit erlangt, in neuester Zeit die dänischen und französischen Satire-Journale über die scheinheiligen muslimischen Religionsführer, was bei »Charli Hebdo« zum Verlust des Lebens einiger Mitarbeiter durch islamische Terroristen führte. Die zu seiner Zeit berühmteste von 1889 stammt aus dem englischen Satire-Journal »Punch« und trägt den Titel »Der Lotse verlässt das Schiff«. Sie zeigt Kaiser Wilhelm II. mit aufgestützten Armen an der Reling eines Schiffes. Er blickt auf die Gangway hinunter, auf der Reichskanzler Fürst Otto von Bismarck hinunterschreitet, den der Kaiser gegen den Widerstand seiner Entourage und Ratgeber entlassen hat. Der Schweizer »Nebelspalter« hat, was Satiren betrifft, auch einiges zu bieten. Eine ähnliche Situation gab es ja auch im Konflikt zwischen dem amerikanischen Präsidenten Truman und dem allmächtigen Oberbefehlshaber der UNO-Streitkräfte Douglas MacArthur, der strikt gegen die Teilung Koreas war und den Krieg gegen die Russen, Chinesen und Nordkoreaner mit allen Mitteln gewinnen wollte. Trotz des Entrüstungssturms der amerikanischen Öffentlichkeit gegen diese Entscheidung verschwand der höchst dekorierteste General der US-Streitkräfte in der Versenkung. Irgendwann habe ich dann meine Satiren-Sammlung meinem Freund Dietrich Strasser geschenkt, der einst für die Außenpolitik des »Spiegel Journals« und dann als Free-Lance-Journalist für Südostasien in Singapur tätig war. In dessen Händen waren sie gut aufgehoben.

Wenn man oft in fremde Länder kommt, ist die Verlockung natürlich groß, Souvenirs zu erwerben, bis zu Hause kein Platz mehr ist. Sie dann weiter an jemanden wie die Puppe in der

Puppe zu verschenken, der noch nie in Russland war, ist doch Schwachsinn. Ich besitze jetzt eine alte Reisekiste, in der sich lauter Dinge befinden, die sich zum Verschenken eignen wie Fächer, Sandelholz-Seife, Räucherstäbchen, Seidenschals, Kissenbezüge aus Japan, Vogel-Imitationen und Ansteckblüten aus Korea, Notiz- und Adressbücher aus Deutschland, Schreibgeräte und Kinderbücher aus England, LED/Pump-Taschenlampen aus Hongkong, Krawatten aus Paris, Ziegenleder-Portemonnaies/Brieftaschen aus Griechenland etc. So habe ich immer etwas Außergewöhnliches zu verschenken, was mir die übliche Flasche Wein, Pralinen oder Blumen erspart. Und wenn nichts passt, gibt es ja immer noch die von mir verfassten Bücher, die immer gut ankommen. Auch für Englisch-Leser ist eines dabei. Richtig schenken ist immer mit Kopfschmerzen verbunden. Thailänder und Koreaner machen es sich da leicht, dort ist ein Briefumschlag bei Hochzeitsfeiern üblich. Am vornehmsten geht es bei den Japanern zu. Jede Familie mit alter Tradition besitzt einige kostbar bestickte Seidentücher. Ein Geschenk wird sorgsam in eines dieser Tücher eingepackt und leicht mit einer Schleife verknotet. Mit beiden Händen und einer tiefen Verbeugung wird das Präsent dem Gastgeber überreicht. Dieser nimmt es ebenfalls mit beiden Händen und einer tiefen Verbeugung entgegen, öffnet die Schleife und bedankt sich für das Geschenk. Anschließend faltet der Beschenkte das Seidentuch, nachdem seine Schönheit eingehend kommentiert wurde, wieder zusammen und gibt es dem Besucher zurück. Recycling in der kultiviertesten Form.

Wegen des massiven Einsatzes der neuen Großraum-Maschinen sanken die Flugpreise. In Europa entstand eine neue Konkurrenz mit Airbus, einem Konsortium von vier Ländern mit Zentrale in Toulouse/Frankreich. Dort war man für die Inneneinrichtung, die Elektronik und den kompletten Zusammenbau der Flugzeuge zuständig. Deutschland fertigte die Zelle, Spanien die Tragflächen und England lieferte die Rolls-Royce-Triebwerke. Für den Transport der Zelle von Hamburg nach Toulouse existiert das vielleicht seltsamste Flugzeug der Welt mit dem Spitznamen »Grummi«. Mit seinem gigantischen Cargo-Bereich hat es Ähnlichkeit mit der Hummel, bei der sich jeder aufmerksame Beobachter fragt, wie es möglich ist, dass sie fliegt.

Die Vermassung der Fliegerei brachte es natürlich mit sich, dass das Niveau des Publikums besonders in der Economy-Klasse sank. Auch stiegen die medizinischen Fälle an, bei denen die Crew mit den eingeschränkten zur Verfügung stehenden Mitteln eingreifen musste. Entgegen den Regeln hatte ich für aggressiv auftretende Passagiere Handschellen dabei. Allein der sichtbare Auftritt reichte meist, die psychisch gestörten, betrunkenen oder unter Drogen stehenden Passagiere zu disziplinieren. Die seltene Anwendung von Handschellen wurde im Bordbericht natürlich nicht erwähnt, da ich keine offizielle Polizeigewalt besaß. Wenn ich Rückenstärkung benötigte, suchte ich mir immer ein paar Paxe aus, bei denen ich mich auf meine Menschenkenntnis verlassen musste. Am besten war es jedoch, wenn LH-Mitarbeiter privat mitflogen oder BGS-Beamte/Polizisten die Strafgefangenen oder Ausgewiesenen begleiteten. Ein teurer Spaß für die Steuerzahler. Auf Druck vieler Geschäftsleute wurde dann zuerst auf der Langstrecke und später auf allen Flugzeugen die Business-Class eingeführt, womit die meisten Klagen aufhörten. Sogar bei der Tochtergesellschaft Condor wurde eine gehobene Touristenklasse eingeführt.

Einen meiner Urlaube verbrachte ich in dem schönen Nepal. Dort kannte ich den Chefsteward der Royal Nepalese Airlines. Der nahm mich zu verschiedenen Partys in Kathmandu mit. Dabei lernte ich ein Brüderpaar kennen. Deren kürzlich verstorbener Vater war Anfang der 50er Jahre mit dem Dalai Lama aus Tibet geflüchtet, war in Nepal hängen geblieben und hatte eine Hindi geheiratet. Die Mutter hatte Tuberkulose. Der ältere Bruder machte eine Polizeiausbildung und für den jüngeren Bruder war kein Geld für eine Ausbildung übrig. Er arbeitete in einem schlichten Touristenhotel als Laufbursche und war für Zubereitung von heißem Wasser, Tee, Bettwäsche tauschen, Waschschüssel und WC reinigen, Gepäck transportieren, Scheiben reinigen und Taxi rufen zuständig. Das Hotel hatte noch Petroleumlampen, aber es war preisgünstig. Dilip Lama lebte praktisch nur von Trinkgeldern. Er besuchte jedoch abends die American School, um sein Englisch zu verbessern. Ich kam mir vor wie Siddhartha, der junge Prinz aus dem Himalaya-Königreich, der plötzlich mit der Armut und Vergänglichkeit unseres Daseins konfrontiert wird und durch spätere bittere Erfahrungen zum erleuchteten Buddha wird.

Mir ging es gut, ich erhielt ein anständiges Gehalt, hatte einige Privilegien und war nicht mit einer Familie belastet. Also gab ich mir einen Ruck und entschloss mich, etwas Gutes zu tun und den sichtlich intelligenten Jungen aus seiner hoffnungslosen Situation herauszuholen. Mein Bruder lebte noch in München als Repräsentant der New Yorker Cosmopolitan Picture Corporation, die mit Filmrechten handelte. Er kannte den Manager des Holiday Inn Hotels in München, der ihm versprach, den Nepalesen im Küchenbereich zu beschäftigen. Mit interner Company Mail in New Delhi und dem Travel Agent in Kathmandu schickte ich Dilip Lama dann ein nicht in Geld konvertierbares Ticket mit dem offiziellen Einladungsschreiben und Instruktionen für die Abholung am Münchner Flughafen. Ein Wunder, es klappte alles wie vorgesehen.

In München lebte Dilip bei meinem Bruder und stellte sich so geschickt bei seinem Küchenjob an, dass er bald dank seiner Englischkenntnisse in den Restaurantdienst integriert wurde. Ich bat ihn unbedingt, die Getränke-, Snack- und Speisekarte auswendig zu lernen, um Wünsche der Gäste schneller erfüllen zu können. Für die Behörden war Dilip anfangs lediglich nepalesischer Tourist/Student. Er hatte an der Abendschule einen Deutschkurs belegt. Um den Aufenthalt zu verlängern, musste er kurz vor Ablauf der Zeit einen kleinen Ausflug nach Österreich oder in die Schweiz machen und erneut einreisen. Ich bürgte dann offiziell für ihn, was alles erleichterte. Ich besorgte ihm dann einen gut bezahlten Job im Service des von mir nahe gelegenen Autobahn-Hotels, um meinen Bruder zu entlasten. Ich besorgte ihm danach eine Aufenthalts- und Arbeitserlaubnis mit allen notwendigen Versicherungen und richtete für ihn ein Postsparbuch ein, auf das er sein Gehalt und seine Trinkgelder einzahlen konnte. An unsere westliche Verpflegung hatte er sich auch gewöhnt.

Er hatte bald genug Ersparnisse, um unsere westlichen Nachbarländer zu besuchen. Dafür stattete ich ihn mit einem Jugendherbergsausweis, einem Register und Plan für die Herbergen, einer Landkarte und Pappdeckel/Filzstift aus, worauf er sein Ziel angeben konnte, denn er reiste vorwiegend »per Autostopp«, was damals noch ganz normal bei Studenten war. Ich riet ihm, sich immer korrekt zu präsentieren, um bessere Chancen beim Mitnehmen zu haben. Sogar die Polizei nahm ihn damals mit. Exotische Ausländer waren damals selten, und man war Studenten gegenüber noch sehr hilfsbereit. Sein Name machte alle neugierig, denn der Dalai Lama war allen ein Begriff. Dilip Lamas Ausflüge führten ihn nach Dänemark, in die Beneluxstaaten, nach England und Frankreich. In Österreich in der Nähe von Innsbruck hatte er einen Job im Service eines gut besuchten Tourist-Hotels gefunden. Als es dann jedoch zu einer Affäre mit der Hotelierstochter kam, schritt der Papa ein und meinte, er solle sich aus dem Kopf schlagen, sich ins warme Nest zu setzen. Er sollte sich erst einmal um eine vernünftige Ausbildung bemühen, um festen Fuß in Europa zu fassen. So trennten sie sich in gutem Sinne und Dilip landete mit guten Vorsätzen im Gepäck in St. Gallen in der Ostschweiz. Ich verhandelte dort mit dem Direktor der dortigen Dolmetscherschule Dr. Tuchschmidt, erklärte ihm die Situation und erreichte, dass ich ihn zu einem sehr ermäßigten Preis die Schule besuchen lassen konnte. Allerdings verlangte der Schweizer Staat, dass ich ihm als Bürge ein Konto eröffnen musste, auf dem monatlich genug Geld zur Verfügung stand, um damit seine Studien- und Lebenshaltungskosten abzudecken. Er hat dieses Konto übrigens selten in Anspruch genommen, da er mit seinen diversen Jobs wie Autopfleger an einer Tankstelle, als Gärtner, als Verkäufer von gängigen Bluejeans, T-Shirts und Freizeitschuhen und dann als Aushilfskraft im »Barbarella«, einem guten italienischen Speiselokal in der Innenstadt von St. Gallen, genug verdiente. Dann gelang es ihm, in dem renommierten »Hotel Hecht« eine Lehrstelle zu erhalten, und er ging nach der Ausbildung in das Restaurant Barbarella zurück, dessen Besitzer ihn sehr schätzte und ihn zur rechten Hand in seinem Betrieb machte.

Dilip hatte dann mit einer halb ungarischen Schweizerin Pia S. eine Affäre begonnen. Sie hatte einen guten Job als Sekretärin des Direktors des Kantonsspitals. Dilip achtete sehr auf seine Kleidung, sah gut aus und hatte sich anständiges Benehmen angeeignet. Als ich dann von einem mehrtägigen Flug zurückkehrte, fand ich im Briefkasten die überraschende Einladung zu seiner Hochzeit mit Pia S. vor, die ich leider verpasst hatte. Zur Taufe seiner beiden Töchter, die erstaunlicherweise vom Bischof von St. Gallen vorgenommen wurde, war ich präsent.

Dilip hatte seiner Frau ständig in den Ohren gelegen, ein nepalesisch-indisches Restaurant in St. Gallen zu eröffnen. Das ging aber nur, wenn Pia die Buchführung und das Management übernahm. Von den strengen Vorschriften, die mit der Anmeldung eines gastronomischen Betriebs verbunden waren, hatte er auch keine Ahnung. Ich war strikt dagegen, dass Pia ihren soliden und gut bezahlten Job aufgab und sich in ein solches geschäftliches

Abenteuer stürzte. Aber der sehnsüchtige Wunsch, endlich auf eigenen Beinen zu stehen und Unternehmer zu werden, wie sein Freund »Mounty« in London, überwog alle nüchternen Erwägungen. Bei einem Besuch in St. Gallen machten wir einen Streifzug durch die Innenstadt und entdeckten gegenüber der Synagoge ein altes Fachwerkhaus, in dem bis vor Kurzem eine Gaststätte existiert hatte. Der Betreiber war in Rente gegangen, aber die Schankrechte bestanden noch. Hinter dem hübschen Gebäude befand sich ein ausgedehnter Parkplatz, auf dem vorher auch alte Fachwerkhäuser gestanden hatten. Im Obergeschoss unseres Objektes existierte eine komplette Wohnung, die Mietkosten der weit entfernt liegenden momentanen Wohnung entfielen. Das Objekt und der Parkplatz gehörten einer Schweizer Großbank, die gewiss schon Pläne für die spätere Bebauung in der Schublade hatte. Aus diesem Grunde war die Miete des Objektes sehr moderat. Das Schwierigste bei der Betriebserlaubnis war die für den tönernen Tandoori-Ofen, der das Herzstück der indischen Küche darstellt. Der erste in London georderte Ofen überstand die Fracht nicht und kam zerbrochen an. Beim nächsten klappte es endlich. Bei der Einrichtung in dekorativer Hinsicht ergriff ich die Initiative. Von Air India in New Delhi besorgte ich mir zuerst die berühmte Werbefigur des prachtvoll gekleideten, sich verbeugenden Sikhs mit Turban. Dann erhielt ich noch eine Rolle mit großen Werbeplakaten mit Bildern von touristischen Attraktionen in Indien und Nepal. An der rauchgeschwärzten Decke brachte ich einen Dekorbaldachin mit eingenähten Spiegeln an. Aus London hatte er eine große laminierte Karte des Königreichs Nepal mitgebracht.

Aus einer Gärtnerei besorgten wir uns noch ein paar Kübel mit Bambus, die das exotische Erscheinungsbild von »Lama's Tandoori Restaurant« vervollständigten. Ich hatte Dilip eingeprägt, dass die WCs die Visitenkarte eines gastronomischen Betriebes sind, und spendierte noch eine große Flasche »Eau de Cologne 4711« mit Halterung. Als Besonderheit hatte ich dann noch in Beirut für alle zwölf Tische je eine Tischglocke aus Messing plus einige in Reserve mit seinen Initialen D. L. herstellen lassen. Hatten die Gäste Wünsche, konnten sie die Tischglocke betätigen. Manchmal wurden sie natürlich von Souvenir-Jägern entwendet. Bemerkte das Dilip, dann wurde diese bei der Abrechnung mit auf die Rechnung gesetzt. Wegen des angenehmen rustikalen Ambiente, der moderaten Preisen und der zentralen Lage war das Restaurant bei jungen Leuten sehr beliebt. Zum Mittagessen wurde es gern von Angestellten der umliegenden Banken frequentiert. Ein nepalesischer Koch herrschte über die Küche und eine hübsche Mongolin half abends beim Service.

Wegen guter Einnahmen bestand Pia darauf, ein Haus in dem weit entfernten Eggersriet zu erwerben, das bedeutete, dass die Kantonalbank so lange im Besitz des Hauses war, bis es abbezahlt war. Im Verlaufe der Zeit schafften sie es gerade, die monatlichen Kreditzinsen zu zahlen. Das wichtigste Argument war, die Kinder in einer soliden Umgebung aufwachsen zu lassen. Das funktionierte aber nur so lang, wie die Einnahmen aus dem bestehenden Haus gesichert waren. Dort oben in den Bergen zu wohnen war wirklich privilegiert. Von der Terrasse aus sah man auf die Berglandschaft von Appenzell mit seinem höchsten Gipfel, dem Säntis. Wenn man hinter dem Haus einen kleinen Spaziergang zum Bergkamm hinauf macht, blickt man, von Kuhweiden umgeben, hinunter auf den langgestreckten Bodensee, einfach traumhaft und weit entfernt von den Tourismusströmen.

Nach ein paar Jahren kündigte die Bank den Mietvertrag für das Restaurant, denn das alte Fachwerkhaus sollte nun auch abgerissen werden. Nun war eingetroffen, wovor ich gewarnt hatte und was schließlich zum Zwist zwischen den beiden Ehepartnern führte. Die Suche nach einem geeigneten Objekt für ein Restaurant erwies sich als extrem schwierig. Schließlich waren sie gezwungen, eines im Bankenviertel zu akzeptieren, was ein Vielfaches an Miete verschlang und nicht den Charme des alten Restaurants besaß. Außerdem hat die Bankenkrise dazu geführt, dass die Schweizer weniger Geld für Restaurants ausgaben. Die Personalkosten wuchsen den Lamas über den Kopf und sie mussten erst den Koch und dann die Restauranthilfe entlassen. Schließlich musste das Restaurant geschlossen werden. Immerhin haben sie zwei Töchter großgezogen, die beide etwas geworden sind. Die eine wurde Zahnärztin und die andere Lehrerin. Immer wenn ich die Lamas mal in der Schweiz besuchte, brachte ich eine Luftmatraze und meinen Schlafsack mit, um ihnen nicht zur Last zu fallen. Dilips nepalesischer Freund hatte mehr Glück. Er hat sich in London ein kleines Immobilien-Imperium aufgebaut und besitzt außerdem zwei gut gehende Restaurants im Westen Londons. Mohanta Shresta, Nickname »Mounty«, hat Dilip mehrfach beraten, aber Pia schätzte den Einfluss seines Freundes nicht und lehnte alles ab, was von ihm kam. Beide waren gezwungen, wieder einen Angestelltenjob zu suchen. Meine Enttäuschung war natürlich groß.

***

Bevölkerungsexplosion

Ein Papagei trifft Jesus S. 174–176

Immer neue Katastrophen kündigen sich an
und halten die Menschheit in ihrem Bann.
Doch schaut man genau auf die Ursachen hin,
erkennt man bald den tieferen Sinn.
Die Natur wehrt sich gegen die Menschenmassen,
die den Planeten ersticken lassen.
Wie Ratten vermehrt sich die Menschenbrut,
das zu bremsen findet kaum jemand Mut.
Bei uns ist der Staat sogar noch bereit,
zu belohnen mit Kindergeld und Steuerbescheid.
Die Warner werden niedergeschrien,

vom dämlichen Pöbel, welch ein Widersinn.
Hungersnöte, wohin man schaut,
die Menschen haben alles versaut.
Zu viele Menschen sind der Grund,
für die Kernprobleme in aller Mund.
Konflikte, Klimawechsel, Energie,
Wassermangel, Hunger, Epidemie,
Pollution, Bildungsmangel, Versteppung und vieles mehr,
machen der Weltbevölkerung das Leben schwer.
Mangel an allem kommt auf uns zu,
dann haben wir erst recht mehr keine Ruh.
Es wird noch enger auf dieser Welt,
wenn es der Entwicklung weiter so gefällt.
Die Vernunft muss siegen, da bleibt uns keine Wahl,
tun wir nichts, dann bleibt uns nur die Qual.
Wer glaubt, es geht ihn alles nichts an,
befindet sich auf der falschen Bahn.

***

Ein anderer Exot, dem ich auf die Beine geholfen habe, war der Neffe meines guten Bekannten Ravi Bedi, dem Chief-Photographer der großen indischen Tageszeitung »Times of India« in New Delhi, den ich mal durch meinen Freund und Journalisten Dietrich Strasser in Singapur kennenlernte. Der Neffe bereitete seinem Onkel nicht geringe Kopfschmerzen, da dieser kein Ziel hatte und seine Zeit vergammelte. Ich hatte ja bereits schon in Pakistan eine Geschäftsidee verwirklicht, war mit dem Resultat aber nicht zufrieden. Es ging um die Herstellung von umweltfreundlichen Tragetaschen aus Rohbaumwolle mit Aufdruck von Motiven. Die Herstellung nach meinen Vorgaben, deren Überwachung, die Abwicklung des Exports, die Bezahlung und die Beförderung durch Luftfracht nach Frankfurt überließ ich ihm. Ich stellte die Herstellungsvorgaben, Größen, Mengen und besonders die aparten Aufdrucke zur Verfügung. Nach anfänglichem Zögern erweckte mein Auftrag sein Interesse. Bei der Ausführung bekam er einen Einblick in internationale Geschäftsabläufe und sein Ehrgeiz wurde geweckt. Für einen Anfänger erfüllte er seine Aufgabe ausgezeichnet und verdiente sogar noch dabei. Sein Onkel war überglücklich über das positive Ergebnis meiner Initiative, denn sein Neffe fing an, mit Halbedelsteinen zu handeln, und reiste dazu nach Deutschland, wo er besonders bei der Schmuckindustrie und in Idar-Oberstein Geschäfte abschloss. Damit er nicht durch Hotelkosten belastet wurde, sorgte ich dafür, dass er einen Jugendherbergsausweis bekam und die Vorteile der Deutschen Bahn für ausländische Touristen in Anspruch nahm. Zu den Schmucksteinen kamen noch wohlriechende Räucherstäbchen dazu, wie man sie in den indischen Tempeln verbrennt, die in den Häusern Wohlgerüche verbreiten und Mosquitos vertreiben helfen. Die waren zu der Zeit noch nicht so bekannt in Deutschland. Er übernahm dann später die Vertretung vom Autoverkauf von »President«-Limousinen, einer Replika des englischen Austin 90. Später wurde er dann Chef eines großen Autohauses des Tata-Konzerns.

Ich war ja nun Single und konnte es mir leisten, private Entwicklungshilfe zu leisten. Von den meisten großen Entwicklungshilfeorganisationen wie zum Beispiel der GIZ (Gesellschaft für internationale Zusammenarbeit) halte ich wenig. Die Unternehmen, die wir aus den vielen Spendenaufrufen kennen, betreiben einen so großen Aufwand, dass für die Zielgruppe kaum etwas übrig bleibt. Die Angestellten werden nach deutschen Tarifen bezahlt, die Umzugskosten, Flüge und Transporte müssen bezahlt werden. Für Kinder, die in Deutschland ein Internat besuchen oder im Ausland zusammen mit Kindern von Geschäftsleuten und Diplomatenkindern entsprechende internationale Schulen besuchen, gibt es natürlich Beihilfen. Außerdem kommen noch teure Auslands-Krankenversicherungen dazu. Ich stelle nur nüchtern fest, dass zwangsweise ein riesiger Aufwand betrieben wird, dem ein minimaler Erfolg gegenübersteht. Wie heißt es bei Shakespeare noch: »Much ado about nothing!« Einzelpersonen wie der ehemalige Schauspieler K. H. Böhm mit seinem Kinderdorf und die bereits verstorbene Mutter Theresa, die selbstlos ihren Schützlingen in Kalkutta beistand, sind Ausnahmen.

Als ich den Besitz meines Großonkels in Mozambique anfangs des Bürgerkrieges unter abenteuerlichen Bedingungen noch einmal besuchte, übernachtete ich in der rhodesischen Grenzstadt Umtali in einem Gästehaus für Missionare, welches hauptsächlich durchreisenden Glaubensschwestern und brüdern diente. Am Gästehaus fiel mir ein ausgedehnter, gepflegter Gemüse- und Obstgarten auf. Neugierig geworden lernte ich dann den fleißigen Gärtner kennen, dem die Missionare dieses Paradies zu verdanken hatten. Er führte mich stolz herum und zeigte mir auch das Gehege für die Hühner, welches auch oben zum Schutz gegen Raubvögel gesichert war. Der Gärtner hieß Jonathan und lebte in der Gerätehütte, wo er abends bei Kerzenlicht in seiner einzigen Lektüre, der Bibel, las. Wasser gab es nur aus dem einzigen Wasserhahn, an welchem der Wasserschlauch angeschlossen wurde und wo auch eine Zinkwanne an der Hüttenwand hing, in der er sich waschen konnte. Vielleicht besaß er nur seinen grünen Gärtner-Overall und seine Gummistiefel. Andere Kleidungsstücke konnte ich jedenfalls nicht entdecken. Jonathans Taschengeld war erbärmlich. Ich grübelte darüber nach, wie ich sein Los etwas verbessern könnte, und besorgte ihm ein chinesisches Fahrrad Marke »Swallow« mit einem Drahtkorb auf dem Gepäckträger sowie Werkzeug, Luftpumpe, Flickzeug, Ersatzschläuche, Reifen, Ölkännchen und eine ummantelte Kette mit Vorhängeschloss und wies ihn in den Gebrauch ein. Er war selig über dieses Geschenk des Himmels. Ich riet ihm, sich nach einer Nebenbeschäftigung umzuschauen, wo er das Fahrrad gebrauchen konnte.

Als ich das nächste Mal Südrhodesien besuchte, hatte der schwarze Diktator Mugabe das Land in Simbabwe umgetauft. Die Hauptstadt Salisbury hieß jetzt Harare. Eine gigantische Inflation hatte das Land überrollt. Das Kännchen Kaffee im alten Kolonialhotel »Meikles«, für das man beim letzten Besuch noch 3 Simbabwe-$ gezahlt hatte, kostete jetzt 6 Millionen Simbabwe-$. Dank der Deutschen Botschaft, die ich schriftlich um Rat gebeten hatte, habe ich mich mit Packen von 1-US-Dollar-Scheinen eingedeckt und kam so über die Runden.

Nach einer gemütlichen Fahrt mit dem Nachtzug traf ich dann in der von Umtali auf Mutare umbenannten Grenzstadt ein. Hochbezahlte englische Eisenbahn-Ingenieure hielten das Vorzeigeobjekt der Mugabe-Regierung in Schuss. Auch die luxuriöse First-Class, Mahagoni getäfelt, mit herunterklappbaren Lederliegen, ausklappbaren Messing-Waschbecken, existierte noch, doch an der Grenze war Endstation. Die Strecke durch Mozambique nach der Hafenstadt Beira, die nahe unserer Farm vorbeiführte, war teilweise zerstört worden und war von Büschen und Bäumen überwuchert. Die unfähige Regierung in Maputo hat sich nie dazu entschlossen, diese einst lukrative Strecke wieder zu reaktivieren. England besitzt übrigens immer noch Hoheitsrechte auf diesem Streckenabschnitt. Ein alter Bekannter aus besseren Zeiten war nach Antritt von Mugabe Bürgermeister von Mutare geworden und wünschte sich, trotz er Sozialist war, insgeheim die weiße Minderheitsregierung zurück, in der trotz UNO-Embargo alles geklappt hatte. Mit seinem Landrover versuchten wir, die ca. 60 km entfernte Plantage meines Großonkels zu besuchen, wegen Terroristen-Gefahr durch die FRELIMO mussten wir unser Vorhaben jedoch aufgeben. Stattdessen machten wir einen Ausflug zum »Leopard Rocks«, wo sich früher die Farmer im heißen Sommer wegen des angenehmen Hochland-Klimas gern erholten.

Trotz der gespannten Beziehungen zwischen Großbritannien und Simbabwe besitzt die englische Königsfamilie dort immer noch ein traumhaftes Palais, das tadellos in Stand gehalten wird. Dort werden regelmäßig Staatsgäste untergebracht.

Zur Zeit Rhodesiens war das Land der größte Tabak-Exporteur. Auch Weizen und Mais waren Exportschlager.

Viele weiße Farmer wurden bei den Aufständen ermordet und die meisten Überlebenden gingen nach Südafrika oder Australien. Mugabe-Anhänger übernahmen dann die ausgeplünderten Farmen und betrieben wegen fehlender Qualifikationen nur Subsistenzwirtschaft. Als Ergebnis muss Simbabwe Lebensmittel einführen. Während des Konfliktes wurden nicht einmal die Tierreservate verschont. Das Wild wurde von den farbigen Söldnern als Fleischlieferant gnadenlos dahingeschlachtet, ähnlich wie in dem wunderschönen Safaripark Gorongosa in Mozambique. Von einem prosperierenden und beliebten Touristen- und Abenteurerland war Simbabwe zu einer Nation der Hungerleider und Arbeitslosen herabgesunken. Sogar zu den von Livingston entdeckten Victoriafällen ist der Besucherstrom versiegt. Nur noch wenige wagemutige Geschäftsleute, besonders Nordkoreaner und Chinesen, besuchen noch das Land. Seit die Eisenbahnstrecke durch Mozambique nach Beira weggefallen ist, werden die Kupfererz-Transporte von Katanga/Kongo über Dar es Salaam/Tansania abgewickelt. Die von Mugabe angeforderten Ausbilder aus Nordkorea waren für das Training des Geheimdienstes und des im Gegensatz zur Zivilbevölkerung gut versorgten Militärs zuständig. Die geheime Opposition hatte unter diesen Umständen nicht den Hauch einer Chance, den Diktator loszuwerden. Das in meinen Augen schönste und vorher bestentwickelste Land Afrikas hatte so nie eine Möglichkeit, zu seiner einstigen Blütezeit zurückzukehren. Gut, dass wenigstens die Feindschaft zwischen den beiden rivalisierenden Hauptstämmen Shona & Matabele ad acta gelegt wurden. Es gab nun sehr viele akademische Rhodesier, die ihrem Job nicht mehr nachgehen konnten. Den Geldsendungen der im Ausland lebenden Rhodesier an ihre Angehörigen ist es zu verdanken, dass viele überlebten. Der US-Dollar wurde zur Schattenwährung von Simbabwe. Das Einzige, was zu dieser Zeit wirtschaftlich noch gut funktionierte, waren die alten Goldminen, die von in US-Dollar hochbezahlten englischen Ingenieuren und Managern betrieben wurden. Der Profit diente dazu, den Regierungsbetrieb und die Armee zu bezahlen, die bei Konflikten in Nachbarländern geschickt eingesetzt wurde. Auf diese Art sicherte sich der Diktator Minenrechte in dem heiß umkämpften Katanga. Die Bevölkerung hatte jedoch nichts davon.

Der frühere Name des Landes Rhodesien geht auf den immens erfolgreichen Besitzer von Gold- und Diamantenminen in Südafrika Cecil Rhodes zurück, der den Nickname »Empire Builder« trug. Mit Hilfe einer exzellent ausgebildeten Privattruppe, die mit dem gerade neu erfundenen Maxim-Maschinengewehr ausgerüstet war, gelang es ihm, den Widerstand mehrerer Stämme niederzuwerfen. Die Entstehung von Südrhodesien = Simbabwe, Nordrhodesien = Sambia und Njassaland = Malawi gehen auf seine Initiative zurück. 1879 warf er das einzige damals noch existierende Königreich der Matabele in Südafrika, was deckungsgleich mit dem heute existierenden Simbabwe war, nieder und brannte dessen Hauptstadt Bulawayo nieder. Ihm verdanken die Afrikaner das strategisch äußerst geschickt angelegte Eisenbahnnetz. Das große Ziel dieses machtvollkommenen Abenteurers war, eine durchgehende Eisenbahnverbindung von Kapstadt bis nach Alexandria am Mittelmeer zu schaffen. Immerhin kann man heute einmal im Jahr mit einem Luxuszug für eine internationale Upperclass-Klientel, der streckenweise noch von alten Dampflokomotiven gezogen wird, bis Dar es Salaam, Hauptstadt von Tansania am Indischen Ozean, reisen. Der nördliche Abschnitt wurde übrigens vom deutschen Kaiserreich in der damals ostafrikanischen Kolonie Tanganyika als erste wirksame Infrastrukturmaßnahme gebaut. Diese Kolonie umfasste das heutige Sansibar, Tansania, Burundi und Ruanda. Die visionäre Verbindung weiter über Uganda, Kenia und Sudan bis Südägypten ist leider nie verwirklicht worden. Immerhin ist es eine bahnbrechende Leistung des französischen Ingenieurs Ferdinand de Lesseps gewesen, Ende des 19. Jahrhunderts die erste schmale Version des Suezkanals zu verwirklichen, der dann sukzessive immer weiter vertieft und verbreitert wurde, um ihn den wachsenden Tonnagen der modernen Schifffahrt anzupassen.

Es ist immer faszinierend zu beobachten, wie es einzelne überragende Persönlichkeiten dazu bringen, unglaubliche Projekte zu verwirklichen. Ihnen geht es allen selten um finanziellen Erfolg, sondern um den unbezwingbaren Drang, Visionen gegen alle Widerstände zu verwirklichen. Oft wird ihr Wirken zu Lebzeiten nicht erkannt. Ernest Hemingway erhielt den Nobelpreis für Literatur erst Jahre nachdem er seine Bücher veröffentlicht hat. Der Autor Rainer-Maria Remarque von »Im Westen nichts Neues«, dessen Buch in den 50er Jahren verfilmt wurde, erlebte den Erfolg nicht mehr. Erst jetzt, nach über 70 Jahren, wurde dem Film der Oscar verliehen! Für was für Hungerlöhne die Impressionisten oft Werke geschaffen haben, die heute bei Versteigerungen von Sotheby's und Christie's Millionen erzielen. Wie langweilig wäre unser Leben ohne Exzentriker. Einige äußerst unangenehme Typen haben es allerdings vermocht, unsere Welt auf den Kopf zu stellen. Osama Bin Laden, Yasir Arafat. Putin, Muammar al-Gaddafi, Trump, Kim Yong Il. und Konsorten kommen mir vor wie Hechte im Karpfenteich, die auch einen Zweck erfüllen.

***

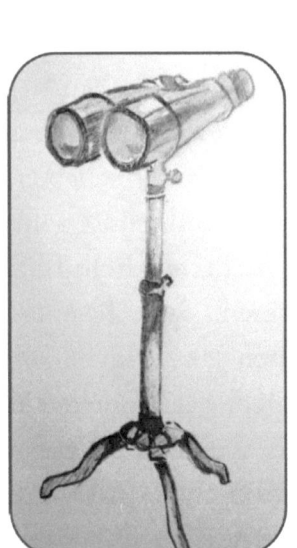

Visionen

Esthétique   – Proportia Divina ... 140-145

Der Mitverfasser der »Declaration of Independence« Thomas
Jefferson, 3. Präsident der USA,
nicht nur in Amerika er außerordentliche
Entwicklungsmöglichkeiten in der Zukunft sah.
Er spottete, dass wenn die Italiener anstatt für den Bau von
Kirchen würden in technische Werke investieren,

dann könnte die gesamte Bevölkerung davon profitieren.
Man könnte die Adria durch Aufschüttung in Festland verwandeln,
durch Abtragung des nutzlosen Appeningebirges,
das hieße zukunftsweisend handeln.
Der deutsche Architekt Hermann Sörgel
hatte vergleichbare ungewöhnliche Ideen,
das kann man bei Betrachtung seines
Megaprojekts »Atlantropa« sehen.
Mit einem europäischen Konsortium hoffte er zu
konstruieren einen zwei Kilometer breiten Damm,
der felsige Bereich westlich von Gibraltar dafür in Frage kam.
Die gewaltigen Strömungen vom Atlantik ins Mittelmeer
könnten genutzt werden zur Erzeugung von elektrischem Strom,
ausreichend für ganz Europa wäre das nach Berechnungen schon.
Er befasste sich auch mit der Absenkung des westlichen
Mittelmeeres um 100 m zum Landgewinn
und um 200 m im östlichen Teil, das machte für ihn Sinn.
Ein zweiter Staudamm sollte an den Dardanellen
am Ausfluss des Schwarzen Meeres entstehen,
eine einleuchtende Idee genauer besehen.
Umweltfragen, Klimawechsel und steigender Meeresspiegel
spielten damals noch keine hervorragende Rolle,
bei internationalen Konferenzen bekam man sich
deshalb noch nicht in die Wolle.
Eine Eisenbahntrasse sollte gelegt werden
von Süditalien über Sizilien und Tunesien,
dann durch die Sandwüste von Nordafrika,

eine transafrikanische Verbindung bis Zentral- und Südafrika
wäre endlich geworden wahr.
Zur Bewässerung der Tschad-Region plante er den
Kongo aufzustauen und dahin teilweise abzuleiten,
nur die politischen Verhältnisse schienen ihm Sorge zu bereiten.
Als ausgesprochener Pazifist konnten ihn
die Nazis nicht besonders gut leiden,
er wollte die europäischen Völker an das
Gemeinschaftsprojekt binden, um Kriege zu vermeiden.
Ein anderer Visionär war der US-Präsident Wilson mit
seinem Engagement für den Völkerbund,
dieser sollte in Zukunft helfen, Kriege zu vermeiden,
propagierte er in der Versailler Verhandlungsrund.
Thomas Morus, der Oberbürgermeister von London,
machte sich Gedanken über den perfekten Staat,
in seinem weltberühmten Werk »Utopia« gibt er
entsprechenden Rat.

Konfuzius, der chinesische Gelehrte,
befasste sich schon vor über 2500 Jahren damit,
seine Staatsphilosophie war dann im Reich der Mitte der große Hit.
Der Vicomte Ferdinand de Lesseps hat den Suez-
und Panamakanal konzipiert
und trotz unendlicher finanzieller und technischer
Probleme schließlich realisiert.
Der russische Eisenbahningenieur Garin-Michailowski
überzeugte den Zar von einer Verbindung bis an den Pazifik,
durch Sibirien hindurch verwirklichte man das
gigantische Projekt Stück für Stück.
Cecil Rhodes entwickelte den Plan für eine britische
Kolonialbahn von Capetown bis Alexandria,

doch die heruntergekommene Strecke endet
immer noch in Dar es Salaam in Tansania.
Deutsche Ingenieure bauten für den osmanischen Sultan
die Bagdad-Stambul und Hedschas-Bahn,
trotz fast unüberwindlicher Hindernisse wurden die
Strecken fertig nach Plan.
Wernher von Braun glaubte fest an den Raketenflug
ins Universum und zum Mond,
seine Dickköpfigkeit hat sich dann schließlich gelohnt.
Schon Napoleon I., schlachtenmüde, träumte von
einer friedlichen Europäischen Union,
doch erst General de Gaulle und Adenauer
gaben den Anstoß zur Realisation.
Der Emir von Cordoba/Andalusien war
entschlossen zu erschaffen ein paradiesisches Land,
es gelang ihm und seinen Erben; solch eine Hochkultur
man damals in Europa sonst nirgendwo fand.
Für ein vereintes Lateinamerika kämpfte verbissen
General Simon Bolivar,
Egoismus und Engstirnigkeit der Lokalpotentaten
sind Gründe, dass es nie wurde wahr.
Der Philanthrop Henri Dunant initiierte das Internationale
Rote Kreuz und die Genfer Konvention,
nicht mehr vermissen möchte man diese Institution.
Graf Zeppelin und Hugo Junkers konzentrierten sich
unermüdlich auf ihre zukunftsweisenden Ideen,
wir wissen alle, was ist dann geschehen.

Heinrich von Stephans Initiative führte zur
Gründung vom Weltpostverein.
Könnte man sich vorstellen, ohne diese Dienstleistung zu sein?
Christopher Columbus hatte eine unglaubliche Vision,
anfangs erntete er nur Spott und Hohn.
So geht es häufig den Visionären,
wir sollten sie besser ermutigen und ehren.
Man muss unterscheiden zwischen Vision,
Irrsinn und bösem Wahn,
man schaue sich da nur die Diktatoren der Neuzeit an!

***

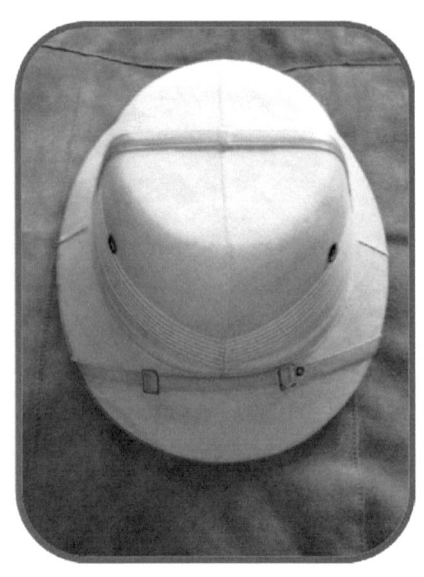

DER GOUVERNEUR VON WISSMANN

ESTHÉTIQUE   – PROPORTIA DIVINA ... S. 56-59

Dr. Livingstone und Stanley waren Afrikaforscher,
die man aus der Geschichte kennt,
doch was ist mit Major von Wissmann,
dessen Namen niemand mehr nennt?
Im Auftrag der Afrika-Gesellschaft begleitete er 1880 den
Forscher Pogge auf seiner Kongo-Expedition,
und als dieser sterbenskrank umkehrte,
übernahm er die weitere Führung schon.
Er drang vor in völlig unbekannte Regionen,
ohne sich und seine Träger zu schonen.

Wenn Sümpfe und feindliche Stämme versperrten
die Route, folgte er den Flüssen im Einbaum-Boote.
Moskitos, Schlangen und Kannibalen forderten
Opfer in beträchtlichen Zahlen.
Er vermaß das Gelände und stellte Landkarten her,
die Voraussetzungen dazu waren recht schwer.
Als erster Europäer erreichte er vom Kongo her den Victoriasee
und bewunderte später den Kilimandscharo bedeckt mit Schnee.
Auf der letzten Etappe nahm er die Hilfe eines
berüchtigten arabischen Sklavenhändlers an
und erreichte zerlumpt, aber gesund den Indischen Ozean.
In Sansibar schiffte er sich nach Deutschland ein und
erholte sich von Strapazen und Pein.
Auf einer Vortragstour erreichte ihn ein Schreiben
des belgischen Königs Leopold mit der Information,
dass finanzielle Mittel ständen bereit für eine private
erneute Kongo-Expedition.
Er erfüllte diese Aufgabe der Königlichen Hoheit
vollster Zufriedenheit
und nahm sich dazu drei Jahre Zeit.
Auf dieser Expedition hatte er viele kritische Kämpfe zu bestehen,
in Gebieten, die vorher kein Weißer gesehen.
Zur Erholung zog er sich auf die portugiesische
Insel Madeira zurück,
doch verlor er Zentralafrika nicht aus dem Blick.
Die Kongo-Region hatte ihn gezogen in den Bann,
er kehrte bald zurück als gesunder Mann.

Die neue Route führte ihn über den Tanganjika- und Njassasee
zur Mündung des Sambesi-Flusses in Mozambique
und von dort über Sansibar und Ägypten nach Europa zurück.
Im Winter 1887/88 verfasste er auf Madeira seine Reiseberichte,
dann folgte ein Kapitel der deutschen Kolonialgeschichte.
Reichskanzler Otto von Bismarck berief
Wissmann zum Reichskommissar
und beauftragte ihn zur Aufstellung einer
fähigen Schutztruppe auf Sansibar.
Mit Rückendeckung durch das kaiserliche
Kreuzergeschwader konnte er es wagen,
ins Inland vorzurücken und die arabischen
Aufständischen vernichtend zu schlagen.
Mit Hilfe des deutschen Anti-Sklaverei-Komitees
beteiligte er sich an der Planung für die Beschaffung
eines Dampfers für den Victoriasee.
1893 wurde das komplett zerlegte Kanonenboot von
unzähligen Trägern auf dem Landweg zum Njassasee gebracht,
das Vorhaben wurde ursprünglich als undurchführbar belacht.
Der Weg zum Victoriasee wurde durch Aufständische blockiert,
weshalb diese Alternative wurde konzipiert.
1895 wurde Major Wissmann als erster Gouverneur
von Deutsch-Ostafrika eingesetzt,
wegen seines diplomatischen Umgangs mit den
Eingeborenen wurde er sehr geschätzt.
Die gefürchteten arabischen Sklavenjäger
wurden in kürzester Zeit eliminiert

und gute Beziehungen mit den
Stammeshäuptlingen zementiert.
Nicht Deutsch, sondern Kisuaheli wurde auf seine Veranlassung
einigende Sprache in den Schulen und in der Kolonie,
eine geschickte Maßnahme,
die ihm die Eingeborenen vergaßen nie.
Da er nicht auf koloniale Ausbeutung war bedacht,
wurde der Philanthrop in Berlin lächerlich gemacht.
Eine Tropenkrankheit zwang Wissmann zu
verlassen sein geliebtes afrikanisches Land,
der Kaiser erhob ihn wegen seiner Verdienste
in den Adelsstand.
Russland, Sibirien und später Südafrika
waren Reiseziele sobald er genesen,
auch ist er noch einmal auf Madeira gewesen.
Morton Stanley lud ihn 1900 als Vertreter
des Deutschen Reiches nach London ein,
zu einer Konferenz zur Herbeiführung des
Wildschutzes, das musste sein.
Seine Ansichten und Vorschläge wurden von den
Engländern außerordentlich geschätzt,
die Idee mit den Tierschutzparks wurde leider
jedoch erst sehr viel später umgesetzt.
Passend für einen Abenteurer allemal,
1905 kommt Hermann von Wissman um bei einem Jagdunfall.

***

Ich war dann viel später noch einmal unter abenteuerlichen Bedingungen in Simbabwe, um zu versuchen, noch einmal die Plantage in Mozambique aufzusuchen. Im Grenzstädtchen Mutare wollte ich wieder bei den Missionaren übernachten, das Gästehaus war jedoch verschlossen und es hing nur ein Zettel mit einer Telefonnummer einer Mission in Harare an der Tür. Der schöne Garten war verwildert, und Jonathan, der Gärtner, war auch verschwunden. Vielleicht hatte man ihn zur Armee eingezogen. Mit Hilfe des Bürgermeisters erwischte ich dann an der Grenzstation einen weißen portugiesischen Farmer, der nicht aufgegeben hatte. Er kannte meinen Großonkel und bewunderte meinen Mut. Mit seinem Landrover fuhr er zurück zu seiner Farm, die nahe von Maforga lag. Sein Wagen war hauptsächlich mit Öl- und Benzintonnen beladen, die als chemische Pflanzenschutzmittel deklariert waren. Er meinte, mit US-Dollar bekäme man auf dem Schwarzmarkt alles, und zog, nachdem wir die Grenzstation passiert hatten, unter dem Sitz eine kleine Kiste mit Eierhandgranaten hervor, instruierte mich über den Gebrauch und bat mich im Falle eines Überfalls diese auf sein Kommando hin zu gebrauchen. Er hatte sich dann einen Patronengurt umgelegt und wir fuhren langsam die mit Schlaglöchern übersäte Straße Richtung Osten. Wir begegneten niemandem auf dieser früher von Lastwagen bevölkerten Straße. Die wenigen Ortschaften, die wir passierten, kamen mir vor wie ausgestorben. Als wir dann in der Dämmerung das Geräusch eines schweren entgegenkommenden Lastwagens hörten, verließ er sofort als Vorsichtsmaßnahme die Straße, und wir warteten gut von Büschen und Bäumen getarnt, bis der Spuk vorbei war. In Gondola gab er ein bestimmtes Hupsignal, woraufhin sich die Türen öffneten und die Bewohner ihn freudig begrüßten. Er hatte ihnen verschiedene Mangelwaren mitgebracht. Dann verabschiedeten wir uns und fuhren weiter nach Maforga, was abseits der Fernstraße lag. Ohne Scheinwerfer fuhren wir im Mondlicht weiter. Wie groß war die Überraschung, als wir dann die Mission erreichten. Dem Farmer wurde ein Nachtquartier angeboten, welches er jedoch ablehnte. Mit seiner brisanten Fracht wollte er im Schutze der Dunkelheit so schnell wie möglich seine Farm erreichen.

Meinem Großonkel Günther war es gelungen, mit einem der letzten TAP-Flugzeuge von Beira das durch die »Nelken Revolution« im Umbruch befindliche Portugal zu erreichen. Meine resolute Tante Rosemarie hatte sich jedoch dazu entschieden, ihre Rechte an der nicht mehr funktionierenden Farm zu verteidigen. Sie wollte vermeiden, dass diese im Laufe des Geschehens in die Hände der kommunistischen FRELIMO fiel, und hatte diese pro forma an die benachbarte Mission übertragen. Die Missionare kümmern sich um Kriegsverletzte, Waisenkinder, Babys aidskranker Mütter und arbeiteten mit dieser Tarnung vermutlich auch für den britischen und amerikanischen Geheimdienst. Sie war noch da, umgeben von Missionaren, die sie schützten, und konnte meinen kurzen, aber aufmunternden Besuch gut gebrauchen. Später gab meine Tante dann schließlich doch auf und verließ das vom Bürgerkrieg zerrissene Mozambique über Simbabwe. Das Leiterehepaar der Mission wurde dann im Verlauf des Krieges in Geiselhaft genommen und monatelang durch Dschungel, Steppen und Sümpfe mitgeschleppt, bis sie in Malawi ausgetauscht wurden. Die Plantage war dann verwildert und der große Garten, der früher nicht nur die Farm versorgt hatte, sondern noch Überschüsse erwirtschaftet hatte, war überwuchert. Die Missionare hatten keine landwirtschaftlichen Qualifikationen und waren hauptsächlich damit beschäftigt, den Waisenkindern die Heilige Schrift und das Neue Testament einzupauken.

Mit dem Versorgungstruck der Mission gelangte ich dann wieder nach Harare und von dort mit dem Flug nach Johannesburg und Windhoek, wo ich meinen Onkel auf seiner Jagdfarm bei Okahandja im Norden besuchte. Als ich das Flugzeug verließ, fing es gewaltig an zu gießen. Es hatte zwei Jahre nicht mehr geregnet. Ich kam mir vor wie ein Regengott. Das ausgedörrte Land erwachte über Nacht zum Leben. Die sonst staubige Piste ab Okahandja hatte sich in Schlamm verwandelt. Nur dank Allradantriebs blieben wir nicht stecken. Mehrmals stieg ich aus, um eine Sperre zu öffnen und nach Durchfahrt des Toyotas wieder zu schließen, denn die Straße führte durch mehrere eingezäunte Privatbesitze. Nachdem wir mehrere reißende Bäche durchfahren hatten, bogen wir nach »Ovita« ab, was eine Abkürzung von Ogombejanavita und der Name eines Berges in der Umgebung ist und so viel wie »der Hintern des Häuptlings« heißt. Mein Onkel lebte bereits in der dritten Generation in Namibia. Sein Großvater hatte sich bereits in der Kolonialzeit in Deutsch-Südwestafrika niedergelassen und dort Viehzucht betrieben. Claus wandelte den um 10.000 ha umfassenden und eingezäunten Besitz dann zu einer Jagdfarm um. Dank seiner Geschicklichkeit im Umgang mit schwerem Gerät, er war früher im Straßenbau tätig gewesen, schuf er zahllose Dämme, um das seltene kostbare Gut Regenwasser zu stauen. Das erlaubte eine große reichhaltige Tierwelt, die sogar Krokodile, junge Elefanten und ein Nilpferd ermöglichte. Zum regulären Bestand gehörten alle Antilopenarten, Kaffernbüffel, Giraffen, Zebras, Geparde und verwilderte Pferde. An kleinen Tieren gab es Puffottern, Landschildkröten, Stachelschweine, Affen und Warzenschweine. Als Gesundheitspolizei fungierten die allgegenwärtigen Aasgeier. Typisch für die Buschlandschaft waren die braunen Termitenhügel, die vom Fleiß ihrer Bewohner zeugten. Unterirdisch züchteten sie einen

Pilz, der als Nahrung diente. Nach Regen schon innerhalb eines Tages erschien dieser wohlschmeckende Pilz an der Oberfläche und war eine seltene Delikatesse, die auch von den Tieren geschätzt wurde. Aus dem sonst wie zu Stein erstarrten Schlamm an den Staudämmen kamen Ochsenfrösche hervor, die weit vernehmlich nach einem Partner riefen. Auch eine seltene Art von Süßwasserfischen hatte im Schlamm zwei Jahre lang ausgeharrt, um die von einem vom Damm gestauten Gewässer zu beleben. Plötzlich gab es auch Schnecken mit prachtvollen Häusern, die sich aus dem feuchten Untergrund befreit hatten. Farbige Raupen und Käfer belebten die Natur. Nur wenige Tage lang spross das Gras und ein Blütenmeer überzog die sonst karge Buschlandschaft.

Wegen der großen Entfernung nach Okahandja, der einzigen Einkaufsmöglichkeit in der Region, musste sich die Farm möglichst unabhängig machen. Brot wurde natürlich selbst gebacken. Im Lagerhaus stapelten sich große Vorräte von Lebensmitteln und notwendigen Gebrauchsmitteln wie Speiseöl, Waschmit-

tel, Streichhölzer etc. Einen extra Raum gab es für Dieselöl, Schmierstoffe und Benzin. Generelle Reparaturen führte mein Onkel selbst mit einem versierten Helfer durch. Um vorzubeugen, wurden die Fahrzeuge ständig gewartet. Bei Problemen mit den Frontladern, Baggern und sonstigen Kettenfahrzeugen kam ein Spezialdienst aus Windhoek mit einem Werkstattwagen vorbei. Für Strom sorgte ein genial einfaches Solarsystem. Das Panel

konnte manuell bewegt und dem durchschnittlichen Sonnenstand des Monats angepasst werden. Auf einer Anhöhe, seitlich
der Farm, waren zwei große verzinkte offene Wassertanks für
Gebrauchswasser. Dort befand sich auch der völlig, auch oberhalb, mit engem Maschendraht eingezäunte wundervolle Garten,
der alles lieferte, was das Herz begehrte.

Ein schwarzer Gärtner kümmerte sich darum. Neben der Farm
war der Hausdamm, der immer wieder aufgefüllt wurde. Dort
tummelte sich ein Krokodil, das ab und zu einmal ein Huhn erwischte, das sich an den Rand des Wassers getraut hatte. Auf der
vom Hof abgewandten Seite befand sich ein eingezäunter Park
mit einigen schattenspendenden Eukalyptusbäumen, einem Gäs-

tebungalow, Swimmingpool und Hausterrasse. Über den ganzen Bereich wachte Max, der Gepard, den mein Onkel als Findling aufgenommen und aufgezogen hatte. Auf dem Dach thronte der Pfau Fritz, der alle pünktlich morgens um 06.00 Uhr mit seinem durchdringenden Schrei weckte. Der große Damm war etwas weiter weg vom Farmgebäude. Dort auf einer Halbinsel war ein kleiner Pavillon, wo man gerne bei Sonnenuntergang saß und seinen »Sundowner« zu sich nahm. Auf der Dammkrone konnte man dann die sich versammelten Wildtiere beobachten, die dort ihren Durst löschen. Mein Onkel hatte sich dann mal einen Wunsch erfüllt und sich drei junge Elefanten zugelegt, die auf die Namen der Heiligen Drei Könige Balthasar, Caspar und Melchior getauft wurden. Sie durften frei herumvagabundieren und stellten viel Unsinn an.

Endlich hatte die Regierung sich entschlossen, auch diese Region mit Strom zu versorgen. Es wurden wie früher bei uns Holzmasten mit Porzellanisolatoren aufgestellt. Eine Weile genossen alle diese neue Annehmlichkeit, bis Balthasar darauf kam, seine Kräfte an einem dieser Masten zu messen. Der Mast fiel und mit ihm auch Balthasar, der vom Stromschlag getötet wurde. Von geübten Schwarzen wurde Balthasar zerlegt und im Kühlhaus deponiert. Wochenlang gab es dann bei den Mahlzeiten mal zur Abwechslung Elefantenfleisch, eine seltene Delikatesse.

Der Besitz meines Onkels ist so groß, dass man ihn unmöglich an einem Tag umschreiten kann. Er hat also reichlich Platz für große Kaffernbüffel- und Antilopenherden. Die Jäger, die bei ihm Abschüsse gebucht hatten, kamen aus Deutschland, England und den USA. Sie waren nur am Gehörn und dem Kopf des Tieres als Trophäe interessiert. Bei Windhuk gab es einen Tier-Präparator/Taxidermist, der sich bestens damit auskannte.

Für mich war es immer eine Freude, irgendwo an einer Wasserstelle in einem Baum versteckt die verschiedensten Tiere zu beobachten. Faszinierend sind die Sozialvögel, die gemeinsam sehr geschickt in Akazienbäumen eine Kugel konstruieren, in welcher sich zahllose Nester befinden. Leider haben sich manche Schlangen darauf spezialisiert, diese Nester wegen der Eier zu plündern.

Im Gegensatz zu Angola, Mozambique und Zimbabwe kam es 1990 in Namibia zu einem relativ friedlichen Übergang. Die UNO überwachte die Wahlen. Es ging jedoch das Gerücht um, dass die konservative Turnhallen-Allianz gegenüber der SWAPO, den ehemaligen Freiheitskämpfern, benachteiligt worden sei. Die erste Regierung unter der Führung von Präsident Sam Nujoma war deshalb erfolgreich, weil ihr auch weiße Farmer und Geschäftsleute angehörten. Eine Enteignung von Farmen wurde weitgehend vermieden. Auch kam es kaum noch zu bewaffneten Überfällen auf Farmen durch ehemalige Freiheitskämpfer, die durch den Frieden arbeitslos geworden waren. Versuche, diese herumstreunenden Kämpfer an den Staat zu binden und zu Polizisten umzuschulen, scheiterten. Gut bewaffnet erpressten sie ihre eigenen Leute und wilderten auf den Jagdfarmen besonders nach Elefanten und Rhinozerossen, um der Stoßzähne und Hörner habhaft zu werden, die auf den Schwarzmärkten hohe Preise erzielten. Wenn die altein-

gesessenen Farmer solche Poacher auf frischer Tat erwischten, dann wurden diese erschossen und vergraben, da man von der Regierung keinerlei Unterstützung erwarten konnte. Die meisten dieser Terroristen hatten sich als Unterstützer der kommunistischen MLPA vieler Menschenrechtsverletzungen wie Folter und Mord von Gegnern in Konzentrationslagern zu Schulden kommen lassen. Viele kehrten als Söldner nach Angola zurück, wo der vom Ostblock und Kubanern angeheizte Bürgerkrieg weiter tobte, oder sie verdingten sich als solche in einem anderen der zahllosen Unruheherde in Afrika. Chef der NDF = Namibischen Defence Force wurde der berüchtigte »Butcher of Lubango«, der zahlreiche Kriegsverbrechen in Angola begangen hatte. Sam Nujoma beförderte Solomon Huwala zum Generalleutnant. So ist das nun mal in Afrika.

1994 wurde die südafrikanische Enklave Walvis Bay an Namibia übergeben und es kehrten bald zivilisierte Verhältnisse in dem Land ein. An Bodenschätzen wie Diamanten, Dioptas, Halbedelsteinen, Silber, Lithium, Graphit, Zinn, Zink und Uran ist es reich gesegnet. Nach der äußeren Mongolei ist Namibia das dünn besiedeltste Land der Welt und ist eineinhalbmal so groß wie die Bundesrepublik. Bemerkenswert ist, dass fast das gesamte Geschäftsleben in den Händen von Mischlingen liegt, die oft deutsche Namen tragen. Erstaunlich ist auch, dass Deutsch noch sehr verbreitet ist und auch bei den Namas, Hereros und Rehoboth Basters gesprochen wird. Letztere sind eine geachtete Mischlingsgruppe, die in der fruchtbaren Region südlich von Windhoek ansässig sind. Sie stammen aus Ehen zwischen Namas und den weißen Buren holländischer

Abstammung in Südafrika ab. Besonders augenfällig sind die mit prachtvollen Gewändern aus dem 19. Jahrhundert ausstaffierten Herero-Frauen, deren vielfarbige Kopfbedeckungen an Turbane erinnern. Die älteren Männer erschienen zu offiziellen Gelegenheiten in reich dekorierten Uniformen, die denen der deutschen Schutztruppe nachempfunden waren. Einige Entwicklungsprojekte Deutschlands helfen Namibia, mit Problemen zurechtzukommen. Eines ist eine Anlage, die im großen Stil Abwasser in Brauchwasser verwandelt. Die alte Bahnstrecke von Windhoek über Okahandja zur Küste nach Swakopmund wurde von der Deutschen Bahn AG generalüberholt und ein Luxuszug für Touristen zusammengestellt.

Meine Neugierde hat mich dann doch noch einmal nach Mozambique verschlagen. Es war zwar Friede, aber zur Farm zu kommen war eine mühsame Geschichte. Im völlig überladenen Toyota-Sammeltaxi ging es ab Grenzübergang von Simbabwe nach Villa Pery. Meinen Seesack nahm ich auf meinen Schoß. Ihn auf dem Dach zu lagern, hatte ich kategorisch abgelehnt. Er wäre gewiss unterwegs verschwunden. Laut offizieller Meldung der UNO waren die Landminen endlich geräumt worden. Wenn es tatsächlich stimmte, so wäre es ein Wunder, denn in Europa in Nordfrankreich gibt es noch weite Bereiche, die seit dem Ersten Weltkrieg wegen Minengefahr hermetisch eingezäunt und wegen Landminen-Gefahr nicht betreten werden dürfen. Vielleicht gilt das auch für Russland. Auch auf der nächsten Etappe nach Gondola habe ich keinen einzigen Europäer oder Asiaten gesehen. Immerhin herrschte wieder Leben und Treiben und ich wurde als Missionar eingestuft. Alle Farmer und sogar der deutsche Kfz-Meister aus Gondola hatten das Land verlassen. Ein Lastwagen nahm mich dann bis zur Abzweigung zur Farm mit. Die Überraschung über meinen Besuch war groß. Keine der alten Helfer wie der Koch, der Jäger und die Hausgehilfin waren mehr da. Der Garten war verwildert. Niemand hatte sich gefunden, wieder etwas anzupflanzen. Neue Missionare mit handwerklichen Kenntnissen haben damit begonnen, die Jungen zu schulen, Dachziegeln herzustellen, zu schreinern, zu mauern, elementare Traktor- und Kfz-Reparaturen vorzunehmen. Eine pensionierte englische Lehrerin kümmerte sich um die Waisenmädchen und brachte ihnen Kochen und Nähen bei, nachdem sie Lesen, Schreiben und Rechnen beherrschten. Was sollte nur aus all diesen Kindern werden, wenn sie erwachsen wurden. Dieses Problem betrifft nicht nur Länder wie Mozambique und Angola. Allein schon die gut gehende Plantage meines Großonkels hat zahlreichen Menschen Beschäftigung gegeben. Der unsinnige Bürgerkrieg hatte alle Voraussetzungen für ein prosperierendes Gemeinwesen vernichtet. Den Missionaren war es gelungen, eine gut ausgebildete deutsche Krankenschwester zu engagieren, die nichts gegen die primitiven Voraussetzungen hatte. Ihr ist es zu verdanken, dass eine gut funktionierende Krankenstation entstand. Dort durfte ich die Babys der aidskranken jungen Mütter wiegen, die je nach Ergebnis mit Kindernahrung aus Südafrika versorgt wurden. Wie vielseitig ist solch eine Tätigkeit, die aus Mangel eines Facharztes auch erlaubt, kleinere Operationen durchzuführen. Mit Hochachtung erinnere ich mich an die

Freundin meiner Tante Rosemarie in der Grenzstadt Umtali/ Mutare Dr. von Fürstenberg, die trotz der trostlosen Verhältnisse unter Mugabe im Land geblieben war und ihre Pflicht tat.

Irgendwann wird auch Mozambique zum früheren Wohlstand zurückkehren, wenn endlich gut ausgebildete, von Korruption unbeeinflussbare Politiker die Regierung übernehmen und den Rat von erfahrenen ausländischen Fachleuten beide Ohren leihen. Momentan wird Mozambique von ausländischen Investoren gemieden, da dort ständig das Damoklesschwert der Verstaatlichung über dem Unternehmen schwebt. Die immer noch insgeheim von Moskau gesteuerte Regierung hatte seit offizieller Beendigung des Bürgerkrieges 1992 reichlich Zeit, das an Bodenschätzen und sonstigen Ressourcen reiche Land vorwärtszubringen. Das Ergebnis ist beschämend. In der anderen portugiesischen Ex-Kolonie Angola endete der Bürgerkrieg erst 2002. Das half einer anderen Tante, die dort eine gut gehende Kaffeeplantage besaß, nicht, da sie enteignet wurde.

Was den Flugdienst betraf, hatte das Management der LH mittlerweile erkannt, wie wichtig Fremdsprachen für ihr Kabinenpersonal waren. Ab der dritten zusätzlichen gängigen Fremdsprache wurde eine Prämie von monatlich 70 DM gezahlt. Die Kenntnisse wurden vom Chef des firmeneigenen Sprachlabors überprüft. Für Sprachen, die über die üblichen hinausgingen, wurde ein Lektor der Universität mit der Überprüfung beauftragt. Da ich häufig meine Urlaube auf Schulbänken verbracht habe, um Sprachen zu erlernen, habe ich es bald zu einem erstaunlichen Prämienzusatz gebracht.

Wir flogen in sogenannten Divisions, die man sich so weit es ging wünschen konnte. Das hieß, dass ich Fernost, Süd-Mittelost und die USA-Ostküste anflog. Mein Vorteil war, dass ich auch auf der Südamerikaroute eingesetzt werden konnte, da ich ja auch spanische und portugiesische Sprachkenntnisse vorweisen konnte.

Aber ich war ja noch auf der Kurz- und Mittelstrecke eingesetzt, was von dem Klima- und Zeitunterschied nicht so anstrengend war. Ich genoss zum Beispiel die Layovers/Übernachtungen im Astir Palace Hotel an der ägäischen Küste nahe Athen. Bei 2-Tages-Aufenthalten am Wochenende blieb genug Zeit, durch die verwinkelte Plaka (Altstadt) zu stromern und die Akropolis zu ersteigen. Begleitet wurde ich dann oft von einer Verwandten, deren Vater Repräsentant der AEG in Griechenland war. Ein LH-Mitarbeiter war Mitglied einer Musikband, der mich dann mal zu seinen Auftritten mitnahm. Manchmal besuchte ich auch den belebten Hafen von Piräus, um von dort mit der Fähre die vorgelagerte Insel Salamis zu besuchen. Ein kulinarischer Geheimtipp war das Restaurant »Vassilenas« in Piräus nahe der Papastratos Zigarettenfabrik. Dort gab es keine Auswahl-Menükarte, sondern nur ein Menü mit circa zwanzig Gängen aller Spezialitäten Griechenlands in kleinen Portionen. Dazu wurde je nach Wunsch ein roter oder weißer Landwein gereicht, der im Preis inbegriffen war. Individuelle Weinwünsche mussten extra bezahlt werden. Viele Gäste schafften es nicht, das ganze Programm zu bewältigen. Ich schaffte es jedoch mit einem kleinen Trick, indem ich um eine Pause bat und draußen einen Spaziergang um den Block machte, dann ging es wieder. Eine angenehme Sitte ist es, auch zum Getränk kleine Appetithäppchen anzubieten, wie das in Griechenland, Spanien und Lateinamerika Sitte ist.

Privat hatte ich auch Griechenland entdeckt und reiste nur mit einem Rucksack ausgestattet von einer Insel zur anderen und übernachtete fast immer bei Familien, die sich mit der Vermietung eines Gästezimmers ein Zubrot verdienten. Bei Ankunft des Fährschiffes standen immer ein paar Leute bereit, die mit den Rufen »Domatia« = Zimmer auf sich aufmerksam machten. Meist gab es dann auch einen Verleih von japanischen Scootern. Mit solch einem entdeckte ich dann traumhafte Strände, Überbleibsel der griechischen Antike, heiße Quellen, Klöster und verlassene Ortschaften und seltene eiskalte Quellen, eine Wohltat bei Temperaturen bei bis zu 35° C. Im Norden Griechenlands nahe Thessaloniki gibt es eine Mönchsrepublik, die man nur mit Sondergenehmigung betreten kann. Sie ist ein Staat im Staat, wurde jedoch bisher von allen griechischen Regierungen geduldet.

Auf allen Inseln macht sich noch der Einfluss der früheren venezianischen und osmanischen Besatzer bemerkbar, was besonders auf Kreta zutrifft, welches am längsten osmanische Kolonie war. Dort befand sich in der Antike die Kultur der Minoer, die durch einen von der Explosion des Vulkans in Thyra ausgelösten Tsunami zerstört wurde. Am östlichen Ende Kretas gedeihen wegen des Wüstenklimas sogar Dattelpalmen. Eine Besonderheit stellten die »Dodekanes«, 12er-Gruppe von Inseln, dar, die vor der südwestlichen Küste der Türkei liegen. Nach einem militärischen Konflikt des osmanischen Empires mit dem siegreichen Königreich Italien mussten die zwölf Inseln 1912 abgetreten werden. Die größte von ihnen ist Rhodos mit seinen gewaltigen Festungsanlagen, die zum Herrschaftsbereich der Kreuzritter gehörten, nachdem diese das Heilige Land verloren hatten. Sie wurde aber dann kampflos den Osmanen überlassen. Nachdem sie viele Jahre lang auf der Suche nach einer neuen Heimstatt im Mittelmeer herumgeirrt waren, ließen sie sich auf Malta nieder. Malta wechselte später noch mehrmals seinen Besitzer, bis es eine Republik wurde. Der Orden ist noch als soziale Organisation tätig. Den protestantischen Zweig kennen wir als Johanniter und den katholischen als Malteser. Beide engagieren sich im Krankentransport und deren Betreuung.

Nach dieser kleinen historischen Rundreise komme ich nochmals auf Griechenland zurück. Bei einem späteren Urlaub nahm ich mit einer guten Inselkarte ausgerüstet das Fährschiff »Knossos« nach Heraklion, der Hauptstadt von Kreta. Es ging abends um 19.00 Uhr von Piräus aus los und kam um 06.30 Uhr dort an. Bei den angenehmen Temperaturen um 28° C schlief ich an Deck auf einer Bastmatte. Der alte Seelenverkäufer, dessen Rostnarben lediglich unter weißer Farbe verborgen waren, schaukelte mit seiner Menschen- und Lastwagenfracht seinem Ziel entgegen. Der herrliche Sternenhimmel und der durch die ständigen Schiffsbewegungen hin und her schwankende Mond vermittelten ein Gefühl unglaublichen Wohlbehagens. Ein netter Ingenieur, dem ich von meinen Erfahrungen zur See berichtete, ermöglichte mir, den heißen Maschinenraum und die Brücke zu besichtigen. Eine halbe Stunde vor der Landung wurden die letzten noch in ihren Kabinen schlafenden Passagiere durch ein Hornsignal geweckt.

Ich nahm mir Zeit, der Entladung der Lastwagen von der hinteren oberen Reling aus zuzuschauen. Zu Fuß begab ich mich dann zum nahen Buszentrum für Ostkreta. Dort besorgte ich mir ein Ticket nach Agios Nikolaos. Dann gönnte ich mir einen typisch starken griechischen Kaffee, dessen Herstellung sich die Hellenen wie so vieles anderes von den Osmanen abgeschaut hatten. Dazu gab es noch ein mit Spinat gefülltes, noch warmes Blätterteiggebäck.

Nach Ankunft in Agios Nikolaos lieh ich mir wieder einmal einen der bewährten japanischen Scooter und fuhr weiter Richtung Osten. Wie vom Schicksal geplant, hatte ich dann kurz vor einem Dorf eine Reifenpanne. Ich schob das Gefährt dann dorthin und fragte, ob es eine Werkstätte zur Behebung des Schadens gab. Das nicht, aber der Schlachter, der gerade dabei sei, »Souvlaki«-Spieße herzustellen, würde sich mit so etwas auskennen, Michaelis M. empfing mich freundlich und war bereit zu helfen. Nur müsste er erst einmal seine Kunden beliefern. Im Nachbarort wäre gerade eine Hochzeitsfeier im Gange und ich könnte ja mitkommen und ihm beim Ausladen helfen. So wurde ich Zeuge eines lustigen Festes mit lauter netten Gästen. Damals waren gerade die Musikstücke von Mikis Theodorakis populär. Nach vielen »Issigighya sas!« (Gesundheit Ihnen!) kehrten wir leicht beschwipst nach Sfaka, so hieß der Ort, zurück. Er verriet mir, dass er wie ich auch einmal zur See gefahren sei und sich gut in Ostasien auskenne. Er meinte, dass man die Reparatur auf den nächsten Tag verschieben könne, und lud mich zum Abendessen ein. Nun lernte ich auch noch seine reizende Frau Kalliopi »Poppy« kennen, die genau mit mir gleichaltrig war. Sein Sohn Manolis tauchte dann auch noch auf. Die Tochter studierte Archäologie in Thessaloniki. Die Übernachtungsfrage war auch kein Problem. Auf halbem Weg zum Meer gab es ein Vorratshäuschen »Kastri«, in welchem es auch zwei Doppelstockbetten, einen Gaskocher und einen Blechschrank mit Decken, einen Tisch und zwei Stühlen gab. Ein Moskitonetz schützte nachts vor den Plagegeistern. Ständig gegenwärtig war das Zirpen der Zikaden. Wegen des weiten Weges mit dem Esel hinauf in das Dorf hatte man den Schaf- und Ziegenstall so umgebaut, dass die »Yaya« = Großmutter dort auch mal übernachten konnte. Die Großeltern hatten sich dann unterhalb des Trockenflusses Lutres ein kleines Paradies mit Garten geschaffen. Wasser schöpfte man mit einem Eimer aus der Zisterne.

Michaelis war sichtlich der »Hans-Dampf-in-allen-Gassen« des Ortes und seiner Umgebung. Er hatte der Seefahrt den Rücken gekehrt, geheiratet und sich ganz seinen Weinbergen, Olivenplantagen und Schafen gewidmet. Die Schafzucht gab er dann auf und konzentrierte sich auf Schweinezucht. Die ganze Anlage »Hirostatio« mit Futtersilos und Kühlhaus hatte er clever konzipiert und betreute dann ca. 200 Schweine. Dann kamen noch Puten, Kaninchen und Hühner dazu. Oben im Dorf, wo sie wohnten, kümmerte sich Poppy um einen Gemüse- und Obstgarten sowie eine Ziege, die jeden Tag frische Milch lieferte. Aus der einen rustikalen Übernachtung wurden fünf. In den Tagen dort lernte ich unter anderen Tätigkeiten auch das Ausmisten der Schweineställe kennen. Michaelis war der Erste, der sich einen Caterpillar-Raupenschlepper mit Schild anschaffte, um Terrassen für neue Olivenbaum-Pflanzungen zu schaffen und die nach dem Winter durch Regengüsse ausgespülten Wege wieder zu begradigen und befahrbar zu machen. Er war also voll ausgelastet und unterschied sich von seinen Kompatrioten durch seinen Ideenreichtum und seine Initiative.

Ich setzte dann meine Tour nach Osten weiter fort, aber übernachtete noch einmal auf meiner Rückreise bei Michaelis. So begann eine lebenslange Freundschaft, bei der ich voll in die Arbeit und das tägliche Leben integriert wurde. Zusammen mit dem Großvater reparierte ich Terrassenmauern und half der Yaya beim Umtrieb der Tiere. Oft durfte ich den Esel von Papus = Großvater benutzen, wenn ich mich zur Erfrischung mit einem Bad zu einer einsamen Bucht begab, wo man auch mit dem Schnorchel tauchen und Muscheln und Seeigel sammeln konnte, deren Inneres mit Zitronensaft genossen eine Köstlichkeit ähnlich der von Austern ist. Dort verbrachte ich die heißen Siesta-Stunden auf einer Bastmatte oder später in einer Hängematte im Schatten einiger Tamarisken, die in der Lage sind, Salz auszuscheiden. Einige Bäume dieser Gattung scheiden, wenn sie an der Rinde verletzt werden, ein Harz aus, welches »Manna« genannt wird und in der Bibel neben Nektar und Ambrosia als besonderes Lebenselixier erwähnt wird.

Ein anderes widerstandsfähiges Gewächs ist der »Korupsi« = Johannisbrotbaum. Seine Schoten sind ein begehrtes Eselfutter und werden im Volksmund »Greek Candy« genannt. Die Kerne der reifen dunkelbraunen Frucht haben alle eine bewundernswerte Eigenschaft, jedes Samenkorn wiegt exakt 0,2 g. Fünf Kerne wiegen also 1 g = 5 Karat. Sie galten früher im Orient als Maßeinheit für Gold und der Begriff ist noch heute auch bei

Diamanten im Gebrauch. An den Wegen wachsen Sträucher, deren lange gerade Zweige zum Flechten von dekorativen Körben und Brotbehältern benutzt werden können. In Sfaka gab es nur noch einen Alten, der diese Kunst noch meisterhaft beherrschte. Am Kieselstrand gab es schöne Exemplare, die aber seltsamerweise nur unter Wasser ihre Pracht entfalteten. Einige wurden trotzdem Grundlage für meine beträchtliche Gesteinssammlung aus aller Welt. Die schönsten, alles Halbedelsteine, stammten aus der Wüste und Dornbusch-Steppe Namibias.

Überall, wo wilde oder Nutztiere weiden, finden sich bald Skarabäus-Mistkäfer ein, die aus dem Kot der Tiere Kugeln formen, die sie in unermüdlichem Fleiß zu ihrem unterirdischen Bau rollen und dort verwahren. Ähnlich emsig sind auch Ameisen, die lange Mini-Pisten schaffen, auf denen sie Baumaterial und grüne Blätterteile als Nahrung für ihren unterirdischen Nachwuchs befördern. Die griechische Art ist größer und aggressiver als die deutsche Variante und deren Biss kann wie der Stich von Wespen und Bienen unangenehme Juckstellen hinterlassen. Das passiert aber nur, wenn sie sich bedroht fühlen. Die Bisse behandelt man mit Zitrone oder Zwiebel.

Besonders im Frühjahr, wenn die sonst ausgedörrte karge Landschaft von einem Blütenmeer von Margeriten wie Schnee bedeckt ist, tauchen plötzlich unzählige Schmetterlinge in allen Farben auf, die sich vom Nektar der Blüten ernähren. Dann regen sich auch die kleinen »Salingari« = Schnecken, gelb-schwarz gestreift. Sie werden in Netzbeuteln gesammelt und zur Darmreinigung mit Makkaroni gefüttert. Anschließend werden sie kurz in siedendes Wasser getaucht, getrocknet und zusammen mit Knoblauch, Zwiebeln und Gewürzen in heißem Olivenöl geschwenkt. Mit einem kleinen Haken wird das Fleisch dann aus dem Schneckenhäuschen hervorgeholt. Die Salingari halten sich am liebsten an den »Ajinara« = Artischockenstauden auf. Ich habe dann einmal ein Säckchen von ihnen nach Deutschland mitgenommen und sie auf meinem ausgedehnten Grundstück freigelassen, wo sie sich fleißig mit unseren unansehnlichen heimischen Schnecken paaren konnten.

Lästig waren die unter dem Vergrößerungsglas so faszinierend aussehenden Skorpione. Aus welchem Grund auch immer gefiel es ihnen, in meinen Schnürschuhen zu nächtigen. Es war also besonders in der Hütte Kastri ratsam, die Schnürstiefel morgens vor dem Anziehen auszuschütteln, denn ein Stich konnte einem den ganzen Urlaub verderben. Außerdem war der Weg zum nächsten Hospital oder Arzt recht weit. Allein schon aus diesem Grund hatten die erfahrenen Großeltern eine Kiste, in welcher sie getrocknete Blätter, gepresste Pflanzensäfte und mit Olivenöl vermischte Pflanzenauszüge mit Verbandmaterial aufhoben. Schnitt- und Schürfwunden wurden so wirksam mit Thymianhonig behandelt, dass keine Wundmale zurückblieben.

Um Sonnenbrand zu vermeiden, mischten die Fischer Olivenöl mit Zitronensaft, was so wirksam war, dass man dunkelbraun wurde. Diese Mischung ging jedoch nur mit Kernseife ab, und die gab es reichlich »homemade« im Hyrostatio, wo ich die heiße Dusche im Schlachtraum genoss. Ich durfte sie freizügig abends benutzen und auch meine Wäsche waschen, die über Nacht trocknete. Michaelis hatte mir gezeigt, wo er den Schlüssel versteckt hatte. Ich wurde immer wieder eingeladen wiederzukommen, und so lernte ich dann Land und Leute kennen.

Im Frühjahr kam ich oft nach Ablauf der Fastenzeit, um die verwilderten Ziegen und Schafe, die zum Verkauf vorgesehen waren, einzufangen. Einige waren auch für das Festgelage vorgesehen, welches Ostern nach Ablauf der 40-tägigen Fastenzeit stattfand. Eine widerspenstige Ziege oder ein Schaf einzufangen und die Hinterbeine zusammenzubinden war ein wirklich schwieriger Job, vergleichbar dem der Cowboys im amerikanischen Westen und dem der Gauchos in Argentinien. Ich half dann auch beim Vorbereiten des Ostergebäcks »Kalizunia«, zur Freude der Frauen, da sich Männer sonst nicht mit solchen Aufgaben befassten. »Christos anestis« »Christus ist auferstanden« wurde groß mit einer orthodoxen Messe vom »papás« = Priester in der reich geschmückten Kirche gefeiert. Es roch nicht nur nach Weihrauch, sondern auch nach Mottenkugeln, mit denen die selten benutzten schwarzen Festkleider in Truhen und Schränken gelagert waren.

Im Herbst kam dann die Weinernte. Der Wein gedieh auf oben an den Berghängen gelegenen uralten Terrassen. Dort Trauben zu pflücken, war eine echte Herausforderung. Auf den abenteuerlichen Bergpisten durfte ich dann auch mit den vollen »Cuves« = Kästen ins Dorf hinunterfahren. Wenn man sich vorstellt, dass vor nicht allzu langer Zeit die ganze Arbeit mit ihren Eseln auf den schon seit der Antike bestehenden »Monopati« = Pfaden bewältigt wurde … Wegen des langen und mühsamen Wegs hinunter ins Dorf blieben die Hirten oft monatelang in den Bergen, um die

Herden täglich zu melken und abends zur Tränke in den Korral zu treiben. Ab und zu kam ein Mitbesitzer der Schafe aus dem Dorf hoch, um den tüchtigen Hirten mit dem Notwendigsten zu versorgen wie Mehl, Zucker, Olivenöl, Dörrobst, Kaffee, Corned Beef, Streichhölzer, Kerzen, Batterien fürs Transistorradio, und am wichtigsten »Paximadi«, eine Art getrocknetes Brot, welches man erst nach Einweichen in Wasser oder Milch genießen konnte.

Frühe Weinsorten wie die osmanischen Sultaninen wurden auf den ehemaligen runden Dreschplätzen »Alonis«, die mit sauberen Plastikplanen ausgelegt waren, zum Trocknen/Dörren ausgebreitet. Die Rosinen waren ein beliebtes Exportgut. Um die eintönige Arbeit der Traubenernte etwas aufzulockern, wurde viel gesungen. Ich hatte, wie mir versichert wurde, eine wohlklingende Stimme und versuchte mitzuhalten. Ich gab auch einige deutsche Volkslieder, auch griechische mit deutschem Text zum Besten.

Die Frauen trugen alle traditionelle schwarze Arbeitskleidung, worüber ich mich bei der starken Sonne wunderte. Immerhin trugen sie große Strohhüte. Nur Poppy trug mir zu Gefallen ein buntes Sommer-Outfit mit rotem Klatschmohn, das ich ihr verehrt hatte und um das sie die Frauen alle beneideten.

Poppy war äußerst lernbegierig und hätte unter anderen Umständen in der Politik und Wirtschaft etwas erreichen können. Sie war auch eine begeisterte Schwimmerin, ungewöhnlich für griechische Frauen. Sie bestand darauf, dass ihre Tochter Maria das Abitur machte und Archäologie in Thessaloniki und gut Englisch lernte, was sie befähigte, Gymnasiallehrerin im nächsten Städtchen Sitia zu werden. Als Intellektuelle war es sehr schwer, unter den jungen Griechen der Umgebung einen passenden Ehemann zu finden. Schließlich fiel ihre Wahl dann auf einen deutschen Touristen, der sich dazu entschied, in Sfaka zu bleiben. Er war ein etwas seltsamer Zeitgenosse, dem es nicht gelang, in die Dorfgemeinschaft aufgenommen zu werden. Michaelis, der schon längere Zeit vorher an Pankreaskrebs verstorben war, hätte ihn gewiss nicht als Schwiegersohn akzeptiert.

Die Trauben wurden entweder zur Verarbeitung an die Genossenschaft veräußert und oft zum kleineren Teil selbst gekeltert. Michaelis hatte dazu eine saubere Plastikplane auf der Ladefläche des Lastkraftwagens ausgebreitet. Darauf wurde dann die Traubenpresse gestellt, die mit Handkurbel bedient wurde. Ein Helfer sorgte für Nachschub aus den Cuves, die vorher mit Wasser bespritzt worden waren. Der nach dem Pressen verbleibende Rückstand wurde in saubere ehemalige Sprit-Tonnen deponiert. Dort vergor er wiederum einige Wochen und war das Ausgangsmaterial für das spätere Brennen/Destillieren von Raki, einem gängigen griechischen Weinbrand. Der aufgefangene Traubensaft diente dazu, die im Keller gelagerten riesigen, ca. 200 Liter fassenden Tonamphoren wieder aufzufüllen. Die Verbindung mit dem alten Wein sorgte sofort für den Beginn der Gärung. Wegen des hohen Zuckergehalts wurde der Wein nie zu Essig. Dieser wurde bei Bedarf separat mit Hilfe einer Essigmutter hergestellt. In anderen Jahren wurden die Trauben auch auf traditionelle Art gepresst, indem man sie in einer Betonwanne mit den Füßen zertrat. Diese mühsame Art lohnte sich jedoch nur bei kleinen Mengen. Die EU versuchte auch in Griechenland ein Staatsmonopol für Branntwein durchzusetzen, scheiterte jedoch kläglich, denn jeder Weinbauer besaß seit Generationen eine Destillieranlage und wollte sein altes Recht nicht aufgeben.

In einer anderen Sache konnte sich die griechische Obrigkeit auch nicht durchsetzen. Die Landbevölkerung hatte herausgefunden, dass die alten Hirtenhütten nahe dem Meer zu billigen Touristenwohnungen umgebaut werden konnten, soweit Wasseranschluss möglich war. Die EU und die Regierung waren wegen der Zersiedelung und der Wasservergeudung strikt dagegen, da dieses der Landwirtschaft fehlte. Der schließliche Kompromiss besagte dann, dass die Umwandlung und der Neubau entsprechender Touristen-Quartiere untersagt wurde.

Gefährlich waren plötzliche Brände. Die Zedernwälder waren durch menschlichen Raubbau und Großbrände schon in der Antike vernichtet worden. Heutzutage sind die Olivenplantagen Opfer durch Feuersbrünste, die durch Leichtsinnigkeit hervorgerufen werden. Oft genügt schon ein weggeworfener Zigarettenstummel, um eine Katastrophe auszulösen. Existenzen werden dadurch vernichtet. Neue Pflanzungen anzulegen ist ein unglaublich mühsamer Prozess und es dauert Jahrzehnte, bis sie endlich genügend Oliven tragen. Diese Gefahr betrifft alle Anrainerstaaten des Mittelmeeres und wurde auch systematisch als politische Waffe von Terroristen eingesetzt. Die Bekämpfung erwies sich auch mit Hilfe von Löschflugzeugen als Kampf zwischen David & Goliath.

Überall, wo man bei seinen Gängen durch das Dorf vorbeikam, wurde man zu einem »Krassachi« = Weinchen, »Kafelachi« = Käffchen, »Rakatschi« = Weinbrand eingeladen, das hieß, dass man zu einem Schwatz verpflichtet war. Besonders interessant wurde es natürlich, als ich heiratete und meine südkoreanische Frau überall vorstellen musste. Da wurde ihr Stricken, Häkeln, Kochen und vor allen Dingen Hausfrauen-Griechisch beigebracht. Bald fühlten wir uns zur Dorfgemeinschaft zugehörig und nicht mehr als Touristen und wurden mit Adressen von Verwandten auf anderen Inseln und in Athen versorgt. Da war zum Beispiel Dimitri, ein Schiffsingenieur, der mit der abenteuerlustigen Schottin Sylvia verheiratet war. Er besaß nahe des Hirostatio eine auf einem Berghang gelegene Olivenplantage. Dort hatte er eine Hütte wie unsere, nur schön eingerichtet. Das Besondere war nur, dass oben auf dem Flachdach nicht nur die obligatorische Warmwasseranlage, sondern auch ein aus England stammender Windgenerator montiert war, der genug Strom lieferte, um Beleuchtung, Radio, TV, Kühlschschrank und Tauchpumpe für die Zisterne zu versorgen.

Wasser ist im Süden Griechenlands und auf den Inseln so kostbar, dass man ein System ersonnen hat, um damit sparsam umzugehen. Von den großen geschlossenen Wasserreservoirs gehen feste Kunststoffrohre in die Olivenplantagen. Von diesen führen feine Schläuche zu jedem Baum, um ihn tröpfchenweise mit dem kostbaren Nass zu versorgen. Dieses läuft nur von Sonnenuntergang bis Aufgang, um zu starker Verdunstung vorzubeugen. Östlich von Heraklion, wo der Massentourismus mit riesigen Bettenburgen präsent ist, haben die Bauern keine Chance mehr, ihre Olivenplantagen mit Wasser zu versorgen, weil die Zimmerduschen, Swimmingpools, Restaurants, Golfrasen so viel Wasser benötigen, dass für die Olivenpflanzungen keines mehr übrig bleibt. Verantwortungsvolle Konzerne haben mittlerweile Recycling-Anlagen, die Brauchwasser produzieren, aber sie sind wegen hoher Kosten in der Minderheit. Immerhin spart man auf Kreta sehr viel Strom für warmes Wasser ein, weil sich fast auf jedem Haus eine Anlage zu dessen Herstellung mit Sonnenkraft befindet. Israel hat als erstes Land diese Anlagen eingeführt, die sich dann über den ganzen Mittelmeerraum verbreitet haben.

Im Spätherbst beginnt dann, je nach Lage der Plantagen, die mühsame Olivenernte. Dann werden feinmaschige Netze unter den Olivenbäumen ausgebreitet und mit Knüppeln gegen die Äste geschlagen. Wohlhabende Bauern besitzen Rüttelmaschinen, die den ganzen Stamm des Olivenbaumes ergreifen und schütteln. Die heruntergefallenen Oliven werden dann mit Hand aufgelesen und zum Pressen der Bezirksgenossenschaft geliefert. Je nach Pressergebnis wird ein Teil in Geld auf das Konto überwiesen und der Restteil in Olivenöl im voraussichtlichen Jahresbedarf überlassen. Die Oliven sind wegen der geringen Niederschläge in Kreta sehr klein, das Olivenöl ist jedoch wesentlich konzentrierter als das aus Thessalien im Norden, wo die großen Speiseoliven herkommen. Michaelis hatte mal versucht, die thessalischen Olivensorten bei sich anzupflanzen, die aber auch nur kleine Oliven hervorbrachten. Ein Freund von Michaelis hatte dann einmal erfolgreich versucht, Avocados anzubauen. Diese waren zwar klein, aber schmeckten vorzüglich. Ein anderer Nachbar Tio Jorgos besaß an der Mündung des Trockenflusses Lutres nahe dem Meer ein »Thermo Spitia« = Gewächshaus, in welchem wohlschmeckende Tomaten, Gurken und Melonen gediehen. Außerhalb im Gemüsegarten gediehen unter anderem »Aginara« = Artischocken, deren Herzstücke roh mit Zitrone sehr gut schmeckten. Wild und in den Gärten gab es auch Feigen und Kakteen, die beide köstliche Früchte lieferten. Hoch oben im Monokara-Gebirge gab es ein verstecktes Tal, in dem die herrlichsten Nuss- und Mandelbäume gediehen. In der Mitte gab es aus venezianischer Zeit noch zwei große, durch Wendeltreppe begehbare Brunnen. Dort in der Nähe lebte einer der Hirten, der dort seine Milch zu Schafs- und Ziegenkäse verarbeitete. Alle paar Monate erschien dann ein Pick-up, um die Käse zur Vermarktung abzuholen.

Unten, dem kleinen Fischerort Mochlos vorgelagert, liegt die kleine Felseninsel Agios Nikolaos, die den gleichen Namen hat wie das Städtchen gegenüber der großen Bucht »Colpos Mirabello«. Die Insel war ursprünglich ein Teil des Festlandes gewesen und hatte sich bei einem schweren Erdbeben abgesenkt. Auf seiner landwärts gelegenen Seite hatten ausländische Archäologen bei Ausgrabungen die Fundamente einer minoischen Siedlung freigelegt. Einige der bemerkenswerten Funde wie Goldschmuck, Werkzeuge und Tonamphoren sind im Archäologischen Museum in Heraklion zu sehen. Der einzige noch teilweise erhaltene Palast aus der minoischen Zeit mit schönen Wandmalereien ist Knossos bei Heraklion. Immer wenn ich in Mochlos war, machte ich mir einen Spaß daraus, die Insel zu umschwimmen, was bei der auf das Meer ausgerichteten Felsenseite wegen der zurückschlagenden Brecher nicht so einfach war. Auf meinen dienstlichen Flügen von Frankfurt nach Kairo hatte ich festgestellt, dass die Route direkt über diese Insel und

Mochlos führte. Aus der Höhe von 11.000 m konnte man nur mit einem Fernglas Einzelheiten erkennen, trotzdem machte ich mir die Mühe, am hinteren Teil der Insel an einer flachen Stelle aus Felsbrocken einen großen Kreis zu bilden. Den markierte ich dann mit weißer Farbe. Diese haben die Griechen auf dem Lande immer vorrätig, um ihre Häuser und Gassen zu weißen, um die Sonne zu reflektieren und erträglicher zu machen.

Nicht weit entfernt von Mochlos befand sich hinter einem Bergrücken ein gewaltiger Kalksteinbruch, bei dem durch regelmäßige Sprengungen Material zur Weiterverarbeitung gewonnen wurde. Schaufelbagger verluden das Material dann in Kipplaster, die es dann zu einer flachen Stelle transportierten, wo ein großes Stahlrohr hinunter zu den Ladeluken eines Frachtschiffes führte. Im Turnus fuhren dann die Frachter nach Piräus, um das größte Zementwerk Griechenlands mit dem Rohstoff zu versorgen. Der Besitzer des »Gipsos« besaß in Mochlos eine bescheidene Villa mit einem gepflegten Garten. Er besaß eine beachtliche Kollektion von Versteinerungen. Etwas weiter entfernt vom Gipsos lag ein schwer zugänglicher ausgedehnter Kiesstrand, aus dem Unmengen von eiskaltem Süßwasser in allen Jahreszeiten hervorsprudelte und nutzlos im Meer verschwand. Für alle, die dieses Wunder kannten, war es ein Rätsel, woher dieses Wasser ursprünglich kam. Keinem Wissenschaftler ist es bisher gelungen, eine einleuchtende Erklärung für das Phänomen zu finden. Von dem Zentralgebirge konnte es bei dieser Regelmäßigkeit und den Mengen auf keinen Fall stammen. Es gibt Vermutungen, die einen Zusammenhang mit dem Bau des Assuan-Staudamms sehen. Nach Fertigstellung stellten Ingenieure fest, dass wegen des porösen Untergrundes große Wassermassen verschwinden und nirgendwo wieder auftauchen. Oberhalb führt die sonst kurvenreiche Straße schnurgerade entlang dem Bergrücken hinunter nach Kavoussi, einem verschlafenen kleinen Ort. Hinter der Ausfahrt ist die Abfahrt links, die zu einer Kartonagenfabrik führt. Um solch ein Unternehmen zu betreiben, benötigt man doch beträchtliche Wassermengen. Ich verfolgte die Pipeline von dort in die Berge und fand dann ein natürliches, geformtes, glatt poliertes Wasserbecken, dem sogar im Sommer aus einer steilen Schlucht

Wasser zugeführt wurde. Nach dem langen Fußmarsch in der Hitze ließ ich es mir nicht nehmen, ein Bad in dem eiskalten Wasser zu nehmen. Zur Zeit der Venezianer und Osmanen hatte man dieses Geschenk des Himmels genutzt, seitlich am Berg ein Aquädukt gebaut, welches mehrere Mühlen und Felder mit Wasser versorgte. Heute ist die Fläche mit Dornen bewachsen.

Noch ein Stück weiter führt ein Pfad zu einem winzigen Dorf, dessen Häuser außer einem leer standen. Nur ein hochbetagtes Ehepaar lebte noch dort mit einem Esel, einer Ziege und mehreren Hühnern und freute sich über unseren Besuch. Bei einem Kafelatschi kamen wir ins Gespräch. Nach und nach hatten alle Bewohner das Dorf verlassen und waren in den Städten gelandet. Die jüngeren wie ihr Sohn waren nach den USA ausgewandert und schickten ab und zu etwas Geld zum Kauf des Lebensnotwendigen. Der Papás kommt ab und zu einmal mit dem Esel vorbei, um ein paar Dinge mitzubringen und nach dem Rechten zu schauen. In der kleinen Kapelle brannte noch das ewige Licht. In Griechenland gibt es einen Ausspruch, der besagt: Wenn es irgendwo ein Problem gäbe, ein Feuer zu finden, würde irgendein Heiliger sicher dafür sorgen! Ein anderer Spruch besagte, dass es mehr Kapellen und Kirchen als Wohnhäuser gäbe. Gekontert wurde diese Aussage mit der Behauptung, es gäbe mehr Tavernen und Kafenion = Cafés als Wohnhäuser. Sie hatten keine Sorgen und waren froh, entfernt von der Unruhe des modernen Zeitalters zu existieren. Er zeigte uns dann die Häuser, die alle noch bewohnbar waren. Es gab sogar noch eine voll eingerichtete Schreiner-Werkstätte, die der Alte noch nutzte, um etwas zu reparieren oder herzustellen. Wasser gab es auch genug in den zahlreichen Zisternen der Häuser. Am meisten imponierte mir die noch in gutem Zustand vorhandene Olivenöl-Presse, deren senkrecht rotierendes Mühlrad von einem Esel immer im Kreise bewegt werden musste, um die Oliven zu zerquetschen.

Man behauptet, dass die männliche griechische Landbevölkerung mehr Zeit in den Kafenions zubringt als zu Hause. Diese Etablissements sind meist schmucklose, gekachelte und weiß getünchte Angelegenheiten. Eine Theke und schlichte kleine Tische und Holzstühle (heute meist Plastik) vervollständigen das Mobiliar. Ganz oben an der Wand sorgt ein meist miserabler Fernseher für die Geräuschkulisse. In Sfaka gab es vier Kafenion. Das strategisch günstigste lag neben der ehemaligen Ölmühle über der Bushaltestelle, wo auch der Zeitungs- und Lotterie-Verkäufer seinen Kiosk hatte. Dort wachte tagsüber Pelaghia über ihre Gäste. Meist Rentner, die sich mit Schach, Backgammon oder Kartenspiel ihre Zeit vertrieben und ab und zu einen »Metrio« = orientalischer Kaffee mit Zucker oder einen Raki bestellten. Pelaghias Ehemann kümmerte sich um die Schafe, Ziegen und Ländereien. Die Kinder waren irgendwo im Ausland. Pelaghia, die mit Michaelis und Poppy befreundet war, wollte ich eine Freude machen. Von einigen exotischen Airlines besorgte ich wunderschöne Werbeposter und dekorierte damit das Kafenion. Es ist jetzt viele Jahre her, aber ich bin sicher, die Poster hängen noch dort, wenn das Kafenion noch existiert.

Kastri, unser rustikaler Palast, lag am Fuß einer Erhebung, von dessen Spitze man einen herrlichen Blick über das ganze Tal und das Meer hatte. Ich bin ganz sicher, dass dort früher eine wichtige militärische Verteidigungsanlage existierte. Jetzt stand dort eine ausgedehnte Hütte. Von dort oben konnte man den Sonnenauf- und untergang beobachten und bei Dunkelheit den klaren Ster- nenhimmel, den es so in Mitteleuropa nie zu sehen gibt. Allerdings gab es im Sommer seltene Tage, an denen der »Mistral« = Wüsten- wind Sandpartikel bis nach Kreta beförderte. Dann verschwand die Sonne hinter einem gelben Schleier. Dieser Spuk dauerte al- lerdings höchstens zwei Tage. Der »Meltemi« war ein anhaltender Wind, der kühle Luft aus dem Norden brachte und von allen be- grüßt wurde. An der Nordküste wurde dann allerdings viel Treib- gut, besonders Plastikabfall, angeschwemmt. Lästig waren beson- ders die Teerklumpen, in die man nicht hineintreten durfte, denn die Flecken an den Füßen und dem Schuhwerk gingen nur mit Petroleum oder Benzin wieder weg. Diese Ölrückstände stammten von Frachtschiffen, die, obwohl es international streng verboten war, die bei der Reinigung der Tanks anfallenden Rückstände ins offene Meer entsorgten. Die Reeder sparten sich damit die bei der offiziellen Entsorgung anfallenden enormen Kosten und den Zeitaufwand und konnten so die Frachtpreise der gesetzeskonform handelnden Konkurrenz leicht unterbieten.

Wenn wir in Mochlos mit den Fischern und Bauern beim Wein zusammensaßen und die Welt verbesserten, war es ganz normal, dass ein lustiges babylonisches Sprachgewirr entstand. Die Jugend Kretas hatte meist irgendwo auf einem der Weltmeere als Matrose,

Maschinist, Steuermann oder Koch gearbeitet. Je nach Reederei hatten sie sich so englische, niederländische, spanische, französische oder andere Sprachkenntnisse angeeignet. Es gab deshalb kaum Verständigungsprobleme. Im Sommer gehörten oft noch die belgische Taucherin Joselle und der dänische Autor Michael dazu. Dieser kam jedes Jahr vier Monate nach Mochlos und quartierte etwas außerhalb bei einem Bauern. Ihm verdanke ich meine anonyme Berühmtheit. Wenn er wieder einmal dank des genossenen Weines mit seiner Redseligkeit alle übertrumpfte, bezeichnete ich ihn mangels eines anderen Begriffes als »Blablakis«, was mit frenetischem Beifall begrüßt wurde. Der Ausdruck Blabla für Geschwätz ist uns allen ja bekannt. Dem hatte ich schlicht das »kis« als bekannte Namensendung hinzugefügt. Diese hatten die Osmanen kreiert, um den Griechen ihre Herablassung zu zeigen. In Windeseile verbreitete sich dieser Ausdruck über die Tavernen und Caféhäuser. Vielleicht wird er auch noch von der Enkelgeneration benutzt.

Vieles hat sich auch in Griechenland geändert und ist Opfer des Kommerzes, der Werbung und des Internets geworden. Nur die ganz Alten reiten noch gemütlich auf ihrem umweltfreundlichen Esel. Seit Perestroika benutzen auch die Griechen Schlösser vor ihren Besitztümern, was früher undenkbar war. Besonders die Albaner, die ihr heruntergewirtschaftetes Land verließen, hatten eine kriminelle Ader und haben für Misstrauen gegenüber Fremden gesorgt.

Die griechischen Politiker und das Volk sind zwei verschiedene Dinge. Die Korruption war unglaublich. Gelder für wichtige Projekte, die von der EU freigegeben waren, versickerten im

Dschungel der staatlichen Bürokratie. Erfolgreiche Projekte der EU wurden als Leistungen der jeweils Regierenden ausgegeben. Eines dieser erfolgreichen Projekte war zum Beispiel die Nutzbarmachung des versickernden Süßwassers nahe Mochlos. Die EU schaffte es, diese Ressource anzuzapfen und mit Hilfe einer Pipeline einen Stausee zu füllen, der für die Bewässerung der zahllosen Treibhäuser in und bei Irapetra sorgt.

Niarchos, Onassis und andere Reeder und Großunternehmer zahlten keine Steuern. Die Regierung wurde von der EU aufgefordert, das nachweislich im Ausland gebunkerte Kapital zu versteuern. Bis jetzt ist nichts geschehen. Bei solchen Vorbildern kann man es den kleinen Leuten nicht verargen, wenn sie es bei den Steuern nicht so genau nehmen. In einfachen Tavernen und Kafenions bekommt man nie eine Rechnung. Sie wird auf Verlangen lediglich auf das Papier-Tischtuch oder auf eine Serviette geschrieben. Da hat sich noch nie jemand darüber beschwert. Nur bei großen Hotels, Geschäften und Restaurants geht das natürlich nicht. Dort wird der Steueranteil korrekt abgerechnet. Als Tourist oder Privatier verzichtet man auch gern auf den lästigen Papierkram.

Die Griechen sind wegen ihrer Lage und ihres orientalischen Charakters ein altes Handelsvolk. Es gibt einen bekannten Spruch, der die Sache ins rechte Licht rückt: »10 Mitteleuropäer werden von einem Juden betrogen. Zehn Juden werden von einem Griechen getäuscht und zehn Griechen werden von einem Armenier über den Tisch gezogen!«

Ist man auf dem griechischen Obst- & Gemüsemarkt, dann hat man es mit Taschenspielern zu tun. Man ist der festen Ansicht, zehn gute Tomaten eingekauft zu haben, stellt dann aber beim Auspacken zornig fest, dass drei davon faul sind. »Blöder Ehemann, den kann man nicht auf den Markt schicken!« Die Ehefrau wird dann eines Besseren belehrt, wenn ihr trotz aller Aufmerksamkeit das Gleiche passiert. Bei guten Bekannten und Stammkunden geschieht natürlich das Gegenteil, da gibt es meistens noch etwas dazu.

Im Land der Griechen existieren unverändert winzige Tavernen mit zwei bis drei Tischen, die jeden Tag etwas anderes kochen. Da es keine Speisekarte gibt, geht man einfach in die Küche, schaut in die Pfannen und Töpfe und wählt aus. Bei der Gelegenheit nimmt man gleich eine Karaffe Wasser oder Landwein mit. Die Sitte, ungefragt ein Glas Wasser anzubieten, stammt aus dem Altertum, wo die Menschen außer den wenigen Vermögenden weite Strecken zu Fuß gingen. Da wurde nicht nur Wasser angeboten, sondern man wusch und salbte noch die Füße. Diese Sitte wird in der Bibel recht häufig erwähnt.

Verglichen mit der raffinierten höfischen Küche Frankreichs ist die griechische rustikal und unkompliziert. Das meiste findet man auch auf türkischen, ägyptischen und libanesischen Speisekarten. Am bekanntesten sind:

Souflaki = gemischte Fleischspieße
Dolmadaki = gefüllte Weinblätter
Moussaka = Hackfleisch/Kartoffeln/Schafskäse überbacken
Tarama Salata = Fischrogen
Tzatziki = Yoghurt/Knoblauch/Gurken/Olivenöl
Skordalia = Knoblauchsauce

Gavros = frittierte Sardellen

Gigantes = Große Bohnen mit Tomatensauce

Giros = Geschabtes Rösthammelfleisch vom Drehspieß

Mecedes = Vorspeisen/Appetithäppchen zum Ouzo/Anisschnaps
Der Lammfleisch-Bedarf für das Inland kann nicht gedeckt werden und muss deshalb durch Importe aus Neuseeland ausgeglichen werden. Fisch wird aus Marokko eingeführt.

Wir kennen in Deutschland den Begriff der Bockwurst, aber die bei uns konsumierten haben mit den ursprünglichen nichts mehr gemein. Ganz selten werden in Griechenland noch solche aus Ziegenfleisch für den Privatgebrauch hergestellt.

An Getränken ist der Retsina etwas, was es nur in Griechenland gibt. In der Antike wurden griechische Weine bis nach Cornwall/England transportiert und dort gegen Zinn eingetauscht. Um den bei der langen Seereise zum Verderben neigenden Weißwein zu schützen, wurde er reichlich mit Pinienharz versetzt. Obwohl diese Vorsichtsmaßnahme gegenwärtig nicht mehr erforderlich ist, wird er weiterhin hergestellt, da er förderlich für die Gesundheit und Verdauung sein soll. Metaxa ist je nach Sternenzahl ein mehr oder weniger starker, mit Kräutern versetzter Weinbrand.

Eine exotische Frucht, die erste, die im Frühsommer geerntet wird, ist die »Musmula« = Mispel. Die goldgelben kleinen Früchte sind im Geschmack den Aprikosen sehr ähnlich. Selten sind dann noch die größeren Früchte des Kakibaumes, der ursprünglich aus Japan und Korea kommt. Beim Pflücken der Kakteenfrüchte im Sommer muss man unbedingt dicke Lederhandschuhe tragen. In der Wüste haben Kakteen schon manchem Verirrten das Leben gerettet, denn sie sind in der Lage, nachts Luftfeuchtigkeit aufzunehmen und zu speichern. Ähnliches habe ich auf der kanarischen Insel Teneriffa erfahren. Dort sind die Bergregionen mit Pinienwäldern bedeckt, die wie Kakteen hier nachts mit ihren langen Nadeln aus Seenebeln Feuchtigkeit aufnehmen und den Überschuss an den Boden abgeben. Dieser Pinienart ist es, so unglaublich es erscheint, zu verdanken, dass auf der Insel kein Wassermangel herrscht. Botaniker haben versucht, diese Pinienart woanders anzusiedeln, wo ähnliche Klimabedingungen existieren, vergeblich. Überall auf unserer Welt gibt es Pflanzen und Tiere, die nur in ganz bestimmten Regionen und Erdteilen existieren. Allerdings gibt es auch solche, die überall überleben können.

Ein Layover, den ich sehr schätzte, war Istanbul, das frühere Konstantinopel, die Hauptstadt von Byzanz (des oströmischen Reichs). Die Altstadt ist immer noch von gewaltigen Verteidigungsmauern eingeschlossen. Sie wurde durch Verrat an die Osmanen bezwungen. Vorher wurde sie mehrfach von den Kreuzrittern geplündert. Entlang des Bosporus erstrecken sich die Paläste der Herrscher. Der größte Topkapi erstreckt sich jedoch auf einer Höhe über der Stadt. Dort findet man jetzt das Museum mit den Kronjuwelen der Kalifen und dem Serail. Der Blick von dort geht bis nach Kleinasien und zu den Prinzessinnen-Inseln. Dort haben sich zur Zeit des Osmanischen Reiches Vermögende der Oberschicht prachtvolle Sommervillen geleistet. Zum Teil sind sie noch heute im Familienbesitz. Transportmittel sind immer noch vornehme

Pferdekaleschen vom Ende des 19. Jahrhunderts. Der europäische Hauptteil Istanbuls wird mit dem asiatischen Teil durch die längste Brücke Europas miteinander verbunden. Da es auch nicht reichte, den Verkehr zu bewältigen, wurde ein Tunnel nach dem Vorbild des Kanaltunnels geschaffen. Am Ende des Bosporus am Ausgang zum Schwarzen Meer liegt auf der asiatischen Seite ein kleines, aber bekanntes Fischerdorf. Dort konkurrieren ein paar Restaurants um die Gunst der Ausflügler. Sie haben sich alle auf die Fische des Schwarzen Meeres spezialisiert. Außer der Fähre von Istanbul legen dort auch viele türkische Yachten an, um das Panorama und die Delikatessen zu genießen.

Es gibt auch ausgezeichnete Weine in der Türkei. Trotz der muslimischen Bevölkerung wird er reichlich konsumiert. Der Wein ist halt ein Lebenselixier, welches gegen viele Krankheiten vorbeugende Wirkung hat. Es gibt auch einen guten Sekt, der dem von der Krim stammenden ebenbürtig ist.

Gleich den arabischen Bazaren sind die in Istanbul ein Zentrum der Geschäftigkeit, wo man alles bekommt, was das Herz begehrt. Nur muss man sich mit den Händlern feilschend auseinandersetzen und weiß am Ende nie, ob man übervorteilt wurde oder nicht. Spaß macht es aber doch.

Touristen, die seit Einführung des »All-inclusive-Systems« in den Hotels verbleiben, haben den Restaurants großen Schaden zugefügt.

Ein Muss ist der Besuch der ehemaligen Hagia Sophia, einer ehemals orthodoxen Kirche, dann Museum und jetzt Moschee. Vermutlich ist ihr atemberaubender Kuppelbau ein Vorbild für alle danach errichteten islamischen Sakralbauten im osmanischen Empire geworden. Die Minaretts waren ein islamisches Beiwerk, das dem Muezzin fünfmal täglich dazu dient, alle Gläubigen zum Beten auszurufen. Bei uns sind es die Kirchenglocken, die solch einen Dienst versehen.

Eine Besonderheit, die man als Besucher Istanbuls nicht versäumen sollte, ist der »Hamam« = traditionelles Dampfbad, das all die Jahrhunderte überlebt hat. Hygiene war schon bei den Griechen und Römern der Antike sehr wichtig. Da die Wohnungen in den Städten keinen Wasseranschluss hatten, waren öffentliche Bäder üblich, wo jeder sich für einen kleinen Obolus pflegen lassen konnte. Im Dampfbad gab es auch Masseure. Friseure hatten ihren Salon daneben, wo man die Maniküre und Pediküre auch gleich erledigen lassen konnte. Die Hamame waren auch soziale Treffpunkte, wo über Politik und Geschäfte diskutiert wurde. Der Barbier muss immer weise sein und darf sich in Streitigkeiten nie ungefragt einmischen, besonders wenn er das Rasiermesser in der Hand hält. Er ist ein geborener Diplomat, der überall angesehen ist.

Etwas Bemerkenswertes möchte ich hier noch erwähnen. Frauen sind bei den Muslimen generell benachteiligt. Beim Erbe werden sie diskriminiert und erhalten grundsätzlich die unbrauchbaren Ländereien. So waren es auch die salzigen, für die Landwirtschaft ungeeigneten Bereiche entlang der Südküste rechts und links von Antalya, welches heute eine beliebte Ferienregion für Mitteleuropäer ist. Deshalb gibt es nirgendwo in der Türkei so viele Millionärinnen wie dort. Politisch haben sie auch mehr Einfluss als in der übrigen Türkei.

Deutsch ist sehr verbreitet, da viele Türken ihren Lebensunterhalt in der Industrie, im Bergbau und der übrigen Wirtschaft Deutschlands erworben haben und im Alter in die Türkei zurückgekehrt sind. Auch viele jüngere Leute haben das Knowhow, welches sie in Deutschland erworben haben, in ihrer Heimat umgesetzt und die Wirtschaft vorwärtsgebracht.

Kaum jemand weiß, dass die Türkei vom wasserreichen Taurusgebirge aus Nordzypern, welches an chronischem Wassermangel leidet, mittels einer am Meeresboden verlegten Pipeline mit dem dringend benötigten Wasser versorgt wurde, welches in einen Stausee geleitet wird. Dieses Geschenk der türkischen Regierung hat in Nordzypern zu einem Boom in der Agrarwirtschaft geführt.

Nordzypern wird als eigenständige Nation nur von der Türkei anerkannt. Das griechische Südzypern ist dagegen ein Mitglied der EU und der Euro ist dort das Zahlungsmittel. In Nordzypern ist es dagegen die türkische Lira. Ich besitze noch ein türkisches Goldpfund aus der osmanischen Zeit, auf welchem noch alle Angaben mit arabischen Schriftzeichen aufgeprägt sind.

Den meisten von uns ist nicht klar, dass die Türkei das größte Land Europas ist, auch wenn sich seine hauptsächliche Landfläche auf dem asiatischen Teil bis zum Iran erstreckt. Das größte Problem der Türkei ist die Nähe zu Russland, das zu allen Zeiten immer wieder versucht hat, den Bosporus in seinen Besitz zu bringen. Das zweite Problem sind die Minderheiten, die ihre Rechte einfordern. Besonders mit den Kurden gab es immer wieder blutige Auseinandersetzungen. Deren Territorium erstreckt sich auf vier Nationen: Türkei, Iran, Irak und Syrien. Die Türkei ist zwar Mitglied der NATO, um die Südostflanke Europas zu schützen, aber sein ehemaliger Vasallenstaat Griechenland ist ebenfalls in der NATO. Kleine Zankereien um Inseln und Bodenschätze sorgen jedoch für ständige Unruhe. Die Türkei ist so reich an Land und Bodenschätzen, dass ich die Streitigkeiten als pures Machtgehabe ansehe. Was so etwas anrichten kann, sehen wir bei dem von Russland angezettelten sinnlosen Konflikt mit der Ukraine.

Wenn der Boden im türkischen Anatolien auf weite Strecken für die Landwirtschaft nichts taugt, dann kann er zumindest als Stromlieferant mittels Solaranlagen genutzt werden. Touristisch wird diese Region schon intensiv genutzt und das Bergland mit seinen Höhlendörfern ist unbeschreiblich schön. Es gibt dort übrigens immer noch Banditen, die es auf die Trucker aus Mitteleuropa abgesehen haben. Wegen der Embargo-Restriktionen gegen das Mullah-System im Iran ist der Verkehr sehr zurückgegangen.

Die Übernachtungen in der UdSSR beschränkten sich auf eine Nacht in Moskau. Ich habe mir natürlich die pompöse von Zwangsarbeitern gebaute U-Bahn angeschaut, die zum Teil mit deutschem Marmor ausgestattet ist, und habe den Roten Platz besichtigt, auf dem man tatsächlich mit einem Propellerflugzeug hätte starten und landen können, wie es ja auch einem wagemutigen Deutschen gelungen ist. Die graue, freudlose Bevölkerung und die grobe, unhöfliche Art der Beamten und des Hotelpersonals sind mir unangenehm in Erinnerung geblieben. Die Situation änderte sich schlagartig, als Michail Gorbatschow die Perestroika einläutete und die Berliner Mauer fiel. Reste des Personals der ostdeutschen Interflug wurden von LH übernommen und haben uns dank ihrer geographischen und Russischkenntnisse geholfen, neue sich eröffnende Ziele sicher anzufliegen. Da waren anfangs Novosibirsk/Sibirien, Aşgabat/Turkmenistan und Alma-Ata/Kasachstan.

Novosibirsk war ursprünglich ein Haltepunkt der Transsibirischen Eisenbahn und eine Arbeitersiedlung für den Bau der großen Eisenbahnbrücke über den Fluss Ob. In den kriegsbedingt verlagerten Industriebetrieben für den Panzer- und Flugzeugbau war Novosibirsk zu einer Stadt außerhalb der Reichweite der deutschen Luftwaffe herangewachsen. Die Eisenbahn hatte dort auch große Depots und Reparaturwerkstätten. Kultur vermutete man in diesem hässlichen Häusermeer aus Beton und Backsteinen kaum. Man täuscht sich jedoch. Hier ist das kulturelle Zentrum Sibiriens mit Oper, Ballett, Theater, Museen, Film- und TV-Produktionsstätten und Sportstadien. Mit 1,6 Mio. Einwohnern ist sie die drittgrößte Stadt Russlands. Es gibt dort auch eine Anzahl von Universitäten. Als Liebhaber von Malerei war ich überrascht, in einem kleinen Museum ein Werk von dem berühmten ukrainischen Maler Ilja Jefimowitsch Repin zu entdecken, welches in keinem der gängigen Kunstkataloge aufgeführt wird. Jeder Kunstliebhaber kennt seine Gemälde wie »Brief an den Sultan«, wo wilde Kosakenkämpfer einen Schreiber umstehen, und ein anderes, »Wolgatreidler«, wo eine Gruppe von ausgemergelten

Häftlingen einen großen Frachtkahn an Land zieht. Eine erst-klassige Kopie vom ersten hängt bei mir. Beide zierten russische Briefmarken. Berühmt ist auch ein älteres Gemälde, wo an einem kreisförmigen Tisch der 15-köpfige Kriegsrat, präsidiert vom Zar Nikolaus II., sitzt. Alles Orden behängte ältere Generäle und Marschälle. Damals war Krieg noch eine reine Männeran-gelegenheit mit Ausnahme von Elisabeth I./England, Katharina die Große/Russland und Jeanne d'Arc/Frankreich. Besonders abenteuerlich war der Besuch des Bahnhofs, wo auf Nebenglei-sen alte ausrangierte Dampfloks und Luxus-Waggons abgestellt waren. Entsprechend ausgedehnt war der Güterbahnhof, wo Tag und Nacht Betrieb herrschte. Vor dem Bahnhof standen leere Ölfässer, in denen zum Wärmen Abfälle verbrannt wurden. Sie waren von Reisenden umstanden. Bei Kälte trugen sie Filzstie-fel, wattierte Mäntel und Pelzmützen mit Ohrenklappen. Sie hätten alle Repin, dem Maler, als Charakterstudie dienen kön-nen. Weit außerhalb von der Stadt, tief im Wald verborgen hatte ein ehemaliger KGB-Agent während der Perestroika eine große Datscha erworben. Dort hatte er mehrere ausgemusterte Panzer, Militär-Lastwagen, Jeeps und einen Hubschrauber untergestellt. Mit den Fahrzeugen konnten sich zahlende Gäste amüsieren. Beim Panzerfahren gab Sergejew Nachhilfeunterricht. Am na-hen Ob lag ein Landungsboot, mit welchem er im Sommer auch Touren auf dem über ein Kilometer breiten Fluss unternahm. Die Verpflegung bestand aus Wildfleisch und natürlich Wodka. Im Herbst gingen wir unter seiner Anleitung auf Pilzsuche. Da LH nur zweimal wöchentlich Novosibirsk anflog, lohnte es sich,

Sergejew zu besuchen. Nach telefonischer Anmeldung holte er uns im Hotel ab. Gezahlt wurde in US-Dollar. Ein paar Kilometer entfernt besuchten wir auf unseren Ausflügen auch ein kleines Dorf, um zu sehen, wie die Bevölkerung lebte. Uns wurde dann erlaubt, der Schule einen Besuch abzustatten. Die Kinder waren begeistert über den ausländischen Besuch. Ich stellte fest, dass Notizbücher, linierte Schreibhefte, Bleistifte mit Anspitzer, Kugelschreiber, Buntstifte und Tuschkästchen mit Pinseln Mangelware waren und brachte das nächste Mal einen Karton voll mit. Die größte Überraschung war ein alter Atlas. Bei unseren Besuchen bei Sergejew lernten wir viele ehemalige KGB-Kollegen von Sergejew kennen, die eine gute Abfindungspension bezogen. Einige waren in der Wirtschaft untergekommen, hatten sich selbständig gemacht oder genossen ihre neue Freiheit. Sie sprachen alle Englisch und konnten bemerkenswerte Geschichten aus ihrer früheren Tätigkeit erzählen.

Ein weiteres neues Ziel von LH war Alma-Ata, die frühere Hauptstadt Kasachstans. Das riesige Steppenland reichte von China bis zum Kaspischen Meer. Es wurde bekannt durch seine Weltraum-Abschussbasen und seinen Reichtum an Bodenschätzen. Alma-Ata liegt an den Ausläufern des Tien-Shan- und Pamir-Gebirges, welches kaum erforschte gewaltige Gletscher besitzt. Wir bekamen heraus, dass die am Flughafen stationierten Hubschrauber-Besatzungen wegen des Machtwechsels schon seit Monaten keinen Sold mehr erhalten hatten. Wir konnten ein Team dazu überreden, uns für ein Bündel von US-Dollar zu einem ausgedehnten Flug über das imposante Tigris-Bergmassiv mitzunehmen. Die Exkursion mit den lauten Militärmaschinen war etwas ungewöhnlich, aber keiner der Teilnehmer hat dieses Abenteuer jemals vergessen. Außer den ehemaligen Regierungsgebäuden in Sowjetarchitektur und den Paradeplätzen hatte die Stadt nicht viel zu bieten. Berühmt sind jedoch die Schwitzbäder mit ihren Masseuren. Die neue Hauptstadt Astana liegt weit entfernt in der Steppe und wurde wie Canberra/Australien und Brasilia auf dem Reißbrett entworfen. Kasachstan ist das größte Binnenland der Welt. Die Nordgrenze mit Russland ist 7600 km lang. Ein Teil der Passagiere, die mit uns nach Alma-Ata flogen, waren internationale Erdöl- und Erdgas-Experten, Prospektoren und Bergbauingenieure. Auch Infrastruktur-Fachleute und Vertreter großer Firmen wie Daimler-Benz, Siemens, Bosch, Thyssen-Krupp und MAN waren an Bord und reichten sich beim Wirtschaftsministerium die Türklinke. Alle wollten Aufträge bekommen oder Verträge für die Lieferung von Rohstoffen abschließen, mit denen Kasachstan von der Natur reich bedacht wurde. Es sind Eisenerz, Steinkohle, Phosphor, Mangan, Nickel, Kupfer, Gold, Wismut, Vanadium, Fluor, Bauxit, Silber, Uran, Kobalt, Blei, Zink, Molybdän. In jüngster Zeit sind auch Erdöl, Seltene Erden und Opale, eine Edelsteinart, dazugekommen. Kein Wunder, dass sich Russland sehr schwergetan hat, Kasachstan in die Unabhängigkeit zu entlassen. Das Land ist eines der rohstoffreichsten Nationen der Welt. Ein Nachteil ist, dass die Erze momentan nur im Ausland verarbeitet werden können. Die geheime Zweitwährung ist seit der Perestroika ebenfalls der US-Dollar. Die diktatorische Regierung versucht nach allen Seiten, gute Beziehungen zu pflegen.

Auf den Rückflügen nach Deutschland fielen die oft im Greisenalter stehenden deutsch-russischen Rückkehrer auf, die mit einer uralten Bibel in der Hand den Airbus bestiegen. Die Bundesregierung hatte mit der kasachischen Regierung ein Abkommen getroffen, dass diese Bürger das Land verlassen durften. Bei den Jüngeren bedeutete das einen echten Verlust für die Wirtschaft, denn die deutschstämmigen Auswanderer waren wegen ihrer Tüchtigkeit und Zuverlässigkeit sehr geschätzt. Einst hatte Katharina die Große die Vorfahren dieser Deutschen aus den überbevölkerten Regionen besonders Schwabens an die südliche Wolga und den Don geholt mit dem Versprechen von Landschenkungen und Steuerbefreiung. Die kaum bevölkerte, aber fruchtbare Region entwickelte sich rasant über mehrere Generationen hin. Stalin sah in dieser Minderheit eine Gefahr. Er glaubte, dass diese sich beim Vormarsch der Wehrmacht mit den Faschisten verbünden würden, enteignete sie kurzerhand und transferierte sie nach Sibirien, Kasachstan und anderen Vasallenstaaten, wo sie sich unter primitivsten Verhältnissen eine neue Existenz aufbauten. Von den Einheimischen wurden sie anfangs mit Misstrauen betrachtet und diskriminiert. Das legte sich jedoch später, als man ihren Überlebenswillen bewunderte. Die junge Generation hat es in Deutschland fast ohne Ausnahme geschafft, es zu einer guten Ausbildung und einer gediegenen sozialen Position zu bringen.

***

Verhängnisvolle Gier

Esthétique   − Proportia Divina ... S.77-79

Über 300 Jahre ist es bereits her,
Russlands fruchtbarste Territorien waren nahezu menschenleer.
Auf die Steppen an der Wolga und am Don traf das besonders zu,
die Situation ließ der Zarin keine Ruh.
Es ist kein Vergnügen, ein schwach bevölkertes Land zu regieren,
ihr Schatzkanzler bedauerte auch Einkünfte zu verlieren.
Um das Problem zu beseitigen, wurde ein
ungewöhnliches Programm aufgelegt,
was tüchtige Bauern und Handwerker
aus Deutschland hat angeregt,
aus den übervölkerten Regionen ihrer
Heimat nach Russland zu emigrieren

und dort von geschenktem Land und
anfänglicher Steuerfreiheit zu profitieren.
So trafen sie in endlosen Karawanen besonders
aus Württemberg und Baden ein
und führten mit sich Hausrat, Rind, Schaf und Schwein.
Es war ein bemerkenswertes Ding,
wie nun die großzügige Landvergabe vor sich ging.
Mittags beim höchsten Sonnenstand wurde der
Neusiedler an einer Markierung positioniert,
bis zum Sonnenuntergang durfte er von dort aus ein
Karree abschreiten, das ist dokumentiert.
Das von ihm markierte Land, welches er
schaffte in dieser Zeit zu umgehen,
wurde ihm als Besitz zugesprochen und nicht als Lehen.
Da wird kolportiert die Geschichte von einem
besonders landgierigen Mann,
der wie ein Marathonläufer zu laufen begann.
Kurz bevor er bei Sonnenuntergang erreichte das Ziel,
er mit Herzversagen tot auf die begehrte Erde fiel.
Die Deutschrussen haben im Lauf der Zeit
große Ländereien kultiviert
und sich auch in anderen Bereichen profiliert.
Im Zweiten Weltkrieg wurden sie wie Strafgefangene
nach Sibirien und Kasachstan umquartiert,
Stalin fürchtete, sie hätten mit den vorrückenden
deutschen Truppen kollaboriert.
Nach Jahrhunderten sind viele besonders nach der

Perestroika nach Deutschland zurückgekehrt, eine tüchtige Minderheit, die hat ihren Wert.

***

Eine andere bemerkenswerte Flugdestination war Aşgabat, die Hauptstadt von Turkmenistan. Wie in Almaty stellte ich fest, dass alle neuen Hotels im Besitz von türkischen Hotel-Konzernen waren. Die Sprache der Turkmenen ist ein Dialekt der türkischen Sprache. Kein Wunder, die Türken sind ja ursprünglich aus dieser Region nach Anatolien eingewandert, wo früher, zu Byzanz gehörig, Griechisch gesprochen wurde. Turkmenistan hat am Kaspischen Meer beträchtliche Erdöl- und Gasvorkommen, hat aber zur Sowjetzeit seine Bemühungen zu sehr auf Baumwolle gesetzt. Das zur Bewässerung notwendige Wasser wurde dem Aralsee entnommen. Als Folge ist dieser völlig verschwunden, was eine Umweltkatastrophe größten Maßes bedeutet. In Aşgabat fallen die monumentalen, in feinstem weißem Marmor ausgeführten öffentlichen Gebäude auf. Das Flughafengebäude hat die Form eines Vogels mit ausgebreiteten Flügeln. Welch einen Kontrast dazu bot dagegen der Bahnhof mit den von Unkraut überwucherten Gleisen. Die Chinesen sind jedoch dabei, das verrottete Schienennetz wieder in Ordnung zu bringen. Die Turkmenen berufen sich bei ihren Vorfahren auf die Skythen, ein Reitervolk, das seinen Einfluss bis nach Syrien und ans Schwarze Meer ausdehnte. Ihre Festungen sind nahe der Stadt zu bestaunen. Am Abend besuchte ich ein Theater, in welchem ein Stück von Maxim Gorki aufgeführt wurde, von dem ich natürlich nur einen Teil verstand. Anschließend nahm ich dann Kontakt mit den Schauspielern auf, von denen nur wenige etwas Englisch sprachen. Einige westliche Autoren von Theatervorstellungen wie Berthold Brecht und Tennessee Williams waren ihnen bekannt, durften aber nicht aufgeführt werden. Weit außerhalb von Aşgabat gab es ein Naturwunder. Tief in einem Berg, man musste endlose Treppen ins Erdinnere hinuntersteigen, gab es heiße vulkanische Quellen, die verschiedene in den Felsen geschlagene Becken mit Wasser versorgten. Wir konnten dort in den verschieden temperierten Becken nach römischer Sitte ein Bad nehmen. Dem Wasser wurden Heilkräfte zugesprochen. Aşgabat wurde nur kurz von LH angeflogen. Die Turkmenische Airline wurde wegen Nichteinhaltung der Internationalen Sicherheitsbestimmungen auf die »Schwarze Liste« der ICAO gesetzt und durfte dann keinen westlichen Flughafen mehr anfliegen. Als Revanche durfte dann keine westliche Airline, also auch LH, mehr in Aşgabat landen.

Seit Perestroika gab es mehr und mehr interessante Ziele in Russland und seinen ehemaligen Satellitenstaaten. Ich war dann bereits auf der Langstrecke und hatte andere Destinationen auf meinem Programm. Ich berichte aber trotzdem noch ein wenig von der Kurz- und Mittelstrecke. Milano/Mailand war ein beliebtes Ziel mit leider nur einem kurzen Stopp. Die Maschine kam abends an. Es war immer eine Boeing 727 Kombi-Version. Die Kabinenbesatzung ging in das Hotel. Die auf Paletten montierten Sitze wurden durch die Cargo-Tür links ausgeladen und in der Halle deponiert. Anschließend wurden Paletten mit Frachtcontainern hineingerollt und fixiert. In den Belly kam meistens Stückgut. Als reine Cargo-Maschine flog sie dann mit der Cockpit-Crew nach Frankfurt. Am Cargo-Terminal wurde die Maschine entladen und erhielt dann erneut Fracht für Milano. Eine ausgeschlafene Cockpit-Crew übernahm sie dann und flog nach Mailand, wo die Fracht entladen und die Passagiersitze wieder in der Maschine fixiert wurden. Die Cockpit-Crew übernahm dann eine ausgeschlafene Kabinen-Crew. Diese Maschinen-Versionen konnten optimal genutzt werden, da sie nachts nicht am Boden verbrachten. Reine Passagiermaschinen konnten auch optimal nachts als Postflieger genutzt werden. Dabei werden die Postsäcke auf den Passagier-Sitzen festgeschnallt.

Milano ist die zweitgrößte und reichste Stadt Italiens. In dieser Region, der Lombardei, sind die größten Industriebetriebe des Landes vertreten. Alle bekannten Modefirmen haben dort ihren Sitz. Die Rennpiste Monza und einige Automobilfirmen sind praktisch vor den Toren der Stadt ansässig. Ein Anziehungsmagnet für ausländische Touristen ist natürlich der Dom und die riesige Piazza davor mit ihren zahllosen Tauben und die belebte Galleria. Die besitzt zwar weder einen Turm noch eine Kuppel, hat aber eine großartige Fassade. Man kann ihr Dach betreten und hat von dort nicht nur einen Blick auf das Massiv der Alpen, sondern auch zum Scorsese Palast, den Triumphbogen und den Bahnhof. Gleich hinter der Galleria findet man die weltberühmte, aber unauffällige Scala. Als Fremder hat man kaum eine

Chance, spontan eine Karte für eine Aufführung zu bekommen. In der Altstadt entdeckte ich ein ungewöhnliches Restaurant, wo es diverse Appetithäppchen der italienischen Küche gab. Zum Abschluss wurde ein großer Korb mit Wal- und Haselnüssen auf den Tisch gestellt. Dazu gab es ein dickes Holzbrett und einen runden Holzhammer zum Knacken der Nüsse. Eine etwas ungewöhnliche Art, seine Gäste zu beschäftigen. In der Nähe des Restaurants gab es noch einige altmodische Lebensmittelgeschäfte, wo die meisten Artikel lose verkauft wurden: Oliven und Sprotten aus der Tonne, Käse vom Rad, Mehl und Reis aus dem Sack, Datteln und Feigen aus dem Holzkasten, Olivenöl aus dem Blechkanister, Linsen, Erbsen, Bohnen aus Papiersäcken und vieles mehr. Verglichen mit unseren sterilen Supermärkten roch es dort so ungewöhnlich. Außerhalb der Stadt gibt es lange Navigli = Kanäle, die bis zum Lago Maggiore/Ticino reichen. Geplant wurden sie von Leonardo da Vinci für seinen Herzog/ Duce, um Baumaterial, besonders Marmor von den Bergen mit Treideln nach Milano zu schaffen. Aus den Treidlerwegen wurden angenehme Fahrradwege. Auf den Kanälen tummeln sich Kanufahrer. Auf dem Weg zum Lago Maggiore kommt man am Internationalen Alternativ-Flughafen Malpensa vorbei. Er wird angeflogen, falls der City-Flughafen Linate wegen Nebel, was häufig im Winterhalbjahr passiert, geschlossen wird.

Sehr beliebt war auch der Layover-Stopp in Amsterdam. Das American Hotel für uns lag direkt im Zentrum an den Grachten = Kanälen, die früher dem Transport der Handelsgüter dienten. Heute liegen dort seitlich vertäut ehemalige zu Wohnbooten umgebaute Lastkähne. Mit ihren Hühnern, Gänsen und Tomatenpflanzen in Töpfen sind sie schon ein recht seltsamer Anblick. Das einzig vernünftige Fortbewegungsmittel in Amsterdam ist das Fahrrad, welches man überall mieten kann. Sie müssen jedoch ständig mit der Kette angeschlossen werden, da Diebstähle an der Tagesordnung sind. Die zweite große Sünde ist der Drogenkonsum der Holländer und der ausländischen Jugend, in deren Heimatländern noch strenge Drogengesetze herrschten. Die Regierung der Niederlande hat schlicht aufgegeben und schreitet nur bei Heroin ein. Außerdem stellen die jungen ausländischen Joint-Konsumenten einen wichtigen Wirtschaftsfaktor dar.

Was man auf keinen Fall versäumen sollte, ist der Besuch des Rijksmuseums, wo der »Mann mit dem goldenen Helm« den größten Anziehungspunkt darstellt, so wie die »Mona Lisa« im Louvre-Museum in Paris. Es wird auch »Das Mädchen mit dem Perlengehänge« ausgestellt, über die ein Buch verfasst und ein Film gedreht wurde. Das Schöne an der niederländischen und flämischen Kunst ist, dass dort erstmalig in richtiger Perspektive Szenen aus dem täglichen Leben festgehalten wurden. Ich kann nur ahnen, wie viele unbekannte Ölgemälde von berühmten Malern heute noch verborgen in holländischen Privathäusern hängen. Vor dieser Kunstrevolution waren die Maler der Diktatur der katholischen Kirche unterworfen. Aufträge zur Ausschmückung von Gotteshäusern wurden vom Papst, Kardinälen und Bischöfen erteilt. Maria, Jesus und Heilige aus der Bibel waren meist blutlose, starre und abstoßende Gestalten. In Italien waren es Michelangelo und Leonardo da Vinci, die mit ihren wirklichkeitsnahen Gestalten und farbenfroher Maltechnik eine Revolution einleiteten.

Viele wissen nicht, dass Amsterdam auch der größte Handels- und Bearbeitungsplatz der Welt für Diamanten ist. Das Monopol besitzt De Beers aus Südafrika. Seltene Diamanten haben schon immer eine Faszination auf die Menschen ausgeübt. Das Hauptgeschäft liegt jedoch bei den unattraktiven, glanzlosen Industriediamanten, die man zum Schneiden und zur Bearbeitung von harten Metalllegierungen benötigt. Ohne die Beschichtung von Bohrköpfen mit Industriediamanten könnte man keine Suche von Erdöl vornehmen. Sie können auch künstlich hergestellt werden.

Seit Jahrhunderten kämpft das Land gegen das Meer und hat ihm viel wertvolles Grünland abgewonnen. Ein Teil des Landes liegt unter dem Meeresspiegel und muss mit Hilfe von Pumpen und Kanälen trocken gehalten werden. Die Pumpen haben früher Windmühlen besorgt. Wo immer es in Europa Probleme mit der Trockenlegung von Sumpfgebieten gab, holte man sich niederländische Spezialisten, die für Abhilfe sorgten. Die bekanntesten sind die Region von St. Petersburg, wo Strafgefangene eingesetzt wurden, um die Aufgabe zu bewältigen. Vor dieser Initiative, besonders durch die Zarin Katharina die Große, starb ein Teil der Bevölkerung, besonders Kinder an Tuberkulose. In Preußen waren es die Sümpfe entlang der Oder, die dank der Spezialisten aus Holland in fruchtbares Ackerland umgewandelt wurden.

Nicht weit von Amsterdam entfernt und gut mit der Bahn über Haarlem erreichbar ist der ehemalige Luxus-Kurort Zandvoort aan Zee. Heute ist es ein Ziel des Massentourismus und hat eine Motorrad-Rennstrecke. Wenn man richtig windumtoste gewaltige Meeresdämme erleben will, muss man sich in die Region Den Haag/Gravenhage begeben. Dort kann man einschätzen, was die Holländer zum Schutz ihres Landes geleistet haben.

Ein menschenleeres, einsames Gebiet im Gegensatz zum quirligen Amsterdam ist Stockholm. Der Flughafen ist weit von der Stadt entfernt, so wurden wir im SAS-Hotel direkt am Flughafen Arlanda untergebracht. Trotzdem ließen wir es uns nicht nehmen, ein Taxi in die Stadt zu mieten. Die Altstadt im Zentrum trägt den Namen »Gamla Stan«, was lustig auf Deutsch »wo die Gammler stehn« gedeutet werden könnte. Mir fiel die absolute Stille auf, die abends in der Innenstadt herrschte. Richtig dunkel wurde es im Sommer auch nicht, was auch auf Helsinki und Oslo zutrifft. Durch die selbst auferlegte extrem hohe Steuer für alkoholische Getränke versuchten die Schweden, uns, da sie gratis waren, trocken zu trinken. Die Alkohol-Vorräte waren dann auch tatsächlich aufgebraucht. An Spezialitäten sind mir die rohen Heringsfilets in Erinnerung geblieben. Als Snacks bekam man überall Smörrebröd = Sandwich mit Butter, Salat und Shrimps/Lachs/oder Rentier-Roastbeef. Sehenswert ist der Schlossgarten von Drottningholm mit seinen gepflegten Anpflanzungen. Die Umgebung von Stockholm zeichnet sich durch endlose Wälder und zahllose Inseln aus, die oft nur mit privaten Booten zu erreichen sind.

Ein krasser Gegensatz zu Europa und faszinierendes Land war Jemen, das zwei Mal wöchentlich direkt angeflogen wurde. Deshalb hatten wir Zeit, während des mehrtägigen Aufenthaltes Land und Leute kennenzulernen und besonders das wunderschöne Bergland zu besuchen. Jemen war ein geteiltes Land. Der Norden hatte eine konservative Regierung, im Süden dagegen herrschte ein aggressives kommunistisches Regime, welches von der UdSSR wegen der strategisch günstigen Lage des Hafens Aden unterstützt wurde. Überall im Land erblickte man als Zeugen des vergangenen Bürgerkrieges Wracks von zerstörten Panzern, Militärfahrzeugen und Kampfflugzeugen. Im Land existieren zahllose Stämme, die seit Urzeiten im Konflikt miteinander liegen. Die Stammesdörfer liegen fast alle gut geschützt auf den Spitzen von Hügeln und Bergen, von denen man einen guten Blick über das ganze Land hat. Ein Stammesvertreter zeichnet sich durch eine reich bestickte Tracht und einen mit Halbedelsteinen verzierten Krummdolch aus. Jeder Mann, der auf sich hält, trägt voller Stolz solch ein kostbares Erbstück. Das gehört fest zur jemenitischen Kultur wie der Kilt zur schottischen. Wegen der großen Hitze am Nachmittag sitzen die Männer in den Caféhäusern und kauen Blätter des Qat-Busches. Diese gelten als leichte Droge und vermitteln ein angenehmes Gefühl der Schwerelosigkeit. Nordjemen ist das einzige Land der Welt, wo auf einer Rial-Banknote der Anbau einer Droge dargestellt wird. Bewundert werden die jemenitischen Architekten, die bereits schon zu Zeiten von Mohammed reich dekorierte Hochhäuser in der Hauptstadt

Sanaa errichteten. Die Grundstückspreise machten schon damals Kopfschmerzen, sodass dieses Konzept eine Lösung bedeutete. Ein Grund, warum es in diesem traumhaften Land nie zu wirklichem Frieden kommt, ist, dass die Bevölkerung außer den Stammes-Unterschieden in zwei islamische Glaubensrichtungen gespalten ist. Die Schiiten werden hauptsächlich von den persischen Mullahs unterstützt und die Sunniten von den benachbarten Saudis. Vor über zwei Jahrtausenden war Jemen bekannt durch seine einzigartigen Bewässerungsanlagen, die wegen des großartigen Staudamms von Marib dank guter Instandhaltung jahrhundertelang funktionierten. Er wurde durch ein Erdbeben völlig zerstört und es wurde nie der Versuch unternommen, ihn wiederaufzubauen. Dort gediehen die Pflanzen, die Weihrauch und Myrrhe erzeugten. Der Ursprung des Kaffees ist Jemen. Er wurde über seine Hafenstadt Al Mukha/Mocha ausgeführt. Er verbreitete sich über die ganze Welt. Er ist mittlerweile eines der Hauptausfuhrprodukte von Brasilien. Wegen der unsicheren Verhältnisse stellte LH dann bald seine Flüge nach Jemen wieder ein, da einige Entführungen mit Lösegeldforderungen vorgekommen waren.

Ähnliches passierte dann im Libanon. Durch den Konflikt mit Israel entstanden ausgedehnte Flüchtlingslager mit Palästinensern. Außerdem mischten sich die Mullahs des Irans in die inneren Angelegenheiten des Libanon. Es begann ein erbitterter Bürgerkrieg in diesem Vielvölkerstaat. Ich landete mit der letzten Maschine, die Beirut von Deutschland her anflog. Wegen der

Ausgangssperre blieben wir erst einmal im Hotel und vertrieben uns die Zeit mit Gesellschaftsspielen und Literatur. Wenn man sich auf das Flachdach des Hotels, welches an der Corniche nahe des Zentrums lag, begab, konnte man Sniper beobachten, die mit Gegnern im Schusswechsel standen. Das Hilton Hotel ganz in der Nähe war Opfer eines Bombenattentats geworden und ausgebrannt. Die Vorräte im Hotel wurden langsam knapp und es gab bald nur noch Pfannkuchen ohne Eier als Mahlzeit. In Zusammenarbeit mit dem LH-Stationschef entschlossen wir uns, Beirut auf dem Seeweg zu verlassen.

Da die Bürokratie trotz des Bürgerkriegs noch funktionierte, benötigten wir für die Ausreise unsere Pässe. Diese blieben immer bei der Einreisebehörde und wurden uns erst bei der Ausreise wieder ausgehändigt. Die General Declaration verblieb als Nachweis beim Stationschef. Als sich keiner traute, zum Flughafen zu fahren, um die Pässe abzuholen, erbot ich mich schließlich, das zu wagen. Ein gut bezahlter Taxifahrer brachte mich an dem unruhigen Palästinenserlager vorbei zum Airport, wo ich schon erwartet wurde. Ich übernahm die bereits abgestempelten Pässe, nachdem ich dem Beamten noch ein »Bakschisch« = Tip in die Hand gedrückt hatte, und kam nach Beschießung unterwegs wohlbehalten im Hotel an. Der Stationschef hatte dann über Beziehungen arrangiert, dass wir auf einem kleinen 50-Tonnen-Frachter das Land mit Ziel Zypern verlassen konnten. Bei der nächsten Unterbrechung der Ausgangssperre brachte uns dann ein Kleinbus zum Hafen, wo wir den Ausreisestempel in unsere Pässe bekamen.

Der Frachter besaß nur ein Steuerhaus. Unsere Koffer verzurrten wir mit Tauen auf den Ladeluken. Der Steuermann und sein Mechaniker hatten alles im Griff. Wir wurden angewiesen, auf Jutesäcken rund um das Steuerhaus Platz zu nehmen und uns bei Seegang gut an den kreuz und quer gespannten Seilen festzuhalten. Mit tuckerndem Dieselmotor ging es dann los. Offiziell hatte das Frachtschiff Schaf-, Ziegen- und Kamelhäute zur Weiterverarbeitung beladen, es roch entsprechend. Ich vermutete dagegen, dass darunter auch noch irgendein Schmuggelgut verborgen war. Es war gutes Wetter und vom Bug her wehte eine kräftige Brise. Eine Kollegin opferte ihr großes dunkelblaues LH-Tuch mit dem Kranich, welches wir als Flagge am Mast aufzogen. Wir begegneten nur wenigen anderen Schiffen, meist in weiter Entfernung, die dem Suezkanal oder Alexandria zustrebten oder von dort kamen. Der Dieselmotor stoppte unterwegs zwei Mal und man hörte dann Hämmern aus dem Maschinenraum. Ich, technisch interessiert, schaute neugierig nach, was da geschah. Ich sah dann, wie der Maschinist mit dem Hammer eine Dichtung, die er aus Kupferblech ausgeschnitten hatte, auf der Werkbank bearbeitete. Diese wurde dann eingesetzt und der Flansch des vorher leckenden Rohres verschraubt. Das passierte dann noch einmal an einer anderen Stelle. Das war jedoch Routine und kein gravierendes Ereignis. Wie so oft bei Schiffen wurden wir ständig von Möwen verfolgt, die auf Küchenabfälle warteten, die bei uns nicht existierten. Es gab lediglich Wasser. Endlich erschien am Horizont die Ostspitze von Zypern. Der Steuermann meldete sich dann über Funk im ersten kleinen Hafen für die Landeerlaubnis an. Vielleicht war das Schiff wegen irgendwelcher Zollvergehen auf der schwarzen Liste oder sie konnten mit uns Passagieren nichts anfangen, sondern schoben die Verantwortung auf den großen Hafen Limassol an der Südküste ab. Als der kleine Frachter am Kai festgemacht hatte, wurden wir von den Beamten erst einmal in Augenschein genommen. Nachdem wir den obligatorischen Einreisestempel in die Pässe erhalten hatten, wurden wir in einem Kleinbus nach Nikosia gebracht, wo wir im Hilton untergebracht waren. Für die Besichtigung des griechisch-zypriotischen Teiles der Stadt blieb keine Zeit mehr, das habe ich dann später mal privat nachgeholt.

Wie in Berlin wurden das Land und die Stadt durch eine Demarkationslinie, die von UN-Truppen überwacht wurde, geteilt. Der Nordteil der Insel war von der Türkei besetzt worden. Der Süden wäre fast von der griechischen Papadopoulos-Obristen-Diktatur annektiert worden, wenn das nicht von den Westmächten und der UNO verhindert worden wäre. Trotz dieser andauernden Spannungen profitierte der Griechisch sprechende südliche Teil der Insel vom Bürgerkrieg im Libanon. Alle Banken und bedeutende Unternehmen haben ihre Geschäftstätigkeit nach Zypern verlagert. Auch die libanesische Fluggesellschaft MEA/Middle East Airlines hatte ihre Basis nach Larnaka verlegt und operierte ungehindert von dort aus weiter.

Wie wir am nächsten Tag am Flughafen feststellen konnten, sorgten die MEA-Maschinen für ein vollgeparktes Vorfeld. England hatte ganz Zypern schon 1960 in die Unabhängigkeit entlassen, unterhielt aber weiterhin zwei große Militärstützpunkte im Südosten der Insel, die auch von den Amerikanern genutzt wurden. So gab es fast tägliche Flüge der staatlichen Cyprus Airways nach London, auf deren Frühflug wir gebucht waren. Dort nahmen wir den Anschlussflug nach Frankfurt. In der Vorstandszentrale der LH-Basis war ein Sektempfang für uns vorbereitet, wo die Vorstandsmitglieder uns zu unserer abenteuerlichen Rückkehr beglückwünschten. Ein ähnliches Abenteuer hatte eine Crew der LH überstanden, weil wegen des militärischen Konflikts zwischen Israel und Ägypten der zivile Flugverkehr eingestellt worden war. Die Crew hat es mit der Bahn von Kairo nach Alexandria geschafft. Dort hatte sie einen Frachter nach Genua erwischt.

Auch ist die Gefahr, ins Gefängnis zu kommen, sehr groß, wenn man ohne es zu wissen die Ausgangssperre/Curfew nicht beachtet, wie es mir in Tripolis/Libyen passierte. Obwohl wir spät gelandet waren, unternahm ich einen längeren Spaziergang, um den italienischen Flair der Architektur in mich aufzunehmen. Libyen war ja mal italienische Kolonie gewesen. Oberst Muammar al-Gaddafi hatte bereits schon vor ein paar Jahren revoltiert und den Senussi-König ins Exil geschickt. Trotzdem herrschten noch große Spannungen in dem ölreichen Land. Es herrschte ab 20.00 Uhr Ausgangssperre, worüber ich nicht informiert war. Plötzlich hielt ein Jeep mit einer Polizeipatrouille neben mir. Die Polizisten stellten mich an die Mauer und durchsuchten mich nach Waffen und Ausweisen, was ich natürlich nicht dabeihatte. Sie nahmen mich dann zur zentralen Polizeistation mit und steckten mich erst einmal in eine Zelle. Endlich verhörte mich dann ein Beamter, der etwas Englisch und Italienisch beherrschte. Nun konnte ich jemandem klarmachen, dass ich ein ganz harmloser Zeitgenosse sei, der auf niemanden ein Attentat ausüben wollte. Glücklicherweise fiel mir noch der Name des Hotels ein und ich wurde dort mit der Polizei-Eskorte abgeliefert.

Ein anderes Mal kann ich auch von einem Vorfall im Iran berichten. Dort waren wir gewöhnlich in Teheran im Royal Teheran Hilton untergebracht. Bei der 2000-Jahrfeier der Schah-Dynastie logierten wir jedoch in einem Motel weit außerhalb der Stadt. Da mir der Weg in die Stadt zu weit war, entschloss ich mich zu einer Wanderung in die schöne Umgebung. Im Rucksack hatte ich ein paar Snacks, eine Flasche Wasser und eine Lektüre. Als es mir zu heiß wurde, setzte ich mich in den Schatten einer Konifere und vertiefte mich in meinen Schmöker »Krieg und Frieden« von Leo Tolstoi. Plötzlich war ich unbemerkt von einer Gruppe von Soldaten in Tarnanzügen mit Handfeuerwaffen umstellt. Sie durchsuchten mich und brachten mich dann zu einem Feldlager, von wo aus sie ihren Fund einer höheren Dienststelle mitteilten. Keiner sprach Englisch oder eine andere gängige Sprache. Mein Farsi beschränkte sich auf wenige Vokabeln und war untauglich in dieser Situation. Im Jeep erschienen dann nach einiger Zeit, die ich in Handschellen verbracht hatte, ein Zivilist und ein höherer Offizier in Uniform. Die nahmen mich dann zu einer schwer bewachten Kommandostelle an einem Berg zum Verhör mit, welches in gebrochenem Englisch vonstattenging. Endlich konnte ich ihnen meine Situation begreiflich machen. Ich schlug dann vor, mich zum Motel zu bringen und dort meine Aussage zu überprüfen. Sie begleiteten mich mit einer Eskorte von vier Soldaten in einem anderen Jeep. Als wir ankamen, saßen einige unserer Crew-Mitglieder auf der Terrasse und wunderten sich über meinen ungewöhnlichen Auftritt. Nachdem sich an der Rezeption alles geklärt hatte, lud ich die beiden zu einem Drink ein. Der Zivilist klärte mich dann auf. Dort, wo ich mich aufgehalten hätte, wäre militärisches Sperrgebiet. Bei der Kommandostelle befand sich das unterirdische Hochsicherheitsgefängnis, in welchem sich militante Regimegegner des Reza Schah Pahlavi befänden.

Ein Layover, das mir auf der Mittelstrecke immer große Freude bereitete, war Kairo. Es war ein Knotenpunkt für Shuttleflüge nach Khartoum/Sudan, Asmara/Eritrea, Sanaa/Nordjemen und Dar es Salaam/Tansania. Kairo ist eine der von Pollution meist belasteten Städte der Welt. Die Sonne hat es schwer, sich gegen den Smog durchzusetzen. Außer im Winter sind die Temperaturen unerträglich. Trotz all dieser Nachteile ist es eine faszinierende Stadt, in der sich unvorstellbare Menschenmassen mit Straßenbahnen und Blechlawinen, Eselskarren und Lastkamelen mischen. Trotz dieses Chaos und dem ständigen Hupkonzert war das Hilton Hotel am Midan al Tahrir Square ein Ruhepol, in welchem der Lärm nur gefiltert eindrang. Auf der Rückseite blickte man auf den träge dahinfließenden und von Feluken = Segel-Lastkähnen belebten Nil. Seitlich befand sich der Sitz der Arabischen Liga und auf der anderen Seite befand sich das Antikenmuseum, in dem hauptsächlich Artefakte der Pharaonenzeit ausgestellt waren. Es waren hauptsächlich Archäologen aus England, Frankreich und Deutschland, die an den Ausgrabungen beteiligt waren. Ägypten zeichnete sich besonders durch Grabräuber-Familienclans aus, die über Generationen hinaus das Geheimnis der Lage von Fundstellen geheim hielten und von dem allmählichen Verkauf auf dem Schwarzmarkt lebten. So tauchten diese Schätze dann aus privaten Händen bei Versteigerungen auf und wurden von großen Institutionen wie dem Britischen Museum in London erworben und werden dort im passenden Rahmen dem interessierten und gebildeten Publikum präsentiert. Wegen der politischen Spannungen und Kriegsgefahr mit Israel hatte der Präsident Anwar as-Sadat Verdunkelung angeordnet. Überall an den Straßen standen Beauftragte der Polizei mit Farbtöpfen und Pinsel bereit und winkten alle, die sich nicht an die Regeln hielten, aus dem Verkehrsstrom heraus und verpassten den Scheinwerfern eine blaue Tarnfarbe, bei der sie einen schmalen Streifen frei ließen. Es war ein kostenloser Service des Verkehrsministers. Man bereitete sich auf einen Revanchekrieg mit Israel vor. Am Tage ging das Leben jedoch wie üblich weiter. Die gespannte Lage verspürte man nur durch das vermehrte Aufkommen von ocker getarnten Panzern und anderen Militärfahrzeugen, die Kairo in Richtung des 120 Kilometer entfernten Suezkanals verließen. Der Vorgänger Sadats, Abdel Nasser, hatte diesen 1956 den Engländern abgenommen und verstaatlicht, um in den vollen Genuss der Einnahmen zu kommen. Es zeigt, wie riskant oft Investitionen in große Projekte im Ausland sind. Ähnliches passierte mit dem Panamakanal, dem Cabora-Bassa-Damm/Mozambique und dem Assuan-Staudamm/Ägypten. Bei all diesen Projekten sind die Investoren durch vertragsbrüchige Regierungen um die Früchte ihrer Arbeit gebracht worden. Ich hatte mich mit dem Empfangschef des Hilton Hotels Omar Assem angefreundet. Bei einer Einladung in seine Familie hatte ich auch seinen Vater kennengelernt, der Mitglied des Vorstandes der Suezkanal-Kommission war und der mir Bemerkenswertes über die Entstehung und Erhaltung des Kanals erzählte. Im Gegensatz zu den meisten Crew-Mitgliedern, die sich am Swimmingpool sonnten, zog ich es vor, meine Zeit trotz der Hitze mit der Erforschung der Stadt zu verbringen. Da gab es bekannte Restaurants, Cafés, Museen, den Bazar, Moscheen, die Universität und exotische Geschäfte. Der Transport mit völlig überfrachteten Straßenbahnen und abgenutzten Bussen war anstrengend, aber spottbillig. Für einen Snack gab es überall Buden oder Karren, die »Aisch Baladin« = Fladenbrot gefüllt mit roten Bohnen, gebratenen Auberginen oder Gemüse anboten. In den zahllosen kleinen Cafés, die nur von Männern bevölkert wurden, gab es konzentrierten arabischen Kaffee in kleinen Tässchen oder Gläser mit »Tschai bi Halib/Limun« = Tee mit Milch oder Limetten. An Ständen gab es vor den Augen frisch gepressten Saft von Granatäpfeln, Orangen,

Mangos oder Melonen. Bei all diesen Getränken brauchte man ausnahmsweise nicht zu feilschen. Hier gelten Festpreise. In der kleineren Champollion Street, die nach dem berühmten Archäologen Napoleons benannt ist, der den Rosetta-Stein im Nildelta entdeckt hat, besuchte ich den Presseclub von Kairo. Dort gönnte ich mir einen Drink und studierte die neuesten Nachrichten der internationalen Presseagentur Reuter. Dort lernte ich Samir Tadros kennen, der recht gut Deutsch sprach. Er war Journalist und arbeitete bei der größten ägyptischen Tageszeitung »Al Acham«, war aber von der Regierung wegen seiner regimekritischen Berichterstattung mit Berufsverbot belegt worden. Immerhin bezog er weiter seine Bezüge. Später lernte ich dann auch seine Frau Margaret kennen, die er in Ostdeutschland kennengelernt hatte. Durch Heirat war es ihr gelungen, die DDR zu verlassen. Sie wohnten in einem gepflegten Mehrfamilienhaus auf der langgestreckten Nilinsel Zamalek, wo eine angenehmere Luft herrschte als in der Innenstadt. Durch sie lernte ich einige malerische Restaurants kennen, die von Ausländern nicht frequentiert werden.

***

Freund

Ein Papagei trifft Jesus S. 150-151

Das Wort hat einen wunderbaren Klang,
den ich vermisse schon recht lang.
Bis auf einen sind alle längst verstorben,
neue haben sich leider nicht beworben.
Die Voraussetzungen sind recht schwer,
passen in diese Welt nicht mehr.
Loyalität ist nicht mehr gefragt,
berechnender Egoismus ist angesagt.
Selbstlosigkeit, wenn es die Situation verlangt,
es taugt nichts, wenn dann einer schwankt.
Um einen alten Spruch zu wählen,
da heißt es: »Mit dem kann man Pferde stehlen!«
Kann er schweigen, kann man ihm trauen,

kann man auf seine Großzügigkeit bauen.
Man muss nicht der gleichen Ansicht sein,
eine souveräne Haltung, die ist fein.
Der wahre Freund zeigt sich in der Not,
er bringt wieder alles ins Lot.
Ob vermögend oder arm, das ist egal,
ein guter Charakter steht zur Wahl.
Man muss viel miteinander ertragen
in guten und in schlechten Tagen.
Der Mensch, der sich brüstet mit Freunden zuhauf,
wird sehr enttäuscht im Zeitverlauf.
Ein echter Freund gleicht dem geschliffenen Diamant,
ein seltener Schatz in diesem Land.

***

Aufgrund der prosperierenden Agrarwirtschaft und des früheren Einflusses der osmanischen Herrschaft war die Küche Ägyptens die abwechslungsreichste aller arabischen Staaten. Durch private Kontakte hatte ich Gelegenheit, hinter die Kulissen zu schauen und ägyptische Haushalte kennenzulernen. Mein Stammcafé lag am Anfang der Champollion Street und gehörte einem geschäftstüchtigen Nubier aus dem Sudan. Er war Immobilienmakler und wickelte seine Geschäfte in seinem Café ab, wo er fast immer präsent war. Im Gegensatz zu den grobschlächtigen Ägyptern zeichnen sich die dunkelhäutigen Nubier durch ein angeborenes angenehmes Auftreten aus. Gegenüber war angelehnt an eine hohe Mauer eines Parks, der zu einem leerstehenden Palast gehörte, der Stand eines »Fakkani« = Obsthändlers, dem es trotz des Verbots für solche offenen Stände in dieser Straße gelang, dort zu verharren. Er kannte alle Bewohner der Umgebung und hatte dem zuständigen Ordnungshüter einen Bakschisch in Form von Obst zugesteckt. Ich hatte den wohlbeleibten immer liebenswürdigen in seiner weißen »Galabeja« = Burnus/Kaftan gekleideten Faussi Yussuf bald ins Herz geschlossen und saß manchmal bei ihm, ein paar arabische Worte lernend oder Schach spielend. Bald hatte ich auch Kontakt mit seinen Kunden, die sich über seinen ausländischen Bekannten wunderten. Wie ich dann erfuhr, musste er schon frühmorgens um 04.30 Uhr mit seinem Karren auf dem Großmarkt sein, um seinen Stand mit Nachschub zu versorgen. Da er ja meistens saß, konnte er den langen Tag an seinem Stand ausharren. Nickte er mal ein, dann weckten ihn seine Kunden. Er war übrigens Kopte, eine christliche Richtung, die in Ägypten aktiv ist. Wie lustig war es, als ich hörte, dass Samir Tadros, der ja oft den Presseclub aufsuchte, auch zu seinen Kunden zählte. Irgendwann ergab es sich, dass ich meine Frau auf einem Dienstflug nach Kairo mitnahm. Ich stellte sie auch Faussi vor, der es sich nicht nehmen ließ, uns abends nach Hause einzuladen. Dafür machte er extra sein Geschäft eher zu und wir fuhren mit dem Taxi nach Shobra, dem Arbeiterviertel, wo er in einem Mietshaus wohnte, welches über keinen elektrischen Strom verfügte. Die Nachbarn drängten sich neugierig an der Tür, um die ausländischen Gäste von Faussi zu bewundern. Wir hockten dann alle auf dem Boden zusammen und ich packte ein paar Sachen aus, die ich mitgebracht hatte. Ich hatte Faussi gebeten, seine Frau nicht mit irgendwelchen Essensvorbereitungen zu belasten, und wir nahmen an dem üblichen Eintopfgericht teil. Meine Frau hatte auf dem Bazar eine hübsche bestickte Jalabiya/Kaftan erstanden und sie gleich für diesen Besuch angezogen. Faussis Frau hatte jedoch gleich bemerkt, dass diese etwas zu lang war. Eine Nachbarin rückte dann prompt mit einer Handnähmaschine an und bei Petroleumlicht wurden die notwendigen Kürzungen vorgenommen. Der Sohn musste dann auch gleich ein paar Sachen ausprobieren, die ich mitgebracht hatte.

Mangelnde Bildung ist in Ägypten ein Hauptproblem. Wie kann man mit geringem Einkommen allen Kindern eine gute Ausbildung vermitteln? Deutschland ist eines der wenigen Länder, wo die sogenannten Azubis/Auszubildende ein regelrechtes kleines Gehalt bekommen. Mittellose Studenten können

BAföG/Staatshilfe beantragen. Das kann sich nur ein wohlhabender Staat wie Deutschland leisten. Wenn in Ägypten ein guter Beamten- oder Geschäftsjob angeboten wird, melden sich oft Hunderte, um ihn zu bekommen. Meist erhält ihn nicht der Qualifizierteste, sondern der mit den besten Beziehungen. Der herrschenden Macht war es egal, wenn die armen Leute grenzenlos Kinder zeugten. Das waren künftige billige Arbeitskräfte. Bei sporadischen Unruhen sorgte das Militär für Zucht und Ordnung.

Etwas Unglaubliches ist mir aufgefallen, als ich wieder einmal bei Faussi am Obststand saß. Wegen der Hitze musste der organische Abfall täglich abgeholt werden. Dann tauchte als Müllgefährt regelmäßig ein Rolls-Royce Phantom III auf, dessen hintere Passagierkabine man demontiert hatte, um einer Ladefläche Platz zu machen. Wem der wohl mal gehört hatte? Möglicherweise hatte er mal zum Fuhrpark des 1952 durch einen Putsch gestürzten Königs Faruk I. gehört.

Um dem unglaublichen Verkehr Kairos zu entkommen, gab es die Möglichkeit, eine Feluke zu mieten und auf dem Nil einen Ausflug zu machen. Man fuhr auch gern nach Gizeh an den Rand der Wüste. In der Nähe der Cheopspyramide unterhielt MG/Mohammed Gomez große Stallungen mit Pferden und Kamelen. Da LH-Crews Stammkunden waren, genossen wir Sonderkonditionen. Die bei den Touristen sehr beliebten Kamele hatten geschickterweise ständig wechselnde Namen: Bei Österreichern hieß es Amadeus, bei Engländern Winston, bei Italienern Benito und bei den Deutschen Otto. Dem wurde der eigentliche arabische Name hinzugefügt, dann gehorchte das Biest dem Führer. Wir ritten dann jedoch hinaus in die Wüste, wo die gutmütigen Pferde nach einigen Kilometern eine überdachte Krippe mit Mohrrüben und Wasser erwartete. Die Pferde weigerten sich, sich weiter in das Sandmeer der Sahara zu begeben. Auf dem Ritt zurück brauchten wir sie nicht antreiben. Sie wussten, dass es zurück in die Stallungen ging. Ein weiterer schöner Ritt ging entlang des bewässerten Grünstreifens des Nils zu den Stufenpyramiden von Sakkara, die übrigens die ältesten sind. Nach solchen Exkursionen begaben wir uns in das ganz in der Nähe der Pyramiden gelegene Mena House, einem aus der Kolonialzeit stammenden Luxushotel. Dort genehmigten wir uns einen Drink und genossen die angenehme Atmosphäre.

Ägyptens Landwirtschaft beruht auf einem ausgeklügelten Bewässerungssystem. Früher brachten regelmäßige Überschwemmungen fruchtbaren Schlamm aus dem afrikanischen Hochland mit sich. Seit der Existenz des Assuan-Staudamms fallen diese natürlichen Überschwemmungen aus. Wo das Wasser verbleibt, das im Untergrund des Dammes versickert, ist bis jetzt nie geklärt worden. Die feine Mako-Baumwolle aus Ägypten, die früher einmal ein bedeutender Devisenbringer war, existiert nicht mehr. Die weiter durch Bewässerung reduzierten Wassermengen, die noch das Nildelta erreichen, genügen nicht mehr, um einer bestimmten Fischart, die nur in dieser Mischung von Süß- und Salzwasser existieren, das Überleben zu ermöglichen. Sie sind verschwunden und haben die Fischer gezwungen, ihren lukrativen Erwerb aufzugeben.

Der Assuan-Staudamm stellt auch noch eine Gefährdung der Sicherheit bei einem erneuten militärischen Konflikt dar. In einem Verzweiflungsakt könnten die Israelis auf die Idee kommen, den Assuan-Staudamm zu sprengen. Der damit ausgelöste Tsunami könnte im ganzen Nilbereich verheerende Zerstörungen anrichten.

Ägypten ist wie Indien ein traumhaftes Land, wenn nicht durch unkontrolliertes Bevölkerungswachstum unlösbare Probleme entstünden. Die ägyptische Regierung hatte sich dazu entschlossen, endlich die Subventionen für »Aisch Baladin« = Fladenbrot abzuschaffen, das hatte jedoch fast zu einem Volksaufstand geführt. Man legte die Sache sofort ad acta, erhöhte jedoch die Benzinsteuer, was nicht die Masse der Armen traf. Auch andere Länder haben wegen der Überbevölkerung und dadurch entstehenden Erwerbslosigkeit ähnliche Probleme, die sie nicht in den Griff bekommen. Die Oberschicht in Ägypten, Indien, Pakistan und Indonesien kann sich deshalb ein sehr bequemes Leben leisten, denn für jede Tätigkeit stehen erbärmlich entlohnte Dienstboten zur Verfügung. Da gibt es Putzfrauen, Gärtner, Koch, Küchenhilfen, Servierer, Hausmeister, Chauffeure, Zimmermädchen, Ammen, Babysitter, Sekretäre und Wächter. Je nach Größe des Haushaltes übernehmen Küchenhilfen oder der Koch selbst die Einkäufe. Bei Bedarf gibt es noch einen Krankenpfleger. Mani- und Pediküre kommt ins Haus oder werden von den Zimmermädchen übernommen, die sich auch um die Wäsche kümmern. Sollten Tiere vorhanden sein, wie Hunde und Pferde etc., wird noch ein Tierbetreuer eingestellt. Im Orient, wo es früher noch Sklavenhaltung gab, ist die Anzahl der Dienstboten noch immer eine Prestigefrage. Eine Angehörige der Oberschicht darf sich einfach nicht mit Putzen, Bügeln, Windelnwechseln, Babystillen und Kochen abgeben. Europäer, die von ihren Firmen in den Orient versetzt werden, müssen sich unbedingt den Landessitten anpassen und sich einige Dienstboten anschaffen, sonst verlieren sie ihr Gesicht. In England gehört man erst dann zur Upperclass, wenn man sich einen Butler leisten kann.

Whagdi Fahmi, ein ägyptischer Freund und Nachbar von mir, der auch in dem kleinen Ort am Frankfurter Flughafen lebte, hatte es durch seine geschickte Art, mit schwierigen Passagieren umzugehen, zum Sektionschef des Lufthansa Check-in-Personals gebracht. Er hatte überall den Ruf des »Troubleshooters« par excellence, besonders bei anspruchsvollen Arabern, denen das meist weibliche Bodenpersonal nicht gewachsen war. Whagdi brachte mich mit seinem angesehenen Familienclan im Nobelvorort von Kairo zusammen, und ich lernte dann auch Freunde kennen, die mit ihm die Schulbank gedrückt hatten. Dort lernte ich den großzügigen Umgang mit Dienstboten kennen. Ich lobte ihn dann dafür, wie er sich den deutschen Verhältnissen angepasst hatte, wo Dienstboten ein purer Luxus sind. Obwohl er von Haus aus sehr verwöhnt war, beschäftigte er nicht einmal eine Putzfrau.

Auf einem meiner Dienstflüge nach Kairo hatte ich das Vergnügen, eine äußerst angenehme Persönlichkeit, Madame Zein al-Din, kennenzulernen. Wir kamen ins Gespräch und sie war beeindruckt von meinen bisherigen Erfahrungen in Kairo und lud mich spontan zu sich ein. Sie war Deutsche aus Krefeld, wo ihr Vater eine bedeutende Spinnerei besaß. Dort hatte sie als junges Mädchen ihren jetzigen Ehemann kennengelernt, der dort eine Ausbildung absolvierte. Ihr ägyptischer Ehepartner besaß große Ländereien und eine Baumwollspinnerei, die er seinerzeit von seinem Vater übernommen hatte. Er war Mitglied des Parlaments und Unterstützer des Präsidenten Anwar as-Sadat, der später ermordet wurde. Madame Zein al-Din war sehr belesen und freute sich, diese Leidenschaft mit jemandem teilen zu können. Ich habe sie dann auf meinen Dienstflügen nach Kairo regelmäßig mit deutscher und englischer Weltliteratur versorgt. Einmal, es passte zufällig, lud sie mich in die Oper ein, wo sie mich mit dem Chauffeur abholten. Ich erlebte dann den Auftritt der berühmten Opernsängerin Madame Oum-Kalsoum, der ägyptischen Callas, einer Busenfreundin der First Lady Dschihan as-Sadat. Auf Europäer mag die arabische Tonleiter etwas befremdlich wirken, sie passt aber gerade zur orientalischen Lebensart.

Die Ländereien am Nil von Sajid Zein-al-Din, die von seinem Verwalter und den »Fellachen« = Landarbeitern bewirtschaftet wurden, dienten hauptsächlich dem Anbau von Baumwolle. Anlässlich eines Festes wurde ich mal aufs Land mitgenommen. In einer Orangenplantage, vor dem rustikalen Sommerhäuschen, gab es einen steinernen Ofen, der denen, die es früher bei uns auf den Dörfern zum Brotbacken gab, ähnelte. Dort hatte man vor drei Tagen ein kräftiges Holzfeuer angefacht. In die spätere Glut hatte man dann einen von Lehm ummantelten Hammel, der auf einem Spieß steckte, geschoben. Die Glut wurde am

Leben erhalten und der mit einigen Gewürzen sowie Zwiebeln, Knoblauch und Orangen gefüllte Hammel wurde mit Hilfe des Spießes immer wieder umgedreht. Erst in unserer Gegenwart wurde er aus dem noch heißen Ofen geholt, auf einen Steintisch platziert, wo die festgebrannte Hülle mit einem Hammer aufgeschlagen wurde. Ein köstlicher Duft entströmte dem im eigenen Saft gerösteten Hammel. Ein Gehilfe zerlegte das Tier dann Stück für Stück, nachdem es von der Lehmhülle befreit worden war. Jeder nahm sich ein Fladenbrot, ließ es mit Fleisch füllen und ergänzte es mit Gemüse, Hummus, Tahina oder Pfeffersauce. Es war das köstlichste Hammelgericht, das ich jemals angeboten bekommen habe. Wann hat man auch schon einmal Gelegenheit, es in dieser Form zu genießen? Die arabische Küche war ursprünglich sehr eintönig, da es ja auch kaum Gemüse in der Wüste gab. Erst der Einfluss der Perser, Ägypter, Türken, Griechen und Kurden hat sie reichhaltiger gemacht.

Zwei tragische Ereignisse, die Crew-Mitglieder betrafen, möchte ich hier erwähnen: Wegen des Verkehrschaos in der Innenstadt wurden wir weit außerhalb im neuen Heliopolis Hotel einquartiert. Nach wenigen Monaten brach ein Brand aus, der das ganze Hotel vernichtete. Die Crew, die gerade dort nächtigte, konnte sich zwar retten, ein Steward sprang in Panik jedoch vom 2. Stock aus dem Fenster und brach sich beide Beine. Eine andere Crew besuchte den beliebten Bazar Khan-el-Khalili und vermisste irgendwann eine Kollegin. Sie suchten dann gemeinsam den ganzen Bazar nach ihr ab, vergebens. Auch Nachforschungen durch die Kriminalpolizei waren vergeblich. Sie tauchte nie wieder auf. Was passierte sonst noch so: In Kenia stürzte eine unserer Boeing 747 nach dem Start ab, einige Crew-Mitglieder und Passagiere kamen dabei um. Die Ursache war Triebwerkschaden. In Rio de Janeiro wurde eine Stewardess von einem Auto aus angefallen. Der Kriminelle riss ihr die Goldkette vom Hals. Der Steward, der mutig einschritt, wurde erschossen. Ein Flugkapitän, der mit Terroristen in Mogadischu/Somalia in Konflikt geriet, wurde erschossen. Was tragische Unfälle betrifft, hatte ein Copilot, der auch die PPL/Private Pilot License besaß, in Nairobi/Kenia eine Cessna gemietet und war mit drei anderen Crew-Mitgliedern zum Besuch eines Wildreservats am Kilimandscharo gestartet. Irgendwann ist er dann wegen eines Motorschadens abgestürzt. Alle Insassen kamen dabei ums Leben. Das sind nur einige von den Vorkommnissen, die mir gerade einfallen.

Der konservativste und am besten regierte Staat im Mittelosten ist das Sultanat Oman. Bis ins 19. Jahrhundert hinein hatte es große Macht ausgeübt. Der Handel mit Gold, Elfenbein, Edelhölzern, Schmucksteinen und Sklaven hatte es reich gemacht. Erst die europäischen Kolonialmächte hatten ihren Einfluss in Ostafrika beendet. Gegenwärtig war es dem Sultan Qabus während seiner gesamten Regierungszeit gelungen, trotz der verschiedenen Stämme Frieden zu bewahren. Terroristen hatten keinen Grund und keine Chance, in diesem Land Fuß zu fassen. Der Sultan hatte alle positiven Dinge der modernen Zeit eingeführt und dafür gesorgt, dass die Jugend eine gute Ausbildung erhielt. Er hatte jedoch nicht versucht, die konservativen Lebensformen zu ändern, und hatte sich dem modernen Massentourismus verweigert. Nur wenigen Bildungsreisenden ist es bisher gelungen, dieses wunderschöne Land kennenzulernen. Wir Crews waren in einem schönen Hotel am Indischen Ozean nahe Maskat untergebracht. Nirgendwo in der Welt habe ich so viele schöne angeschwemmte Muscheln gesehen wie dort. Ich konnte nicht widerstehen und sammelte ein paar Beutel ein, so viel wie im Koffer Platz hatten. Bei der Inspektion des Koffers in Frankfurt machte der Zöllner große Augen. So etwas bekam er nur selten zu Gesicht. Die damals ruhige kleine Hauptstadt Maskat unterschied sich angenehm von den anderen oft chaotischen arabischen Städten von Nahost und Nordafrika.

Zur Zeit des charismatischen Präsidenten Mobutus, der gerne in Leoparden-Kopfbedeckung und Fellumhang auftrat und sich als der Vater des Vielvölker-Kongostaates Zaire präsentierte, hatten wir einen Layover in der Hauptstadt Kinshasa. Viele der einst belgischen Anlagen wie Eisenbahndepots und Strecken, Verarbeitungsstätten und Lagerhäuser waren verrottet und funktionierten nicht mehr. Es war traurig, dieses an Bodenschätzen so unendlich reiche Land in solchem Zustand zu erleben. Niemals endende Bürgerkriege und Stammesfehden und Konflikte mit Nachbarn im Osten des gewaltigen Landes zwangen die westliche Zentralregierung zu ständigen erheblichen Ausgaben für die Streitkräfte, von denen die amerikanischen, europäischen und Rüstungskonzerne der UdSSR profitieren.

Ausländer, die es wagten, nach Einbruch der Dunkelheit zu Fuß unterwegs zu sein, mussten damit rechnen bedroht, ausgeraubt und bei Leistung von Widerstand niedergestochen zu werden. Um einen besseren Eindruck von der Stadt zu bekommen, zog ich mir einen Trainingsanzug an und erforschte die Stadt als Jogger, dem niemand etwas tat, da er wohl nichts Wertvolles mit sich hatte. Alle soliden Geschäfte, Tankstellen, Banken und Restaurants waren fest in libanesischen Händen, hier wie überall in Zentral- und Westafrika. Woanders machten ihnen die Inder oder Pakistani Konkurrenz. Sie schafften es hier, profitabel zu überleben, wo andere besonders Weiße schon längst aufgegeben hatten. Da war als Beispiel eine Kette von florierenden Steak-Restaurants, die von einem hartgesottenen Libanesen betrieben wurde. Der Nachschub an exzellentem Fleisch wurde von seinen eigenen beiden betagten Boeing 707-200 Jets aus Botswana eingeflogen. Er transportierte auch Söldner und Waffen für die jeweilige Partei, die am besten zahlte, und das war meist in Rohdiamanten oder Tantal/Coltan, welche beide mit oft primitivsten Mitteln gewonnen werden. Ich plauderte gern mit dem Unternehmer, da ich ja auch die Verhältnisse dort bei ihm zu Hause recht gut kannte. Er war recht zufrieden mit seinem Business und meinte, dass er mehr ohne einen vertrauenswürdigen libanesischen Partner nicht bewältigen könne. Kopfschmerzen bereiteten ihm die Instandhaltung seiner beiden Jets, für die er zwar einen guten Triebwerks- und Bordmechaniker, der sich auch mit der Elektrik auskennen würde, zur Verfügung hatte, es mangelte nur an guten gebrauchten Ersatzteilen. Wo andere Probleme hätten, wäre der illegale Umtausch ihrer Profite in US-Dollar oder Pound Sterling. Vertrauenswerten Freunden half er, dieses Problem zu lösen. Letzten Endes landete dieses Geld auf einer Bank in Zypern. Er war mir sympathisch und ich bemühte mich daraufhin herauszufinden, wo es in den USA Flugzeug-Recyclingunternehmen gäbe.

Zufällig flog ich kurz nach unserem Gespräch in Kinshasa nach Dallas/Texas. Auf dem Weg vom Flughafen zum Crew-Hotel passierten wir ein riesiges eingezäuntes Areal mit ausrangierten Flugzeugen. Trotz des Wochenendes gelang es mir, telefonischen Kontakt zu bekommen, und ich notierte mir die notwendigen Informationen wie den zuständigen Manager, Telex-, Telefonnummer und exakte Adresse. Dort fragte man mich nach dem Baujahr und den Seriennummer der B707-200 und den Code-Bezeichnungen der Ersatzteile. Ich hatte diese natürlich nicht und hoffte, dass der Libanese sie in seinen Unterlagen hatte. Als Nächstes rief ich meine Ex-Schwägerin, zu der ich unverändert ein gutes Verhältnis hatte, in Phoenix/Arizona an und erklärte ihr die Situation. Lufthansa-Piloten, die dort Flugtrainings absolviert haben, berichteten mir, dass dort ein Areal sei, wo Fluggesellschaften bei Nichtbedarf Flugzeuge in dem trockenen Wüstenklima parkten. Außerdem gäbe es dort ein anderes Areal, wo Massen von Flugzeugen, besonders ausgemusterte Maschinen der US Airforce und Helikopter aus dem Korea- und Vietnamkrieg und internationale Zivilmaschinen, auf die Verwendung in Hollywoodfilmen und Verschrottung warteten. Sie möchte mir doch bitte die Kontaktdaten der zuständigen Recycling-Company zukommen lassen. Es funktionierte, und ich ließ ihm die Informationen durch einen Kollegen, der nach Kinshasa flog, übermitteln. Als ich dann mal wieder dorthin flog, nahm mich der »Steak-König« in die Arme, bedankte sich für meine Mühe. Er habe die Ersatzteile geordert und alle erhalten. Er fragte mich dann, ob er mir einen Wunsch erfüllen könne. Ein Steak vom Kaffernbüffel »medium rare« aus Botswana reichte mir. Er setzte sich dann später zu mir und wir fachsimpelten über Flugzeuge. Sein Problem waren außer der natürlichen Abnutzung von Teilen die zu hohen Abgaswerte seiner alten Triebwerke der ersten Serie. Seine beiden Maschinen dürften nirgendwo in Europa mehr landen. Ich berichtete ihm von meiner Wertschätzung für die bewährte robuste alte »DC 3 Dakota«, die im Zweiten Weltkrieg und danach so viel geleistet hätte. Diesen Lastenesel der Luft gäbe es immer noch in Regionen der Welt, wo es auf Geschwindigkeit nicht so ankäme. Ein Wunder wäre es, dass es noch reichlich neue Ersatzteile für dieses Museumsstück gäbe. In der Furcht der Amerikaner, dass der Zweite Weltkrieg sich noch lange hinziehen würde, hatten sie sich große Reservelager an Teilen angelegt, die längst noch nicht aufgebraucht sind. Ich berichtete ihm dann von meinem unvergesslichen Flug mit einer betagten DC 3 über den Dschungel von Amazonas nach Manaus, die Urwald-Metropole, welche einmal durch die Gewinnung von wildem Kautschuk so vermögend wurde, dass sich Stadtväter eine prachtvolle Oper leisten konnten, die noch heute existiert.

Ein anderer Libanese hatte in unserem Crew-Hotel in Accra/ Ghana im obersten Stockwerk ein gut laufendes »Golden Casino« besonders für die Kakao- und Mais-Barone etabliert. Außer Gambling gab es kaum Abwechslung in Accra. Ich bin eigentlich ein absoluter Gegner von jeder Art von Glücksspielen, wollte aber kein Spielverderber sein, zumal die geringsten Einsätze dem Gegenwert von heute 20 Eurocent entsprachen. Ausgerechnet ich hatte eine richtige Glückssträhne und wusste dann nicht, was ich mit dem ganzen Geld, welches ich ja nicht in Hartwährung umtauschen konnte, machen sollte. Ich lud dann die ganze anwesende Crew sowie ein paar »leichte Girls«, die überall herumscharwenzelten, zu einem opulenten Dinner beim Chinesen ein. Eine angenehme Band spielte im Hintergrund. Die Musik, die in Ghana erzeugt wird, ist nach meinem Geschmack die einfühlsamste und melodischste, die in Afrika existiert. Sie ähnelt stark jener, die von den Steelbands der Karibik erzeugt wird. Die ghananesischen Bands sind ständig auf Tournee in Schwarzafrika. Große Geschicklichkeit entwickeln die dortigen Holzschnitzer in der Herstellung von tierischen und menschlichen Figuren. Man konnte auch Skulpturen und Büsten in Auftrag geben, natürlich nur nach einem kleinen Muster. Die brauchten allerdings lange, bis sie fertiggestellt waren, und konnten auch von einem Kollegen abgeholt werden.

Als Naturliebhaber besitzt Singapur für mich den schönsten und natürlich exotischsten botanischen Garten der Welt. Kein Wunder, denn bei so einer absoluten Luftfeuchtigkeit und Nähe des

Äquators muss einfach alles prachtvoll gedeihen. Trotz all der Hochhäuser und Wolkenkratzer gibt es noch typisch indische, malaiische und chinesische Stadtviertel, die es sich zu besuchen lohnt. Ein majestätisches Überbleibsel und Denkmal ist das altmodische »Raffles Hotel«, an dessen Bar man abends ein buntes internationales Publikum trifft, welches den Ort bestaunen möchte, wo einmal ein verirrter Tiger von einem mutigen Gast unter dem Billardtisch erschossen wurde. Leider hat man versäumt, den ausgestopften Tiger der Nachwelt zu erhalten, oder hat ihn der Schütze für sich reklamiert? Draußen vor dem vom Bougainvilleen eingerahmten Eingangsportal warten hübsche Fahrradrikschas darauf, ihre Kunden durch ruhige Nebenstraßen zu fahren, die es dort dank sensibler Stadtplaner immer noch gibt. Die Regierung hatte sich trotz astronomischer Grundstückspreise den Luxus geleistet, in der Stadt ein weitläufiges

Dschungel-Reservat zu belassen, um der Bevölkerung vor Augen zu führen, wie es dort früher mal ausgesehen hat. Im Süden gab es eine Felsenbastion mit Kanonen, die Singapur vor einer japanischen Invasionsflotte hätte schützen sollen. Sie kamen jedoch unerwartet zu Fuß und mit Fahrrädern durch den burmesischen und malaiischen Dschungel. Die Kapitulationsrunde nach der Rückeroberung durch die Briten am Ende des Krieges wird dort in einer Halle durch Wachsfiguren nachgestellt. Ein anderes sehr skurriles Highlight ist der Park, der die chinesische Unterwelt für Sünder mit all seinen Foltermethoden, Auspeitschungen, Sieden in heißem Öl, Augenausstechen etc., mit Plastiken darstellt. Er wurde von den Erfindern der berühmten Heilsalbe »Tiger Balm« spendiert. Im Penthaus der 23. Etage eines Hochhauses residierte mein Freund Rick Strasser, der als freier Journalist Europa mit guten und schlechten Nachrichten aus Südostasien versorgte. Sein mehr privates Lieblingsland war Papua-Neuguinea, dessen seltsame Nationalsprache »Tok Pisin« auf Pidgin-English basiert. Beispiele: Weißer Mann = Longfellow. Don't disturb = Yu no ken kam insait. Clean up room now = Yu ken stetim run nau. Rick empfahl mir auf meine Bitte hin dann seinen chinesischen Schneider, bei dem ich während der Abmessprozedur für einen Tropenanzug einen Safarianzug auf einem Kleiderbügel erblickte. Der Schneider berichtete mir auf meine Frage hin, dass dieser im Auftrag seines Stammkunden, des malaiischen Sultans der Provinz von Johor, geordert wurde. Ich bestellte daraufhin genau den gleichen in Pampasgras-Farbe, weil er mir so gut gefiel. Viele wissen nicht, dass Malaysia ein Wahlkönigreich ist, bei dem nach dem Prinzip »primus inter pares« = »Der Erste unter Gleichen« ein Sultan der neun Sultanate immer nach dem Rotationsprinzip für fünf Jahre zum konstitutionellen König gewählt wird.

In Japan herrscht auf fast allen Inseln, außer auf Hokkaido, ein unglaubliches Menschengedränge. Der Großraum Tokio ist mit 37,2 Millionen Einwohnern der größte Ballungsraum der Welt. Diese Massen bewohnen jedoch hauptsächlich die schmalen Küstenstreifen im Osten. Der Rest des Landes ist zum größten Teil unzugängliches Gebirge und Urwald. Vor Jahren stürzte einmal ein Jumbo B747 Jet der JAL beim Anflug nahe Tokio über dem Gebirge ab und alle Passagiere mit Besatzung kamen ums Leben. Wegen der Unzugänglichkeit der Unfallstelle, an der nicht einmal ein Hubschrauber landen konnte, dauerte es über eine Woche, bis Bergungstrupps den Ort erreichten. Natürlich gibt es auch herrliche, mit guten Autopisten zugängliche Nationalparks mit vulkanisch heißen Bädern = »Onzen«. Der Vulkanismus macht sich überall durch kaum spürbare Erdstöße auch ständig im Alltag bemerkbar. Die Strecken, Stationen und Tunnel der japanischen Staatsbahn »Chikatetsu« und der städtischen U-Bahn »Koutetsu« sind so aufwendig und raffiniert abgesichert, dass Massenunfälle durch die seltenen großen Erdbeben praktisch unmöglich sind. Gegen Tsunamis gibt es fast keine Mittel, das nehmen die Japaner als Schicksal hin. Weitgereisten Ausländern fällt jedoch eines auf, und das ist die Spielsucht besonders der Arbeiterklasse. Überall an den strategisch günstigen Orten findet man Spielsalons, wo die Leute besonders nach dem Zahltag ihren mit harter Arbeit verdienten Lohn verspielen. Die Besitzer dieser »low class«-Pachinko-Hallen sind ausnahmslos Mitglieder der japanischen Mafia »Yakuza«. Man erkennt sie meist am Fehlen des kleinen Fingers der rechten Hand. Die japanische Regierung und deren Kriminalpolizei lässt sie in diesem »Gambling Sector« gewähren, da sie wertvolle Spitzeldienste für sie leistet.

Meine japanische Freundin hatte es eigentlich nicht nötig zu arbeiten, hatte sich jedoch nach ihrem Schulabschluss entschieden, bei einer westlichen Botschaft als Sekretärin und Übersetzerin tätig zu werden. Als ihr das zu langweilig wurde, entschloss sie sich, bei der Lufthansa anzuheuern. Meiner Erfahrung nach war es unklug, als Vorgesetzter Affären mit Stewardessen zu haben, wenn man nicht vorhatte, sich länger an sie zu binden. Die verschiedenen Dienstpläne standen dem auch entgegen. Freundschaften aus reiner Sympathie ohne Sexaffären waren da klüger, denn meist kamen diese Affären doch heraus und führten zum Gesichtsverlust für beide Seiten und brachten einen in den Ruf des oberflächlichen Schürzenjägers. Ich war auch nicht daran interessiert, mit jemandem liiert zu sein, die zu jung, mit wenigen ernsthaften Interessen und Lebenserfahrung war. Airhostessen hatten meist ein kurzes »Verfallsdatum«, denn sie heirateten bald. Ehen männlicher Kollegen vom Cockpit oder der Kabine waren wegen der oft längeren Abwesenheit und Streit wegen der Kindererziehung oft gefährdet. Einfühlsame und kluge Kollegen nahmen ihre Frauen auf Dienstflügen mit, wenn eine verständnisvolle Großmutter existierte, die sich während der Abwesenheit um die Enkel kümmerte. Mein Bedürfnis nach Zuneigung und Kuscheln wurde glücklicherweise jahrelang von einer attraktiven und anhänglichen Sekretärin eines großen Frankfurter Verlages gestillt, die mich auch mit literarischen Schätzen versorgte. Ihr Ehemann, ein Wissenschaftler, hatte scheinbar vergessen, was für ein Juwel ihn da durchs Leben begleitete. Sie verstand es immer, da zu sein, wenn ich mal wieder zurück in meinem Junggesellen-Domizil war. Sie hatte keine besonderen Ansprüche und war für alle diskreten Aufmerksamkeiten empfänglich. Nun kam meine entzückende japanische Freundin dazwischen, vielleicht zum richtigen Zeitpunkt. Wir flogen oft auf der Strecke Frankfurt von und nach Tokio und Osaka zusammen. Tomoko wurde von meinem Clan und meiner vielgereisten Mutter herzlichst aufgenommen. Meine Affäre mit einer verheirateten Frau hatte ich ja immer diskret behandelt und zumindest vor meiner Verwandtschaft und besonders vor meiner Mutter verborgen gehalten. Bei den zahlreichen »Weibergeschichten« meines Bruders, ganz normal im Filmbusiness, wollte ich meine Mutter nicht unnötig belasten. Auf unseren Flügen zusammen kam es nie heraus, dass wir liiert waren, sie war für mich Takata-san und ich für sie Nebe-san. Wir hielten berufliche Distanz und gaben ihren geschwätzigen japanischen Kolleginnen keinen Grund zum Tuscheln. Die Trennung von meiner treuen deutschen Gefährtin fiel uns beiden sehr, sehr schwer und vollzog sich vernunftbedingt in Anbetracht der Situation ohne dramatische Auftritte und Tränenausbrüche. Um mal länger zusammen zu sein, machten Tomoko und ich Urlaub außerhalb von Saint-Tropez an der Côte d'Azur. Ich zeigte ihr nicht nur die Schönheiten Westdeutschlands, besonders Bayerns, sondern auch die Sehenswürdigkeiten von Berlin und der DDR/Ostdeutschland. Später folgte dann mein Intensiv-Japanischkurs an der Sendagaya Gakko in Tokio. Ich erinnere mich an einen treffenden recht lustigen Ausspruch: »Ein glücklicher Mann hat eine japanische Freundin, einen chinesischen Koch, besitzt ein englisches Landhaus (Manor) und hat ein US-amerikanisches Einkommen!« »Ein unglücklicher Mann ist mit einer Amerikanerin verheiratet, hat einen englischen Koch, besitzt ein japanisches Landhaus und verfügt über ein chinesisches Gehalt.« Diesen Ausspruch versteht nur jemand, der viel gereist ist und sich mit den Verhältnissen auf unserem geplagten Globus gut auskennt.

Ich war nun schon lange auf der Langstrecke und konnte selbst meine Erfahrungen sammeln, was Kriminalität betrifft. Ich war vorgewarnt und hatte mein Papiergeld in einer kleinen Tasche in meinen Stiefeletten oder in meinem Elefanten-Ledergürtel, der innen einen Reißverschluss hatte, untergebracht. Ein paar kleine Münzbeträge hatte ich lose in der Hosen- oder Jackentasche deponiert. Brustbeutel bringen bei Überfällen nichts. Eine Brieftasche in der hinteren Gesäßtasche aufzubewahren ist ein absolutes No Go. In New York gehört es nach Dunkelheit zur Regel von irgendwelchen Gammlern, um Geld für einen Token für die Metropolitan/Subway angebettelt zu werden. Manche halten sich erst gar nicht lange damit auf, sondern lassen gleich ihr Stiletto-Messer aufspringen und fordern alles Bargeld. Wenn man dann alle Taschen geleert hat, bittet man darum, einem selbst etwas Geld für einen Token zu lassen. Unangenehmer sind dagegen die kolumbianischen Kriminellen, die unbewaffnete über das Land Reisende ausplündern und sich nicht scheuen, den Finger abzuschneiden, wenn der goldene Ehering nicht abgeht. In den meisten lateinamerikanischen Staaten ist es nicht ratsam, bei Dunkelheit an Straßenkreuzungen bei roter Ampel zu halten. Man muss fest damit rechnen, überfallen und ausgeplündert zu werden. Abgesehen von diesen unerfreulichen Dingen, die wegen der Armut entstehen, herrscht dort eine Lebensfreude und eine Atmosphäre, die ich in Europa vermisse. Es ist unglaublich, aber wahr: In Kolumbien existieren Schulen, in denen Taschendiebe ausgebildet werden. Die erfolgreichen Schüler werden dann zu großen internationalen Ereignissen wie Messen, Olympiaden, Kongressen und Touristen-Hotspots geschickt, um dort die Taschen der Besucher vom »finanziellen Ballast« zu befreien. Einen Teil ihrer Ernte müssen sie natürlich ihrem Ausbilder in Kolumbien aushändigen.

Venezuela ist ein Land, das mit Bodenschätzen und fruchtbarem Land gesegnet ist. Leider haben alle Regierungen den Fehler begangen, ihre Bemühungen, das Land vorwärtszubringen, auf Einnahmen aus der Förderung von Erdöl und Gas in der Bucht von Maracaibo zu setzen. Der Agrarsektor wurde völlig vernachlässigt. Als die US-Amerikaner Venezuela boykottierten, kam es zu Versorgungsengpässen und Aufständen. Lufthansa-Crews waren beim Layover im Hilton Hotel in La Guaira, dem Hafen von Caracas, untergebracht.

Wir hatten zwei Tage frei und charterten bei gutem Wetter und wenn alle mitmachten die Yacht des Berliners Otto Meier, die im Hafen lag. Der Eigner war aus welchen Gründen auch immer hier hängen geblieben und lebte vom Verdienst durch Vermietung an uns, und vielleicht auch durch Schmuggel? Oft ging es zu den unbewohnten, weit außerhalb im Atlantik liegenden unbewohnten Inseln »Los Roques«. Die Yacht war ein seltener Typ und ganz aus Holz. Bei einem Ausflug kam dann unerwartet ein Sturm auf. Trotz ich nie ein solches Schiff gesteuert hatte, übergab er mir das Steuer und instruierte mich, es war mittlerweile Nacht geworden, direkt zwei Fingerbreit rechts des Nordsterns zu steuern und verzog sich dann seelenruhig mit seiner Flasche Rum unter dem Arm unten in seine Koje. Seiner Anweisung zu folgen fiel mir äußerst schwer, denn die Yacht scherte immer wieder aus und ich musste gegensteuern. Der Mond schwankte auch hin und her. Als die Dämmerung endlich anbrach, entdeckte ich steuerbord, also leicht hinten rechts, die Inseln, die ich glücklicherweise etwas verfehlt hatte. Otto erschien dann ausgeschlafen mit einem Becher heißen Kaffee für mich und klopfte mir wohlwollend auf die Schulter. Der Sturm hatte sich gelegt und die Sonne brach heraus und kündigte einen warmen Tag an. Otto hatte die Yacht nach Steuerbord gewendet und wir ankerten dann nahe des Ufers einer flachen Insel, die von zahllosen Nestern von diversen Seevögeln bedeckt war. Es war erstaunlich, dass die brütenden Vögel völlig furchtlos waren und sich überhaupt nicht stören ließen. Ein seltener Anblick war es, die Kormorane bei ihren Sturzflügen ins Meer zu beobachten. Wir fuhren dann zur Bucht einer Felsinsel, um dort zu baden und zu schnorcheln. Otto ging dann mit einem Netz tauchen, und es gelang ihm tatsächlich, einiger Langusten habhaft zu werden. Von Natur aus ist diese Sorte grau und wandelt ihre Farbe erst auf orangerot, wenn sie in kochendes Wasser geworfen wird. Es war ein mehrstündiger Trip zurück nach La Guaira, bei dem wir uns Zeit ließen, weil wir von drei Delphinen begleitet wurden.

Bei dem dreitägigen Aufenthalt konnte man einen Dschungelausflug buchen. Mit der alten DC 3 Dakota ging es nach Canaima. Dort bestiegen wir ein geräumiges Boot mit Außenbordmotor, mit dem wir einen Ausflug auf einem Nebenfluss des Orinoko machten. Streckenweise wurde der Motor abgestellt und wir ließen uns schweigend treiben, um die exotischen Tiere nicht zu vertreiben. Wurden wir dann doch bemerkt, ging ein

Höllenlärm los. Unser einheimischer Guide zeigte uns dann eine Anakonda, die einen Ast, der ins Wasser hineinhing, als Ruheplatz ausgesucht hatte. Diese größte Schlange Lateinamerikas geht im Wasser auf Beutejagd und ist ein guter Schwimmer und kann bis zu unglaublichen sechs Metern lang werden. Menschen attackiert sie nur, wenn sie angegriffen wird. Alligatoren findet man nur in den südamerikanischen Tropen. Von den Krokodilen unterscheiden sie sich durch ihr spitzes Maul. Was mich aber noch interessierte, war die Pflanzen- und Kleintierwelt. Ich hatte immer eine Lupe dabei, um diese zu bewundern. In Venezuela gibt es immer noch Prospektoren, die sich mit Goldschürfen und Edelsteinsuche ihren Lebensunterhalt verdienen.

1989 entschloss ich mich, meine Portugiesischkenntnisse in einem 6-Wochen-Gruppenkurs im Oktober und November aufzufrischen. Ich meldete mich dann bei der CIAL in Lissabon an. Die Schule vermittelte mir auch eine Logis bei einer portugiesischen Witwe. In dem weiteren Zimmer logierte bereits ein älterer Engländer. Wie es der Zufall wollte, waren wir gemeinsam in der gleichen Schulklasse. Er erzählte mir, dass er es sich immer gewünscht hätte, richtig Portugiesisch zu lernen, beruflich habe sich jedoch nie eine Gelegenheit dazu geboten. Er sei jetzt pensioniert und Witwer und habe jetzt viel Zeit dafür. Als er von meinem Gastspiel in Mozambique und von meinen Erfahrungen in Hongkong hörte, blühte er förmlich auf. Nach dem Zweiten Weltkrieg war er in den Polizeidienst eingetreten und hatte sich zum Polizeiausbilder in den in die Unabhängigkeit entlassenen ehemals englischen Kolonien qualifiziert. In Nigeria, Ghana, Sierra Leone und Gambia hatte er den Polizeidienst aufgebaut und den jeweils örtlichen Verhältnissen angepasst. Als letzten Einsatz ein paar Jahre vor seiner Pensionierung war ihm die Aufgabe erteilt worden, als Chief Commissioner of Hong Kong Police/Polizeichef für Beendigung der Unruhen von subversiv agierenden eingeschleusten Kommunisten zu sorgen. Die von Mao Tse-tung initiierte Kulturrevolution stellte zu dem Zeitpunkt ganz China auf den Kopf und drohte, auch durch rotchinesische Agitatoren angeheizt, auf die Kronkolonie überzugreifen. Edward Eates gelang es, mit seinem treuen chinesischen Polizeikorps der Unruhestifter habhaft zu werden und diese nach Rotchina auszuweisen. Für seine Aktion, die keine Verletzten oder Todesopfer forderte, war »Ted« zum Star der friedliebenden Hongkonger Bevölkerung, besonders der Studenten, aufgerückt.

Ted hatte seinen Wagen aus England mitgebracht und machte am Wochenende gern Touren zu Sehenswürdigkeiten in der Provinz oder ans Meer. Ich wurde dann von ihm eingeladen, ihn zu begleiten. Abends half uns das TV, unsere Sprachkenntnisse abzurunden. Am 4. November, als wir wieder einmal zusammen mit unserer Senhora vor dem altmodischen TV-Set auf die Nachrichten warteten, tauchten plötzlich Bilder von der Mauer und dem Brandenburger Tor mit Massen von Menschen auf, mit der Information, die Berliner Mauer wäre gefallen. Die »Mauerspechte« waren bereits schon damit beschäftigt, den »Stein des Anstoßes« mit Meißel und Hammer zu zerlegen. Unglaublich, aber wahr! Die Bilder dieser einzigartigen friedlichen Revolution gingen schlagartig um die ganze Welt. Ich schämte mich nicht meiner Tränen und umarmte Ted. Zur Feier dieses Wunders spendierte die Senhora eine Flasche Portwein. Als der Kurs dann endete und sich unsere Wege trennten, gab Ted mir seine Visitenkarte und bat mich dann, ihn unbedingt einmal in Exeter/Devonshire zu besuchen.

Ich kannte nur die Küste mit Cornwall und Plymouth, die alte Hafenstadt, wo es auch eine große Basis der Royal Navy gab. Wir begaben uns dann auf den Spuren der Kelten, Römer und Normannen auch ins Innere des Landes. Im Dartmoor Prison bei Princetown waren viele Serienkiller und prominente politische Gefangene untergebracht. Einer der Erfinder der Zahnbürste stammt auch aus diesem berühmten Knast, der schon bei vielen

Ausbruchsfilmen als Kulisse mitgewirkt hat. Weiter im Norden nahe dem Bristol Channel verläuft eine private, landschaftlich sehr schön gelegene Eisenbahnstrecke, auf der ein sehr gepflegter altmodischer Zug verkehrt, der von einer Lokomotive »The Duke of Gloucester« gezogen wird. Diese von pensionierten Eisenbahn-Angestellten und Enthusiasten betriebene Strecke mit Bahnhöfen, Lok-Rangier-Schuppen, Werkstätten und Personal in zeitgenössischen Uniformen wirkt so echt, dass auch sie in vielen TV-Serien im Inland auftrat. Nicht weit entfernt von Stroud besaß die bekannte englische Autorin Princess Michael of Kent ein schönes Anwesen. Exeter war bereits schon zu römischer Zeit einer der bedeutendsten Ausfuhrhäfen für Wolle nach Gallien und Rom gewesen. Die Industrie- und Handelskammer mit ihrem prachtvollen Interieur zeugte von dem einst so blühenden Handel Exeters.

Ich war sehr gerne mit Ted zusammen und aus einem Besuch wurden viele. Ted war wie der ideale Vater für mich, den ich so als Halbwaise mein ganzes Leben vermisst hatte. Endlich gelang es mir, ihn zu einem Besuch bei uns zu überreden. Er war dann jedoch froh, als ich während seines Besuches den Platz am Steuer seines rechts gesteuerten Wagens übernahm und als Chauffeur fungierte. Von meiner Villa aus machten wir jedoch Ausflüge mit meinem linksgesteuerten Rover P6 3500 V8 entlang des malerischen Mosel- und Rheintales, nach Heidelberg und von da zum Technischen Museum in Sinsheim. In Frankfurt zeigte ich ihm natürlich den Römer mit seinen mittelalterlichen Fachwerkhäusern, die übrigens von fähigen polnischen Handwerkern nach alten Plänen rekonstruiert wurden. Anschließend statteten wir dem Städelschen Kunstmuseum einen Besuch ab. Ihn interessierte es natürlich auch, die beiden Bronzeskulpturen, den Bullen und Bären, vor der Frankfurter Devisen- und Wertpapierbörse zu bewundern, um anschließend mit Genehmigung dem hektischen Treiben im Börsensaal von der Zuschauer-Tribüne aus zuzuschauen. Im nahen Bad Homburg waren wir dann bei meiner Tante zum Dinner eingeladen. Bad Homburg war ihm durchaus ein Begriff, denn der deutsche Kronprinz hatte sich das ehemalig landgräfliche Schloss als Sommerresidenz erkoren und lud häufig seinen Cousin, den englischen Kronprinzen, den späteren König Edward VII., dorthin ein, der es dann vollbrachte, dass im Kurpark der erste 9-Loch-Golfplatz in Deutschland eingerichtet wurde. Ted war noch nie vorher in Deutschland gewesen und war gespannt darauf, Berlin und Ostdeutschland kennenzulernen. Um die Bildungsreise abzurunden, hängte ich noch eine Visite im polnischen Schlesien im früheren »German Far East« an. Dort besuchten wir natürlich auch alle Stätten der Vergangenheit, besonders diejenigen, die einen Bezug zu meiner Familie und Verwandten hatten. Besonders schockierte ihn der Besuch des Schlosses meines Großvaters bei Oleśnica/Oels, welches nur noch als unrestaurierbare Ruine existierte. Das Schloss war nicht etwa durch kriegerisches Geschehen zerstört worden, sondern wegen Vernachlässigung und Vandalismus. Es hatten auch die richtigen Persönlichkeiten, die dort einzogen und die Verantwortung übernahmen, gefehlt. Chris Vale, mein neuseeländischer Freund, hatte dann den Mut und das Kapital aufgebracht, das heruntergekommene Schloss des Fürsten Blücher bei Wroclaw/Breslau zu erwerben, und hatte es in über einem Jahrzehnt restauriert und nutzbar gemacht. Wir nahmen dann die südliche Strecke durch Tschechien zurück nach Deutschland und logierten unterwegs in Karlovy Vary/Karlsbad im Westen des Landes, dem früheren Böhmen. Ich wusste ja, dass Vorfahren väterlicherseits von dort stammten. Als Anhänger des Religionsstreiters Johann Hus, der wie sein Nachfolger Martin Luther seine Lehren nicht widerrufen wollte und deshalb verbrannt wurde, gerieten sie in Konflikt mit Kaiser und Kirche. Sie verließen wegen ihrer Verfolgung Böhmen und siedelten sich im toleranten Kurfürstentum Brandenburg an. Von Karlsbad fuhren wir dann über die Grenze und an Würzburg vorbei nach Hause bei Weilburg/Hessen.

Nach einer Ruhepause von etlichen Tagen fuhr ich Ted dann nach Hamburg, von wo aus er die Autofähre nach Harwich/England gebucht hatte. Ted bekam dann einen Herzschrittmacher und traute sich leider nicht mehr, größere Reisen zu unternehmen. Ich besuchte ihn dann noch ein paar Mal, zuletzt im Krankenhaus. Ein paar Tage später erreichte mich seine Todesanzeige und der Nachruf aus der »Times«, den meine Cousine in London für mich ausgeschnitten hatte.

Eine private Reise, die ich besonders genoss, war nach Marokko. Von Casablanca aus, wo die angeblich größte Moschee der Welt steht, ging es mit einer kleinen Gruppe zuerst zu römischen Ausgrabungen bei Meknès mit herrlichen Mosaiken. Marokkanische Handwerker beherrschen noch heute die Kunst der Herstellung und versorgen anspruchsvolle Ausländer mit diesen zur Ausstattung ihrer Villen in aller Welt. In Fès besichtigten wir einen Königspalast und in Rabat, der Hauptstadt, die Befestigungsanlagen am Meer, den Königspalast und den Bazar. Dann verließen wir die fruchtbare Ebene und erklommen den verregneten und kalten Hohen Atlas mit seinen Zedern-Wäldern. In Ouarzazate logierten wir nahe des Sees und fuhren dann durch ein endloses Tal mit Dattelplantagen. Nicht weit von Tazenakit entfernt logierten wir in einem Camp an der Wüste, um die Atmosphäre der Sahara mit ihren Sanddünen in uns aufzunehmen. Durch die Steinwüste ging es dann wieder hinauf in das südliche Atlasgebirge. Auf der Ebene bewunderten wir dann die immer noch existierenden Kulissen von Monumentalfilmen wie »Ben Hur« und »The Ten Commandments«. Unterwegs begegneten uns immer wieder deutsche Motorradfahrer, die wie wir eine Rundreise machten. In Agadir erreichten wir wieder das Meer und genossen es, mal ein Bad im Atlantik zu nehmen. In Essaouira (Mogador) übernachteten wir wieder einmal in einem »Riad« = altmodisches arabisches Wohnhaus mit Innenhof und Dachterrasse. Die Stadt zeichnet sich durch Befestigungen aus portugiesischer Zeit aus und ist das Fischereizentrum Marokkos. Im Altertum und Mittelalter wurde sie durch die Zucht von Meeresschnecken bekannt, die für die Herstellung der teuren Purpur-Textilfarbe benötigt wurden. Marrakesch ist in meinen Augen die lebhafteste Stadt Marokkos. Der Bazar ist so ausgedehnt, dass man leicht wie in einem Labyrinth die

Orientierung verliert. Wie in Indien unterhalten Schlangenbe-
schwörer das Publikum. In Marrakesch fühlt man sich wie in
einer Geschichte aus »Tausendundeine Nacht«.

***

DER PROPHET

ESTHÉTIQUE – PROPORTIA DIVINA ... S. 53-55

Ein junger Kaufmann zog mit
Karawanen durch das arabische Land
und hatte auf seinen ausgedehnten Reisen bald erkannt,
wie zerstritten waren die Stämme und Familienclans,
denn eine einigende Ideologie fehlte ganz.
Eines Tages nahm er Abschied von Khadija,
seiner vermögenden Frau,
um als Eremit in der Wüste zu leben von Honig und Tau.

In einer Felsenhöhle beim Meditieren kam ihm die
göttliche Erleuchtung, es war sechshundertzehn,
es war die Geburtsstunde des Islams, so kann man es sehn.
Zurückgekehrt nach Mekka begann er mit
seinen religiösen Aktivitäten,
später folgten öffentliche Auftritte in
Medina und anderen arabischen Städten.
Erheblicher Widerstand kam von der feudalen Oberschicht,
Muhammads Gleichheitsanspruch aller
Muslime schmeckte ihr nicht.
Der »Botschafter Allahs« entschied sich 622 zur Emigration,
in Medina hatten seine Anhänger lange gerechnet
mit seinem Kommen schon.
Mit der Opposition kam es wiederholt zu
kriegerischer Auseinandersetzung,
nach jahrelangem Blutvergießen endete es
mit Mekkas Besetzung.
So nach und nach erlosch aller Widerstand,
und Muhammad wurde als Prophet und Führer
akzeptiert im ganzen Land.
Nach dem Ableben von Khadija versüßten ihm
noch zwölf weitere Frauen das Leben,
Allah hatte ihm 62 Jahre gegeben.
Er verschied in Medina als mächtiger Mann,
er einigte Arabien, dieses man nicht verleugnen kann.
Muhammad war zwar ein Analphabet,
nach seinen Instruktionen jedoch der Koran entsteht.

Die Offenbarungen des Propheten wurden von
Schreibkundigen festgehalten,
und es gelang ihnen, diese meisterlich zu gestalten.
Mit dem Satz: »Im Namen Allahs, des Erbarmers,
des Barmherzigen …« jede Sure beginnt,
danach man weiter den Faden spinnt.
Unter anderem regeln sie Sex, Ehe, Scheidung und Erbe,
das tägliche Verhalten der Gläubigen und ihr Gewerbe.
Viele jüdische und christliche Elemente sind in ihnen enthalten,
die Zehn Gebote auch für die Muslime galten.
Die biblischen Propheten werden voll akzeptiert,
man fragt sich, warum so viel Feindschaft existiert.
Würde Muhammad auferstehen und in
unserer modernen Welt erscheinen,
ich bin sicher, er würde über seine
ignoranten Glaubensbrüder weinen.
Befehlen würde er eine Revision des
Korans angepasst an unsere Zeit,
das würde der Welt ersparen viel Kummer und Leid.
Ähnlich würde es gewiss Christus ergehen,
denn die Menschen sind blind und können nicht sehen.

***

Ein unangenehmes Erlebnis hatte ich zusammen mit meiner
Frau in Rio de Janeiro. Statt am Swimmingpool des Hotels
zu bleiben, entschieden wir uns, im nahe gelegenen Meer zu

schwimmen. Ich hatte nur meine Kamera, Badetücher, Tabak und ein Pfeifenset in einem Lederetui, eine Wasserflasche sowie eine Lektüre und den Hotelschlüssel im Rucksack. Vorsichtshalber hatte ich die Kamera in eine Plastiktüte eingewickelt und unter meinem Liegetuch im Sand versteckt. Wir amüsierten uns in den Wellen, behielten jedoch unsere Sachen immer im Auge. Plötzlich näherte sich jemand Gymnastikübungen vortäuschend unserem Liegeplatz, griff nach dem Rucksack und rannte davon. Ich verließ darauf das Wasser und rannte hinterher, wurde jedoch überall behindert, indem man mir ein Bein stellte oder den Weg blockierte. Sie steckten sichtlich alle unter einer Decke. Der Dieb entledigte sich schließlich unseres Rucksacks. Ich gab dann atemlos die Verfolgung auf. Meine Pfeifen-Utensilien von Dunhill und der Hotelschlüssel mit Anhänger fehlten. Wir entschlossen uns, sofort zum Hotel zurückzukehren, um den Verlust des Zimmerschlüssels zu melden. Auf dem Weg zur Schnellstraße beobachteten wir zufällig einen anderen Gauner, der sich am Strand bückte, unter einem Handtuch eine schwarze Ledertasche hervorzog und in unserer Richtung zur Schnellstraße lief. Zufällig kam uns eine Zivilstreife der Polizei entgegen, die wir anhielten und um die Verfolgung des Diebes baten. Sie fuhren über den Mittelstreifen auf die andere Seite und es gelang ihnen tatsächlich, des Diebes habhaft zu werden. Der wurde zuerst einmal an den Zaun gestellt und auf Waffen untersucht. Der Gauner hatte Pech gehabt, denn in der Ledertasche befanden sich kein Geld, sondern nur einige Ausweispapiere und ein Schlüsselbund, an dem sich auch ein Schlüssel mit dem Mercedes-Symbol befand. Wir fuhren dann alle zur Polizeizentrale, um beide Fälle zu Protokoll nehmen zu lassen. Man führte uns durch lange Gänge, in denen Delinquenten mit Handschellen gefesselt auf dem Boden saßen. Der Chef in weißem Tropenanzug empfing uns in seinem Büro und gratulierte uns zu unserem Fang. Er erklärte uns, dass es oben am Berghang eine große »Favela« = Notunterkunft-Siedlung gäbe, die eine Brutstätte für Kriminalität sei. Diebstähle wie unsere beiden Fälle wären an der Tagesordnung. Er rief dann im Hotel an, erklärte kurz die Situation und bat darum, sofort das Türschloss zu unserem Zimmer auswechseln zu lassen. Die Zivilstreife brachte uns zum Hotel zurück, wo man das Zimmerschloss schon gewechselt hatte. Die Villen der Vermögenden in Brasilien werden wie Festungen bewacht und der Handel mit Stacheldraht und Überwachungsgerät ist ein lukratives Geschäft. Die Chauffeure gut betuchter Brasilianer sind alle bewaffnet und der Job als Bodyguard hat Hochkonjunktur.

Neugierig geworden, habe ich dann einmal eine Favella besucht. Elektrizität gab es nur für die, welche es sich leisten konnten. Wasser gab es gratis an öffentlichen Zapfstellen. Gießkannen dienten als Duschen. Gekocht wurde auf Gas von Gasflaschen. Die Dächer der Buden waren meist aus verzinktem Wellblech oder aus Latten, die mit Teerpappe bedeckt waren. Gegen Sturm waren sie mit Steinen beschwert. Die Wände der Buden waren aus Holzpaletten, Latten, Sperrholz, Kunststoffbahnen, auseinandergeschnittenen und flachgeklopften

Öltonnen. Wer es sich leisten konnte, mauerte sich auch solide Wände. Die Steine besorgte man sich von Abrisshäusern. Aus Hygienegründen stellte die Regierung oft Gemeinschaftstoiletten. Wenn nicht, dann wurden die privaten WCs regelmäßig gereinigt. Wegen des warmen Klimas war Heizung kein Problem. Fast alle hatten TV/Radio. Wenn nicht, dann schaute man beim Nachbarn oder in der Kneipe. In den Favelas gab es billige Läden für den elementaren Bedarf, den Händler, der sich um die Gasflaschen kümmerte, eine Reparaturwerkstätte für Fahrräder und Motorräder und jemanden, der eine Nähmaschine besaß und Ausbesserungen vornehmen konnte. Da in Rio und São Paulo die Mietpreise astronomisch waren, hatten besonders Besitzer kleiner Läden, die nicht in ihrem Geschäft übernachten konnten, sich ein kleines Häuschen in der Favella geleistet, wo Grund und Boden frei waren. Die Einwohner achteten darauf, dass keine chaotischen Zustände ausbrachen und dass niemand verhungerte.

Wie in Rio de Janeiro hatten die Lufthansa-Crews überall ihre bevorzugten Restaurants, wo wir als Stammgäste besonders zuvorkommend bedient wurden. In Rio war es ein an der Copacabana gelegenes Etablissement, welches ausgezeichnetes »Churrasco« = über Holzkohle am Spieß gegrilltes Lendenfleisch anbot, ein bei den »Gauchos« = Viehhirten beliebtes Gericht. Das Fleisch von den auf Pampas freilaufenden Rindern ist von der Qualität her nicht mit unseren langweiligen Produkten aus der Massentierhaltung zu vergleichen.

Mein Patenonkel und Bruder meiner Mutter C.C. Graf Kospoth war als Agrarspezialist im Auslandseinsatz der Entwicklungshilfe GIZ = Gesellschaft für Internationale Zusammenarbeit tätig. Einer dieser Einsätze verpflichtete ihn zu einem mehrjährigen Aufenthalt in der brasilianischen Provinz Rio Grande do Sul. Der Grund war die Bekämpfung der Rinderseuche die verursachte, dass die Kühe entweder keinen oder nur noch toten Nachwuchs zur Welt brachten. Das brasilianische Agrarministerium war ratlos und hatte die deutsche Regierung in Bonn um Hilfe gebeten. Der Export von Rindfleisch in Form von konserviertem Corned Beef war ein wichtiger Wirtschaftsfaktor und hatte zusammen mit Tabak und und Rohcafé wesentlich zum Aufschwung der Provinzhaupt- und Hafenstadt Porto Alegre beigetragen. Die Rinderpest war meinem Onkel bekannt und hatte schon beträchtlichen Schaden in Europa insbesondere in Großbritannien angerichtet. Sie hieß *Brucellosis* und wurde mittlerweile mit neuen Medikamenten wirksam bekämpft. Ich hatte mir vorgenommen meinen Patenonkel in der brasilianischen Pampa mal zu besuchen. Zuerst flog ich mit der VARIG nach Sao Paulo und dann weiter nach Porto Alegre, wo mich mein Patenonkel schon erwartete. Er zeigte mir dann erst einmal die Sehenswürdigkeiten der Metropole bevor wir uns mit seinem Pick-up auf die lange Fahrt durch die Pampa Richtung Westen begaben und bis wir endlich seine Station erreichten, die an einer einsamen Mennoniten Siedlung lag. Die Mennoniten waren eine orthodoxe protestantische freikirchliche Religionsgruppe, die einen ähnlichen Lebensstil haben wie die Amish und Mormonen. Sie lehnen alles moderne wie TV, Telefon, Internet und Maschinen ab und legen großen Wert auf ein gottesfürchtiges Familienleben. Ihre schlichten Holzwohnhäuser waren auf Räder montiert und konnten so leicht an neue Standorte transferiert werden. Hier in der Pampa lebten sie von der Viehzucht und unterstützten meinen Onkel bei seiner Tätigkeit. Wegen Verfolgung und Diskriminierung in Deutschland und im restlichen Europa im 18. Jahrhundert wanderten viele der Mennoniten besonders nach Russland und Brasilien aus, wo sie als tüchtige Landwirte mit offenen Armen aufgenommen wurden. In Europa wurde die »Brucellosis« bereits schon erfolgreich mit Doxyclinie und Streptomycin durch Injektion behandelt. Sofort anschließend musste tiefgekühlter Bullen-Samen mit Hilfe von Arm langen Gummihandschuhen durch die Geschlechtsorgane der Kühe bis zur Gebärmutter eingeführt werden, so wurde gesunder Nachwuchs gewährleistet. Regelmäßig wurde als Nachschub frischer gekühlter Bullensamen aus Deutschland nach Porto Alegre eingeflogen und am Flughafen zur sofortigen Verarbeitung auf der Station abgeholt. Ich durfte ihn bei der ganzen Prozedur asistieren . Es gelang der GIZ die Rinderpest in Südbrasilien total auszurotten. Das Leben in der Pampa war recht frugal. Denn die nächste Ortschaft lag weit entfernt. Mein Onkel hatte das riesige Glück gehabt, eine tüchtige Frau zu finden, die bereit gewesen war, das ständige Leben in primitiver Umgebung im Ausland mitzumachen. Sie war auch praktisch veranlagt und konnte mit Spaten, Säge, Hammer und Nagel umgehen. Tante »Jutta« war ein Schatz! Beiden hatte ich eine riesige

Freude damit gemacht einen extra Koffer voller Weltliteratur und neuerer Bestseller mitzubringen, denn der nächste brauchbare Bücherladen war weit entfernt. Beide hatten inzwischen den ersehnten Nachwuchs bekommen. Carl-August war quietschfidel und versuchte dem Familienpapagei ständig blödsinnige Worte wie: *Dummkopf und Quatschkopf* beizubringen. Da war auch noch ein kleiner Dackel, der ständig beim Buddeln und auf Mäusejagd war. Am Wochenende fuhren wir dann alle gemeinsam mit dem Pick-up an den Atlantik, wo an einer felsigen Bucht mit einem hübschen Sandstrand eine Überraschung auf mich wartete. Diese hatte mein Onkel mal bei einem abenteuerlichen Streifzug entdeckt. Beim Schnorcheln war er auf die Wrackteile eines Segelschoners gestoßen. Nach den auf dem Meeresboden verstreuten Resten musste es sich bei der Ladung um hauptsächlich chinesisches Porzellan gehandelt haben. Da tauchten wir nach passenden Bruchstücken von Tellern. Schalen, Schüsseln, Vasen und dekorativen Blumentöpfen bis wir eine halbe Wagenladung im Pick-up beisammen hatten. Hinzu kamen dann noch große nach Perlmutt schimmernde Muschelschalen und die dekorativen Gehäuse von Seeschnecken. Des großen Profits wegen hatte der Schoner den gefährlichen Weg um das Cap Horn oder die Magellan Route bei Feuerland gewagt, um dann doch noch kurz vor seinem Ziel, der prosperierenden Hafenstadt Porto Alegre, in einem Orkan zu scheitern. Ich hatte noch viel vor und verabschiedete mich von meinen gastfreundlichen Verwandten. Meinem Patenonkel wurden dann noch neue Aufgaben der GIZ in Ghana, Ethiopien und Saudi Arabien zugewiesen. Mein nächstes Ziel war dann Paraguay. Mich faszinierte dort die Stadt Encarnacion und der Ort La Santissima Trinidad beide am großem Parana Fluss gelegen, um mich mit ihren architektonischen Überresten der ältesten Jesuiten Kultur in Südamerika zu überraschen. Der äußerst erfolgreiche Jesuitenstaat wurde dann auf Druck der Großgrundbesitzer vom Papst verboten. Dorthin kam ich aus miserablen und staubigen Straßen mit einem ramponierten Ford Bus der schon bessere Zeiten gesehen hatte aber spottbillig war. Der Fußboden war durchgerostet und mit Sperrholzplatten abgedeckt. Er diente hauptsächlich Bauern, die ihre Tiere für die diversen angefahrenen Kleinmärkte dabei hatten. Das waren Frischlinge, Ziegen, Perlhühner, Schafe, Pfaue und Tauben in Käfigen. Mein Sitznachbar vertraute mir einen jungen Hütehund an, auf den ich aufpassen sollte. Ich fühlte mich wie in einer rollenden Arche Noah. Während der »Pinkelpausen« auf offner Pampa ging die ganze Aktion mangels von Büschen recht ungeniert vor sich. In Paraguay besuchte ich dann noch einen beeindruckenden Wasserfall in tropischer Umgebung, die *Saltos del Monday* mit dem *Hals des Satans* und anschließend die berühmten Katarakte des *Iguazú* die auf argentinischer Seite liegen. Die alte Kolonialhauptstadt Asunción ließ ich mir natürlich nicht entgehen. Das imposanteste und sicherlich schönste im neoklassischen Stil erbaute Regierungsgebäude in Lateinamerika ist dort der *Palacio de López* der Sitz des Staatspräsidenten. Zur Zeit meines Besuches war das der deutschstämmige General und Diktator Alfredo Strössner, der 1954 durch einen Militärputsch an die Macht gekommen war und Paraguay 35

Jahre lang unangefochten regierte. Als »dienstältester« Diktator pflegte er gute Beziehungen zu den anderen in Latein- und Mittelamerika herrschenden Despoten und gab dem Somoza Clan aus Nicaragua Asyl, als dieser im dortigen Bürgerkrieg vor den Sandinisten fliehen musste. Als vehementer Antikommunist, der die Linken Gegner gnadenlos verfolgte, war er in der gesamten westlichen Welt und besonders in Deutschland hoch angesehen und wurde von uns wirtschaftlich großzügig unterstützt. Über 40-Tausend Deutsche waren unmittelbar nach Ende des Zeiten Weltkrieges nach Paraguay geflüchtet, der größte Teil von denen waren Ex-Nazis die sich damit der Strafverfolgung durch den *Nürnberger Prozess* und die späteren Gerichte entzogen. Ähnlich wie Juan Peron in Argentinien hielt er seine Hand schützend über diese Asylanten und integrierte sie in die Wirtschaft. Nach diesem bemerkenswerten Aufenthalt ging es wieder in einem Rostlauben-Bus durch die Pampa Richtung Montevideo/Uruguay. Dort besuchte ich natürlich die koloniale Altstadt mit ihren prachtvollen spanischen Gebäuden und Parks. Uruguay hatte als neutraler Staat während des letzten Weltkrieges durch Lieferung von besonders Corned Beef für die alliierten Truppen in Europa, Südostasien und im Pazifik einen enormen ökonomischen Aufschwung erlitten, was zu übermäßigen Staatsausgaben führte. Nach dem Krieg normalisierte sich die Lage wieder und man blieb auf den Staatsschulden sitzen, da es kaum etwas gab ‚um das auszugleichen. Man behalf sich mit dem alten Trick indem man hohe Zölle auf fast alle Importgüter erhob was besonders die Autofahrer belastete bis zu 90% Einfuhr-Zoll waren nicht ungewöhnlich. Die Bevölkerung reagierte wie in Fidel Castros Kuba darauf mit besonderer Pflege und Restauration ihrer Automobile. Uruguay wurde zum Paradies von besonders US amerikanischen und britischen Klassikern. Als Land der Gauchos belebte sich Montevideo am Wochenende, da kamen die »Cowboys« des Südens nach ihren einsamen Leben in der Pampa, um das lustige Treiben der Metropole zu genießen. Überall standen sie dann sich unterhaltend herum, um aus besonders verzierten silbernen runden Gefäß mit einem dekorativen Saugrohr ihren geliebten Matetee zu trinken, der mehrfach aufgebrüht werden darf. Sein leicht bitterer Geschmack macht ihn zu einem vorzüglichen Durstlöscher, der zur nationalen Trinkkultur der Gauchos gehört. Die Matepflanze ist ein populäres Heilkraut, welches hauptsächlich in Uruguay angebaut wird. Eine wunderbare Promenade zieht sich beginnend am Hafen weiter zum *Faro de Punta Carretas* und vom Leuchtturm aus an schönen Badestränden hin. Der Rio de la Plata ist hier an seiner Mündung in den Atlantik extrem breit. Schräg gegenüber jedoch ca. 170 km weit im Osten liegt Buenos Aires. Regelmäßiger Schiffsverkehr verbindet die Metropolen miteinander. Bei der langen Überfahrt musste ich an das deutsche *Panzerschiff Graf Spee* denken, welches auf Kaperfahrt Anfang des Zweiten Weltkrieges von britisch-neuseeländischen Kreuzern nach einer Seeschlacht im Rio de la Plata eingeschlossen wurde. Zuerst zog es sich in den Hafen Montevideo des neutralen Landes Uruguay zurück, wo es sich laut Internationalem Seerecht nur so lange aufhalten durfte, bis seine Seetüchtigkeit wieder hergestellt war. Hinter den Kulissen begann nun der diplomatische Schattenkampf. Den britischen Diplomaten gelang es die Regierung in Montevideo so unter Druck zu setzen, dass diese nachgab und der *Graf Spee* nur 72 Stunden Liegezeit im Hafen gewährte, in der das Schlachtschiff unmöglich wieder repariert werden konnte. Kapitän Langsdorff wurde außerdem über das Aufgebot der britischen Flotte die vor der Mündung des Rio de la Plata lauerte getäuscht und sah nicht die geringste Chance sein Schlachtschiff zu retten. Anstatt der Anweisung aus Berlin einen wegen der scheinbaren Übermacht der Royal Navy sinnlosen Angriff zu wagen, entschied sich Kapitän Langsdorff dazu seine über 1150 Matrosen und Offiziere zu retten. Am Ende der Frist lief er aus und sprengte die *Graf Spee* in die Luft damit sie nicht Kriegsbeute der Engländer wurde. Der Besatzung wurde in Buenos Aires Asyl gewährt. Da der Kapitän wusste, dass ihm wegen Befehlsverweigerung die Todesstrafe erwartete nahm er sich in seinem Hotel in Buenos Aires das Leben. In diesem Zusammenhang muss ich mich an den deutschen Wiederstand erinnern, wo wertvolle couragierte Menschen sinnlos ums Leben kamen. Auch in meinem Familienclan habe ich vier Widerstandsteilnehmer zu beklagen die im Berlin gehängt wurden.

Freunde meiner Mutter besaßen in der Provincia de Buenos Aires westlich der Küstenstadt Mar del Plata bei Benito Juárez einen riesigen Landbesitz, wo sie in der endlosen Pampa Rinder züchteten wie alle ihre benachbarten Rancheros. Ich hatte ihnen telefonisch mitgeteilt, dass sie mich nicht in Buenos Aires abholen brauchten, denn ich würde mit dem Nachtexpress-Bus der

Condor Gesellschaft, die wie die Greyhound Company in den USA über ein dichtes Liniennetz verfügte, kommen. Die bequemen Sitze waren wie im Flugzeug verstellbar und mit Decken und Kissen ausgestattet und die Gardinen der Fenster konnten bei Bedarf zugezogen werden. Es gab geräumige WS's mit Waschbecken und Spiegel, wo man sich rasieren und erfrischen konnte. Ausgeschlafen kam ich dann pünktlich in Benito Juárez an, wo ich von dem Gastgeber in seinem Range Rover erwartet wurde. Nachdem wir bei einem Café die ersten Neuigkeiten aus der Heimat ausgetauscht hatten erledigte Herr v. S. noch ein paar Einkäufe und leerte sein Postfach. Nachdem er getankt hatte fuhren wir dann über 1 Stunde bis wir über eine verstaubte Piste die Hazienda erreichten. Dort wurden wir nicht nur von der Gastgeberin sondern auch von zwei prachtvollen Hunden serbischer Rasse freudig begrüßt. Nur selten wurde Besuch aus dem Ausland erwartet. Die einzigen neuesten Nachrichten erhielt der Hausherr bei Lektüre der aktuellen Zeitung und bei Gesprächen in seinem *Rancheros Club* in Buenos Aires , wohin er wenigstens einmal in der Woche flog, um geschäftliche Dinge zu erledigen. Er besaß eine *4-sitzige Cessna 72* eine einmotorige Propellermaschine, mit welcher er die Metropole, und die Provinzstädte Mar del Plata und Bahía Blanca am Atlantik schnell und mühelos erreichen konnte. Er und viele der Nachbarn besaßen eine Landepiste, die mit einem rot/weißen Windsack ausgestattet war. Die Entfernungen waren groß und man konnte sich diesen Luxus leisten. Herr v. S. stellte mir dann einen gutmütigem Rappen für Ausritte zur Verfügung, warnte mich jedoch vor Löchern, die Zeugnisse vom Pampa Füchsen, Viscaches/Nagetiere der Chinchilla Gattung und Meerschweinchen zu achten die überall ihre unterirdischen Baue hatten. Gelegentlich kreuzte auch einmal ein Armadillo/Gürteltier oder Guanakos/wilde Lamas den Reitweg. Südlich in Patagonien und der Provinz Rio Negro hatte einmal eine Großtante von mir gelebt. Ihr Mann hatte in den 20er Jahren als General-Importeur von Stacheldraht ein Vermögen gemacht, denn den benötigten alle Großgrundbesitzer und Rinderzüchter. Als er starb kehrte sie in ihre Heimat zurück und lebte dann von Dienstboten umgeben im Schloss Stein in Niederschlesien. Immer wenn ihr etwas nicht passte und sie sich ärgerte rief sie erbost: » …… ich will zurück nach Patagonien!«

Herr Baron von S. und ich saßen dann oft abends mit Cognac und Brasil Zigarillo am Kamin und besprachen die politische Lage in dem immer unruhigen Argentinien. Nach seiner dritten Amtszeit war der Präsident und General Juan Peron verstorben und seine dritte Frau Isabel Peron Martinez hatte sein Erbe angetreten, musste aber nach zwei Jahren einer rechts gerichteten Militärjunta weichen. Die Wirtschaft war auf Talfahrt und die Inflation griff um sich. Die Hauptbetroffenen waren die Arbeiter und Angestellten. Skrupellose Reiche investierten ihr Vermögen im Ausland. Ein so immens reiches Land wo für alle Platz war, aber es funktionierte in ganz Lateinamerika nicht. Zivilisierte Zustände wie zum Beispiel in der Schweiz waren dort undenkbar. Mein Gastgeber lud mich dann zu einem Cessna Trip nach Mar del Plata ein, wo wunderschöne Strände die Stadt einrahmten und in einem riesigen Yachthafen auch ältere Fischkutter lagen. An der Playa Punta Iglesia tummeln sich Touristen aus der Hauptstadt, denn Mar del Plata ist das Seebad Argentiniens. Nach diesem Trip flog mich mein Gastgeber zum Flughafen von Buenos Aires wo ich die Lufthansa DC10 nach Frankfurt über Sao Paulo und Dakar/Senegal erwischte. Für seinen Sohn, der in München Veterinär-Medizin studierte gab er mir noch ein Päckchen mit Dokumenten mit.

In Bangkok waren wir ein paar Jahre lang im Hyatt Central Plaza Hotel weit außerhalb der Stadt nahe dem neuen Flugplatz untergebracht. So waren wir nicht den endlosen Staus, besonders in der Monsunzeit, wenn die Straßen überflutet waren, ausgesetzt. Was die thailändische Küche betrifft, gab es direkt neben dem Hotel ein riesiges Einkaufszentrum. In der obersten Etage hatten sich zahllose Stände niedergelassen, bei denen sich jeder auf eine thailändische Spezialität beschränkte. Die jeweils kleinen Portionen der kulinarischen Köstlichkeiten waren äußerst preisgünstig und man konnte die ganze landesübliche Küche in Ruhe durchprobieren. Ähnliches gab es auch in Singapur und in Piräus, was ich schon in meinem Bericht über Athen und Griechenland erwähnt habe. Zum gepflegten Essen in exotischer Umgebung gab es natürlich nur eine Adresse und das war das Oriental Hotel, das exklusivste in Bangkok, welches am Chao-Praya-Fluss lag. Dort konnte man immer den lebhaften Schiffsverkehr, besonders den Linienverkehr beobachten, der auch neben dem Oriental Hotel anlegte. Der alte Teil des noch aus dem 19. Jahrhundert stammenden Trakts mit seinem herrlichen exotischen Park eignet sich besonders als Kulisse für Hochzeiten der Upper Ten. In netter Gesellschaft einer Kollegin oder einer Freundin, Chingduang Raksanaves, die Chefstewardess der Thai International war, nahm ich dann gern den vorzüglichen Brunch im »Oriental« ein. Zufällig lernte ich dann durch sie den deutschen Manager des Hotels kennen, durch den ich die Gelegenheit bekam, mal einen Blick hinter die Kulissen, besonders in die Küche zu werfen.

Ich hatte übrigens einen besonderen Trick, die Staus in der Stadt zu vermeiden. Nicht weit vom Hotel entfernt gab es eine reguläre Eisenbahnlinie, auf der jede Stunde ein Vorortzug nach Bangkok verkehrte. Mit dem »Tuktuk« = Dreirad-Taxi benötigt man nur 15 Minuten zum Haltepunkt. Der Zug endete am Hauptbahnhof am Rande von Chinatown. Dort konnte man übrigens mit einmal Umsteigen an der malaysischen Grenze nach Singapur reisen.

Bangkok ist eine Vielvölkerstadt. Die größte Minderheit sind die Chinesen, Geschäftsleute und Angehörige der Kuomintang-Armee, die schon vor Mao Tse-tungs Machtübernahme ihr Heimatland verließen. Andere Flüchtlinge kamen aus Vietnam, Laos und Kambodscha. Europäer und Amerikaner machten nur einen geringen Prozentsatz der Bevölkerung aus, spielten jedoch als Unternehmer, Geschäftsleute, Repräsentanten von Firmen und Berater eine bedeutende Rolle.

Am Golf von Siam gibt es an herrlichen Stränden den ehemaligen Fischerort Pattaya. Im Vietnamkrieg entdeckten diese Perle die Rest & Recreation-Organisatoren für die Truppe und machten Pattaya und Bangkok zu Tummelplätzen für Prostitution und Drogenhandel. Auch der mahnende Einfluss des Königs Bhumibol kam nicht dagegen an. Der Dollar-Einfluss war übermächtig.

Trotz der tropischen Hitze kann man getrost die Snacks vom Straßenhändler probieren: Am beliebtesten sind Satee, Holzstäbchen, auf denen allerlei Kleinigkeiten aufgespießt werden. Nach dem Grillen in eine Kokosöl-Erdnuss-Sauce getaucht. Ananas werden in eine kunstvolle Form gebracht und dann mit Holzstäbchen angeboten. Alles sehr appetitlich.

Unmittelbar neben dem Oriental Hotel entdeckte ich ein riesiges, aber von außen unauffälliges Geschäft ohne Schaufenster, das sichtlich nur Insidern bekannt war. Die Besitzer hatten sich in den Kopf gesetzt, aussterbende Flechtkunst am Leben zu erhalten. Sie erhielten gute Beziehungen zu Handwerkern auf dem Land, die aus Rattan und Bambus die schönsten Dinge flechten wie Sessel, Hocker, Körbe, Siebe, Schalen, Sonnenhüte, Wäschekörbe, Kisten und Haushaltsgegenstände. Außerdem gab es noch Seidenstoffe und Artikel aus Rohbaumwolle. An der Decke hingen altmodische Ventilatoren, die für etwas Durchzug sorgen. Dort habe ich mich dann mit einigen Dingen eingedeckt, die von allen meinen Besuchern bewundert werden. In dieser ungewöhnlichen Stadt habe ich dann besonders gern Spaziergänge durch die kleinen Nebenstraßen gemacht und hübsche Bungalows und Gärten entdeckt. Bei Touristen äußerst beliebt ist der »Floating Market« für Thai-Hausfrauen, die nahe dem Fluss und dessen Seitenkanälen leben.

Ein anderer Ort, den ich trotz seiner hässlichen Hochhäuser, in denen die Bewohner wie Ameisen hausen, schätzte, war Hongkong. Allein schon auf dem alten Flughafen der Kronkolonie Kai Tak zu landen, war eine Meisterleistung. Die Piloten benötigten dafür eine spezielle Lizenz. Die Landebahn war durch Aufschüttung in die Bucht verlängert worden und es passierte oft, dass die Maschinen über die Piste hinausschossen und im Wasser landeten. Von der rot-weißen Markierung Checker Hillboard aus ging die Landung so dicht über und an den Hochhäusern vor sich, dass von Piloten aller anfliegenden Airlines behauptet wurde, man könnte bei geöffnetem Cockpitfenster die auf den Balkonen zum Trocknen aufgehängte Wäsche mitnehmen, was natürlich blanker Unsinn ist. Wegen der bergigen Lage und der extremen Bevölkerungsdichte hat man am Festland in Kowloon und auf Hongkong Island viel Land durch Aufschüttung/Reclaiming dem Meer abgerungen. Das geschah auch beim Bau des neuen Megaflughafens an der vorgelagerten Insel Lantau.

Wegen der großen Zeitdifferenz zu Deutschland hatten es auch erfahrene Besatzungsmitglieder sehr schwer, sich an die lokale Zeit anzupassen. Wir landeten erst mittags und die Crew ging dann erst einmal schlafen, um spätabends aufzuwachen, wenn Hongkong sich so langsam zur Ruhe begab. Durch die Mutter eines chinesischen Bekannten in London, die ganz in der Nähe des Sheraton Hotels in der Nathan Road wohnte, lernte ich ihren Nachbarn, Professor Chen, einen Flüchtling aus Schanghai, kennen. Er war Naturheilkundler und Spezialist in Akupunktur. Er meinte dann, er wolle mir ein Beispiel seiner jahrzehntelangen Berufserfahrung demonstrieren. Ich ging darauf ein und war verblüfft über die Wirkung. Seitdem nahm ich bei jedem Hongkong-Aufenthalt seine Behandlung in Anspruch, die er in meinem Fall als »General Separation« bezeichnete. So konnte ich den verbleibenden Tag hellwach nutzen, nachdem ich noch eine Tasse Tee bei meiner Bekannten getrunken und einige Neuigkeiten ausgetauscht hatte.

Wenn ich etwas auf Hongkong Island zu erledigen hatte, benutzte ich als Fußgänger die »Star Ferry«, die alle 15 Minuten nach Hongkong Island ablegte. Im Schatten der zahllosen Wolkenkratzer lag dort der einst prominente majestätische Bau der Admirality, der einstige Sitz des britischen Gouverneurs. Von dort in der Nähe gelangte man mit dem Cable Car oder dem Bus auf den Peak, die höchste Erhebung der Insel, von der man einen fantastischen Blick aufs Festland und die Outlying Islands hatte. In seiner Umgebung hatte die Prominenz Hongkongs ihre pompösen Villen.

Dort residierte auch ein Geschäftsfreund meines Bruders, der Grundstücksmakler, Großaktionär der Hongkong Shanghai Banking Corporation und Filmverleiher war. Mein Bruder war Filmproduzent in Los Angeles und hatte gute, über das Geschäft hinausgehende Beziehungen zu ihm. Von ihm kam vermutlich die Idee, die meinen Bruder dazu veranlasste, in China eine Serie von über zwanzig Dokumentarfilmen zu produzieren. Bei zwei von denen war ich selbst mit beteiligt. Ich besuchte Ho Chapman häufig, wenn ich in Hongkong war. Sein Office Chapman Associated befand sich ganz in der Nähe des Sheraton Hotels in der Parallelstraße der Nathan Road über dem Bottom-up-Club, der als Werbung mehrere attraktive weibliche Hinterteile zeigte. Man sollte dabei wissen, dass der chinesische Ausdruck für »Prost« = Bottoms up = »Ganbei« bedeutet. Mit Ho Chapman ging ich dann essen, wenn er Zeit hatte. Es waren meist Fisch, Krabben oder Oktopus, die lebendig aus großen, mit Sauerstoff versorgten Salzwasser-Aquarien geholt wurden. Die Chinesen, Japaner und Koreaner der Küstenbereiche sind Weltmeister in der Zubereitung jeglicher Seefrüchte/Seafood. Natürlich wird alles mit Hilfe von »Chopsticks« = Essstäbchen verzehrt. Nach kurzer Übung versteht auch jeder geschickte Westler den Umgang damit. Zur guten Verdauung gibt es den obligatorischen Kao-Liang-Reisschnaps. Manchmal, wenn es passte, wurde ich von ihm zu einer Party oben in der Nähe des Peaks eingeladen, wo ich dank passender Kleidung und Mandarinenkenntnissen gut zurechtkam. Kam es bei der Konversation zu lustigen Verwechslungen wegen falsch gewählter Betonung eines Ausdrucks, hatte ich immer den altmodischen Spruch bereit, der vom vorletzten Kaiser der Quing-Dynastie geprägt wurde: »Tien pu pa, di pu pa, jou pa yang gweize swuo chung kuo hua!« = »Fürchte weder den Himmel noch die Erde. Fürchte dich nur vor dem Teufel von jenseits des Pazifiks, der versucht Chinesisch zu sprechen.«

Bei den Chinesen gab es viele Gründe, über die »Langnasen« Witze zu reißen, weil sie ständig ins »Fettnäpfchen treten« und gegen die chinesischen Sitten verstießen. Bei nicht westlich angehauchten Chinesen war das spontane und unhygienische

Händeschütteln verpönt. Bis Mao das Regiment übernahm und sämtliche Sitten als konterrevolutionär abschaffte, begrüßte man sich, indem man beide Hände zu Fäusten schloss, auf die Brust presste und sich je nach Stellung seines Gegenübers mehr oder weniger tief verbeugte. Enkel zeigten ihre Achtung gegenüber den Großeltern, indem sie sich niederknieten und so tief verbeugten, bis die Stirn den Boden berührte. Die Großeltern bedeuteten ihnen, sich zu erheben, und nahmen sie wie die »Langnasen« in die Arme. Die berühmten Spucknäpfe entspringen einer alten, sehr gesunden Einstellung. Unhygienische Körpersekrete müssen sofort bei ihrer Entstehung beseitigt werden. Auch Taschentücher, die nach Gebrauch wieder eingesteckt werden, stießen auf Unverständnis. Rülpsen nach einer Mahlzeit als Gast wurde als ein Kompliment der Hausfrau oder dem Koch gegenüber empfunden, ebenso das laute Schlürfen von Suppen. Ein guter Küchenchef wurde übrigens bei besonderen Gelegenheiten an befreundete Häuser verliehen.

Ho Chapman war ein ausgesprochener Connaisseur nicht nur der chinesischen Regionalgerichte, sondern schätzte auch die internationalen Spezialitäten, bei denen die französische Kochkunst den Spitzenplatz belegte. Er hatte sich immer gewünscht, sich nach Aufgabe seiner Geschäftstätigkeit in der Provence in Frankreich niederzulassen. Es kam dann aber anders. Bevor Hongkong 1997 vertragsgemäß an Rotchina übergeben wurde, siedelte er wie viele andere Geschäftsleute aus der Kronkolonie nach Vancouver an der kanadischen Pazifikküste über, um dort sein Alter zu verbringen und auch mal meinen Bruder in Los Angeles zu besuchen.

Eine Kuriosität und ein Relikt aus der Vergangenheit war neben der »Star Ferry« die doppelstöckige Tramway, die längs von Hongkong Island bis über den Jockey-Pferderennplatz hinaus verkehrt. Vom offenen Oberdeck hat man einen unbeschreiblichen Blick auf das Menschengewimmel auf den Bürgersteigen und den Straßenverkehr. Nirgendwo in der Welt, nicht einmal in Los Angeles oder London, habe ich so viele Nobelkarossen wie Bentley und Rolls-Royce-Limousinen wahrgenommen wie dort in Wanchai. Für das älteste und exklusivste Luxushotel in der Kronkolonie, das »Peninsular« in Kowloon nahe dem »Star Ferry«-Pier, war es Tradition, mit einer Flotte von circa zwölf Rolls-Royce Corniche ihre VIPs und Berühmtheiten in gebührendem Stil vom und zum Flughafen zu befördern. Wenn ich mal einen angenehmen Nachmittag verbringen wollte, ließ ich mir zum Five o'Clock Tea einen Platz in der Café-Lounge reservieren und nahm auch manchmal eine passende Stewardess mit, vorausgesetzt, dass sie etwas Dezentes zum Anziehen dabeihatte, und wir erfreuten uns an den Klängen des Live-Orchesters von Beethoven, Strauss etc. Natürlich wurden die typischen englischen Gurkensandwiches mit feinem Schinken angeboten. Als bei der Machtübernahme der Rotchinesen aus politischen Gründen diese noble Flotte abgeschafft wurde, denn sie wurde als kapitalistische Provokation gewertet, erwarb mein neuseeländischer Freund Christopher Vales aus Nostalgie eines dieser Fahrzeuge und ließ es generalüberholen.

Wenn ich mal dem größten internationalen Shopping-Paradies entweichen wollte, nahm ich vom Outlying Islands Terminal nahe Admiralty aus die Fähre nach Lamma Island, Sok Kwu Wan. Allerdings fiel sie bei Sturm aus. Der winzige Ort bestand lediglich aus ein paar Seafood-Restaurants und Fischzuchtanlagen und war nur Insidern bekannt. Es gab nur Fußwege entlang des Wassers. Vom Konfuziustempel aus führte ein gut gehaltener Pfad durch einen Bambuswald über den Berg zu einer kleinen Bucht, wo immer nur ein Boot lag. Vorher gab es eine Abzweigung, die weit über die Insel zum kleinen Wohnort Yung Shue Wan führte. Irgendwann hatte einmal ein Insulaner versucht, an der Bucht einen Garten anzulegen, vergebens, hier gab es kein Wasser. Zahllose Bienen und Schmetterlinge fanden jedoch genug Nahrung am Blütenmeer. Hinter dem ehemaligen Garten, wo wenigstens einige Papaya-Stauden wuchsen, erstreckte sich ein scheinbar undurchdringlicher Dschungel aus Bambus, Büschen und Ried. Ich hatte mir vor meinem ersten Ausflug hierher eine Karte angeschaut und wusste, dass hinter dem Gebüsch eine große isolierte Bucht liegen musste. Mit Hilfe eines kräftigen Knüppels schaffte ich mir einen unauffälligen Pfad. Schließlich teilten sich die letzten Riedpflanzen und mir bot sich ein großartiger Blick. Ich stand mitten auf einem ca. 250 m langen, halbmondförmigen, unberührten Sandstrand. Die längliche Bucht war beidseitig von Felsen eingerahmt. Nur die rechte Seite war zu Fuß zugänglich. Einige oben flach geschliffene Felsblöcke erlaubten mir, dort mein Lager aufzuschlagen. Außerhalb der Bucht sah ich die diversen Schiffstypen vorüberziehen. Dann entdeckte ich zwischen den Felsen noch einen Bach, der weit oberhalb des Berges von einer Quelle gespeist wurde. Ich schaffte mir dann ein Becken, in dem ich mich nach dem Schwimmen und dem Tauchen vom Salz befreien konnte. Der letzten Stürme hatten allerhand interessantes Treibgut wie leere Ölfässer, Netze, Schiffstaue, zerbrochene Ruder etc. auf den Felsblöcken hinterlassen, natürlich auch Plastikflaschen, die damals noch über Bord geworfen wurden. Ich fühlte mich wie Robinson nach dem Schiffbruch. Woran ich leicht in diesem Paradies herankam, waren Muscheln, die unter Wasser an den Felsen hafteten, und Seeigel. Bei meinem nächsten Besuch hatte ich dicke Gummihandschuhe und ein stabiles Messer dabei, um die Muscheln von den Felsen zu lösen, und Limonen, mit deren Saft das Fleisch noch besser schmeckte. Es war ein Wunder, dass solch ein einsamer Fleck in unmittelbarer Nähe eines der dicht bevölkertsten Orte der Welt existierte. Bei späteren Besuchen dieser Bucht habe ich allerdings erlebt, dass Yachten am späten Nachmittag dort auftauchten, deren Besatzung und Gäste sich ein Bad im ruhigen Gewässer der Bucht gönnten. Einmal wurde ich jedoch entdeckt und zu einem Drink an Bord eingeladen.

Ein weiterer abwechslungsreicher Ausflug war mit der Bahn in Richtung der rotchinesischen Grenze. Der Bahnhof lag damals noch neben dem Star-Ferry-Pier. Man kam dann auch am wundervoll gepflegten »Royal Hongkong Golf Club« vorbei. Ich begnügte mich damit, von der Café-Terrasse aus den Profis beim Spielen zuzuschauen.

Mitten in Kowloon neben der Nathan Road gibt es an einer Anhöhe einen botanischen Garten mit mehreren Volieren, in denen man die gesamte Vogelwelt des Fernen Ostens bewundern kann. Ganz oben auf der Spitze ist eine Plattform mit kreisförmigen Schienen, auf denen im Krieg mal eine Fliegerabwehrkanone ihren Dienst versehen hatte. In den 80er Jahren war dann in der Meerenge zwischen Kowloon und Hongkong auf dem Kreuzfahrtschiff Elizabeth I. Feuer ausgebrochen, es war auf Grund gelaufen, halb gesunken und blieb dort viele Monate liegen. Eine ungewöhnliche Attraktion. Sie diente damals auch als Kulisse für einen James-Bond-007-Film. Wäre der Unfall nicht passiert, dann verfügte Hongkong heute über eine ungewöhnliche Privatuniversität. Der chinesische Multimillionär C. Y. Tung hatte sie erworben, um seine Idee zu verwirklichen. Das Oberteil wurde verschrottet, das Unterteil jedoch beim Bau in das neue Container-Terminal 9 im Victoria Harbour integriert. Der vermutete Versicherungsschwindel konnte nie bewiesen werden.

Gambling wurde in der Kronkolonie untersagt. Die spielwütigen Chinesen machten deshalb gerne einen Ausflug zur nahe gelegenen portugiesischen Kolonie Macao, die großzügiger war und auch dadurch zur reichsten Stadt der Welt avancierte, was kaum jemand weiß.

Hongkong hat noch eine Attraktivität, die eine große Anziehungskraft auf Chinesen und ausländische Touristen ausübt. Auf der Seeseite unterhalb des Peaks liegt der Hafen für Dschunken von Aberdeen. In einem Teil von ihm liegen stationäre, zu Restaurants umgebaute, mit roten Lampions beleuchtete Dschunken, deren Küche einen guten Ruf hat. Man muss lange vorher telefonisch reservieren, sonst bekommt man keinen Platz. Ein anderes Highlight ist die chinesische Version des westlichen Brunches, was »Dim Sum« genannt wird, was man ab 10 a. m. in Gruppen genießen kann. Auf einem mehr oder weniger großen runden Tisch gibt es eine drehbare Platte, auf der in zahlreichen Schalen Leckereien platziert sind. Grüner Tee wird ständig nachgefüllt. Hübsches Dienstpersonal in seidenen »Cheongsams« = chinesische Frauentracht sorgt für ständigen Nachschub aus der Küche. Zum Schluss sollte man das Gläschen Kao Liang (Reisschnaps) nicht ablehnen. Er ist der Verdauung sehr förderlich.

Ich bin Kunstliebhaber und habe einen großen Teil der Galerien rund um die Welt besucht. Insgeheim hatte ich mir immer gewünscht, einige dieser großartigen Gemälde als gute Kopien eines Meisters zu besitzen, um ihnen in meinem späteren Traumhaus einen würdigen Rahmen zu geben. In dem ehemaligen, vorwiegend von Engländern bewohnten Stadtteil von Hongkong Island Stanley bin ich dann fündig geworden. In dem Night Market dort, wo vorwiegend Surplus-Artikel der großen internationalen Modefirmen angeboten wurden, hatte in einem unauffälligen Gebäude Meister Wu Kiu-wai sein Atelier. In einem Regal hatte er eine Vielzahl von Kunstkatalogen und solche der Versteigerungen von Sotheby's und Christie's. Wir freundeten uns schnell an, als er mein echtes Interesse an der Malerei und seinen Hintergründen erkannte. Ich verbrachte oft Stunden bei ihm beim Studium der Kataloge, wurde manchmal fündig und gab ihm dann wiederholt Aufträge für beeindruckende Bilder, deren Kopien großartig gelangen. Für eine Investition von einigen Tausend Dollar konnte ich mich an Kunstwerken erfreuen, die im Original oft Millionen kosteten. Endlich fand ich dann auch mein lang gesuchtes Traumhaus, an dessen Wänden die gesammelten Schätze mit passenden italienischen Rahmen einen würdigen Platz fanden. Ein paar weniger beeindruckende Eigenproduktionen hängen jetzt aus Platzmangel im Keller und in der Garage. Ein alter Bekannter von mir, H. G. Zach, hat aus der Not eine Tugend gemacht und in seinem Privatmuseum alte Möbel, Statuen, Gemälde, Orientteppiche, Porzellanfiguren und Geschirr sowie Rolls-Royce-Limousinen in einem passenden Ambiente ausgestellt. Die Geschichten, die sich hinter den einzelnen Ausstellungsstücken verbergen, zeugen von der grenzenlosen Fantasie und Tüchtigkeit der Handwerker, Künstler und Mechaniker der Vergangenheit.

Um den Tag in einer anregenden Umgebung zu beenden, begaben sich die Crews oft in Gruppen zu »Jimmys«, ein Pub, wo man auch Dart spielen konnte. Auf einer Tribüne gab eine chinesische Jazzband ihr Bestes. Dort traf man auch Crew-Member anderer Airlines.

Wie Hurricanes im Golf von Mexiko sind die Taifune in Fernost und Südostasien ein immer wiederkehrendes Ereignis. Ein Taifun mit der Bezeichnung »Hope« ist mir in unvergesslicher Erinnerung geblieben. Er ging mitten durch Hongkong und hinterließ ein Chaos von versunkenen Schiffen sowie zerstörte Gerüste von Neubauten, umgestürzte Kräne, Busse, Autos, zerstörte Schaufenster und entwurzelte Bäume. Sintflutartige Regengüsse setzten die Stadt unter Wasser. Plötzlich wurde es totenstill und die Sonne war durch einen milchigen Schleier zu sehen, da heulte der Taifun erneut von der entgegengesetzten Seite weiter, um erneute Zerstörung anzurichten. Langsam wurde es ruhiger und der Sturm ging in strömenden Regen über. Ich habe das Naturschauspiel aus einem der oberen Stockwerke des Sheraton Hotels miterlebt. Die Fenster waren zwar versiegelt, trotzdem stand das Wasser knöcheltief im Zimmer. Die zusammengerollten Handtücher, die ich vorsichtshalber unten vor den Türspalt gelegt hatte, waren wirkungslos geblieben. Meine Schuhe hatte ich rechtzeitig ausgezogen und neben mein zweites Paar ganz oben in den Schrank gestellt. Plötzlich erblickte ich Scharen von Fußgängern, die wie Ameisen anfingen, Ordnung in das zurückgebliebene Chaos zu bringen. Am nächsten Tag öffnete der

Flughafen Kai Tak wieder seinen Betrieb, nachdem alle Schäden beseitigt worden waren. »Business as usual«. Auch die LH B 747 landete dann wieder.

Ein paar Monate später übernachtete ich in Manila auf den Philippinen. Das Hilton Hotel lag direkt am Meer. Ein seltsamer Anblick war das Schiffswrack, das dort seitlich im Wasser lag. Ich erfuhr dann, dass genau der Taifun »Hope«, den ich in Hongkong erlebt hatte, der Verursacher dieses Unglücks gewesen war. Im Orkan hatte sich der Frachter von den Ankerketten gelöst und war schließlich vor dem Hilton gekentert. Das internationale Seerecht besagt, dass ein Schiff, welches in solch einer Situation von seiner Besatzung aufgegeben wird, demjenigen gehört, der als Erster sichtbar davon Besitz ergreift. In diesem Fall war es ein mutiger armer Schlucker, der oben seine Hütte errichtet hatte. Schon früh am Morgen war er erst einmal damit beschäftigt, brauchbare Teile im Inneren des Schiffes zu demontieren. Es hörte sich fast so an wie das Hämmern eines Spechtes.

Dank meiner Sprachkenntnisse konnte ich die Fernost-Flüge meinen Wünschen anpassen und bestimmen, wann ich ungefähr wieder nach Tokio, Beijing, Hongkong und Seoul, Schanghai kommen würde. Die Entspannung der politischen Weltlage hat sich besonders auf China ausgewirkt.

Lufthansa begann einmal wöchentlich nach Beijing zu fliegen, was bedeutete, dass man sechs Tage Zeit hatte, sich die Stadt anzuschauen. Das machte man natürlich mit einem gemieteten Fahrrad. Um unauffällig zu bleiben, besorgte ich mir je ein »Mao«-Outfit in Grün und Blau, das damals wie eine Uniform von der gesamten Bevölkerung getragen wurde. Dann gab es noch eine passende Arbeitermütze mit dem roten Stern dazu. Einmal nahm ich auch meine Mutter mit nach Beijing, die auch entsprechend ausgestattet wurde. Wir fuhren dann gemütlich an landwirtschaftlichen Flächen, besonders Entenzucht-Unternehmen, vorbei zum Sommerpalast. Dort war ein Schiff aus weißem Marmor am Rande eines Sees die besondere Attraktion. In der Stadt wurde ich in eine Grundschule gebeten, verfolgte einen Unterricht und unterhielt mich mit den Schülern und Lehrern, was allen einen riesigen Spaß machte. Ausländer hatten damals noch Seltenheitswert.

Bei einem anderen Aufenthalt gelang es mir, den Stationschef dazu zu bewegen, für uns eine Reise in die Innere Mongolei zu buchen. Es gelang uns, eine Genehmigung zu erhalten. Da ich Chinesisch sprach, begleitete uns im Zug bis Hohhot, der Hauptstadt der Inneren Mongolei, niemand. Die eigentlich für die Crew reservierten Schlafkojen waren von irgendwelchen wichtigen Parteibonzen belegt. Wir setzten uns also auf den

Boden, um uns mit Kartenspielen die Zeit zu vertreiben. Mir war das zu langweilig und ich begab mich beim ersten Zwischenhalt mit einigen Packungen Marlboro ausgestattet zum Lokführer und bat vorn mitgenommen zu werden. Dank der Zigaretten klappte es. Später nahm ich dem Heizer die Schaufel aus der Hand und schippte Kohle durch das Feuerloch. Auf der Strecke kamen wir an Datong vorbei, dem größten Kohleabbau-Ort in Nordchina. Der Maschinist erklärte mir dann die Funktion der verschiedenen Hebel, Schieber, Handräder und Instrumente. Es ist ein unvergleichliches Gefühl, Kontrolle über eine so gewaltige Maschine zu haben. Ich war schon immer ein Fan von imposanten Dampflokomotiven gewesen und hatte endlich mal Gelegenheit, einen dieser »Könige der Schienen« in voller Aktion mitzuerleben. In Hohhot empfing uns verabredungsgemäß ein Vertreter der örtlichen Behörde und fuhr uns weit hinaus in das Grasland am Rande der Wüste Gobi, wo Pferde, Yaks und zweihöckrige Kamele weideten. In einer temporären Ansiedlung von runden Yurten wurden uns zwei zugewiesen. Auf der Fahrt habe ich überall in den Senken kleine Seen bemerkt, die sich jetzt während der Regenzeit gebildet hatten. Sie wurden von Wildenten und Wasservögeln belebt, die sich dort tummelten. Die runden Yurten waren sehr gemütlich und konnten bei Bedarf schnell auseinandergenommen werden, wenn neue Weidegründe aufgesucht wurden. Ich hatte gehört, dass die Kost der mongolischen Hirten sehr einseitig sei, und hatte eine Idee, wie man den Speiseplan etwas bereichern konnte. Meine Marlboro wirkten wieder einmal Wunder. Unserem Aufpasser gelang es, irgendwo eine Schrotflinte und Munition aufzutreiben. Uns gelang es, drei Wildenten zu erwischen. Meine fiel ins Wasser und ich zog mich dann aus, um sie zu holen, da kein Apportierhund zur Verfügung stand. Die Mongolinnen halfen dann beim Abbrühen, Ausrupfen der Federn, Ausnehmen und Füllen der Enten mit Knoblauch und Zwiebeln. Zur Verdauung zusammen mit der mongolischen Kost tat der Reisschnaps wieder einmal gute Dienste. Einen weiteren Tag verbrachten wir mit einem langen Ritt in die monotone Steppe. Wer an Pferde nicht gewöhnt war, musste mit einem Kamel vorliebnehmen. Anschließend ging es zurück nach Hohhot, wo wir eine Stadtrundfahrt machten und dann mit dem Nachtzug wieder nach Beijing zurückkehrten. Dieses Mal wurden wir respektiert und keine Parteibonzen nahmen unsere bequemen Schlafkojen in Beschlag.

Die Mongolei ist ein geteiltes Land. Zur Zeit der Schwäche und inneren Zerrissenheit Chinas wurde der nördliche Teil zur Zeit Lenins abgetrennt und der UdSSR zugeschlagen. Erst seit Perestroika ist sie eine unabhängige Republik mit der Hauptstadt Ulan Bator. Unabhängig von der traditionellen Weidewirtschaft ist die Innere Mongolei für China eine wahre Schatzkiste, denn dort befinden sich in der Welt die momentan größten Lagerstätten von Seltenen Erden, die dort sehr kostengünstig abgebaut werden. China behält sie jetzt für den eigenen Bedarf und exportiert sie nur noch verarbeitet in Form von Mobile Phones, Computern, TV-Sets und Telekommunikationsgeräten.

Wie ich später bei einem längeren privaten Besuch der Inneren Mongolei feststellen konnte, findet man überall in den Orten Denkmäler und Erinnerungsstätten, die an den größten Nationalhelden Dschingis Khan erinnern. Dessen Enkel Kublai Khan wurde ja chinesischer Kaiser. Von ihm stammt der treffende Ausspruch: »Ein Land mit einer disziplinierten Armee zu besiegen ist eine Leichtigkeit, es danach zu regieren ist jedoch eine unsäglich schwere Aufgabe.« Überall trifft man wieder auf buddhistische Klöster, in denen die Mönche recht aktiv sind. Im Zweiten Weltkrieg standen die Mongolen insgeheim auf Seiten der Japaner, denn diese hatten ihnen im Falle eines Sieges versprochen, die Mongolei wieder zu vereinen. Mao hat das den Mongolen äußerst übel genommen und sie systematisch diskriminiert. Das ist jedoch Vergangenheit. Die Mongolen und Mandschuren haben sich gut angepasst im Gegensatz zu den beiden anderen autonomen Regionen Tibet und Xinjiang (muslimisch-uigurische Region).

Alle waren begeistert von unserem improvisierten, leider zu kurzen Ausflug in die Steppe. Unser damaliges Logis war das altehrwürdige Peking Hotel nahe der Verbotenen Stadt und des »Tien-Ahn-Men« = Tor des Himmlischen Friedens. Hier ließen es sich auch die Parteikader gut gehen, wenn sie mal in Beijing waren. Von der Auswahl der Gerichte war die Speisekarte rein chinesisch und vorzüglich und für westliche Verhältnisse unglaublich preisgünstig.

Im Frühjahr bildeten sich jedes Jahr starke Stürme, die aus dem Inneren Asiens kamen und zum Stillstand des öffentlichen Lebens führten. Sie führten unglaubliche Massen von Löss-Staub mit sich, der ganze Straßenzüge wie Dünen blockierte. Diejenigen, die sich nach draußen wagten, trugen Gesichtsmasken. Ursache war der jahrhundertelange Raubbau an den Wäldern, die früher einmal Schutz gewährt hatten. Eine Regierungsinitiative, »The green Wall/Die grüne Mauer« genannt, hat sich des Problems angenommen und schon erstaunliche Fortschritte erzielt.

Mit einigen Crew-Mitgliedern war ich von solch einem Sturm überrascht worden und wir flüchteten uns in einen geschützten Hauseingang. Plötzlich öffnete sich die linke Wohnungstür des Erdgeschosses und wir wurden hereingebeten. Der Bewohner war, wie ich beim Gespräch herausfand, einer der Herausgeber der »Social Security Newspaper«, die jeder Chinese monatlich erhält. Verglichen mit der Einwohnerzahl Chinas vermutlich die von der Auflage her größte Zeitung der Welt … nur weiß das niemand. Wegen des Sturms war auch die Tochter zu Hause geblieben wie alle anderen Angestellten einer Bank, für die sie arbeitete. Obwohl sie nie im Ausland gewesen war, sprach sie gut Englisch. Die Mutter war Lehrerin und arbeitete nebenbei als Buchhalterin. Sie war noch in der Schule und passte auf die Kinder auf, die nicht nach Hause konnten. Als Privilegierter hatte er Anspruch auf eine mietfreie Wohnung, wo er nur Elektrizität, Wasser und Gas bezahlen musste. Die Wohnung war primitiv, aber praktisch. Mit der Großmutter teilten sie sich drei Zimmer, den Eingangsbereich, die Miniküche und ein kombiniertes in den Fußboden eingelassenes WC mit Dusche darüber. Die Wohnung lag nahe den Regierungsgebäuden mitten in der Stadt. Für die Crew-Member war es mal interessant, durch Zufall eine private Wohnung kennenzulernen. Als der Sturm sich gelegt hatte, verließen wir die gastliche Familie, und ich versprach, wieder einmal vorbeizuschauen. Bei einem meiner nächsten Besuche lernte ich einen Verwandten von seiner Frau kennen, der Meister der konservativen Malerei auf »Scrolls« = Papierrollen war, dem ich bei der Arbeit Gesellschaft leisten durfte.

Aus hygienischen Gründen hat die Regierung das Halten von Tieren in Stadtwohnungen verboten. Um besonders den Alten nicht alle Freude zu nehmen, lockerte man nach Maos Ableben diese Verordnung und gestattete das Halten von Vögeln und Grillen in Käfigen. Später kamen dann Aquarien mit Zierfischen dazu. An irgendwelchen lauschigen Plätzen trafen sich dann die Besitzer von Vögeln und Grillen, um sich über die Gesangsleistungen ihrer Tiere zu freuen und auszutauschen. Morgens früh trafen sich auch Freunde von dem »Shadow Boxing/Schattenboxen«, was als Gymnastik gewertet wird.

Als ich mal wieder Mr Liu besuchte, überraschte er mich mit der Nachricht, dass sich seine Tochter Ling einen Schweizer geangelt hatte und sie sich verlobt hätten. Das freute mich riesig, und ich wurde dann später zur Hochzeit nach Bern eingeladen, der dann Besuche bei mir folgten. Für private Besuche in China benötigte man eine Einladung und einen Bürgen. Glücklicherweise erledigte das für mich die Assistentin meines Bruders Amy Chen in Beijing, die alle seine Filmtouren organisierte. Sie war verzweifelt, diesen interessanten Job zu verlieren, als die Covid-

19-Epidemie ausbrach und mein Bruder und sein Monarex-Team kein Dauer-Einreisevisum mehr erhielten. Meinem chinesischen Freund Chang Di war es zwei Jahre lang unmöglich, China zu verlassen.

Privat bereiste ich dann zusammen mit meiner Frau das Land. In Beijing standen dann natürlich die »Wan li chang jiang« = Mauer und das Grab des Ming-Kaisers auf dem Programm. Im Kulturzentrum besuchten wir eine Ballettaufführung und besichtigten die Paläste der Verbotenen Stadt. Per Flugzeug ging es dann nach Xi'an, um eine der am besten erhaltenen Stadtmauern in China zu bewundern. Von hier aus führte die Seidenstraße nach Westen. Die Hauptattraktion war natürlich die Terrakotta-Armee des Kaisers Qin Shi Hung Di, die durch Zufall durch einen Bauern entdeckt worden war. Der Staat hatte ihm daraufhin eine kleine Pension ausgesetzt und er saß fortan Pfeife rauchend vor seiner Hütte und ließ sich zusammen mit Touristen aufnehmen. Dann ging es per Flug weiter nach Chongqing, der provisorischen Hauptstadt Chinas im Zweiten Weltkrieg und Ausgangspunkt des Schwerlastschiff-Verkehrs bis Schanghai. Bei dem Bau des gigantischen Yangtze-Staudamms und der damit erfolgten Hebung des Flusspegels um bis zu 16 Meter konnten die gefährlichen »Three Gorges«/Drei Schluchten leichter überwunden werden. Ganze Millionenstädte verschwanden vom Flussufer des Jangtsekiang und der Abrissschutt diente als Befestigung des Ufers. Als Alternative errichtete die Regierung moderne Städte für die früheren Uferbewohner als Entschädigung weit oberhalb des Flusses.

Kleine Nebenflüsse, die früher ein friedliches Dasein gefristet hatten, waren plötzlich zu schiffbaren Strömen angewachsen. An einem dieser hingen an der Felswand zahlreiche Särge von verstorbenen Fischern, die auch nach dem Ableben ihr geliebtes Tal nicht verlassen wollten. Vermutlich ist der Yangtze-Staudamm immer noch der größte der Welt, in dem auch viele deutsche Firmen besonders an den gigantischen Turbinen Anteil haben. Die mächtigen Schleusen bieten sogar kleineren Seeschiffen Platz. Es dauerte jedoch eine ganze Weile, bis die Schleusenkammern entleert oder gefüllt wurden. Hinter den »Three Gorges« existiert übrigens ein riesiges Kohleabbaugebiet im Tagebau. Die Kohle wird dann auf Schiffe verladen und an Elektrizitätswerke bis Schanghai geliefert.

Nahe davon befindet sich laut Mythos der Eingang zur chinesischen Unterwelt. Der imposante Herrscher über dieses Reich der Toten ruht auf seinem Thron und hat ein voluminöses Buch vor sich, in welchem über die Taten und Untaten jedes Chinesen berichtet wird und entsprechende Strafen verhängt werden. Ich besitze noch einige Banknoten der Unterwelt, die beim Anlass des Ablebens eines Menschen verbrannt werden und gewährleisten sollen, dass der Verblichene im Jenseits ein komfortables Leben führen kann. In die Ebene entlassen, dehnt sich der Fluss enorm aus und erreicht an seiner Mündung ins Chinesische Meer nahe Schanghai eine Breite von vielen Kilometern.

Wir verließen unser Luxusschiff jedoch schon eher, um uns mit der Entstehung und Verarbeitung der Seide vertraut zu machen.

Wieder folgte ein Flug mit dem Ziel Schanghai, wo wir natürlich zuerst einen Bummel über den »The Bund« machten, wo in den 30er Jahren die bedeutendsten Banken und Unternehmen ihren repräsentativen Sitz in der internationalen Konzession hatten. Im Pudong-Distrikt erhebt sich der Shanghai Tower als mit 128 Stockwerken höchstes Gebäude Chinas. Zum Flughafen verkehrt der schnellste Zug der Welt, der Transrapid.

***

Transrapid

Ein Papagei trifft Jesus 177-179

Einige Jahrzehnte ist es nun schon her,
da überraschte uns die folgende Mär:
einen schienenlosen Zug hätte ein Deutscher erfunden,
die Story machte ihre internationalen Runden.
Genau betrachtet existiert eine Schiene schon,
magnetisch gesteuert schwebt darüber der Zug davon.
Geschwindigkeitstechnisch und
energiesparend war man recht weit,
doch zur Verwirklichung brauchte man Zeit.

Die Behörden zögerten die Zulassung zu erteilen,
wie man sich denkt,
die Bürokratenseele halt Dinge komplizierter lenkt.
Es gingen so viele Jahre hin,
ein Prototyp versprach endlich Gewinn,
doch eine Teststrecke wollte keiner in seinem Bundesland,
die hiesige Schwerfälligkeit ist uns ja bekannt.
In Ostfriesland wurde man endlich fündig,
»Ergebnis endlich positiv!«, sage ich kurz und bündig.
Naheliegend war es dann, den Transrapid
zuerst bei uns einzusetzen,
da fingen diverse Gruppierungen an zu hetzen.
Die Politiker verstrickten sich in endloses Gezänk,
so ging man um mit diesem genialen Geschenk.
Trotz fehlender avisierter alltagstauglicher Strecke
in nordöstlicher Region,
erkannten chinesische Spezialisten das Potential schon.
Vertragspartner eilten aus Fernost schnell herbei …
und entschieden: Eine Transrapidstrecke
wird gebaut in Schanghai.
Dort hat sie sich das System nun seit Jahren erstklassig bewährt,
Kritiker wurden schnell eines Besseren belehrt.
Als Südkorea stand dann ebenfalls vor der Wahl,
gab es keine lange Selektierungsqual.
Die Eisenbahnrepräsentanten entschieden
sich für den französischen TGV,
das tat den deutschen Produzenten mächtig weh.

Schuld ist: Wir nutzen den Transrapid nicht im eigenen Land, das ist Negativwerbung und eine Schand.

***

Nicht weit von der Megastadt entfernt liegt das Venedig des Fernen Ostens: Suchow. Viele Bogenbrücken überspannen dort Kanäle, die alle im Kaiserkanal enden. Dieser ist der älteste und mit 1800 Kilometer der längste Handelskanal der Welt. Er verbindet Beijing = nördliche Residenz mit Hangzhou im Süden und war der wichtigste Verkehrsweg, um den Norden mit der Kaiserresidenz und die Bevölkerung mit Reis, Holz, Seide, Tee und anderen wichtigen Gütern zu versorgen. Durch den Bau des Eisenbahnnetzes im 19. Jahrhundert durch belgisch-kongolesische Gesellschaften verlor der Kaiserkanal seine frühere eminente Bedeutung. Heute wird er auch zur lokalen Bewässerung der Felder genutzt. China lässt vor den Augen des Westens immer den Eindruck von einem von Menschen wimmelnden Land entstehen. Ein großer Teil besteht jedoch aus

Territorien, die fast menschenleer sind. In der Provinz Qinghai zum Beispiel gibt es herrliche türkisfarbene Seen, einsame Bergregionen und endlose Wälder. In der Wüste Gobi wie in den Bergregionen Szechuans kann man hoffnungslos verloren gehen. China besitzt als große Nation die wohl vielseitigsten Klima-Varianten der Welt. Vom ewigen Eis des Himalayas bis zu den Tropen der Insel Hainan ist alles vertreten. Ein solches Land mit heute 1,3 Milliarden Bewohnern war schon zu Zeiten der verschiedenen Dynastien nur mit eiserner Hand zu regieren. Sich China mit einer Demokratie und einem Parlament aus 50 Parteien vorzustellen, dürfte doch nur in einem Chaos enden. Die momentan existierende Form der Regierung, die zentral die Zügel in der Hand hält, aber durch offenen Kapitalismus reichlich Freiraum für private Initiativen lässt, ist einmalig in der Welt und ein Erfolgsmodell ersten Ranges.

Von der Monarex Hollywood Corporation wurde mir dann die einmalige Gelegenheit geboten, das Filmteam beratend bei Dreharbeiten für den vom chinesischen Kultusministerium in Auftrag gegebenen Dokumentarfilm »Burma Road und Flying Tigers« zu begleiten. Dabei ging es um folgende Geschehnisse: Japan hatte China ohne Kriegserklärung bei einem Vorfall an der Marco-Polo-Brücke bei Beijing überfallen und hatte nach und nach mit weit überlegenen militärischen Kräften die gesamte Pazifikküste besetzt und China fast gänzlich von der Außenwelt und dem Nachschub für die Kuomintang Armee abgeschnitten. In höchster Not hatte der Gouverneur von Yunnan dann begonnen, eine Straße über eine unzugängliche Bergregion von Ausläufern des

Himalayas zu bauen. Bei diesem unglaublichen Vorhaben waren die ganze Bevölkerung und die Armee beteiligt. Nach Fertigstellung sorgten dann Konvois von Lastwagen für Nachschub aus Mandalay in British Burma. Als die Japaner dann auch Burma besetzten, erwarb die Kuomintang-Armee mit Spenden aus aller Welt Frachtmaschinen, die von Bengalen/Britisch-Indien aus Nachschub nach Yunnan einflogen. Fast über Nacht entstanden wieder mit Hilfe der ganzen Armee und der Bevölkerung 16 Feldflugplätze. Um den japanischen Jagdflugzeugen Widerstand zu leisten, wurde im Geheimen eine Jagdflugzeug-Staffel aufgestellt, bei der abenteuerlustige freiwillige Piloten die Aufgabe übernahmen, die japanischen Angreifer der Frachtflugzeuge abzuschießen. Bis zur Kapitulation Japans im August 1945 gelang es den »Flying Tigers«, weit über 300 japanische Maschinen abzuschießen. Das Tal des Salween-Flusses in West-Yunnan trägt heute noch den Namen »Aluminium Valley«, weil dort so viele Flugzeuge beider Seiten bei Luftkämpfen abgestürzt sind. Ein cleverer Chinese hat es sich zur Lebensaufgabe gemacht, Überreste aus dem Krieg zu sammeln und zu archivieren. In der Stadt Tengchong existiert ein historisches Museum, welches von ihm gegründet wurde. Die Filmaufnahmen führten uns in die entlegensten Bergregionen, die einmal heiß umkämpft wurden. Wir besichtigten auch die in einer Höhle versteckte Flugleitzentrale der Flying Tigers. In Ermangelung von motorisierten Straßenwalzen hatte man welche aus Beton hergestellt, die von mindestens 20 Arbeitern gezogen wurden, um die Start- und Landebahnen der Feldflugplätze zu planieren. Faszinierend waren die Interviews mit uralten Bauern,

Bürgern und Soldaten, die irgendwie in das Geschehen involviert gewesen waren.

Da fällt mir eine interessante Geschichte ein, die mir von einem ehemaligen Optiker berichtet wurde, dessen Aufgabe es gewesen war, Soldaten und Zivilisten mit Brillen zu versorgen. Die Piloten der Flying Tigers konnten nicht auf Coca-Cola verzichten. So waren beim militärischen Nachschub immer ein paar Kisten Coca-Cola für sie dabei. Die berühmten Flaschen waren damals noch aus solidem Glas hergestellt und hatten einen dicken, gewölbten Boden. Da Brillenglas Mangelware war, machten sich die Brillen-Glasschleifer das zunutze und stellten aus den Glasböden der Flaschen Linsen her. Ich bin sicher, dass sie für den Rest der Flasche auch noch eine nützliche Verwendung fanden.

In den abgelegenen Dörfern fiel mir auf, welche vielfältige Verwendung alte Autoreifen fanden. Stücke von denen wurden zu Türscharnieren an Ställen oder an Fenstern oder an Kistendeckeln benutzt und Kinder hatten Sandalen aus Autoreifen. Der Erfindungsreichtum der Chinesen hat mir immer sehr imponiert.

Bemerkenswert ist auch, dass ein Teil der Kuomintang-Truppen vor den Rotgardisten Maos nach Bengalen auswichen und nie nach China zurückkehrten, sondern dort sesshaft wurden und sich mit der Bevölkerung mischten.

Westlich von Kunming liegt das schönste mir bekannte mittelalterliche Städtchen Chinas, Dali, welches seit der Reisefreiheit ein Touristenmagnet ist. Etwas nördlich davon liegt eine andere Perle, Lijiang, die Dali Konkurrenz macht. Außerhalb befindet sich auch hier eine Landepiste aus dem Krieg, die heute als Pferderennbahn dient. In der wunderschönen Altstadt besuchten wir dann einen bekannten Künstler, der sich als Maler auf die Darstellung der historischen Themen des Zweiten Weltkriegs, die Yunnan betrafen, spezialisiert hat. Eine chinesische Freundin aus Schanghai begleitete uns dann ein paar Tage bei den Filmarbeiten und war begeistert, auf diese Weise einmal die Tee-Provinz Yunnan kennenzulernen. Unsere ganze Tour war vom Staat organisiert worden und ein junger Chinese, der gut Englisch sprach, begleitete uns ständig und kümmerte sich um alles, was bei Reisen sonst so lästig ist.

Wie die Engländer in Hongkong, haben wir Deutschen in Tsingtau unsere Spuren hinterlassen.

Tsingdao

Eine der chinesischen Moralgeschichten lautet folgendermaßen:
Die Bewohner eines Bergdorfes an der Shantung
Steilküste schienen einen Berg zu hassen,
den sie seit undenklichen Zeiten
Tag für Tag weit umgehen mussten,
um den schmalen Anlegeplatz für ihre Fischerboote zu erreichen
Der hochbetagte Clanälteste
grübelte endlos über diesem uralten Problem
und fand schließlich die Lösung, die durchaus nicht bequem.
Eines Tages rief er die gesamte Dorfbevölkerung zusammen,
um die Entscheidung zu verkünden seinen Mannen.

Jeder wurde verpflichtet auf dem Wege zum Meer
eine Steinladung vom Berg mitzunehmen,
auch wenn sie recht schwer,
umso zu versuchen den Berg allmählich abzutragen,
anstatt ständig das Schicksal zu beklagen.
Ein Wanderphilosoph und Weiser
der dann einmal quartierte dort,
kritisierte den Dorfältesten in einem fort.
Seinen Lebensabend solle er besser genießen und
vermeiden sich zu belasten mit solchen Dingen,
es wäre Unsinn den Berg zu beseitigen,
das könnte niemals gelingen.
Der Alte argumentierte, alles brauche natürlich unendliche
Zeit, aber den Berg zu eliminieren dazu wären alle bereit.
Nicht sein Clan würde es jetzt schaffen doch es
folgten spätere Generationen,
für die unendliche Geduld würde man sie schließlich
belohnen. Der Gott der Berge zutiefst erschrocken
ob dieser Worte sehr,
heimlich nachts nahm er seinen Berg und
versetzte ihn unversehrt als Insel ins Meer.
Tsingdao hat daher seinen Namen erhalten,
die vorgelagerte Insel scheint über das
Wohlergehen von Bucht und Stadt zu walten.

***

Auf der Suche nach einem perfekten Naturhafen
an der chinesischen Shantungküste,
wurde die kaiserlich deutsche Marine hier fündig,
doch glich die Region noch einer Wüste,
kahle Felsen, sumpfiges oder kaum fruchtbares Land,
geriet so zufällig in germanische Hand.

Ein Pachtvertrag auf 99 Jahre wurde geschlossen mit
der Mandschu-Regentin auf dem Drachenthron,
was die Briten im gleichen Jahr vorexerziert hatten
in Hongkong schon.
Ein Hafen wurde angelegt und gewaltig ausgebaut
und diente als Basis für unsere Ostasienflotte,
die schützte deutschen Handel und Kaufleute vor
Piraten und war keine imperiale Marotte.
Das Reichsmarineamt hatte reichlich Beamte, Techniker,
Truppenärzte und sonstiges Personal parat,
so entstand in Kürze aus dem armseligen
Fischerdorf eine mustergültige Stadt.
Das kahle Laoshan-Gebirge wurde vollkommen
aufgeforstet, es war ein Segen
und man begann eine Eisenbahnlinie 400 km
weit nach Shantung hinein zu verlegen.
Ein Schwimmdock und der gewaltigste Schiffskran
in Fernost beherrschten den aufstrebenden Hafenbereich,
welcher Tsingdao machte später so reich.
Aus dem neu erschlossenen Kohlevorkommen in

Fangse und Hungshan Revier,
versorgte eine Bahnlinie die Schiffe und schließlich endete
eine Zweiglinie der Transsibirischen Eisenbahnlinie hier.
Tsingdao selbst wurde eine gut organisierte
Stadt mit deutschem Flair,
grüne Anlagen, Reitwege, Rennplatz, Sportplätze,
Hotels und Badestrand erstreckten sich entlang dem Meer.
Auch für vermögende und geschäftstüchtige Chinesen hatte
der aufstrebende Ort eine magische Anziehungskraft,
in Trapatau, dem chinesischen Stadtteil
residierte die lokale Unternehmerschaft.
Die bekannte deutsche Bierbrauerei wurde 1904
gegründet und zum Brauen verwendet man Reis
und Heilwasser vom Laoshan,
heute ist sie die größte Brauerei der Welt,
doch in den Statistiken man es nachlesen kann.
Der internationale Schiffsverkehr nahm enorm
zu bis zum Kriegsbeginn,
die Reichspostdampfer boten 2 x wöchentlich
Verbindungen nach Shanghai und Tientsin.
Der Export bestand damals aus Kohle, Seide, Baumwolle,
Strohgeflechten, Erdnüssen, Erdnussöl,
tierischen Produkten und Bier
sowie diversen anderen Produkten,
die ich aus Platzgründen nicht erwähne hier.
Auch Geschäftsbanken waren zahlreich vorhanden,
drei Chinesische und vier Deutsche 1914 bestanden.

Krankheiten und Epidemien die weltweit in den Kolonien
für die Dezimierung der Bevölkerung sorgten wurden erkannt
und aus Tsingdao und der Region Kiautshou binnen zwei
Jahren verbannt.
Durch Kanalisation, strikte getrennte Bauweise,
Trinkwasserleitungen und Aufforstung hatte man das erreicht,
es gegen konservative Vorstellungen durchzusetzen war nicht leicht.
Ein modernes und hygienisches Schlachthaus war eine
revolutionäre Institution im großen Land,
durch prompte Erfolge das Misstrauen der
chinesischen Mitbürger schwand.

Das große Gouvernant-Krankenhaus und mehrere
Chinesische waren Stolz der Kolonie,
so etwas hatte man in Reich der Mitte bisher gesehen nie.
Auch in Bildungsinstitutionen investierte man viel,
außer dem Reformgymnasium und der Forstfachschule
entstand eine deutsch-chinesische Hochschule mit dem Ziel,
die erste europäische Universität in China zu werden,
deren Diplome im ganzen Reich anerkannt
würden von den Behörden.
Bodenspekulation wurde unterbunden
durch einen simplen Akt,
das gesamte Pachtgebiet wurde enteignet und
die Besitzer kompensiert, das ist ein Fakt.
Tsingdao entwickelte sich zum beliebtesten
Seebad im Reich der Mitte,

das hatte man alles erreicht durch rationale Verwaltungsschritte.
Die Industrialisierung und besonders der Bau der Poshan
Eisenwerke waren bereits vertraglich beschlossen worden,
da begann der Erste Weltkrieg mit seinem sinnlosen Morden.
Nachdem man die Verteidigungsanlagen hatte
nochmals provisorisch verstärkt,
fehlte es an schweren Waffen in diesem Werk.
Die dreimonatige Abwehr gegen japanische und britische
Belagerer kosteten die Deutschen 200 Gefallene und den
Japanern nahezu 10.000 Mann,
die Verbissenheit und Tapferkeit der Verteidiger
man nur erahnen kann.
Bevor die letzte Munition war verschossen und man
wegen der ungeheuren Übermacht kapitulieren musste,
Pilot Plüschow mit seinem Doppeldecker und
den Geheimdokumenten zu entkommen wusste.
Tsingdao und Kiautshou wurden im November 1914
von Japan übernommen,
sie haben die prosperierende Kolonie
auf dem Silbertablett serviert bekommen.
1922 fiel sie auf Druck des Völkerbundes an China zurück,
doch Japan besetzte es später wieder, Tsingdao hatte kein Glück.
Heutzutage ist es bei chinesischen
Hochzeitspaaren ein beliebter Sport,
sich aufnehmen zu lassen an diesem ehemaligen deutschen Ort.

***

Ähnlich wirkt dieses Modell im Stadtstaat Singapur, den ich ja bereits schon in einem anderen Zusammenhang erwähnte. Mit drakonischen Strafen sorgte dort eine chinesisch dominierte Regierung für saubere Luft und eine blitzsaubere Stadt. Auf Drogenimport und Missbrauch stand wie im Nachbarstaat Malaysia die Todesstrafe. Die Einfahrt in die Innenstadt ist nur mit einer sehr teuren Sondergenehmigung gestattet. Der Anblick von Bettlern und Pennern ist unbekannt. Auch als Wirtschaftsmetropole genießt sie den Ruf der Vertrauenswürdigkeit und Zuverlässigkeit und wird deshalb von Investoren sehr geschätzt. Ein wahres Wunder, denn praktisch vor seiner Haustür liegt Indonesien mit seinen von Menschen verursachten und von der Natur bewirkten Problemen. Auch Militärdiktaturen, die immer wieder unfähige Zivilregierungen ablösten, waren nicht in der Lage, grundlegende Probleme zu lösen.

Meine japanische Freundin Tomoko T. stammte aus einem alten Adelsgeschlecht der Samurais. Heirat mit einem Ausländer, auch wenn er familiär die besten Referenzen vorgewiesen hätte, wäre nie akzeptiert worden. So machte ich mir Gedanken über ihre Zukunft. Der Job als Stewardess bei der Lufthansa machte auf die Dauer keinen Sinn. Die Voraussetzungen waren folgende: Sie konnte schon mehrere Sprachen, konnte gut mit Menschen umgehen, hatte gute Geschäftsfähigkeiten, war finanziell gut abgesichert und verfügte über erstklassige Beziehungen. Eine von ihnen war ein Schulfreund, der im japanischen Wirtschaftsministerium tätig war. Bei Gesprächen mit Ausländern, die in Japan für ihre

Firmen tätig waren, hörte ich immer wieder, wie frustrierend das Einleben für sie in Japan sei. Da war nicht nur die Sprachbarriere, sondern auch die fremde Kultur und der Lebensstil, die im täglichen Leben Schwierigkeiten machten. Auch Geschäfte abzuwickeln liefe ganz anders als in Europa und dem Rest der Welt. Wir diskutierten gründlich über dieses Thema und sie recherchierte mit ihrem Freund, ob es schon Firmen gäbe, die für dieses Problem ein Lösungsangebot hätten. Die ausländischen Firmen kümmern sich natürlich um die Unterbringung. Für weitere Hilfeleistungen gab es eine Sekretärin als Ansprechpartner, damit wäre aber niemand wirklich zufrieden. Da waren wir sichtlich auf eine Marktlücke gestoßen. Tomoko kündigte fristgerecht ihren Job bei der Lufthansa und war die nächsten Monate damit beschäftigt, ihr Projekt auf die Beine zu stellen. Ich bedaure es nachträglich, nicht als stiller Teilhaber bei der Tokyo General Agency eingestiegen zu sein, wie ich das bei Manufactum in Deutschland getan habe. Die TGA bietet den ausländischen Firmen mehrsprachige Betreuungsdienste in Paketform an und meistert auch alle bürokratischen Hürden. Die Firma hat schon mehrere Auszeichnungen weltweit erworben. Eine bessere Werbung als Zufriedenheit der Kunden kann man sich nicht wünschen. Was für Hobbys hat nun solch eine extrem erfolgreiche japanische Geschäftsfrau? Sie ist, wie auch ihre winzige Suite beweist, äußerst bescheiden. In Japan muss besonders in Tokio, der mit 37 Mio. Einwohnern größten Stadt der Welt, alles zierlich sein. Tomoko besaß eine Kollektion von seltenen Mokkatassen. Außerdem verfügte sie noch über eine Kristallschale gefüllt mit Halbedelsteinen.

Tokio wurde tagtäglich über Anchorage/Alaska von LH und später direkt über Sibirien angeflogen. Zum Anschauen der Megacity blieb da keine Zeit. Dazu hatte ich dann Gelegenheit, als ich einen Sprachkurs an der Sendagaya Gakko belegte. Die japanische Schrift setzt sich aus drei Elementen zusammen: Hiragana ist die gängige Silbenschrift, mit der alles geschrieben werden kann. Für die gängigsten Ausdrücke der Elementarsprache werden jedoch immer noch chinesische Schriftzeichen/Kanji verwendet. Parallel zu Hiragana gibt es noch ein weiteres Silbensystem, welches bei ausländischen Ausdrücken, die in die japanische Sprache Eingang gefunden haben, verwendet wird. Die Betonung, auf die in der chinesischen Sprache großer Wert gelegt wird, spielt in der japanischen Sprache keine besondere Rolle. Das meines Wissens nach unserer lateinischen Schrift einfachste System ist das koreanische »Hangul«. Gewöhnungsbedürftig ist nur, wie die einzelnen Silben-Symbole zu einem Wort zusammengesetzt werden.

Korea wurde von LH verhältnismäßig spät angeflogen. Ein Grund dafür mag gewesen sein, dass es nur Geschäftsleuten gestattet wurde, ins Ausland zu fliegen. Die Regierung wollte damit vermeiden, dass zu viele Devisen ins Ausland abfließen würden, die dringend für den Aufbau des Landes benötigt wurden. Bis 1945 war Korea ja eine Kolonie Japans gewesen. Den Demokratisierungsbemühungen der Amerikaner mit dem aus den USA stammenden ersten Präsidenten Syngman

Rhee folgte die diktatorische Militärregierung des Präsidenten Park. Im Norden der Halbinsel etablierte sich dagegen ein von den Sowjets unterstütztes kommunistisches Regime mit dem Diktator Kim Il-sung an der Spitze. Die UN schickte dann Truppen, um den Konflikt zu beenden. Es gelang den Kommunisten, drei Mal fast das ganze Land zu besetzen. Erst bei einer Landeoperation in Incheon bei Seoul gelang es den UN-Truppen unter Führung des US-Marshals MacArthur, die Kommunisten aus dem Süden zu vertreiben. Als sich die Chinesen mit Freiwilligen einmischten, drohte MacArthur mit dem Einsatz von Atombomben. Präsident Truman entließ ihn daraufhin. Bei der amerikanischen Öffentlichkeit stieß dieses auf harsche Kritik. 1953 wurde der 38. Breitengrad als Grenzlinie zwischen den beiden Nationen festgelegt. Der Konflikt schwelt bis heute weiter. Das Diktatoren-Regime, man könnte es auch als Familiendynastie Kim bezeichnen, sitzt immer noch fest im Sattel des einzigen noch existierenden stalinistischen Regimes dank totaler Abschottung. Seit den Olympischen Sommerspielen hat sich Südkorea jedoch von seiner Abschottungspolitik verabschiedet. Dem kleinen Land mit 51 Mio. Einwohnern ist es gelungen, Japan und andere Industrienationen in die Schranken zu weisen. Es war schon lange nicht mehr darauf angewiesen, gut ausgebildete Arbeitskräfte wie Bergleute und Krankenschwestern ins Ausland auszuleihen und deren Gehälter teilweise einzubehalten, um diese für staatliche Projekte wie Infrastruktur zu nutzen. Zu der Zeit begab sich Präsident Park auf eine ausgedehnte

Reise nach Deutschland, um sich dort für seine Regierungs-
programme inspirieren zu lassen. Als Erstes interessierte sich
Park für die Planung und den Bau der Autobahnen und bat die
zuständigen Behörden und Unternehmen, seine Experten zu
beraten und entsprechendes Wissen zur Verfügung zu stellen.
Als Nächstes informierte er sich bei der Forstwirtschaft über
Wiederaufforstungspraktiken und Maßnahmen gegen die Erosion. Während des Krieges und in den Jahren danach waren
die Waldbestände auch aus der Not heraus ruiniert worden.
Anschließend besuchte er mit seiner Expertengruppe einige
deutsche Schiffswerften und gab dann Aufträge für mehrere
Frachtschiffe ab. Selbstverständlich besuchte er auch den »Ei-
sernen Vorhang« und die junge Bundeswehr und informierte
sich über den Ausrüstungsstand.

***

Meiji Tennō

Esthétique   – Proportia Divina ... S.224-226

Nach Jahrhunderten der Isolation
brach 1867 in Japan ein neues Zeitalter an,
als Kaiser Mutsuhito als Meiji-Tennō seine Herrschaft
in Tokio, dem früheren Edo, begann.
Die Macht des beim Volk unbeliebten
Tokugawa Shogunats wurde beendet
und er hat sich mit seinen Beratern der systematischen
Modernisierung der rückständigen Agrarnation zugewendet.

Dabei musste er viele Widerstände besonders der
feudalen Klasse überwinden,
um neuen Ideen zu verhelfen, in der konservativen
Gesellschaft Akzeptanz zu finden.
Eisenbahnlinien, Telegraphenleitungen und
befestigte Straßen durchzogen bald das Land,
Japaner begannen im Ausland zu studieren und
ein neues Schulwesen entstand.
Das Regierungs- und Verwaltungssystem
wurde grundlegend reorganisiert
und auf Anordnung des Tennos die erste Verfassung eingeführt.
Nach britischem Vorbild entstand eine
disziplinierte schlagkräftige Armee,
die sich als sehr erfolgreich erwies später zu Land und zur See.
Das erwies sich bei Konflikten wie im Sino-Japanischen
und im Russisch-Japanischen Krieg,
die beide führten zu einem erstaunlichen Sieg.
Bereits schon vor dem Weltkrieg wurden Korea, Formosa
und danach auch die Mandschurei annektiert,
in der Folge wurde Japan als gleichgestellte
internationale Großmacht akzeptiert.
Auch die Industrialisierung des Landes schritt zügig voran,
japanische Produkte erschienen auf dem Weltmarkt dann.
Der aufgeklärte Tenno führte westliche Sitten, Mode und
Kultur im Land der aufgehenden Sonne ein,
bei Hofe gab es auch westliche Menüs und europäischen Wein.
Der traditionelle Kimono und Geta beherrschten

weiter das Straßenbild,
doch auch westliche Kleidung allmählich in Japan Einzug hielt.
Die heutige moderne fernöstliche Nation wird auf das Wirken
dieses bemerkenswerten Meiji-Tennōs zurückgeführt,
in Japans jahrtausendealter Geschichte ihm ein
besonderer Platz gebührt.

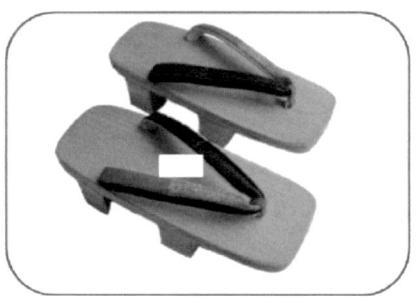

***

Vernünftige Einsichten wurden unmittelbar nach seiner Rückkehr
aus Deutschland umgesetzt. Die damals kahlen Berge sind heute
wieder dicht bewaldet. Die Naturschutzvorschriften sind extrem
rigide. Die Landbevölkerung muss sich in der trockenen Jahreszeit
das Rauchen außerhalb ihrer Behausungen abgewöhnen, um Wald-
bränden in den vorwiegenden Pinienbeständen vorzubeugen. Das
nach unseren Autobahnen nachempfundene Netz ist vorbildlich.

Ich war noch nie in Korea gewesen und besuchte nach Abschluss meines Japanisch-Sprachkurses in Tokio Seoul. Ein Be-

kannter hatte mich gebeten, dort einmal Kontakt mit der Firma aufzunehmen, deren Produkte er nur sehr teuer über die USA erhielt. Die Adresse, die ich besaß, war nicht mehr korrekt, und diese bei der Hauptpost, Polizei und in den Gelben Seiten herauszubekommen, war vergeblich. Englisch war damals noch nicht Schulpflicht und Japanisch noch verpönt. Korea zählte jedoch laut UNO-Recherchen, was die Schulausbildung betraf, nach Finnland zu den Ländern mit den am besten ausgebildeten Schulabgängern der Welt. Ich kam dann auf die Idee, den Optiker-Komplex Severance zu betreten und dort um Auskunft zu bitten. Es war gerade Flaute, so nahm sich der Chef persönlich Zeit für mich und überließ das Geschäft seinen zahlreichen Assistentinnen. In Korea sind Optikergeschäfte, Arzt, Klinik und Apotheke immer zusammen, was sehr vernünftig ist. Wie ich später erfuhr, war es das größte Geschäft dieser Art in Seoul. Ich war der erste Deutsche, dem er begegnete, aber war recht gut über das ebenso geteilte Land informiert. Wir saßen so Kaffee trinkend und plaudernd in seinem Office, bis ich ihn dann an den Zweck meines Besuches erinnerte Er meinte, dass die Labor-Chefin Mrs Kim sich meines Problems annehmen könnte. Er begleitete mich dann in das Obergeschoss, erklärte Mrs Kim kurz, um was es ging, und verließ uns wieder. Da stand sie nun, eine blendende Erscheinung, äußerst selbstbewusst, liebenswürdig, hilfsbereit und von einer überwältigenden Höflichkeit, wie sie allen Asiatinnen, aber ganz besonders den Japanerinnen so eigen ist. Koreanerinnen unterscheiden sich da jedoch wesentlich, denn sie haben einen kräftigen Schuss mandschurisches und mongolisches Blut in ihren Adern, was sie zu den »Preußen« Ostasiens macht. Mrs Kim überließ die Kundenbetreuung ihrem Team und widmete sich mir und meinem Problem. Bei Verständigungsschwierigkeiten konsultierte sie blitzschnell ihr voluminöses Sprachlexikon, welches sie unter ihrem Pult hervorholte. Nach mehreren Telefonaten fand sie den neuen Namen und die gegenwärtige Adresse der Firma heraus. Ich bedankte mich herzlichst bei ihr und ihrem Chef und versäumte es nicht, mir eine Visitenkarte von Severance Optics geben zu lassen. Ich nahm dann Kontakt mit der Firma auf und konnte es arrangieren, dass mein Bekannter in Frankfurt seine Bergsteiger- und Springerstiefel direkt aus Südkorea ohne Einschaltung eines Zwischenhändlers über die USA bekam, und er ersparte sich damit eine Menge Geld. Ich bedankte mich dann schriftlich bei ihr für ihre Mühe und bat sie auch, ihren Chef herzlichst zu grüßen. Nachdem ich das schon längst vergessen hatte, erhielt ich dann nach Monaten einen mehrseitigen Brief in tadellosen Englisch, in welchem sie sich für die verspätete Antwort entschuldigte und mir die näheren stressigen Lebensumstände, in welchen sie sich momentan befand, beschrieb. Sie hatte sich nach kurzer Ehe mit einem bekannten Bandleader scheiden lassen. Die Schwiegermutter, die sie sehr schätzte, hatte sich der kleinen Tochter Unjee, dem Resultat dieses kurzen Intermezzos mit ihrem Sohn, der sichtlich ein Schürzenjäger war, angenommen. Sie hätte nach ihrer Krankenschwesterausbildung in den Job als Orthoptistin wegen der besseren Bezahlung gewechselt, denn außer ihrer kleinen

Tochter hätte sie sich noch um ihre beiden Schwestern, die studierten, kümmern müssen. Der Vater konnte es nicht, da er als protestantischer Pfarrer die Regierung kritisiert hatte und als Dissident trotz hoher Kriegsauszeichnungen in einem Gefängnis für Regimegegner gelandet sei. Dort erlag er einer Lungenentzündung und die Last der Sorge um die Familie liege nun auf ihren Schultern. Die Mutter hatte sie schon im Alter von zehn Jahren verloren. Ein Hobby hatte sie jedoch trotz aller Belastung nicht aufgegeben, das wäre, als Amateurschauspielerin in einem Workshop-Theater mit Studenten aufzutreten. George B. Shaw und Tennessee Williams waren ihr nicht unbekannt. Abends besuche sie auch einen Englisch-Kurs. Später verriet sie mir, dass ihr Englisch-Tutor ihr bei der fehlerfreien Abfassung des Briefes geholfen habe. Mir imponierte es, wie sie ihr Leben meisterte. Da war ein Goldstück, das verdiente, gefördert zu werden. So entwickelte sich eine lustige Korrespondenz, in der ich Briefe mit Ansichtspostkarten aus der ganzen Welt verschickte. Von New York schickte ich ihr einige Schauspieltexte von amerikanischen Autoren.

So ging es eine ganze Weile, bis Lufthansa begann, einmal wöchentlich mit der DC 10 via Südostasien Seoul anzufliegen. Wir hatten also fünf volle Tage Zeit, Land und Leute kennenzulernen. Ich war natürlich privilegiert mit meiner nun schon in die Jahre gekommenen »Connection«, die mir erlaubte, mich ohne sprachliche Hürden dank einer attraktiven Begleitung frei zu bewegen. Wir logierten im »Walker Hill Hotel« am Han River und ich Glückspilz konnte Myoung-Sook Kim in 30 Minuten mit dem Shuttlebus in der Innenstadt erreichen. Nach und nach lernte ich dann auch ihre beiden Schwestern und Ehemänner, denn sie hatten geheiratet, sowie die reizende Schwiegermutter und ihre lebhafte kleine Tochter kennen. Sie durfte dann auf meinen Schultern reiten, als wir im Park spazieren gingen und das Aquarium besuchten.

Bei meinem bisher unbelasteten Junggesellenleben hatte ich mir kaum Gedanken über eine Eheschließung und ein Familienleben gemacht. Außerdem habe ich so viele abschreckende Beispiele erlebt, dass ich keinen Fehler machen wollte. Eines war nur sicher, mit 45 war bei mir eine Grenze erreicht, die Verantwortung für zwei Mitmenschen zu übernehmen. Die Frage des Nachwuchses hätte sich auch schon erledigt. Die Probleme, die sich bei einer Heirat mit einer Ausländerin ergeben, sollten auch bedacht werden. Ich setzte mich also hin und brachte alles für Myoung-Sook zu Papier, was mir nüchtern betrachtet zu diesem Thema einfiel, und gab es ihr zur Lektüre und zur Entscheidung. Ich wollte mir spätere Vorwürfe ersparen. Der irische Intellektuelle und Schriftsteller G. B. Shaw hatte die Ehe betreffend folgende Beurteilung von sich gegeben: »Ein Jahr Feuer, dreißig Jahre Asche.« Ähnlich äußerte sich der Berliner Satiriker K. Tucholsky in seinem kritischen Gedicht »Danach«, welches mit dem Satz endet: »… und darum wird beim Happy End im Film immer abjeblend!« Diese Beurteilung löste bei den muffigen Spießbürgern der jungen Weimarer Republik einen Sturm der Entrüstung aus. Der Autor hatte sichtlich den Nagel auf den Kopf getroffen. Bei den Nazis wurden seine literarischen Produkte auf die »Schwarze Liste« gesetzt und wurden Opfer der Bücherverbrennungen. Die Wahl des richtigen Lebenspartners ist vermutlich das größte Problem in unserem Leben. Wenn ich mich so umschaue, müsste man mir recht geben. Den Song »I promise you a rosegarden« kennen wir alle. Die Bewährung unter harten Alltagsbedingungen zeigt erst, ob die Wahl ein Jackpot war oder eine Niete. Nüchterne Einschätzung und Sachlichkeit vermisst man meist bei prospektiven Heiratskandidaten. Ich ließ ihr reichlich Zeit für die Entscheidung und genoss noch etwas mein Junggesellenleben. Von Natur aus sind Frauen dazu angelegt, in jungen Jahren wie Blüten vor der Bestäubung alle Pracht aufzubieten. Hat die Partnersuche mit Nachwuchs das Ziel erreicht, beginnen sie schon frühzeitig zu welken, was nur mit Kosmetika und Gesichtschirurgie aufgeschoben werden kann. Bei Männern sieht das schon etwas anders aus. Die Potenz lässt meist trotz aller Patentmittel nach, sie gewinnen jedoch an Würde und Überzeugungskraft, werden endlich ernst genommen und können sich im späten Alter um einen Sitz im Ältestenrat bewerben. In unserem zivilisierten Westen wird dies jedoch auf den Kopf gestellt. Senioren werden so schnell wie möglich in einem Altersheim deponiert und ihre Kompetenz und reiche Erfahrung liegen brach. Alles dreht sich nur noch um Behinderungen, Ärzte, Rezepte etc. Damit haben sich die Alten selbst entmachtet.

**

Va banque

Eines der wichtigsten Dinge im Leben ist genau besehen
die richtige Partnerwahl, das müssen Sie mir gestehen.
Doch leider sieht es damit verheerend aus,
schaut man sich um, es ist ein Graus.
Kein Wunder, denn ausgerechnet die Wahl des
Lebenspartners wird oft völlig dem Zufall überlassen,
mit einer Oberflächlichkeit, die ist kaum zu fassen.
Wo man sich kennenlernt, das ist völlig egal,
die Geschichten, die man oft hört, sind meist recht banal.
Hauptsache, sie ist gutaussehend, sexy und potent,
die Folgen dieser Einstellung man aus dem
täglichen Leben kennt.
Diese anfängliche Blindheit sich später rächt,

die Paare machen es sich zu einfach, und das ist schlecht.
Früher war die Liebe nebensächlich, wichtig war die gute Partie,
handfeste Argumente zählten und nicht die Phantasie.
Vermögende Erbinnen waren äußerst begehrt,
sie zu erwischen wurde besonders erschwert.
Da es um Vermögen ging, um Ansehen und wirtschaftliche Macht,
war größte Vorsicht bei der Partnerwahl angebracht.
Der Adel nahm es da besonders genau und es wurde
wie bei der Rassezucht sorgfältig selektiert,
für die ersten Kontaktaufnahmen wurde der
jährliche Debütantinnenball kreiert.
Das Wichtigste für die katholische Kirche ein
fester Glaube und die Zeugungsfähigkeit,
unsere 1000-jährige Diktatur forderte ein
Gesundheitsattest, um zu verhindern eine Erbkrankheit.
Heute klingt vielsprachig »Amore … Amore!« aus allen Kanälen,
die Songs propagieren, den Partner frei zu wählen.
Die größten Chancen zusammenzukommen haben der
Machotyp und für sie schönes Gesicht und sexy Mannequinfigur,
sonstige Qualitäten interessieren kaum, sie sind Nebensache nur.
»Ein Jahr Feuer und 30 Jahre Asche!« …
gibt man dann später insgeheim spöttisch zu,
doch einen »Dosenöffner« geehelicht zu haben,
das bereut man im Nu.
Außer Sex, wenn überhaupt, haben sie oft nicht viel zu bieten,
es sei denn, man steht nur auf attraktive Titten.
Sie versorgen den Haushalt mit Konserven und Tiefkühlkost,

die Mahlzeiten sind entsprechend
erbärmlich und ein einziger Frust.
Nähen, Stricken und Ausbessern sind
Schwachsinniges aus Urgroßmutter Zeiten,
sie erwirbt alles neu und lässt sich von
bunten Werbeprospekten leiten.
Die Bedienung der Tasten auf der Waschmaschine, das
beherrschen sie,
doch das sparsame und vernünftige
Haushalten begreifen sie nie.
Von der überflüssigen Garderobe mag ich gar nicht reden,
sie macht nur reich die Modeläden.
Ein Teil des Budgets geht für Puder und
nutzlose Verjüngungsmittel drauf,
solche einfältigen »Cremetöpfchen« existieren leider zuhauf.
Gegen eine ansprechende und gepflegte
Erscheinung ist nichts einzuwenden,
abstoßend ist es nur, wenn »L'Oréal«
klebt an Gesicht und Händen.
Wer auf den Unsinn hereinfällt,
den die Pharmaindustrie verbreitet,
ist naiv, das man von Seiten der Dermatologen nicht bestreitet.
Diese weiblichen Geschöpfe verbringen ihre Zeit beim
Coiffeur oder mit leerem Geschwätz am Telefon,
intellektuelle Qualitäten sucht man da vergeblich, mein Sohn.
Zum freundlich lächelnden Repräsentieren
mögen sie optisch manchmal geeignet sein,

aber den Mund aufmachen, das lassen sie besser sein.
Ist der Partner im Netz wird vorzeitig Nachwuchs produziert,
man hofft, dass man ihn so nicht mehr verliert.
Auf solch einem Fundament gedeiht auf die Dauer keine Ehe,
so endet es irgendwann beim Scheidungsanwalt, so ich das sehe.
Zurück bleibt ein Scherbenhaufen,
der belastet die Kinder und beide Teile,
bei einer klügeren Entscheidung wäre beider Welt noch heile.
Oft arrangiert man sich, um das Gesicht zu wahren,
solche Fälle sind es, die sich mehrheitlich um uns scharen.
Situationsbedingt sind viele froh, dass sie überhaupt
einen Ehemann abbekommen haben,
»Toresschlusspanik« ist auch eine der
belastenden Hochzeitsbeigaben.
Über die angeheiratete Verwandtschaft
macht man sich erst Gedanken, wenn es ist zu spät,
mit ein wenig Vorausschau, Nüchternheit und Disziplin
die zukünftige Partnerschaft oft besser gerät.
»Jeder Topf findet seinen passenden Deckel«
ist ein deprimierender Spruch,
nach dem idealen Paar ich jedoch sehr lange such!

***

Es gibt Berufe wie meinen, die es aus Vernunftsgründen ratsam erscheinen lassen, keine Ehe in jungen Jahren einzugehen. Die häufige Abwesenheit wirkt sich besonders negativ aus, wenn der

Ehepartner nicht berufstätig ist. Sind Kinder da, dann fehlt oft der Ehepartner, wenn Unterstützung bei schulischen Aufgaben notwendig ist. Eine gute Erziehung ist nur dann gegeben, wenn zumindest an Wochenenden der Partner anwesend ist. Der weibliche Ehepartner sollte unbedingt berufstätig sein oder zumindest über eine jederzeit einsetzbare Berufsausbildung verfügen, um im Notfall auf eigenen Füßen stehen zu können und weder von der Sozialhilfe, den Eltern oder einem Ehemann abhängig zu sein. Eine abgeschlossene Universitätsausbildung, die nie beruflich eingesetzt wurde, ist wertlos. Man sollte sich auch nicht auf den Staat verlassen. Der ist mit 2,4 Billionen Dollar schwer verschuldet und kann nicht immer erneut Sozialhilfe-Programme auf die Beine stellen. In einem anderen Buch von mir habe ich die Geschichte eines Freundes meiner Mutter erwähnt, der in einem Kriegsgefangenenlager für Offiziere in Sibirien eingesperrt war. Der General verfügte über keine manuellen Fähigkeiten und ließ sich von einem anderen Offizier, einem im zivilen Beruf Kleiderfabrikanten, den professionellen Umgang mit Nadel und Faden beibringen. Mit dieser nützlichen Handfertigkeit war er in der Lage, sich ein buchstäbliches »Zubrot« zu verdienen, welches er sich für Reparaturarbeiten erhielt. Das half ihm zu überleben, während viele seiner Mitgefangenen erfroren, verhungerten oder an Hoffnungslosigkeit umkamen. Er gehörte zu den Glücklichen, die dank des Verhandlungsgeschicks unseres Altkanzlers K. Adenauer nach Hause zurückkehrten. Allen seinen drei Söhnen ermöglichte er ein Universitätsstudium unter der Bedingung, dass sie vorher eine Handwerkerausbildung absolvierten.

Ich hatte inzwischen das aufgeklärte Alter erreicht und widmete mich intensiver meinem Hobby, welches sich auf englische und französische Klassiker-Automobile bezog. Wenn es zeitlich ging, war ich auf deutschen und internationalen Treffen und Messen dieses Thema betreffend, wie London, Maastricht, Essen, Paris und Genf. Mein ältester, aber nicht erster Klassiker war der BMW Dixi, ein Lizenzbau des englischen Austin 7, der in Eisenach produziert wurde. Es war die Cabrio-Version mit dem Reserve-Speichenrad hinten. Der 750 ccm 4-Zylinder-Motor hatte noch keinen elektrischen Anlasser und musste noch mit einer Handkurbel angelassen werden. Die Frontscheibe war herunterklappbar, was mir bei schönem Sommerwetter ein herrliches Fahrgefühl vermittelte. Die Speichen der Räder mussten ständig auf Korrosion kontrolliert werden, denn die Größe war schwer und anfangs nur aus England zu bekommen. Das Verdeck fehlte. Aus Rohrstangen konstruierte ich mir eine entsprechende Alternative. Beim Nähen des Verdecks aus imprägniertem Zeltstoff zerbrach ich so manch eine Nadel von Mutters Nähmaschine. Der Sattler brauchte meine mit normalem Garn gefertigten Nähte nur noch mit seiner Ledernähmaschine zu verstärken. Um bei der technischen Kontrolle gute Bremswerte zu erzielen, hatte ich mir bei einem Musikaliengeschäft etwas Kolophonium besorgt, welches ich auf die Bremsflächen der Trommeln auftrug. Geiger benutzen es für ihre Instrumentensaiten. Es wirkte vorzüglich. Der Mechaniker, der mir den Tipp gegeben hatte, warnte mich jedoch, es möglichst ganz sparsam anzuwenden, sonst entstünde der gleiche Effekt wie das Festrosten der Beläge bei langem Stehen im Winter. Um das zu vermeiden, müsste man den Wagen auch im Winter ab und zu einmal bewegen. Das ist natürlich auch vorteilhaft für die Reifen.

Mein erstes und lustigstes Fahrzeug war jedoch ein Kleinschnittger mit Motorradmotor, dem ich schon bei anderer Gelegenheit einen Artikel widmete. Dem BMW Dixi folgte mein englischer Sportwagen, der 2-Sitzer Cabrio Austin-Healey 100/4 BN1 Baujahr 1951. Ich entdeckte ihn im ungepflegten und verbeulten Zustand vor der Mensa der Göttinger Universität. Es war Liebe auf den ersten Blick. Ich hinterließ meine Visitenkarte mit kurzer Notiz an der Windschutzscheibe mit Bitte um Rückmeldung, falls Verkaufsinteresse bestände. Er erschien daraufhin bei uns und wir wurden schnell handelseinig. Der Student hatte sichtlich Finanzprobleme. Ich erwarb das Fahrzeug für 2.500 DM, eine beträchtliche Summe in der damaligen Zeit. Auf der letzten Klassiker-Messe in Maastricht/Niederlande wurde dieser Austin-Healey-Typ in tadellosem Zustand für 72.000 € angeboten. Mit ihm lernte ich, englische Workshop-Manuals zu lesen und Technik zu verstehen. Es fängt bei der Justierung der SU-Doppelvergaser an und hört bei der komplizierten Einstellung des Lenksystems und der Spur auf. Ich lernte auch mit Zoll-Werkzeugen umzugehen. Bei der Reparatur des Verdecks, bei dem einige Nähte aufgegangen waren, half meine Mutter mit Schusternadel und Garn. Nachdem ich mich um den Rost des Chassis gekümmert hatte, nahm ich mir die Karosserie und die Chromteile vor. Am wichtigsten war natürlich der betagte Motor, der aber noch gute Kompressionswerte aufwies. Die Ledersitze benötigten auch eine Überholung der Nähte, wobei meine Mutter mir wieder zur Seite stand.

Als ich dann in Paris an der Alliance Française einen Kurs belegte und im Grand Hotel Opera als Rezeptionist arbeitete, nahm ich meinen Healey mit, hatte es aber sehr schwer, mich an die Park-Angewohnheiten der Franzosen zu gewöhnen. Dort wird beim Ein- und Ausparken so lange hin- und hergefahren, bis es passt. Da wie in Deutschland bei Beschädigung der Stoßstange die Versicherung einzuschalten und die Polizei zu bemühen, ist lächerlich. Bei einem riesigen Auto-Recyclingunternehmen am südlichen Stadtrand von Paris entdeckte ich dann einen Austin-Healey gleichen Typs, der einen schweren Seitenschaden aufwies, der eine Reparatur überflüssig machte. Ich demontierte die Stoßstangen nach Genehmigung des Chefs und schaute mir dann noch den Motor an. Laut Tachometer hatte er eine geringe Laufzeit. Nach kurzem Zögern entschloss ich mich, den Motor auch zu erwerben. Ich half bei der Demontage und ließ den schweren Motor im Kofferraum verstauen und meldete mich bei einem englischen Reparaturbetrieb an. Die beiden Ledersitze hatte ich auch noch ausgetauscht. Wesentlich verjüngt, erhielt ich meinen Healey zurück. Die gerundete Frontscheibe konnte ich dank der raffinierten Vorrichtung eines Doppelscharniers herunterklappen, was mir im Sommer ein schönes Fahrgefühl vermittelte. Kein Sportwagen hat dieses Patent je übernommen. Damit keine Insekten und Staub in die Augen kamen, musste natürlich eine speziell abgedichtete Pilotenbrille getragen werden. Eine Lederkappe und ein Seidenschal halfen gegen Nackenschmerzen und Erkältung.

Zurück in München ließ ich den Wagen dann auf eine gerade auf den Markt gekommene Farbe Metallic-Blue umspritzen, hatte aber keine Freude mehr daran, denn mein Großonkel rief mich, dringend nach Mozambique/Portugiesisch-Südostafrika zu kommen, wo ich in das Management seiner Zitrusplantage eingewiesen wurde. Die Pflanzung war in tadellosen Zustand und profitierte von den reichhaltigen Ernten hauptsächlich von Orangen und Grapefruit. Diese gingen zu unserer nahen Verladerampe und dann per Güterwagen zum Gremio/Genossenschaft, wo sie verpackt oder zu Saft verarbeitet wurden. Mit dem Zug ging es dann zum Hafen Beira, wo die Verladung in Kühlschiffe erfolgte, die zum Abnehmer nach Jeddah/Saudi-Arabien gingen. Erdnüsse, Bohnen, Avocados, Mangos, Melonen waren für den lokalen Markt bestimmt und wurden auch direkt an einem kleinen Stand an der Fernstraße von Rhodesien nach Beira, die ja nahe der Farm verlief, verkauft. Onkel Günther wurde langsam alt und brauchte jemanden Zuverlässiges, dem er die Farm einmal überlassen konnte. Über die Abenteuer dort und den von den Sowjets angefachten Bürgerkrieg von 17 Jahren berichtete ich bereits schon an anderer Stelle.

Was jedoch Automobile betraf, gab es für das Alltagsgeschäft einen Traktor sowie einen Austin-Lastwagen. Hinzu kamen noch zwei unverwüstliche Land-Rover-Pick-ups. Der Service und kleinere Reparaturen wurden auf der Farm erledigt, dazu existierte eine Inspektionsgrube. Musste einmal ein Motor demontiert werden, stand ein Flaschenzug an einem dicken Ast eines Avocadobaums zur Verfügung. Besonders regelmäßig bedurfte es des Checks der uralten englischen Lister-Dieselpumpe, die für die Versorgung von Wasser aus dem Brunnen zuständig war. War man einige Tage auf der Jagd unterwegs, es ging meist in die Region des Rio Pungwe, dann nahmen wir alles mit, um mögliche Pannen sofort beheben zu können.

Abenteuerlich waren die zugewachsenen Dschungelpfade und die primitiven Brücken über den Rio Pungwe und seine Nebenflüsse. Es waren Pontonbrücken aus zusammengeketteten leeren Öl- und Benzinfässern, auf denen längs dicke Holzplanken in der Breite der Fahrspur befestigt waren. Die beiden Landrover wurden völlig entladen und die Ausrüstungsteile wurden von den Boys an das andere Ufer getragen. Onkel Günther setzte sich dann an das Steuer des ersten Wagens und balancierte ihn vorsichtig ans andere Ufer. Das geschah äußerst vorsichtig, denn im Fluss lauerten hungrige Krokodile, die auf Beute aus waren. Wenn beide Fahrzeuge die Überfahrt geschafft hatten, wurden sie wieder beladen. Wenn eine Brücke nicht befahrbar oder unsicher war, weil eine Tonne leck war, wurde per Funk der nächste portugiesische Militärposten informiert, der sofort für die Reparatur sorgte. O. G. hatte vom Gouverneur die Genehmigung erhalten, eine gewisse Anzahl von Kaffernbüffel, Antilopen und Nilpferde zu erlegen. Das allein schon deshalb, um seine Mitarbeiter mit Fleisch zu versorgen, was zum Deputat gehörte.

***

Nostalgie in Goodwood

Esthétique — Proportia Divina ... 212–214

Wer britisches Ambiente und betagte seltene Automobile liebt,
sich am besten zu zwei außergewöhnlichen
Happenings in Südengland begibt.
Der Earl of March erbte dort überraschend
vor einigen Jahren bei Chichester ein Schloss,
doch die finanziellen Erhaltungskosten waren recht groß.
Er reaktivierte deshalb den dazugehörigen kleinen
Flughafen und die Pferderennbahn,
auch die stillgelegte Autorennpiste gehörte zum
Reanimierungsplan.
Wieder hergestellt entwickelte sich besonders
diese zum Publikumsmagnet
und bei zwei großen Shows das Publikum in
Goodwood aus dem Häuschen gerät.
Beim »Festival of Speed« kann man alte
Rennwagen über die Piste jagen sehen,

alles, was Rang und Namen hat, sieht man
dann auf den Tribünen stehen,
wenn die vorsintflutlichen Bugatti-, Mercedes-
und Bentley- Rennwagen donnern vorbei,
erhebt sich ein vielfaches Begeisterungsgeschrei.
Beim »Goodwood Revival Festival« nimmt man
die frühen Nachkriegsjahre ins Visier,
entsprechendes »outfit« und Zeitzeugen der
Automobiltechnik präsentiert man hier.
Die aktiven Teilnehmer und das Publikum
erscheinen historisch gekleidet,
die Damen werden speziell wegen ihrer
exotischen Hüte beneidet.
Auch Nostalgiemilitärs paradieren ordensbehängt
und mit schwerem Gerät,
in Karnevalsstimmung der Tag vergeht.
Im Gegensatz zum »Festival of Speed«
mit seinem internationalen Flair
erscheint das »Goodwood Revival« mehr britisch und quer.

***

In Gondola, 20 km weiter westlich von Maforga, unserer Farm, befand sich die Werkstätte eines deutschen Multitalents, der auch für die Bestellung von Ersatzteilen aus der Südafrikanischen Union und Südrhodesien zuständig war. Er hatte auch ein Lager von gebrauchten Teilen, die er von verschrotteten Wagen gerettet hatte. Die Laufzeit von Fahrzeugen in Mozambique und Rhodesien war extrem lang, denn neue Automobile und Teile waren von hohen Importzöllen belegt und zwangen die Besitzer, ihre Fahrzeuge gut zu pflegen. Außen sahen alle ramponiert aus, aber liefen ausgezeichnet. Wenn wir irgendwo in der Umgebung bei Farmern eingeladen waren, schaute ich mir immer gern den Fahrzeugpark der Gastgeber an. Aus Nostalgie hatten sie oft in der Remise verborgen etwas Besonderes auf Lager. Daraus ergaben sich dann unterhaltsame Gespräche. Meist waren es englische Fabrikate wie Austin, Armstrong Siddeley, Humber, Rover, Jaguar und Lagonda. Seltener waren es Citroën Traction Avant und Mercedes 220. Als die ersten Zeichen von Terror-Überfällen auf abgelegene Farmen uns vom Norden erreichten und Nachrichten über Verluste der portugiesischen Armee durch Sabotageakte durchsickerten, ohne dass die UNO einschritt, traf ich den schweren Entschluss, meinen Großonkel zu verlassen und nach Europa zurückzukehren, worüber ich ja bereits schon berichtet habe.

Mein Freund in München, bei dem der Healey in der Garage stand, hatte während meiner langen Abwesenheit einen solchen Gefallen an dem Wagen gefunden, dass ich ihm den Sportwagen schließlich überließ. Ich hatte dann vorübergehend mein Klassiker-Hobby aus den Augen verloren. Immerhin hatte ich immer, wenn ich in London war, die Genehmigung, den Morris Minor meines Freundes zu fahren. Bei einer dieser Ausfahrten war es, dass ich einen Morgan 4/4 sah. Die Morgan Company hatte sich entschieden, eine neue Version mit dem Rover V8 Alu-Motor allerdings mit der alten Karosserie auf den Markt zu bringen. Mein Interesse an besonderen Autos war wieder geweckt worden. Ich gab mir einen Stoß und bestellte den Morgan Plus 8. Wartezeit zwölf Monate. In Paris wohnte ich früher mal kurz auf der Île Saint-Louis. Dort existierte auch der Morgan Club, vor dem ich einmal den äußerst seltenen Morgan 3-Wheeler erblickte. Lustig ist, dass am Ende der Insel die berühmte französische Schauspielerin Michelle Morgan ihr Palais hatte. Die Morgan Company ist meines Wissens die einzige Automobilfirma, die bis heute ihr Vorkriegs-Eschenholz-Chassis und ihre Karosserie beibehalten hat. Die Schmierung an den neuralgischen Punkten erfolgt wie beim Bentley S1 und Rolls-Royce Silver Cloud zentral. Altmodisch, aber effektiv. In Handarbeit wurden bei Morgan in Malvern Link, Worcestershire, die Fahrzeuge in einer ehemaligen Kutschen-Werkstätte zusammengebaut. Für damalige Verhältnisse war er mit 18.000 DM recht teuer. Ich hatte ihn zwar beim deutschen Vertreter von Morgan, Kenneth Flaving, geordert, fand es jedoch besser, ihn persönlich beim Hersteller abzuholen, was mir die hohen Transferkosten ersparte. Ich verband es auch mit einer Rundreise bei Freunden und Bekannten in England. Als es so weit war, flog ich mit der Vickers Viscount Turboprop nach Birmingham und fuhr dann mit der Bummelbahn nach Malvern Link. Trotz fester Zusage war der Plus 8 noch nicht fertig. Ich suchte mir also eine Bed & Breakfast-Unterkunft und verbrachte den Abend im Beauchamp Arms Pub, wo auch das Morgan-Team verkehrte. Als ausländischer Kunde gehörte ich bald dazu. Stammkunden hatten ihr namentlich gekennzeichnetes Beer-Jug über der Bar hängen. Er nahm es herunter und orderte »Same like always« oder »Lager Lime today«. Newcomer mussten warten, bis die Regulars bedient waren. Der Patron Peter Morgan ließ sich auch mal blicken und prostete uns von der Upperclass-Seite der Theke zu. Den neuen V8 Aluminium-Motor hatte Morgan vom Rover P5B und Rover P6 3500 übernommen. Er war ein Langläufer und fand bis weit in die 80er Jahre besonders in Sport- und Rennwagen Verwendung. Ich musste drei Tage warten, bis ich mich auf die Heimreise begeben konnte. In der Zwischenzeit konnte ich mich an der Atmosphäre erfreuen, die in den Werkhallen herrschte. Ich nutzte die Zeit und sah mir mit einem geliehenen Werkswagen die Grafschaft Worcestershire an. Endlich war der Wagen fertig. Der Sattler hatte sich zu viel Zeit für die honigfarbenen Ledersitze genommen. Farblich harmonierten sie mit dem British-Racing-Green der Karosserie. Nachdem ich meine angekündigten Besuche auf der Insel absolviert hatte, begab ich mich nach Dover, um mit der C & O Ferry zum Kontinent zurückzukehren.

Nach ein paar schönen Ausfahrten meinte es das Schicksal nicht gut mit mir. Nach einem Mehrtages-Flugumlauf benutzte ich die Autobahnausfahrt der US-Airbase, um dort auf die Bundesstraße zu kommen. Ein amerikanischer mit vier Offizieren besetzter Zivilwagen hatte nicht die Vorfahrt von mir beachtet und fuhr mir in die Seite. Die Offiziere hatten sichtlich eine Beförderung begossen und waren entsprechend angeheitert. Als ich vorschlug, die deutsche und die amerikanische Polizei hinzuzuziehen, flehten sie mich an, darauf zu verzichten wegen der zu erwartenden Disziplinarstrafen. Ich setzte daraufhin einen Schadensbericht auf, notierte die Zulassungsdaten und ID-Karten-Angaben aller vier Offiziere, die Angaben der amerikanischen Versicherung und meine persönlichen Angaben in Englisch und Deutsch, die von uns allen unterschrieben wurden. Sie waren sichtlich erleichtert, einen verständnisvollen Deutschen getroffen zu haben. Mein LH-Crew-Parkhaus war nur wenige Kilometer weit entfernt, sodass ich es schaffte, meinen Wagen auf eigener Achse dorthin zu bringen. Wegen des beschädigten Eschenholz-Rahmens plädierte der Schadensbegutachter für Totalschaden. Ich übergab die Abwicklung dann einem professionellen Schadensabwickler. Da eine Reparatur für mich zu aufwendig gewesen wäre, bot ich meinen Plus 8 dem Morgan-Vertreter K. Flaving zur Verwertung an. Die Angelegenheit ging dann so aus, dass Flaving mir einen fast neuen Peugeot 204 plus zwei Tonnen je 50 Liter Motoröl überließ. Die amerikanische Versicherung stellte sich trotz korrekter Unterlagen quer, wo es um die volle Bezahlung ging. Sie beanstandete, dass keine Polizei und

Military Police anwesend gewesen wären. Das hätte ich ihnen ja ersparen wollen. Mit meinem Flaving Deal waren sie dann schließlich einverstanden. Mit meiner heutigen Lebenserfahrung hätte ich es auf einen Prozess ankommen lassen sollen. Ich war damals jung und ungeduldig. Zum Trost sage ich mir heute: Der Unfall war ein Wink des Schicksals, denn der Morgan Plus 8 war motorisch »overpowered« und machte leichtsinnig, was mich irgendwann einmal das Leben gekostet hätte!

Meine nächsten Klassiker gehörten nicht mir, sondern zwei Freunden, die als Verleger von Schul- und Universitätsbüchern und der andere als Werbefachmann beruflich sehr unter Stress standen und kaum Zeit hatten, ihre »Schätzchen« zu fahren. Sie waren glücklich darüber, dass sie mir als Kenner der Materie ihre Oldtimer anvertrauen konnten. E. besaß einen Vorkriegs-»Citroen Traction Avant« und eine »Borgward Isabella«. Volkers Fahrzeuge waren ein »Singer«, ein französischer Facel Vega und ein Rolls-Royce Phantom III aus den 30er Jahren. Es war ein Vergnügen, all diese exotischen Fahrzeuge zu fahren und bei Oldtimer-Veranstaltungen zu präsentieren. Außer Benzin, Öl und Karosseriepflege entstanden mir keine weiteren Kosten.

Mein Peugeot 204 leistete mir währenddessen gute Dienste und stand die meiste Zeit gut geschützt im Crew-Parkhaus, während ich unterwegs war. Während eines Besuches bei meinem Freund in St. Gallen/Schweiz entdeckte ich dann bei einem Gebrauchtwagenhändler eine wunderschöne englische Limousine, einen Rover P6 2000 TC Baujahr 1969, die mir vorher noch nie aufgefallen war. Trotz seiner gepflegten Erscheinung wurde er nur für 1.000 CHF angeboten. Der Grund war folgender: Die Vorbesitzerin war Tierärztin und musste auch im Winter ihre erkrankten Tiere, besonders Kühe, über versalzene Bergpisten aufsuchen. Das Chassis war dementsprechend mitgenommen. Ihre Werkstätte hatte es versäumt, rechtzeitig Vorsorge zu treffen, und der sonst gut erhaltene Wagen hatte keinen Käufer gefunden. Ich ging das Wagnis ein und erwarb den silbergrauen Rover und überführte ihn sofort nach Deutschland. Meinen Peugeot 204 ließ ich bei meinem Freund in St. Gallen, der zwar gerade seinen Führerschein gemacht hatte, aber kein Geld hatte, um sich ein

Auto anzuschaffen. Mit dem Peugeot konnte er ein wenig trainieren. Um den Rover bald fahren zu können, ließ ich ihn bei einem Bekannten gründlich entrosten und schweißen und legte bei den Vorbereitungsarbeiten mit Hand an. Außerdem besorgte ich mir ein deutsches Workshop Manual/Reparatur-Handbuch. Dann beschaffte ich mir noch Informationen über das Fahrzeug aus England. Bei der Einführung auf der Automobil-Fair 1963 in London wurde er wegen seiner fortschrittlichen Technik und sicherheitsrelevanten Konstruktion zum Auto des Jahres gekürt. Die Bezeichnung P6 bedeutet Projekt Nr. 6, TC = Twin Carburetter und SU = Skinners Union Carburetters. Das Chassis war damals das sicherste weltweit. Alle Karosserieteile inklusive Dach konnten vom Chassis abgeschraubt werden, was Reparaturen und Ersatzteilmontagen extrem erleichterte. Die Motorhaube sowie der Kofferraumdeckel waren aus Aluminium. Die Federung der Vorderräder erfolgte durch genial konstruierte Umlenkhebel horizontal, um mehr Platz im Motorraum zu schaffen. Der Zylinderkopf war aus Aluminium und die Ventile wurden durch besonders gehärtete Distanzplättchen eingestellt. Das Getriebe war ein manuelles mit vier Gängen oder auf Wunsch auch ein automatisches. Sensationell und sehr aufwendig war die französische De-Dion-Bouton mit Öl gefüllte Hinterachse, die in Kurven ein äußerst angenehmes Fahrgefühl und Sicherheit vermittelte. Äußerst ungewöhnlich waren die nicht an den Hinterrädern, sondern in der Mitte platzierten Scheibenbremsen. Von der Konstruktion her genial, wurden sie oft wegen schwieriger Zugänglichkeit vernachlässigt, und außerdem hatten Mechaniker kaum Ahnung von ihrer raffinierten Funktionsweise. Ich vermute, dass in fast allen Fahrzeugen und nicht einmal bei Bentley, Rolls-Royce und Mercedes zu dieser Zeit eine serienmäßige Hohlraumversiegelung vorgenommen wurde. Ich denke, das war die allgemeine Firmenpolitik. Autos sollen nicht ewig halten und neue, scheinbar bessere sollen verkauft werden. Bei Flugzeugen geht das natürlich nicht so, da müssen alle Schrauben aus Edelstahl sein, um der Korrosion nicht die geringste Chance zu geben. Bei Automobilen ist das den Herstellern egal. Auspuffanlagen müssen nach ein paar Jahren wegen Korrosion von innen ausgewechselt werden. Nur bei einigen Edelkarossen sind diese serienmäßig mit Edelstahl-Auspuffanlagen ausgerüstet. Der englische Hersteller, der solche für alle Klassiker anfertigt, gibt eine »lifelong guaranty« darauf. Beim Interieur fielen mir die bequemen, außerordentlich aufwendig gestalteten Ledersitze auf. Die Lackierung in Metallic Silver Grey war damals auch etwas ganz Besonderes. Nachdem die Entrostungs- und Schweißarbeiten erledigt waren, begab ich mich an die Hohlraumversiegelung. Ich verzichtete darauf, den üblichen Teroson-Unterbodenschutz zu verwenden. Stattdessen trug ich transparentes Dichtungswachs auf, um von Zeit zu Zeit eine Sichtkontrolle vornehmen zu können.

Mein Protegé in der Schweiz, dem ich meinen Peugeot zur Verfügung gestellt hatte, meldete mir ganz aufgelöst, dass er einmal die Vorfahrt nicht beachtet und einen Unfall verursacht hätte. Ich regelte alles mit der Versicherung und verzichtete auf die Reparatur.

Mein erster Rover P6 machte mir viel Freude. Als das neue Airport Terminal 1 seine Pforten öffnete, hatte sich auch eine Tankstelle am Flughafen angesiedelt. Im Anbau befand sich eine Kfz-Werkstätte, deren Meister Becker Chef der Werkstätte der Rover Generalvertretung in Frankfurt Bergen-Enkheim gewesen war. Nach Schließung der Repräsentanz hatte er sich am Flugplatz selbständig gemacht. Für mich ein Glücksfall, denn ich konnte mir einen seltenen Wagen mit erstklassigem Service direkt neben der Lufthansa-Dienststelle leisten. Der Rover P6 war damals noch längst kein Oldtimer, sondern ein fast unbekanntes Alltagsauto. Es existierte jedoch schon ein Liebhaberverein dieser Marke, wo man sich austauschte und Ausfahrten zu landschaftlich schönen Regionen organisierte. Irgendwann nahm ich dann Kontakt mit dem Schweizer und Österreichischen Club auf, dem der Niederländische und Englische Club folgten. Inzwischen hatte mich Herr Becker auf eine verbesserte Version des Rover P6 4-Zylinder 2200TC Baujahr 1974 aufmerksam gemacht, den einer seiner Kunden, der auf einen Jaguar umsteigen wollte, anbot. Er war fast neu in »Tobacco Leaf« lackiert mit farblich dazupassenden Sitzen. Er hatte auch mehr Platz im Kofferraum, denn auf dem Kofferraumdeckel gab es eine raffinierte Vorrichtung, auf dem man das Reserverad diebstahlgesichert anbringen konnte. Dieses wurde dann mit einem wetterfesten Bezug abgedeckt, auf dem das eingestanzte Rover-Emblem mit dem Wikingerboot groß prangte. Die robusten formschönen verchromten Stoßstangen hatten sogenannte »Overrider«, um den Höhenunterschied zu anderen Autostoßstangen auszugleichen und damit unnötige Karosserieschäden zu vermeiden. Die heute gebräuchlichen Kunststoffstoßfänger sind ein Witz und völlig untauglich. Mein bisheriger Rover war ja noch völlig in Ordnung und hatte lediglich einige Kilometer drauf. Da für Rover-P6-Limousinen kein Markt existierte, entschloss ich mich, den Wagen komplett zu zerlegen. Stauraum hatte ich ja reichlich im Dachraum über meinem Junggesellendomizil. Den P6 parkte ich hinter dem Haus, wo er niemandem lästig fiel, und demontierte ihn in wenigen Tagen. Das Chassis ließ ich dann von einem Auto-Recyclingunternehmen abholen. Die für die reibungslose Verladung notwendigen Teile wie Lenkrad, Lenkgestänge, getriebe, Räder und Bremsanlage demontierte ich mit Genehmigung des Unternehmers an Ort und Stelle. Die ganze Demontage war für mich wie eine Lehrausbildung und kam mir bei späteren Reparatur-Vorhaben sehr zugute und sparte mir viel Geld.

Meister Becker war inzwischen nach Frankfurt an die Mainzer Landstraße umgezogen. Massen-Garagen, Verwaltungsgebäude, Taxi-Parkgelände und das große Hilton Hotel hatten die Tankstelle am Flughafen verdrängt. Sein neues Quartier teilte er sich mit einer anderen Kfz-Werkstätte und einem libanesischen Auto-Gebrauchtwagen-Exporteur. Außerdem befand sich da auch noch das Sarglager eines Beerdigungsinstitutes. Der Besitzer, ein geschäftstüchtiger Jude, hatte das ganze Areal günstig von der Deutschen Post AG erworben und lebte recht gut von den Mieteinkünften dieses Objekts und einiger Immobilien im »Red Light Distrikt« des Frankfurter Bahnhofsviertels. Vom Beerdigungsinstitut, dem das Sarglager neben Meister Becker gehörte, kann ich Folgendes kolportieren: Der Bruder des Institutsinhabers hatte praktischerweise ein Unternehmen für Haus- und Wohnungsauflösungen, ein recht lukratives Geschäft, da sie zusammen arbeiteten. Wenn es im Frankfurter Rotlichtmilieu Ärger gab und eine Leiche verschwinden sollte, wandte man sich an den Chef des Beerdigungsunternehmens und er kümmerte sich um eine entsprechende Entsorgung. Er wartete eine geeignete Beisetzung ab, wo keine Besichtigung mehr erforderlich war, packte die Leiche aus dem Milieu dazu und verschraubte den Sarg. Es gab natürlich noch andere Möglichkeiten. Ich vermute, dass die Kriminalpolizei von diesen Praktiken wusste, aber froh war, ein Problem los zu sein, das lange und ergebnislose Nachforschungen erfordert hätte. Der Libanese war übrigens ein Spezialist darin, bei seinen vorwiegend Mercedes Limousinen die Kilometer-Anzeige der Tachometer zurückzustellen, um den Verkauf später attraktiver zu gestalten.

Mein Faible für Rover-P6-Limousinen hatte sich sichtlich herumgesprochen. 1990 erhielt ich den Anruf eines »Schrauber«-Freundes mit der Information, dass bei Hanau in einer Garage ein Rover P6 2000 TC, Serie II Baujahr 1972 stände, der verschrottet würde, da sich bisher kein Interessent gemeldet hätte. Ich schaute ihn mir sofort an. Es war kein Zündschloss vorhanden und sämtliche Armaturenkabel hingen lose herum, die Nähte der schwarzen Ledersitze waren aufgeplatzt, der Lack »Almond« war stumpf, die Reifen untauglich. Die Kompression des Motors konnte ich ohne Zündschloss nicht messen. Trotz des negativen Eindrucks erwarb ich das Fahrzeug als Ersatzteilträger, nachdem Meister Becker mir zugesichert hatte, dass ich seine geräumige Werkstatt zur Demontage benutzen dürfte. Als Vertrauensbeweis gab er mir sogar den Ersatzschlüssel für die Werkstätte, falls ich mal abends arbeiten müsste. Ich sollte nur alle Dinge notieren, die ich gebraucht hätte. Als Zündschloss verwendete ich das, welches ich von meinem Schweizer P6 gerettet hatte. Die Prüfung der Kompression war positiv. Die ganze Hobbyschrauberei machte mir einen riesigen Spaß und aus der Demontage wurde eine Restaurierung. Herr Becker gab mir dann auch eine Bescheinigung und seine Kundennummer, damit ich mir auch Sachen in der Kfz-Bedarf-Großhandlung besorgen konnte. Beim Chassis verfuhr ich wie bei den Vorgängern und ließ es gründlich schweißen. Wieder wurden Hohlraum-Versiegeler und Rostumwandler Fertan eingesetzt. Es folgten der Check der Bremsbeläge und die Säuberung der Bremsleitungen. Einen großen Arbeitsaufwand erforderte die Vorbereitung der Karosserieteile für die Lackierung. Nach dem Anschleifen der alten Lackierung wurde eine Grundierung aufgebracht. Diese wurde ebenfalls mit Schleifpapier aufgeraut. Dann kam die endgültige Lackierung, über die ich mir lange den Kopf zerbrochen habe. Ich entschied mich dann für die seltene Rover-Farbe »Avocado«, ein leicht ins Gelblich gehendes Grün. Ich bin dieser Farbe auch bei Automessen und Treffen nie wieder begegnet. Die ganze Lackierarbeit wurde im Winter in der ungeheizten Garage von Herrn Becker vorgenommen. Der Lack musste jahrzehntelang nicht erneuert werden. Das defekte Auspuffsystem tauschte ich gegen das aus Edelstahl von Gough in England aus. Zuletzt bekam der P6 neue Reifen. Das Lenkgestänge, welches wegen des eingetrockneten Schmierfetts schwergängig war, tauschte ich gegen das vom Schweizer P6 aus. Wann immer ich an diesem oder anderen Folge-Autos arbeitete, versah ich sämtliche Schrauben mit Kupferfett, bevor ich sie wieder befestigte. Unbrauchbare Phillips-Kreuzschrauben ersetzte ich durch verzinkte Sechskantschrauben. Am Motor wechselte ich die Zylinderkopf- und die Ölwannen-dichtung, die ich aus England bestellen musste. Alle anderen Teile wie Ventilatorriemen, Thermostat und Hauptbremszylinder hatte ich ja von meinem Schweizer P6 noch in Reserve. Der Anbau der Karosserieteile erfolgte problemlos. Die Fertigstellung des Rover P6 wurde natürlich mit Sekt begossen und war nur durch die groß-zügige Zurverfügungstellung der Werkstätte möglich gewesen. Meinen »Tobacco« stellte ich dann einem Bekannten zur Verfü-gung, der durch einen Unfall seinen Jaguar hatte aufgeben müssen.

Irgendwann beantragte ich dann wieder einmal eine Kur in Bad Tölz. An einem Wochenende unternahm ich dann mit Genehmigung meines Arztes einen Ausflug nach St. Gallen, um dort Freunde zu besuchen. Nach Ankunft dort hörte ich dann plötzlich ein verdächtiges Klopfen und suchte mir einen uneingeschränkten Parkplatz und hinterließ hinter der Windschutzscheibe eine Nachricht, wo ich auf die Panne hinwies, und hinterließ auch die Telefonnummer meiner Freunde. Die besuchte ich dann anschließend und informierte sie über den Sachverhalt und fuhr dann mit der Bahn über München nach Bad Tölz zurück.

Um beweglich zu sein, schaute ich mich dann bei den örtlichen Autohändlern nach einem fahrtüchtigen »Ladenhüter« um und wurde fündig. Es war ein Simca-Chrysler, den ein Bauer in Zahlung für einen Neuwagen dort gelassen hatte. Er hatte nur noch drei Monate TÜV und war unterhalb total verrostet. Ansonsten war er tadellos in Schuss. Es war ein Versuchsmodell, dem man die windschlüpfrichste Form gegeben hatte. Der Wagen bewährte sich.

Nach der Kur wieder zu Hause, mietete ich mir einen Abschleppwagen, fuhr in die Schweiz und brachte den Wagen in die Werkstätte von Meister Becker. Ich hatte korrekt einen Ventilschaden diagnostiziert. Bei dieser Gelegenheit entschied ich mich dafür, gleich alle Ventile neu einschleifen zu lassen. Ich lernte dabei, wie man so etwas macht.

Den Simca-Chrysler hatte ich spottbillig erworben und es tat mir leid, mich wieder von ihm trennen zu müssen, denn mein

»Avocado« stand nun etwas verjüngt wieder zur Verfügung. Ich fuhr dann also mit meinem Franzosen auf einen Sonntagsmarkt. Simca-Chrysler war zu selten. Endlich meldete sich ein Türke, dem ich die Rostschäden zeigte. Das schreckte ihn jedoch nicht ab. Er sagte, sein Kollege wäre professioneller Schweißer, das wäre kein Problem. Er habe jedoch nur 100 DM dabei, ob ich jedoch einen guten Orientteppich als Zahlung akzeptieren würde. Ich hatte keine Probleme damit, bat ihn aber, mich mit dem Teppich nach Hause zu fahren. Er war zu Fuß da. Wir fuhren also zu ihm nach Hause, wo ich den Teppich bewundern durfte, und er fuhr mich anschließend zu mir, wo er noch meinen Rover bewundern durfte. Ich hatte ja bisher noch nie ein Auto verkauft, kannte jedoch genügend Geschichten, die im Club zirkulierten. Meine war nach orientalischer Bazar-Manier gewiss die lustigste. Was Gebrauchtteile betrifft, habe ich einen Schweizer Clubkollegen vor Jahren mal mit einigen Teilen versorgt, die er für die Restaurierung eines P6 dringend benötigte. Auf Zahlung verzichtete ich, aber bat ihn, bei ihm mal übernachten zu dürfen, da die Schweizer Hotels so teuer wären. So geht das auch. Was ausländische Clubs betrifft, habe ich mittlerweile auch mit den sehr lebendigen in Neuseeland, Australien, Südafrika, USA und Kanada Kontakt. Es war mein Artikel »My first car«, der großen Anklang erzielte und in einigen Club Magazinen veröffentlicht wurde. Es regte viele Clubmitglieder dazu an, sich zum gleichen Thema zu äußern.

Eines Tages rief mich mein Freund Rolf an und berichtete mir, dass er in den Annoncen eines Magazins für englische

Wagen etwas für mich entdeckt habe. Es handelte sich um einen Rover P6 3500 V8 Automatik Baujahr 75. Der Besitzer habe diesen aus der Schweiz importiert, wäre jedoch mit der Technik überfordert. Ich hätte doch Spaß an solchen Dingen. Platz wäre bei ihm genug. Außerdem hätte er noch eine Überraschung für mich. Auf seinem Grundstück stände ein Rover P6 3500, dessen Motor er für seinen MG benötigt hätte. Der Wagen sollte verschrottet werden, es sei denn, ich würde einige Teile demontieren. Rolf hatte mich richtig eingeschätzt. In einer Nacht-und-Nebel-Aktion erwarb ich den P6 aus Stuttgart und ließ ihn durchchecken. Beim Motor nahm ich einen Ölwechsel vor, gleichzeitig wechselte ich die Bremsflüssigkeit und das Servoöl. Dann wurde er entrostet und Hohlraum versiegelt. Weitere Aktionen waren bis auf Weiteres nicht erforderlich. Nun konnte ich mich der Demontage des zu verschrottenden P6 widmen, aber darin hatte ich ja bereits genug Training. Diese Teile haben mir in der Zukunft ein Vermögen erspart. Bei einem Clubtreffen bot mir ein Kollege dann eine Motorhaube der NADA-Version (North American Dealer Area) des P6 an. Diese unterschied sich von der Standard European Version durch drei Lufteinlässe/Hutzen, von denen man zwei auf Sommer = offen sowie Winter = geschlossen umstellen konnte, was genial einfach, jedoch effektiv war. Zusammen mit dem abgedeckten Reserverad auf dem Kofferraumdeckel verlieh es dem P6 ein etwas eigenwilliges Aussehen. Dieser P6-Typ wurde von der Metropolitan Police und Scotland Yard übernommen und war bis weit in die 80er Jahre im Einsatz.

Aus Neugierde wagte ich es dann doch noch einmal, nach Afrika zu fliegen, um unsere Farm zu besuchen. Das ging natürlich nur über Johannesburg und Simbabwe. Endlich war Friede, obwohl es noch bis 2015 dauerte, bis das Land von der UNO für Landminen-frei erklärt wurde. Wir Europäer sollten uns nicht darüber wundern, dass eine Minenräumung unter Einsatz trainierter Ratten so endlos lange dauert. In Nordfrankreich existieren immer noch seit dem Ersten Weltkrieg Stacheldraht umzäunte Areale, die wegen der dort verlegten Landminen und Gasmunition niemand zu betreten wagt. Bei der Ausweitung des Frankfurter Flughafens nach Süden wurde in den 90er Jahren Gasmunition gefunden, was es natürlich erforderlich machte, das gesamte Waldareal für über ein Jahr zu sperren. Mein »short cut« zur Lufthansa-Basis führte durch diesen Wald und ich musste wegen der Sperrung einen riesigen Umweg in Kauf nehmen, um meine Dienststelle zu erreichen. Eine weitere Sperrung wurde notwendig, als Massen von Demonstranten alles blockierten, um den Bau der Startbahn West zu verhindern. Mir taten die schwarzen Farmer leid, die noch lange nach Kriegsende bei der Feldarbeit ein Bein oder einen Arm oder auch das Leben verloren. In Simbabwe gab es Sprit nur auf dem Schwarzmarkt oder aus privater Hand gegen US-Dollar literweise.

Cecil Rhodes

Südafrika war noch ein wildes Land,
fast noch völlig in Abenteurer Hand.
Als die ersten Goldfunde wurden bekannt,
Glücksritter und Schürfer kamen von überall herbei gerannt,
meist Leute die nichts mehr hatten zu verlieren,
sie wollten schlicht am Reichtum partizipieren.
Als dann von einem Deutschen noch
Diamanten wurden entdeckt,
die Situation eskalierte und das Chaos war nahezu perfekt.
Ein weitsichtiger Engländer CECIL RHODES
nutzte die Situation,
erwarb damals unauffällig Minen und Konzessionen schon.
Fortuna war ihm wohl gesonnen und
er wurde so einflussreich mit der Zeit,
dass »De Beers Diamonds« zu gründen er war bereit.
Als nächstes wurde er gewählter Präsident der Cap Kolonie,
als solcher er plante Großes wie vorher geschehen nie.
Als »Empirebuilder« wurden Persönlichkeiten wie er bekannt,
neu erschlossene Länder wurden nach ihnen benannt.
Seine Vision war ein britisches Afrika von Capetown bis Cairo,
mit einer zentralen Bahnlinie verlaufend ebenso.
Man muss gestehen er hätte es fast geschafft,
hätten konkurrierende Kolonialmächte nicht
einen Strich durch die Rechnung gemacht.
Bei seinen Aktivitäten setzte er sich meist durch

mit diplomatischem Verhandlungsgeschick,
und hatte immer das Britische Empire im Blick.
Und führten geschickte Initiativen nicht zum Ziel,
dann erreichte seine private Söldnertruppe viel.
Neue Länder und Städte entstanden unter seiner Regie,
die südliche Region erlebte einen gewaltigen
Aufschwung wie vormals nie.
Mutige Siedler wanderten ein zu Hauf,
Landwirtschaft und Bergbau blühten auf.
Menschenleere Regionen wurden endlich belebt,
zu prosperieren man war dort bestrebt.
Cecil Rhodes steuerte alle Aktivitäten in seinem Bereich,
kein britischer High-Commissioner tat
es ihm an Machtfülle gleich.
Queen Victorias Aufmerksamkeit
wurde schließlich auf ihn gelenkt,
er wurde von der Krone geehrt und beschenkt.
Cecil Rhodes war eine der vermögendsten internationalen
Persönlichkeiten seiner Zeit,
ein luxuriöser Sonderzug stand ständig für ihn bereit.
Ihn verdankt man das erstklassige Eisenbahnnetz,
was noch heute im südlichen Afrika bis Katanga wird geschätzt.
Um gestrauchelten aber fähigen Jugendlichen
zu geben eine Chance,
sie wieder zu bringen in ihre Balance,
stiftete er großzügig für entsprechende Institutionen,
die jedoch arbeiteten nach seinen Instruktionen.

Für besonders Fähige vergab er Stipendien für Oxford,
im damaligen Empire der privilegierteste Studienort.
Aus diesem Milieu rekrutierte er seine
zuverlässigsten Mitarbeiter
die seine Unternehmen brachten weiter.
Es gäbe noch einiges pikante und
skandalöse über ihn zu berichten,
doch ich will sie verschonen mit solchen Geschichten.
Cecil Rhodes hinterließ im Süden Afrikas tiefe Spuren,
wie sonst kaum ein Angehöriger der Engländer oder Buren.

***

Der US-Dollar war die geheime Schattenwährung. Das Meikles Hotel akzeptierte nur meine Visa Card oder Cash in Dollar. Ich hatte vorgesorgt. Ein pfiffiger Hotelpage besorgte mir dann eine Mitfahrgelegenheit nach Umtali mit einem Privatauto unter der Bedingung, dass ich den Sprit beisteuerte. Nach Übernachtung in Mutare, wo ich der einzige Gast war und entsprechend freundlich behandelt wurde, begab ich mich zur Grenzstation, wo ich auf der mosambikanischen Seite ein Toyota-Sammeltaxi nach Vila Pery vorfand. Es war zwar völlig überladen, aber die Hauptsache war, dass ich weiterkam. Ich weigerte mich, meinen Seesack auf dem Dach verstauen zu lassen, er wäre gewiss am Zielort verschwunden gewesen. Ich benutzte ihn als Fußstütze. Am Scheibenwischer hing an einer Schnur ein Bündel getrockneter Fische, die der Fahrer in weiser Voraussicht nicht in der Kabine untergebracht hatte. In Villa Pery wechselte ich den Transport und fuhr mit einem weiteren Kollektiv-Taxi nach Gondola. Auf der ganzen Strecke ab der Grenze habe ich keinen einzigen Weißen oder Asiaten gesehen. Die letzten Farmer hatten sichtlich dem Land den Rücken gekehrt. Gegen meinen letzten Besuch war in Gondola wieder Leben eingekehrt. Der deutsche Kfz-Meister war jedoch auch verschwunden. Wer kümmerte sich wohl jetzt um die Fahrzeuge? Mit einem Lastwagen kam ich dann bis zur kurzen Abzweigung zur Farm. Dort führten jetzt die Missionare das Regiment und kümmerten sich hauptsächlich um Waisenkinder und solche, die an Aids erkrankt waren. Die Leiter der Mission, die im Bürgerkrieg lange in Geiselhaft der Terroristen dahinvegetiert hatten, waren abwesend und mit einem Kreuz auf Rädern dabei, gegen die unmenschliche Regierung der Mugabe-Regierung zu protestieren, und wurden vom mutigen Schwarzen durchs ganze Land begleitet. Der Diktator nahm sie nicht ernst und ließ die Religionsfanatiker gewähren. Unser großer Gemüsegarten war noch verwilderter als bei meinem letzten Besuch. Die Orangen- und Grapefruit-Bäume waren alle eingegangen. Kein Missionar hatte die Initiative ergriffen oder Schwarze eingestellt, um Abhilfe zu schaffen. Eine pensionierte englische Lehrerin kümmerte sich um die Waisenmädchen und brachte ihnen Lesen, Schreiben, Rechnen und Nähen bei. Für die Jungs stand neben dem Schulunterricht praktische Berufsausbildung auf dem Programm. Sie lernten Dachziegel aus Tonerde anzufertigen und zu brennen, in der Schreinerei mit Hammer und Säge umzugehen, Schneidegeräte zu schärfen. Es gab jetzt auch eine neue Halle, in der sie die elementaren Reparaturvorgänge an Motorfahrzeugen beigebracht bekamen. Dann gab es noch eine primitive Schmiede. Was fehlte, war nur ein tüchtiger Farmer, der es verstand, das Potential der ehemaligen Zitrusplantage zu nutzen, und wenn es nur für den eigenen Bedarf war. Onkel Günther hatte vor vielen Jahrzehnten westindische Cedrela-Setzlinge eingeführt und erfolgreich angepflanzt. Jetzt existiert ein ganzer Wald von Cedrela-Bäumen, die mittlerweile über 40 Jahre alt sind. Es war ein begehrter Schatz auf dem Weltmarkt, von dem niemand eine Ahnung hatte. Außerdem gibt es dort noch zahllose Kapok-Bäume, deren baumwollähnliche Samenfasern in Fernost sehr begehrt sind. Die Krankenstation war gepflegter als zuvor. Die deutsche Krankenschwester nahm kompetent Aufgaben wahr, mit denen sich bei uns nur Fachärzte befassen. Es war natürlich auch gut für ihr Selbstbewusstsein, wenn ihr niemand ins Handwerk pfuschte. »Florence Nightingale«, wie ich sie spaßeshalber nannte, konnte sich, wenn sie kompetenten Rat benötigte, immer an die Freundin von Tante Rosemarie Frau Dr. von Fürstenberg in Mutare wenden, die dort bis ins hohe Alter hinein ausharrte. Ein ehemaliger Polizist aus Capetown, ein freiwilliger Mitarbeiter, aber kein Missionar, nahm mich dann nach Harare mit, wo er an der dortigen Mission zu tun hatte. Ich flog dann über Johannesburg nach Capetown, um Verwandtschaft zu besuchen. Mit meinem gemieteten Wagen und zusammen mit der pensionierten Ärztin Dr. M. Krohn machten wir eine Tour zum Kap der Guten Hoffnung und durch die Cape Provinz. In Capetown logierte ich am Hafen in einem ehemaligen Gefängnis. Clevere Investoren hatten es zu einem Hotel umbauen lassen.

Auf Robben Island nahe vor der Küste saß Nelson Mandela seine Strafe ab. Da fällt mir folgender Ausspruch ein: »Man wird zum Präsidenten eines Landes gewählt und kommt dann wegen Korruptionsaffären ins Gefängnis.« Dieses Prinzip wurde in Südafrika auf den Kopf gestellt. »Zuerst sammelte Nelson Mandela Erfahrungen im Gefängnis, um dann geläutert Präsident zu werden!«

***

Krohn Brothers & Companie

Esthétique   − Proportia Divina ... S.60−69

Einst drängte ich mich in Lissabon in die
überfüllte altmodische Straßenbahn hinein,
am Praça-do-Mercado bog sie kreischend in
Richtung Jeronimo ein,

da erblickte ich plötzlich draußen eine
imposante Marmortafel an einem Café,
in Goldlettern »Krohn & Co. – Vinho do Porto« ich darauf seh.
Neugierig geworden steige ich an der nächsten Tramstation aus
und betrete anschließend dieses Caféhaus,
denn eine meiner mütterlichen
Vorfahren war eine geborene Krohn
und dieser Name ist recht selten schon.
Ich erkundige mich beim Patron nach dieser Companie,
deren Portweinmarke ich hätte vernommen noch nie.
Er informiert mich, dass »Krohn-Oporto«
als exquisiter Tropfen sei bekannt,
sehr teuer und alt, einer der Besten im Land.
Detailliertes würde ich gewiss in Oporto erfahren,
und ich recherchierte dort, als wir später im Norden waren.
Die Krohn & Co. existierte schon eine Weile nicht mehr,
als der Chef verstarb, war für die Witwe
eine Fortführung zu schwer.
Eine renommierte internationale Firma
erwarb das Traditionsunternehmen darauf,
solche Fälle sind alltäglich und sie gibt
es im Wirtschaftsleben zuhauf.
Als wir an einem Sonntag am Privatsitz auftauchten,
war gerade eine vornehme Hochzeitsparty im Gange,
gastfreundlich lud man uns ein,
das Fest dauerte noch recht lange.
Ich erfuhr bei einem Plausch mit dem

Unternehmer so ganz nebenbei,
dass noch eine verwitwete Krohn
auf der Insel Madeira ansässig sei.
Ich besuchte die Dame, als ich mal Urlaub dort machte
und einige Zeit auf der exotischen Insel verbrachte.
Mit dem Schiff setzte ich über zur Nachbarinsel
Porto Santo, wo ich einige Tage geblieben bin,
und verabredete mich mit Heather Wood-Krohn,
einer betagten und beliebten Journalistin und Engländerin.

Sie lebte in einer alten Windmühle umgeben
von einem entzückenden Blumengarten,
mit Blick auf den endlosen Strand,
auf dem sich zahllose Seevögel scharten.
Nicholas Krohn war Heather Woods begegnet,
als sie war Journalistin des New York Herald Tribune,

und als er als Manager des vornehmen Clubs und
Regierungsgästehauses in Nassau/Bahamas hatte zu tun.
Wegen eines Börsendesasters hatte Nicholas ihr nur
dieses bescheidene Anwesen hinterlassen,
und sie hatte sich entschieden, es nicht mehr zu verlassen.
Sie zauberte hervor aus verstaubten Kisten
bemerkenswerte Dokumente, Photographien und Listen.
Meine Vorfahrin mütterlicherseits wurde
in den Papieren auch dokumentiert,
welch ein Zufall, meine »Sherlock Holmes«-artigen
Recherchen hatten sich rentiert.
Anhand dieser Dokumente berichte ich hier
von dem Krohn-Clan, von Portwein,
Madeira und dem ersten russischen Bier:
Die Story beginnt 1785 auf der Ostseeinsel Rügen,
damals eine schwedische Besitzung,
Abraham Krohn erhielt dort von seinem
Vater eine tadellose Schulausbildung.
Er beherrschte Schwedisch und Deutsch im Nu,
später im Leben kamen noch Russisch,
Englisch und andere Sprachen hinzu.
Rügen war für berufliche Chancen kein Ort,
deshalb zog es ihn nach dem Schulabschluss fort.
Mit einer Bibel ausgerüstet und mit ein wenig Geld
zog es nach St. Petersburg den jungen Held.
Sein Onkel war dort Dirigent des Royal Orchestra,
er hoffte dort aufgenommen zu werden in der Musikerschar.

Stattdessen arbeitete er in der Palastbäckerei,
da sein Onkel konstatierte, dass er unmusikalisch sei.
Er erlernte schnell das Bäckergewerbe,
sein Meister war leider ein ständig betrunkener Serbe.
Später wurde ihm anvertraut die Leitung der Bäckerei,
da laut der Zarin er der Geeignetste dazu sei.
Jeden Morgen hatte er zum Vorkosten
vor ihrer Majestät zu erscheinen,
mit Brot und anderen Backwaren eingehüllt in weißes Leinen.
Katharina die Große war eine faszinierende Frau,
neben vielen anderen Eigenschaften war sie auch schlau.
Sie stand immer um fünf Uhr morgens pünktlich auf,
nachdem sie sich einen Kaffee kredenzt,
entzündete selber ihr Feuer und
erledigte allein ihre Korrespondenz.
Besonders häufig gingen Briefe an
Friedrich den Großen und an Voltaire,
das Schreiben fiel ihr überhaupt nicht schwer.
Ihr gefiel der junge, höfliche,
gebildete und gutaussehende Abraham,
sie entschied, sie müsste etwas dirigieren seine Lebensbahn.
Eines Morgens äußerte sie, dass sie besonders guter Laune sei
und der Erste, der den Raum betreten würde,
hätte einen Wunsch frei.
Es war natürlich der Bäcker mit seinem Brot für ihren Brunch,
sie erkundigte sich: »Abraham Davidowitch,
hast du einen geheimen Wunsch?«

Er berichtete ihr daraufhin von seiner
Idee für die Etablierung einer Bierbrauerei,
da die ständige Wodkasauferei eine Schande
und nachteilig für Russland sei.
Er habe Kontakt mit einem englischen Brauer,
nur die Finanzierung quäle ihn auf die Dauer.
Die Zarin hatte prompt begriffen die clevere Idee
und gab sofort Anweisung, dass er zum Schatzmeister geh,
um sich den veranschlagten Kredit von
30.000 Rubeln auszahlen zu lassen,
an der Neva nahe dem Alexander-Kloster erhielt er auch ein
Stück Bauland, er konnte sein Glück kaum fassen.

1790 ist die erste russische Brauerei,
eine Holzkonstruktion, fertiggestellt,
sein englischer Partner baut bald in Moskau
eine zweite Brauerei mit dem verdienten Geld.

Ein Feuer vernichtet das Holzgebäude der
St. Petersburger Brauerei schon nach einem Jahr,
ein solider Neubau aus Stein, der heute noch existiert,
bald zu sehen war.
Abraham Krohn wurde in Kürze
ein angesehener, vermögender Mann,
er heiratete und hatte zahlreiche Söhne und Töchter dann.
Friedrich der Älteste wurde Braumeister und seine rechte Hand,
die anderen Söhne ließen sich nieder in
Frankreich, Norwegen und Finnland.
Friedrich heiratete eine vornehme Russin, und alle Kinder
wurden im deutschen St. Petri Gymnasium unterrichtet,
sie hatten auch Hauslehrer, die sie in Musik, Englisch
und Französisch schulten, so wird berichtet.
Durch klimabedingte Tuberkulose wurde die Familie,
auch die Mutter starb, stark dezimiert,
Friedrich überließ deshalb die Brauerei seinem
Partner und ist mit seiner zweiten Frau, einer jungen
Deutschen, nach Dresden emigriert.
Seine beiden prominentesten Söhne waren
Nicholas und William
und bis zu dessen Ableben die
Lieblinge des Großvaters Abraham.
Sie hatten beide seinen starken Charakter geerbt
und seinen ausgezeichneten Geschäftssinn,
so packten sie beide schließlich ihre Koffer und
reisten zu sonnigeren Gefilden hin.

Nach dem subtropischen Madeira beide emigrierten
und sich in Funchal der Inselkapitale einquartierten.
1859 gründeten sie dort eine Weinfirma und exportierten
hauptsächlich nach St. Petersburg ihr Produkt,
sie wurden zu Hoflieferanten ernannt, und es wurden
beeindruckende russisch-deutsche Flaschenlabel gedruckt.
In Oporto stiegen andere Verwandte in das Portweingeschäft ein,
doch für diese Firma sollte der
Hauptabsatzmarkt das Britische Empire sein.
Nicholas war noch Junggeselle und pflegte morgens
früh regelmäßig mit Freunden auszureiten,
eines Tages sah er dann ein bildhübsches Mädchen
elegant zu Pferde vorübergleiten.
Er erkundigte sich bei einem Freund,
der beim Ausritt war dabei,
wer denn die entzückende junge Dame sei.
Es war die älteste Tochter Wilhelmina von
William Grant, den er hatte getroffen noch nie,
dieser stammte ab von der bekannten
schottischen Whisky-Dynastie.
Er versorgte hauptsächlich die
internationalen Dampfschiffe mit Kohle,
die auf der Route nach England, Kapstadt
und Asien legten an im Hafen an der Mole.
Beim Samstagstanz im Casino wurde er der Lady vorgestellt,
es war dann Liebe auf den ersten Blick …
es ging nicht ums Geld.

Später hielt er dann an um ihre Hand,
William Grant mochte ihn sofort,
ihm war willkommen dieser Bund.
Seine zweite Tochter Elizabeth kehrte
von ihrer Ausbildung in Schottland zurück,
als sie William traf, sprangen auch bei ihnen die Funken über,
das nennt man Glück!
Als Grant sich zur Ruhe setzte, wurde das
Unternehmen von den Krohn-Brüdern fortgeführt
und erst Jahrzehnte später, als der Suezkanal öffnete, liquidiert.
Doch Ida-Nadjesda, der Liebling des Krohn-Clans und
beider Brüder Schwester, wurde bisher übergangen,
nach erstklassiger Ausbildung war sie in Begleitung ihrer
französischen Gouvernante auf Europarundreise gegangen,
dabei verliebte sie sich in einen schneidigen
schlesischen Offizier und Baron,
und Friedrich, ihr Vater, akzeptierte in Dresden
Hugo von Eickstedt als seinen Schwiegersohn.
Die Tochter aus diesem äußerst glücklichen Ehebund
hieß gleichfalls Ida-Nadjesda und war für meinen
Urgroßvater ein kostbarer Fund!
Nicholas wurde in Madeira zum preußischen und
später zum kaiserlich-deutschen Konsul ernannt,
William als Vize-Konsul für Russland und
Konsul für Chile ihm kaum nachstand.
Die beiden Krohn-Familien erwarben Häuser in London,
die Kinder besuchten dort Schulen und Internate,

denn solche Bildungsmöglichkeiten es in Madeira nicht hatte.
In London wurde auch ein Handelsbüro etabliert
und die britische Staatsbürgerschaft erworben …
es ist dokumentiert.
Nicholas pflegte später eine schwarze Augenklappe
zu tragen, durch einen Reitunfall war ein Auge zu beklagen.
Madeira war ein beliebtes Ziel für offizielle Besuche von
Flotten und Schulschiffen internationaler Provenienz,
was einigen Schwung brachte in das
gesellschaftliche Leben der Inselprominenz.
Es erschien auch die russische Flotte mit dem Admiral
Großfürst Alexis Sergej, Onkel des Zaren Nicholas II.,
das Bankett wurde von den Krohn-Brüdern ausgerichtet unter
dem Sternenhimmel der subtropischen Breiten.
Der Erste Weltkrieg tobte später auf dem europäischen Kontinent,
die Geschäfte brachen zusammen,
was man alles aus den Geschichtsbüchern kennt.
Die Krohns, die noch in St. Petersburg
als Geschäftsleute verblieben,
wurden bei der Oktoberrevolution 1917
enteignet und vertrieben.
Man fand sie dann auch in Marokko, Brasilien und Südafrika,
eine wirklich abenteuerliche Schar.
Viele von ihnen traf ich auf meinen Reisen,
ich kann deshalb nur den Zufall preisen.

***

Ich habe nun endlich in Seoul meine südkoreanische Pfarrers-
tochter und Krankenschwester geheiratet. Nach ihrer Einreise
in Deutschland verbrachte sie ein halbes Jahr auf einer Sprachschule in Cambridge, um ihr Englisch zu verbessern. Das war
mein Grund, öfters auf die Insel zu fliegen. Ich nahm dann auch
einmal meine Mutter mit, der ich noch nichts von meiner Heirat in Südkorea verraten hatte. Sie und ihre Schwiegertochter
verstanden sich auf Anhieb blendend. Wir wohnten ja immer
noch in unserem Junggesellen-Apartment in Mörfelden nahe
dem Rhein-Main Airport.

Als Myoung-Sook aus Cambridge zurückkehrte, kam für mich
als Hobby nach Sammeln von seltenen Münzen, Karikaturen,
Steinen, internationaler Literatur und Beschäftigung mit klassi-
schen Automobilen noch die Suche nach einem außergewöhnlichen Domizil, in dessen Umgebung sich auch meine Mutter
wohlfühlen konnte. Myoung-Sook hatte auch ihre gewissen Vorstellungen. Die Suche ging immer nur an Wochenenden, soweit
es mein Flugplan zuließ. M. S. konnte in der Woche nicht, denn
sie hatte ein volles Programm mit der Sprachschule am Goethe
Institut und der Berufsausbildung am Diakonissenkrankenhaus
und späteren Tätigkeit als OP-Schwester. So suchten wir systematisch bis 1997 in immer größeren Kreisen um Frankfurt
herum nach dem allen Erfordernissen entsprechenden Objekt
und hatten dabei so allerlei Erlebnisse und lernten Land und
Leute kennen. Die Suche, welche Vogelsberg, Spessart, Oden-
wald und Taunus einschloss, endete abrupt, als ich bei Lektüre
des Inseratenteils der »Frankfurter Rundschau« den Text eines

Maklers entdeckte, der eine Villa, weiß verklinkert, Baujahr 1985, mit genügend Zimmern, Balkon, zwei Terrassen, Doppelgarage mit Inspektionsgrube, komplett ausgebautem Keller und Gartenhäuschen anbot. Außerdem wurden ein Kachelofen, Fußbodenheizung im Erdgeschoss, Zentralheizung im Obergeschoss erwähnt. Im Keller existierte eine Werkstätte mit Starkstrom-Anschluss. Das Objekt lag in einem Dorf am Fuß des Westerwaldes bei Weilburg an der Lahn.

Wir waren noch nie in Weilburg gewesen und dachten, es uns bei dieser Gelegenheit einmal anzuschauen, und machten, es war Ende November, einen Termin aus.

Das erste Mal, seit wir mit unseren Besichtigungstouren vor Jahren angefangen haben, war meine Frau begeistert. Für die Besitzer des Hauses war dieses ein reines Investitionsobjekt, denn sie besaßen ein Apartment in Bad Homburg. Sie hatte vor kurzem ein Haus in Ibiza geerbt und wollte jetzt dort investieren.

Dieses Mal hatte ich Einwendungen. Der Bahnanschluss war 10 km weit entfernt. Es gab keinen direkten Bahnanschluss mehr nach Frankfurt. Das Haus lag am Hang und besaß keinen Garten. Ich hatte Interesse an einem größerem Grundstück, wo ich mich nach der Pensionierung austoben konnte. Der Makler sprach daraufhin mit dem Chef vom Bauamt und plötzlich stand mir das an das Hausareal angrenzende Gemeindegrundstück zur Verfügung, mit 7200 m2 ein wenig viel, aber eine Teilung war nicht möglich. Der Hauserwerb ging dann dank meines Onkels, der Anwalt und Notar war, fast glatt über die Bühne. Ich hatte den satten Betrag von 300.000 DM bereits schon länger gespart und die weitere Hälfte wurde mir beim Hauserwerb von der Bausparkasse zinsgünstig zur Verfügung gestellt. Laut früherer Auskunft stand mir der Betrag von 600.000 DM bereits seit Anfang 1997 voll zur Verfügung. Als ich jedoch nach Abschluss des Kaufvertrages den Betrag überweisen wollte, wurde mir gesagt, dass ich einen dreimonatigen Überbrückungskredit für die 300.000 DM aufnehmen müsste. Da ich die ganze Angelegenheit noch vor Weihnachten erledigen wollte, setzte ich mich an meine Schreibmaschine und erklärte die Situation in Form einer Dienstaufsichtsbeschwerde dem Vorstandsvorsitzenden der Deutschen Bank, Herrn Kopper, und steckte das Schreiben in einen schwarz umrandeten Umschlag für Sterbeanzeigen und gab sie zur internen Weiterleitung an meiner Deutschen-Bank-Filiale am Airport ab und trat meinen Dienstflug nach San Francisco an. Als ich zurückkam, war der benötigte Betrag auf meinem Konto und ich konnte die Überweisung korrekt noch vor Weihnachten erledigen. Ich bekam dann ein kleines Geschenk und einen persönlichen Weihnachtsgruß vom Vorstandsvorsitzenden, in welchem er mir für meine clevere Art der Mitteilung gratulierte. Er erklärte mir, dass die Bausparkasse erst vor kurzem von der Deutschen Bank übernommen worden wäre und sie gerade dabei wären, »den Augiasstall auszumisten«. Er entschuldigte sich für das inakzeptable Verhalten. Er hat auf die erfrischende Art eines privaten Firmenpatrons reagiert, im Gegensatz zu den VVs & CEOs großer Firmen, für die Kunden nur noch eine statistische Nummer bzw. Zielgruppe sind. Ein typisches Beispiel für die Einstellung der späteren Manager der Deutschen Bank, Lehman

Brothers und Konsorten war, als herauskam, dass sie wertlose Derivate und Hedge Fonds überwiegend an Rentner, Pensionäre und unbedarfte ältere Anleger verhökert hatten, die dann ihre ganzen Ersparnisse verloren. Beim Börsenkrach 2008 ließen sie sich noch Tantiemen für ihre Fehlleistungen zukommen. Die einst seriöse Deutsche Bank ist zu einem internationalen Spielcasino degeneriert. Der aktuelle Börsenkurs ist ein Spiegelbild für das verlorene Vertrauen.

Dank guter Wertpapieranlagen konnte ich dann durch deren Veräußerung die Villa voll bezahlen und konnte auf die Inanspruchnahme der Bausparkasse verzichten. Was für ein schönes Gefühl, keine Schulden zu haben. Selten entstehen sie aus der Not heraus. Ursache ist oft fehlende Disziplin. Oft habe ich selbst Summen an Bekannte verliehen, wo ich oft einschätzen konnte, sie nie zurückerstattet zu bekommen. Freundschaften können dabei in die Brüche gehen. Am besten bleibt es in der Familie, wie es bei meinem Bruder der Fall war. Meine Frau schob dann meinem großzügigen Geldverleih endgültig den Riegel vor, ohne dass es zwischen ihr und ihm zu Differenzen kam. Meines Wissens nahm mein Bruder nie Kredite bei seiner Bank auf, außerdem war er Angestellter seiner eigenen Firma. Obwohl er schon damals über vier Jahrzehnte in New York und Los Angeles lebte, war er immer bei mir als Wohnsitz angemeldet. Er hatte nie die amerikanische Staatsbürgerschaft angenommen. Er war froh, dass er jemanden hatte, dem er seine hiesigen Angelegenheiten wie Rentenbeantragung, Bankkonto, Pass- und Personalausweis-Erneuerung, Krankenversicherung, anteilige Müllentsorgung, Flugtickets für Lufthansa etc. anvertrauen konnte. Alles, was mit irgendwelcher Bürokratie zu tun hatte, war ihm extrem lästig, und er war froh, dass er mich hatte, dem er das aufbürden konnte. Er war leichtsinnig, risikofreudig und ein unverbesserlicher Schürzenjäger, der zwei Mal mit großartigen Frauen verheiratet war und sich in gegenseitigem Einvernehmen scheiden ließ. Mit beiden habe ich noch ein gutes Verhältnis.

Wir zogen nicht gleich in unser neues Domizil um, sondern ließen unseren Vorbesitzern reichlich Zeit, um ihre Sachen zu entfernen. Einige Möbel übernahmen wir, wie die Garderoben- und Wäscheschränke im Umkleideraum und die Einbauküche. Mein Rover P6 »Tobacco« wurde zum Umzugswagen umgewandelt, indem ich ihn mit seinem Dachträger ausrüstete und alle drei Beifahrersitze demontierte. Die Kofferraumdeckelbefestigung lockerte ich so, dass ich diesen bei Bedarf abnehmen konnte, um sperrige Gegenstände unterzubringen. Alle Dinge, für die mein Rover sich nicht eignete, beförderte mein Freund Egbert, der einen Mercedes Kombi mit Anhänger besaß. Zuerst transportierte ich alle sperrigen Objekte meines Ersatzteillagers, die im Dachboden meines Apartments deponiert waren. Da meine Heizung mit Gas betrieben wurde, waren die beiden Öltanks überflüssig. Um diese zu beseitigen, erweiterte ich die Sicherheits-Einstiegsluke auf Türgröße und zersägte die beiden Tanks so, dass sie durch die neu geschaffene Öffnung gingen. Sie wurden dann einer nützlichen Verwendung zugeführt, denn sie bestanden aus einem unverwüstlichen Material. Der Raum wurde dann zu einem geräumigen Ersatzteillager umfunktioniert. Auch die Wechsel-Reifen deponierte ich dort.

Bei einem Deutschlandbesuch kamen mein Bruder und meine Mutter mit der Bahn zu Besuch. Zuerst zeigte ich ihnen ein heruntergekommenes Fachwerkhaus in meinem Dorf und verriet ihnen erst dann, als ich ihre enttäuschten Gesichter sah, dass es nicht ganz so schlimm sei, und umfuhr erst mal mein wunderschönes Biotop, bevor ich vor meinem attraktiven Haus hielt, dem ich den französischen Namen »Beaulieu« zugedacht hatte. Sie waren verblüfft. Nachdem das Reisegepäck im gemütlichen Gästeapartment verstaut war, schauten sie sich alles gründlich an, bevor wir uns auf die ausgedehnte Terrasse setzten, um das Ereignis mit Champagner zu feiern. Meine Mutter tat sich schwer mit dem Umzug zu uns, da sie viele Verwandte und Freunde in München und Umgebung hatte.

M. S. hatte ja nach ihrem Cambridge-Intermezzo das Goethe Institut besucht und Deutsch gelernt. Die Anerkennung ihrer koreanischen Ausbildung durch das Regierungspräsidium Darmstadt nahm etwa zwei Jahre in Anspruch. Zu dieser Zeit gab es einen Überschuss an Medizinstudenten, die keinen Job nach Abschluss des Studiums fanden. Es erschien deshalb als sinnvoll, noch einmal eine Ausbildung als Krankenschwester zu absolvieren. Dies geschah bei den Diakonissen in Frankfurt und sie blieb anschließend noch zwei Jahre dort, um dann zur Orthopädischen Abteilung der Universitätsklinik in Frankfurt zu wechseln und sich dort als OP-Schwester zu qualifizieren.

Meine Mutter schrieb fleißig Briefe, um Kontakt mit ihrer Schwiegertochter zu pflegen. Als sie durch mich erfuhr, dass M. S Schwierigkeiten hatte, ihre altmodische Handschrift zu entziffern, belegte sie einen Abendkurs, um Schreibmaschine zu lernen. Die nächste Hürde war, dass meine Mutter in ihrer Schulzeit Französisch gelernt hatte und auf ihren Reisen nur ein wenig Englisch aufgeschnappt hatte. Sie belegte also einige Abendkurse der Volkshochschule in Englisch. Ab und zu kam sie mit ihrem berühmten kleinen Koffer angereist, um M. S. deutsche Küche und besonders Backen beizubringen. Der Garten musste ganz neu angelegt werden.

M. S. Tochter Unjee aus ihrer kurzen ersten Ehe kam im Alter von 15 Jahren auch nach Deutschland, um hier ihre Mittlere Reife zu erwerben. Die Adoption nahm auch einige Zeit in Anspruch. Die Gesamtschule, die sie in Walldorf besuchte, behagte uns wegen der drogenabhängigen Mitschüler nicht. Sie schaffte es jedoch trotz dieser Schattenseite, dort ihren Abschluss zu machen. Mit dem Fund unserer Villa hatte sich auch fast die Frage mit der weiterführenden Schule gelöst. Im 10 km entfernten Weilburg, der alten hessisch-nassauischen Residenzstadt, gab es das als bestes in Hessen existierende Gymnasium, das Philippinum, eine Nachfolgerin der Herzoglichen Lateinschule. Ich machte einen Gesprächstermin mit dem Rektor des Gymnasiums aus, legte alle bisherigen Zeugnisse inklusive die vom koreanischen Konsulat übersetzten und beglaubigten Dokumente vor und fragte, ob es möglich sei, sie in das Gymnasium aufzunehmen. Er informierte mich, dass dieses wegen der fehlenden

Kenntnisse der zweiten Fremdsprache Spanisch oder Französisch nicht möglich sei. Ich versprach ihm, dass Unjee nach zwölf Wochen zur Prüfung bei ihm erscheinen würde. Unjee-Françoise (der westliche Namenszusatz war vor kurzem von der Behörde genehmigt worden) entschied sich für Französisch und wir schickten sie in eine Intensivschule nach Nizza an der Côte d'Azur. Dort studierte sie fleißig, denn sie wusste, um was es ging. Ich bemühte mich, als ich sie und eine Freundin in Monaco besuchte, nur Französisch zu sprechen. Ihre Privatunterkunft war bei einer gebildeten Französin, die mehrere Schülerinnen in ihrer Obhut hatte und deren Mann Kriminalbeamter war. Sie war also in guten Händen.

Sie war mittlerweile 18 Jahre alt und wurde von ihren Mitschülerinnen oft in das lebhafte Nachtleben Nizzas mitgenommen. Diese waren fast alle aus Russland, Polen und der Ukraine und waren Töchter von Oligarchen, die in der Zeit von Perestroika durch Spekulationen zu Vermögen gekommen waren. Westlicher Schliff und Französischkenntnisse konnten den meist bildschönen, langbeinigen und blonden Geschöpfen nicht schaden.

Unjees Taschengeld ging bald zur Neige, so sandte ich den begehrten Nachschub auf dem schnellsten Weg per Expressbrief. Die großen Scheine hatte ich durch Blaupapier und zusätzlich zwei Postkarten abgedeckt, das Geld hat sie jedoch nie erhalten. Ich wusste, dass es international untersagt war, Bargeld mit der Post zu versenden, bisher hatte es jedoch immer funktioniert. Ich bin nur neugierig, wie die Diebe den Inhalt dieses Briefes erraten haben … oder war es eine der Mitbewohnerinnen? Die »Geld-Tankstelle« setzte sich also ins Flugzeug und verband diesen Trip mit einem Besuch in Saint-Tropez.

Ab den 70er Jahren war der kleine unbedeutende Fischerort, in dem die Alliierten 1944 auch gelandet waren, plötzlich in den Fokus des internationalen Jetsets geraten. Ein Freund meines Bruders und mir hatte dort das Sommerhaus in einem großen Weinberg gemietet und uns auch während seiner Abwesenheit angeboten, dort zu logieren. Wolf Weber war ein Multitalent: Autor, Surfer, Schachmeister, Musiker, Schauspieler, Modedesigner, Fotograf und Börsenspekulant. Er besaß in Saint-Tropez eine kleine Modeboutique, die von einer Freundin geführt wurde. Der einst so verschlafene, angenehme Ort rückte in die Schlagzeilen, als er zum Sommerresort einiger Schauspieler und Chansonniers geriet. Brigitte Bardot beauftragte als Erste den Bau ihrer Villa. Das Areal, wo diese stand, wurde plötzlich zu einem bewachten Dominium, wo nur Privilegierte Zugang hatten. Der kleine Hafen war plötzlich wie in Cannes von Yachten aus der ganzen Welt belegt und wurde in den Wintermonaten ständig vergrößert. Früher bescheidene kleine Fischerhäuser und Lagerhäuser wurden plötzlich zu exquisiten Boutiquen umgebaut, die bekannte Parfums, Moden und Accessoires, echten und Modeschmuck offerierten. Das alte renommierte Café am Hafen gegenüber der vertäuten Yachten blieb jedoch das traditionelle rustikale Hafencafé und die Preise blieben im akzeptablen Rahmen. Nur einen Platz zu ergattern war Glücksfall, es sei denn, man hatte sich vorher mit einem »Platzhalter« arrangiert. Ganz wagemutige, besonders attraktive »Jeune filles« fragten schlicht, auf einen Schluck Champagner oder Vin Rouge eingeladen zu werden. Vielleicht klappte es auch am nächsten Tag, auf eine kleine Kreuzfahrt mitgenommen zu werden, natürlich nur, wenn nicht schon Frauen zur Crew gehörten. Mein Bruder und W. W. gehörten mit zur Schickeria und trafen sich bei Bekannten am Swimmingpool, wo auch mal Yves Montand, Romy Schneider und Gunter Sachs und andere Größen aus Film, Literatur und Wirtschaft auftauchten. Karl Lagerfeld stand noch am Anfang seiner Karriere. Alle mit seinem Auftreten Beeindruckende war der Begründer des »Investment Overseas Service« Berni Kornfeld, der seine »schwindelerregende« Karriere damit begann, dass er Aktienfonds in Form von Shares an US-GI's als steuersparende sichere Anlage verkaufte. Später weitete er sein Geschäft aus, indem er die deutschen Rentner und Sparer aufs Korn nahm. Ich sehe ihn noch in Saint-Tropez in seinem Hawaiihemd umgeben von einer Schar von Verehrerinnen, auf die »Mr Goldfinger« eine magische Wirkung ausübte. Er schleppte sein tragbares Telefon überall mit hin, um in aller Öffentlichkeit Börsengeschäfte abzuwickeln. So etwas wirkte natürlich, denn nur Wirtschaftsbosse verfügten über solche teuren Kommunikationsgeräte. Er verstand es perfekt, eine Show abzuziehen. Irgendwann funktionierte das Schneeballsystem nicht mehr und bei einer längeren Börsenbaisse platzte die Blase. Er wurde zwar angeklagt, verlor aber keinen Prozess, indem es ihm gelang, die Schuld auf seine Manager und sonstigen Mitarbeiter abzuwälzen. In Saint-Tropez traf ich auch die äußerst sympathische Tochter des bayerischen Butterkönigs, Catherina Meggle, die ständig von zwei Bodyguards begleitet wurde, denn man hatte schon einmal versucht, sie zu entführen. Erpresser hatten damals Hochkonjunktur.

Meine Adoptivtochter hatte also die französische Sprache gemeistert und legte, zurück aus Nizza, ihre Aufnahmeprüfung am Philippinum ab und startete ihre anstrengenden Jahre dort.

Um zu meinen drei Klassikern zurückzukommen, habe ich mich entschieden, »Tobacco« aus dem Verkehr zu ziehen und ihn zu demontieren. Der Besitzer eines kleinen Recyclingunternehmens ganz in der Nähe meines neuen Wohnortes erlaubte mir netterweise, dieses auf seinem Betriebsgelände zu erledigen. Die Teile fanden in dem früheren Heizöl-Stauraum Platz, in dem ich einige Regale aufgestellt hatte. Ich benutzte meinen Avocado weiterhin als Dienstwagen. Der P6 V8, den wir wegen seiner Farbgebung »Penguin« getauft hatten, wurde in einer ehemaligen Industriehalle untergestellt. Herr Becker, mein treuer Mechaniker, ist leider verstorben.

***

ONE-MAN-SHOW

Ein Papagei trifft Jesus 111-112

Tief in der Provinz hinter Bäumen verborgen, kaum sichtbar
an einem nebligen Morgen, eine stillgelegte Textilfabrik,
sie dient jetzt einem anderen Zweck.
In dem größten Teil regiert jetzt allein,
ein Diplomingenieur über die Halle aus Stein.
Er montiert an uralten Automobilen britischer Provenienz
und interessiert sich kaum für Daimler-Benz.
Mit modernen Autos befasst er sich nicht,
sie passen nicht in seine Sicht.
Von Triumph, MG, Morgan, Rolls-Royce
bis Healy, Bentley, Jaguar, das ist seine Choice.
Davon versteht er wirklich was,

und das macht ihm mächtig Spaß.
Beruf und Hobby sich hier ergänzen,
hier kann er mit seinem Wissen glänzen.
Und sei ein Problem noch so groß,
eine Lösung findet fast immer der Boss.
Je exotischer und älter ist das Objekt,
desto mehr wird sein Interesse geweckt.
Ersatzteilbeschaffung ist meist Sache des Kunden,
sonst kommt der Virtuose nicht über die Runden.
Er arbeitet manchmal bis Mitternacht,
damit pünktlich das Werk ist vollbracht.
Verblüffend ist an der Geschichte schon,
er besitzt eine Motorrad-Kollektion.
Eins steht sogar in seinem Salon,
wer's nicht gesehen, wer glaubt das schon.
Vor der Werkstatt verborgen, unter Efeu und Birken,
Ersatzteilträger wie beim Türken.
Man soll sich bloß nicht täuschen hier,
sie haben aus der Bredouille auch schon geholfen mir.
Das »Workshop« ist Understatement pur
und bekannt den Insidern nur.

**

Durch Zufall fand ich einen Experten in der Nähe von Gießen,
der sich auf englische Klassiker spezialisiert hatte und dessen
treuer Kunde ich wurde. Ein anderer seiner Stammkunden war

ein Bestattungsunternehmer, dessen Geschäftsmodell es war, mit Rolls-Royce-Limousinen Beisetzungen der Upperclass durchzuführen.

Myoung-Sook hatte einen neuen Job am Uniklinikum in Gießen gefunden. Für sie besorgte ich einen kleinen japanischen Daihatsu Cuore.

Meine Tochter fuhr jeden Tag 10 km mit dem Schulbus nach Weilburg. Sie beklagte sich immer wieder über die rüpelhaften deutsch-russischen Schüler, deren Eltern zu einer Minderheit in Sibirien, Kasachstan, Usbekistan und Turkmenistan gehört hatten und die noch die ungehobelten Manieren der Bewohner ihrer Herkunftsländer an sich hatten. Ich griff daraufhin noch einmal tief in die Geldtasche und meldete sie zu einem Führerscheinkurs an. Die schriftliche und mündliche Prüfung schaffte sie auf Anhieb. Nur bei der praktischen Prüfung fiel sie drei Mal durch, obwohl ich besonders das Einparken systematisch mit ihr trainiert hatte. Endlich klappte es, und ich begab mich auf die Suche nach einem passenden fahrbaren Untersatz. Es war schließlich wieder ein Daihatsu Cuore, mit dem ich mich mittlerweile gut auskannte. Die Sitzbank hinten baute ich aus, um mehr Platz für Einkäufe und sonstige Zuladung zu schaffen. Sie durfte jedoch erst dann ans Steuer, als sie den Motorölstand-Check, Sicherungen auswechseln, Luftdruckkontrolle, Räderwechsel bei Panne und Notstarten per Überbrückungskabel im Winter beherrschte. Auch das Verhalten bei Pannen und Unfällen erklärte ich ihr. Den Namen der Versicherung und die Versicherungsnummer hatte ich auf einem

Sticker vermerkt und innen an die fahrerseitige Tür geklebt. Bei ihrer ersten Panne schaffte sie es, das Rad zu wechseln, vergaß in der Aufregung jedoch, den Wagenheber, Kurbel, Radmuttern-Schlüssel und das Warndreieck mitzunehmen. Bei Partys brachte ich oder meine Frau sie selbst hin und holte sie auch wieder ab.

Oft kam ich todmüde frühmorgens von einem Langstrecken-flug zurück und sie empfing mich auf der Treppe mit der Bitte, doch schnell noch einen Aufsatz zu korrigieren oder eine Zeichnung zu verbessern. Ich erfüllte dann natürlich ihren Wunsch und konnte danach besonders gut ausschlafen. Ich half ihr auch sonst bei ihren Schularbeiten, wie ich das vorher schon bei der Krankenschwesterausbildung ihrer Mutter getan hatte. Nur bei Algebra, Arithmetik und Logarithmen-Berechnungen musste ich passen, das war nie meine Stärke gewesen. Dazu hatte sie ja ihren Schulfreund, der ein Ass in Mathematik war.

Es war an Weihnachten, Unjee-Françoise musste 18 Jahre alt gewesen sein, da fragte ich sie, was für berufliche Vorstellungen sie habe. Sie meinte selbstbewusst, sie wäre gerne Bankmana-gerin im Nadelstreifenanzug, der einige Sekretäre folgten, die ihre Akten trügen. Nun, warum hat das nicht geklappt? Sie hat dann Wirtschaft studiert, geheiratet und nach drei Jahren ein Kind bekommen. Ich habe mich damit abgefunden. Immerhin, was ihr nicht gelungen ist, das hat ihr Mann als Computer-Pro-grammierer geschafft.

Ich hatte meine Mutter auf zahlreichen Reisen mitgenommen und schickte sie auch regelmäßig zu meinem Bruder nach Los

Angeles. Sie verstand sich ausgezeichnet mit den Crews und meinen internationalen Bekannten und Freunden. Sie besuchte mich auch häufig, oder ich suchte sie auf, wenn sie als »Familienfeuerwehr« Haus, Kinder und Altenbetreuung übernahm, während das Jungvolk auf Urlaub war. Ein besonders nettes Verhältnis entwickelte sich dabei zwischen dem Baron Dörnberg und ihr. Sie begleitete ihn gerne auf der Jagd in den großen Waldungen, die sich um die Burgruine Herzberg, den Familienbesitz, hinzogen. Sein Heiratsangebot lehnte sie mit der vernünftigen Argumentation ab, das wäre nicht nötig, sie würden sich auch so ausgezeichnet verstehen und es gäbe nur Komplikationen mit den Erben. Seine Schwiegertochter war eine adelige Verwandte von uns aus Schlesien.

Nachdem einige Zeit verstrichen war, bekam ich eine Hiobsbotschaft aus München. Der Hausarzt meiner Mutter hat die Lymphkrankheit Hodgkins diagnostiziert. Er beruhigte und informierte uns, dass diese Krankheit fast immer nur bei jungen Menschen zu tödlichem Ausgang führen würde. Meine Mutter würde noch viele Jahre leben. So hatte es wirklich den Anschein. Meine Mutter war weiter auf Reisen, fuhr Rad, war in einer Gymnastikgruppe, schwamm regelmäßig, unternahm Wanderungen und half uns bei der Gartenarbeit. Zu unserer Beruhigung waren keine Beeinträchtigungen festzustellen. Ich machte dann meine reguläre Sportkur, dieses Mal in Prien am Chiemsee südöstlich von München. Dort erhielt ich dann vom Bruder meiner Mutter Graf Kospoth die schockierende Nachricht, dass meine Mutter schwer krank im Krankenhaus sei und nicht mehr lange zu leben hätte. Ich bekam dann die Sondergenehmigung, nach München zu fahren und meine tapfere Mutter aufzusuchen. Ein Verwandter, der bei Prien eine Segelschule hatte, fuhr mich, da ich mit der Bahn zur Kur gereist war. Mammi konnte nur noch flüstern, aber besprach, praktisch wie sie war, alles ihr Ableben Betreffende, gab mir einen Notizblock, in dem alles Besprochene nochmal in ihrer altmodischen Schrift aufgelistet war. Meinen Bruder hatte ich informiert und ihm über die LH-Station mit Company Mail ein Standby-Ticket zugesandt. Er kam leider zu spät, konnte sich aber noch um die Einäscherung und Auflösung der Wohnung kümmern. Ich half dann mit, da meine Kur beendet war, und mietete einen Transporter, um einige von den schönen Möbeln mit nach Hause zu nehmen.

Ich besaß nun eine große Villa mit reichlich Platz für Gäste, welche das angenehme Ambiente und die wunderschöne Umgebung genossen. Meine Möbel waren neben einigen Erbstücken alle aus Fernost oder Südost-Asien in einem schwer einzuordnenden exotischen Stil aus massivem Rosenholz, das aus den Gebirgswäldern des Himalayas stammt. Sie sind mit feinen Messing-Einlegearbeiten versehen. Ich frage mich immer noch, wie ich es wohl geschafft habe, all diese wunderbaren Stücke nach Deutschland zu bringen. Ein Vorteil mag gewesen sein, dass sie alle zerlegbar waren. Das Zimmer der Tochter war dagegen mit weißen IKEA-Möbeln ausstaffiert. Die Wände waren mit Welt- und Fernostkarten behängt. Das ersparte ihr viel Blätterei im Britannica Atlas.

Wegen der schrägen Wände im ausgebauten Obergeschoss hatte ich keinen festen Raum für meine Bibliothek, so wurden die zahllosen Bücher über alle Räume des Hauses verteilt. Was die Encyclopaedia Britannica im Salon betrifft, war sie ein Geschenk meines Bruders zum Anlass des Villen-Erwerbs. Was meine bisher verpackten Gemälde betraf, fanden sie endlich würdige Plätze im gesamten Haus.

Das am Hang liegende verwilderte Grundstück wartete darauf, genutzt und gepflegt zu werden. Der Bereich direkt hinter meiner Villa war mit Schlehen- und Weißdornbüschen bewachsen. Eine Gruppierung von Salweiden war von einem undurchdringlichen Gebüsch von Essigbäumen und Brombeer-Gestrüpp umgeben. Die wenigen Apfelbäume waren alle umgestürzt und verrottet. Diese beseitigte ich zuerst. Oberhalb war an der Straße ein Transformatorenhaus, das ich später vom Energiekonzern erwarb. Von dort bis zum Ende meines Grundstücks auf der anderen Seite wuchsen ebenfalls Büsche. Der Rest war Weideland, welches einmal jährlich von einem Pächter für seine beiden Pferde genutzt wurde. Ich stellte es dann einem örtlichen Schäfer gratis zur Verfügung und ersparte mir so das lästige Mähen.

Bevor ich mich weiter um das große Naturareal kümmerte, ging es darum, einen terrassierten Garten anzulegen, der die gesamte Länge des Hausgrundstücks einnahm. Was schließlich entstand, war ein zum Schutz vor den Rehen eingezäunter Garten mit 50 Weinstöcken, 25 m grünem Spargel, drei Maulbeerbäumen, einem Ontario- und einem Geheimrat-Oldenburg-Apfelbaum, einem Williams-Christ-Birnbaum, zwei Sauerkirsch-bäumen, an Büschen: Johannes-, Stachel-, Aronia-, Jostabeeren und Himbeeren. Auf dem Hausgrundstück pflanzte ich zwei Pfirsichbäume, einen Mirabellen- und einen Aprikosenbaum. Am schwierigsten war die Pflanzung eines Walnussbaumes. Da man von diesem erst nach 15 Jahren erntet, entschied ich mich, das Warten darauf zu verkürzen und einen bereits siebenjährigen zu erwerben. Der Transport und das Transportieren an seinen Pflanzort war eine Plackerei, aber es hat sich gelohnt!

Außerhalb des Gartens an der feuchten Stelle neben den Weiden legte ich einen Goldfischteich an. Da das am Hang geschah, fiel er in der Länge von ca. 12 m aus. Das Wasser für den Teich und den Garten erhielt ich von einer Quelle etwas oberhalb der Weiden.

In einer Baumschule besorgte ich mir nach und nach alle gängigen Obstbäume, die gut angingen und uns dann bald mit reichlich Früchten versorgten, die wir zu Marmelade, Gelee, Kompott und Saft verarbeiteten. Trotz guter Pflege gingen unsere Edelkastanien nach ein paar Jahren ein. Die Verursacher waren Wühlmäuse, denen scheinbar die Wurzeln gut schmecken.

Eine andere sumpfige Stelle bereitete mir Kopfschmerzen. Als die Anlage einer Drainage nicht half, pflanzte ich dort eine »Napoleon«-Pappel, die dann ab dem dritten Jahr nach Pflanzung das Problem löste. Napoleon hatte erkannt, dass die schlanken Pappeln kaum Schatten verursachten und viel Wasser benötigten. Er ließ also alle seine Heerstraßen rechts und links mit diesen Pappeln bepflanzen. Außerdem hatten diese Alleen eine gewölbte

Oberfläche, von der das Regenwasser in seitliche Gräben ablief. Diese Straßen wurden gepflastert und mit Kilometersteinen versehen. Die Wagen blieben nicht mehr im Schlamm stecken und man kam schnell vorwärts. Sie waren außerdem so breit, dass der Gegenverkehr ungehindert vorbeikam.

Ich sorgte auch dafür, dass mein Wildpark durch besondere Anpflanzungen bereichert wurde wie Platane, Atlas-Zeder, Robinie, Wildkirsche, Lorbeer, Ginkgo biloba. Der außergewöhnlichste war ein chinesischer Mammutbaum »Metasequoia glyptostroboides«. Diesen Baum fand ich nach langer Suche in einer auf seltene Baumarten spezialisierten Baumschule. Wie der Ginkgo-Baum gehört er zu denjenigen, die schon in der Zeit der Dinosaurier existierten. Mammutbäume können über 3000 Jahre alt werden. Dieser Baum gehörte bereits vor dem Zweiten Weltkrieg zur Gruppe der ausgestorbenen Bäume und Pflanzen. 1941 jedoch, als ein Regiment der national chinesischen Kuomintang-Armee in den Himalaya-Ausläufern in der Provinz Szechuan eine Militärübung machte, wurde ein Offizier in einem abgelegenen Tal auf einen Wald von Redwood-Mammut-Bäumen aufmerksam, die überlebt hatten. Für ihn als Biologe im Zivilberuf war das ein sensationeller Fund. Er sammelte mit Hilfe seiner Soldaten die Samen ein und schickte diese an den Oberbefehlshaber Marschall Chiang Kai-shek weiter mit der Bitte, diese über Britisch Indien an alle großen botanischen Gärten der Welt zu schicken.

Wie schon erwähnt, habe ich mir als Wein-Connaisseur in den Kopf gesetzt, einen kleinen Weinberg hinter meinem Haus anzulegen. Bei 300 Meter Höhe und im Westerwald vielleicht eine Schnapsidee, doch ich hatte diesen dann in meinen Garten integriert. Erst nach ein paar Jahren konnten wir die ersten Trauben ernten, die wir dann pressten und den Saft zum Vergären in Glasballons abfüllten. Der Wein später war zwar sauer, aber fand im Winter als Punsch Verwendung. Ich fand dann heraus, dass er sich gut mit Apfelsaft vermischen ließ.

An meinem Naturgrundstück steht, wie ich schon erwähnte, ein geräumiges Transformatorenhaus mit Flachdach. Als dieses von dem Elektrizitätsversorger Süwag aufgegeben wurde, verhinderte ich die Beseitigung und erwarb es zum Stauort von Karosserieteilen für meine Klassiker, Rasenmäher, Bauholz und unsere Fahrräder. Um das Äußere etwas attraktiver zu gestalten, verwandelte ich das ganze Gebäude in eine arabische Kasbah mit Dattelpalmen, Säulenkaktus, Kobra und Kamel. Ich, als Sammler von Streetart, habe nun selbst bewiesen, dass ich auch mit Pinsel und Farbe umzugehen verstand.

Auf meinen Spaziergängen in der Umgebung hatte ich bald den Almerskopf entdeckt, der vor einigen Millionen Jahren noch Lava und Feuer gespuckt hatte. Die Caldera existierte immer noch, doch der östliche Ring war von einem Basaltunternehmen abgebaut worden. Oben, um den entwaldeten Vulkankegel herum, hatten Kelten gelebt, wie man es noch an Bronzefunden und den zerfallenen Ringwällen erkennen konnte. Um das tiefer gelegene Vulkangelände herum hatten die Behörden auf Veranlassung des Bundesministeriums für Verteidigung hin ein ausgedehntes streng überwachtes Munitionslager eingerichtet. Vom Eingang aus führten diverse durch Stahlbarrieren seitlich geschützte asphaltierte Straßen rund um den Vulkan zu Plätzen, die von U-förmigen Erdwällen und Blitzableitern geschützt waren. In diesen befanden sich mehrere hölzerne Lagerhallen in weiten Abständen, in denen je nach Planung Bomben, Granaten, Landminen-Artillerie und Gewehrmunition gelagert waren und bei Bedarf mit Lkw oder Hubschrauber abgeholt werden konnten. Das gesamte Areal war von einem hohen Zaun umgeben. Bewegliches Wachpersonal mit Hundestaffeln sorgte für zusätzliche Sicherheit. Es gab mehrere unterirdische Wassertanks zur Versorgung der Unterkünfte und zur Bekämpfung von Bränden. Dann gab es noch eine Inspektionsgrube mit Kfz-Halle.

Alles wurde nach der Wiedervereinigung aufgelöst und dem Verfall überlassen, nachdem die Einrichtung einmal Millionen gekostet hatte. Mir war das Objekt gleich am Anfang meines Villenkaufes aufgefallen. Ich wandte mich an die Bundesvermögensverwaltung in Gießen, um zu erfahren, ob ein Erwerb möglich sei. Dort erfuhr ich, dass der Staat es gleich nach Auflösung drei Gemeinden überlassen habe. Als ich das erfuhr, gab ich meine Bemühungen sofort auf. Mit endlosen Verhandlungen und Streitigkeiten der drei Gemeinden untereinander wollte ich nichts zu tun haben und beobachtete mit Abscheu den Verfall des Objekts. Meine Idee war folgende gewesen: Ich hatte vor, dort Wild- und Hausschweine zu kreuzen und nach Erfolg dieser Aktion dieses vorzügliche Fleisch zu vermarkten. Außerdem war der Buchenwald eine langfristige Investition. Ich bin auf diese Idee gekommen, als ich einmal meinen Onkel A. Freiherr von Gagern im österreichischen Burgenland besuchte. Dort hütete er das Schlösschen seines Freundes Graf Draskovich, der sich auf einer Weltreise befand. Dieser verdiente sich mit der vorher beschriebenen Zuchtmethode ein zusätzliches Geld und hatte in der Wiener Gastronomie seine festen Abnehmer.

Die Bevölkerung der umliegenden drei Gemeinden plünderte fleißig das unbewachte Depot, und keiner der drei Bürgermeister kam auf die Idee, es einer nützlichen Verwendung zuzuführen. Ich habe mich dann auch bedient und mir mit Hilfe eines Nachbarn einen 12 m hohen Blitzableiter geholt. Er bekam an der Spitze einen drehbaren Windsack und diente ansonsten als Fahnenmast. Der letzte verbliebene Bauer in meinem Ort half mir bei der korrekten Aufrichtung des Mastes mit seinem Traktor und einer Wasserwaage.

Nach unserem Umzug erhielten wir den wiederholten Besuch des Japaners Masao Ikeda-san. Myoung-Sook hatte ihn bei ihrem Sprachstudium in Cambridge kennengelernt. In Japan war er vor seiner Pensionierung Sekretär des Chefs des Komatsu-Konzerns für Baumaschinen gewesen und hatte es nie geschafft, Englisch zu lernen. Endlich konnte er es sich leisten und hatte Freundschaft mit M. S. geschlossen, die ihn zu uns nach Deutschland einlud. So hat er auch unser kleines Apartment am Flughafen kennengelernt. Wie verblüfft war er, als er unser neues Domizil in der Provinz kennenlernte. Er bemerkte, dass nur sein ehemaliger Chef oder der CEO von Mitsubishi sich so ein prachtvolles Haus leisten konnte. Ich kannte die beengten Verhältnisse in Japan und musste ihm recht geben. Eines Tages machte ich mit Ikeda-san einen Spaziergang zu unserem großen Bach am Waldrand unten im Tal. Ein Nachbar hatte mir verraten, dass es dort eine kleine hölzerne Brücke für Fußgänger gäbe. Den Steg gab es tatsächlich, aber in welch einem verkommenen Zustand. Bei der Brücke fehlten einige Querplanken oder waren morsch. Die Handläufe und deren Stützen waren herausgerissen. Im Bach unter der Brücke lagen eine aufgerissene Matratze und ein Kinderwagen sowie zahllose Bierflaschen. Mir war das natürlich peinlich und ich versprach ihm, dass ich mich um das Problem kümmern würde. Ich nahm dann Kontakt mit dem Bürgermeister auf und beschrieb ihm den Zustand: Er erklärte mir, dass es unmöglich sei, die Brücke regelmäßig zu kontrollieren, das könnten nur die Bürger. Er meinte, ich sei der Erste, der auf dieses Problem hinwies. Was die Reparatur der Brücke betrifft, wäre die Gemeindekasse momentan leer. Ich bot ihm daraufhin an, mich um die Reparatur und die regelmäßige Kontrolle zu kümmern. Das notwendige Material für die Instandsetzung würde ich mir vom ehemaligen Munitionsdepot holen. Für die nächsten sieben Jahre kümmerte ich mich als »Schutzpatron« um die Brücke und ihre unmittelbare Umgebung. Bei einem Sturm fiel dann ein entwurzelter Baum auf sie und zerstörte sie so sehr, dass an eine Reparatur nicht mehr zu denken war. Mit Hilfe von Spenden wurde dann ein neuer Übergang geschaffen. Im Volksmund hieß die Brücke »Buttersteig«, denn seit Jahrhunderten haben die Bauern in Kiepen und Säcken ihre Produkte dann über den Butterpfad zum Weilburger Schloss und den Wochenmarkt gebracht. Als Kompensation für meine damalige Initiative erhielt ich dann den Schlüssel für den Burgturm in Merenberg, den ich häufig mit Gästen bestieg, um die grandiose Aussicht über den Taunus und den Westerwald zu genießen.

Eigentlich hatte ich schon längst mein reguläres Pensionsalter erreicht, schätzte meinen Job aber so sehr, dass ich mein »Verfallsdatum« immer weiter hinausschob. Außerdem hatte ich einen internationalen Bekannten- und Freundeskreis, den ich nach meiner Pensionierung sehr vermissen würde. So kam es, dass ich durch meine ständigen Verlängerungen zum meines Wissens dienstältesten Purser/Chefsteward der Lufthansa avancierte. Man muss nur gesund und flugtauglich sein. Das Notfalltraining, der Erste-Hilfe-Kurs mussten aktuell sein, der Pass, die Visa müssen noch ein Jahr gültig sein und die gängigen Impfungen im Impfpass ebenfalls. Ein anderer Grund zum Weiterfliegen waren die günstigen Bedingungen, die mir Geschäfte ermöglichten, die nur vor Ort abgewickelt werden konnten. Für Bekannte, die Unternehmer waren, erledigte ich Aufträge. Ich meldete mich ganz schlicht mit einer Import- und Export-Firma an, um auch steuerliche Vorteile zu nutzen. Ich lernte, wie schwer es ist, ein Geschäft zu führen, wo es nicht nur darauf ankam, gute Artikel anzubieten, sondern diese auch zu vermarkten. In Pakistan ließ ich zuerst umweltfreundliche Tragetaschen und Wäschebeutel aus ungebleichter Naturbaumwolle mit hübschen Motiven herstellen. Diese wurden mit Siebdruck aufgebracht. Die zweite verbesserte Serie ließ ich von dem Neffen eines Bekannten herstellen, dem ich damit eine interessante Tätigkeit bot. Um einen Gewinn zu erwirtschaften, muss man möglichst große Mengen herstellen, um den Einzelartikel zu einem akzeptablen Preis anbieten zu können. Natürlich müssen auch noch die Kosten für Design und Patente berücksichtigt werden. Besonders interessant war die Kreation eines »Prospector«-Tropenhemdes mit Shantung-Kragen. Es hatte vier Brusttaschen und abknöpfbare Schulterklappen. Es konnte bei Bedarf auch über der Hose getragen werden. Als Logo war auf der linken Brusttasche ein Känguru angebracht. Dann folgten Hosen im Reitstil. Alles in den Farben Pampasgras, Khaki und Weiß. Aus Hongkong brachte ich seidene bestickte Kissenbezüge, Deckchen und Ledergürtel und aus Indien Seidentücher und Messingartikel mit. Aber alles muss mal ein Ende haben. Ich verlängerte nicht mehr, konnte aber immer noch die reduzierten Standby-Flüge der Lufthansa und Star Alliance Partner in Anspruch nehmen.

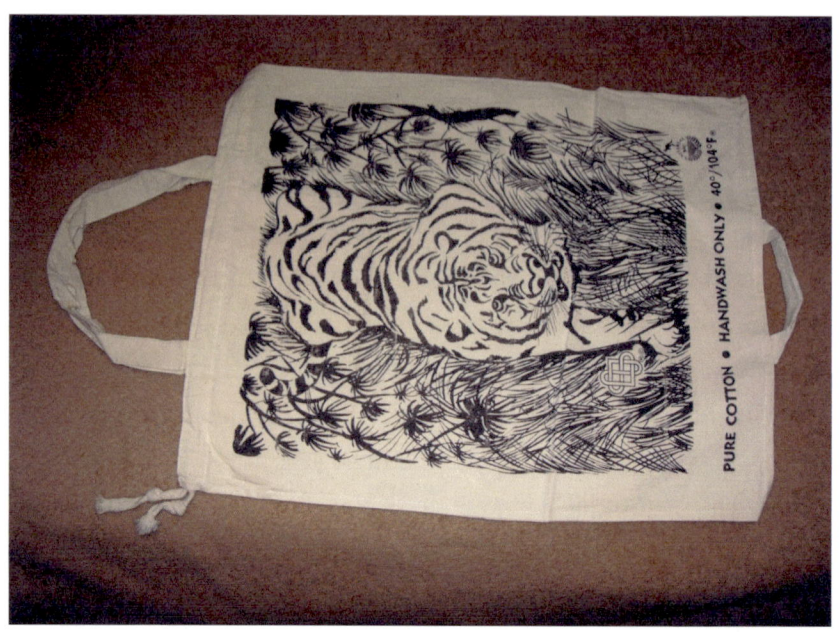

Andere Aufgaben erwarteten mich zu Hause, wo viel Kreativität gefordert wurde. Das viel zu große Weideland veräußerte ich an einen Pferdehalter und behielt den Mittelteil mit Büschen und Obstbäumen. Unter der Pappel richtete ich mir eine kleine Terrasse ein, von der man über alle Dächer hinweg einen traumhaften Blick ins Tal hinunter und bis zum Taunus hatte. In meinem Teich, der zum Teil mit Schilf bewachsen war, tummelten sich viele Goldfische und anderes Getier. Da ich kein besonderer Freund von chemischen Pflanzenschutzmitteln bin, hängte ich in meinem gesamten Areal um die dreißig Nistkästen auf. Im Herbst allerdings, wenn die Trauben reif sind, wissen das auch die Vögel und ernten mit, wenn man nicht schnell genug ist. Ich habe irgendwann einmal gehört, dass die erste Frau von Napoleon, Joséphine Beauharnais, sich den Luxus leistete, in Bourgogne-Wein zu baden. Es sollte schönheitserhaltend sein. Mein »Monte Christo«-Wein eines Jahres dürfte kaum dazu reichen, eine Badewanne zu füllen. In guten Jahren ergaben sich maximal 50 Flaschen. Die Obstbäume und Beerensträucher unseres gesamten Areals lieferten in manchen Jahren mehr, als wir verarbeiten konnten. Die seltenen Früchte des Schlehenbusches lassen sich zu einem leicht adstringierenden violettfarbenen Gelee verarbeiten. Die seltenen Quitten eignen sich für Quittenbrot, welches man auf Kuchenblechen herstellt. Im Garten hatten wir grünen Spargel gepflanzt, der dann erst im vierten Jahr das erste Mal geerntet werden konnte. Mit Sauce Hollandaise eine wahre Köstlichkeit. Die Apfelernte fiel meist reichlich aus, und wir sammelten auch bei Nachbarn und Bekannten, die keine Lust dazu hatten. Die Äpfel brachten wir dann zu unserer Kelterei in Niederbrechen. Dafür erhielten wir eine Gutschrift, mit der wir Apfelsaft günstig erhielten. Mit dem Nüsseknacken beschäftigen wir uns in der dunklen Jahreszeit. Es gab so viele, dass wir die Kerne im Tiefkühlschrank deponierten. Wein für anspruchsvolle Gäste bezogen wir von unserem Winzer im Rheingau oder brachten ihn direkt aus Bordeaux oder der Bourgogne mit.

Eine Cousine hatte mir angeboten, ihr Ferienapartment in Calella/Katalonien zu benutzen, falls es frei sei. Der Ort liegt 60 km nordöstlich von Barcelona an der Costa del Maresme nahe der Costa Brava. Barcelona kann man stündlich mit der Bahn erreichen. Im Sommer war Calella wegen seines endlosen Sandstrandes ein beliebtes Ziel für Touristen aus England, Tschechien, den Niederlanden, Deutschland und Polen, die fast immer mit Bussen anreisen und die zahlreichen Bettenburgen belegen.

Die Schüler und Studenten überwogen und so ging es recht lebhaft am Strand zu. Neben den eingezäunten Bahngleisen verlief eine mit Oleanderbüschen und Palmen gesäumte breite Promenade, die bahnseitig mit einem Jogging- und Radweg ausgestattet war. In größeren Abständen gab es gepflegte Bänke und strandseitig Duschen, außerdem Bars. Die Promenade ging dann in einen von Platanen umgebenen Platz über, der oft für Tanzveranstaltungen und Ausstellungen genutzt wurde. Diese Promenade war angenehmer als zum Beispiel die berühmte

Promenade des Anglais in Nizza/Côte d'Azur mit der vom Massenverkehr gesäumten Lärmkulisse. Es gab mehrere Bahnunterführungen von der Strandpromenade zur Innenstadt. Dort verlief an der beeindruckenden Kathedrale vorbei die ca. 2 km lange Shopping-Promenade. Über dem Café Mozart gab es ab und zu einmal Abende mit klassischer Musik. Im Kino daneben wurden manchmal alte Filme gezeigt. Meine Stammkneipe, die vorwiegend von lokalen Katalanen frequentiert wurde, lag an einem Platz in der Parallelstraße. Im »Champonillo« bestellten wir uns meist einen Krug spanischen Prosecco oder Cerveza. Das musste man sich jedoch selbst an der Theke holen. Die kleinen Leckereien, die man dazu geordert hatte, wurden einem heiß an den Tisch draußen gebracht, und für Aisha, unseren Dackel, gab es immer etwas Wasser und ein Leckerli. An der großen Fernstraße, die oberhalb des Städtchens verlief, entdeckte ich eine ausgedehnte Fabrikanlage mit beeindruckender Fassade aus dem 19. Jahrhundert. Das Unternehmen »Llobet y Guri« war einmal der größte Arbeitgeber von Calella und hatte Spitzen und Seidentücher für eine anspruchsvolle Kundschaft hergestellt. Wegen der preisgünstigeren chinesischen Konkurrenz hatte die Fabrik dann in den 70er Jahren ihre Pforten geschlossen und stand seitdem leer.

Seit Anfang der 70er Jahre besaß meine Cousine ein Apartment in Calella, deshalb meldete ich Mitspracherecht in Gemeindeangelegenheiten an. Ich machte dann einen Gesprächstermin mit Alcalde Jose M. Juhé i Mas aus und legte ihm eine Liste mit Verbesserungsvorschlägen vor wie: Säuberung und Wiederinbetriebnahme eines Springbrunnens an der südlichen Einfahrt des Ortes, Einrichtung eines verkehrsberuhigenden Kreisverkehrs mit Ortsnamen in der Mitte, Schließung von Toilette/Dusche/ Umkleideraum an der letzten Bahnunterführung Süd, die wegen keiner ständigen Überwachung immer in abschreckendem Zustand war; als alternative Aufstellung von transportablen zum Ambiente passende WCs nahe jeder Strandbar, um Wasservergeudung zu verhindern, werden die Duschen mit Vorrichtungen ausgerüstet, die sich nach jeweils 30 Sekunden automatisch abstellen.

Obwohl ich selbst Hundebesitzer wurde und diesem sogar ein literarisches Denkmal setzte, war ich aus hygienischen Gründen für ein striktes Hundeverbot am Strand. An der Promenade plädierte ich für eine Steinschale mit Wasserhahn als Tränke für die Vierbeiner.

Die Gruppe der drei Apartmenthäuser, in welchem wir logierten, hatte auch ein Hundeproblem, denn diese mussten ja auch mal ihr »Geschäft« machen. Hinter unserem Block Nr. 1 befindet sich ein Bach, der nur im Winter Wasser führt, mit einem zum Teil mit Schilfrohr bewachsenen Areal, wo sich die Hunde austoben können. Schilder, die auf das Hygieneproblem hinweisen, wurden mit Graffiti unkenntlich gemacht. Ich schlug vor, dieses Problem zu beseitigen, indem man dort einen Kinderspielplatz etablierte.

Dann war da noch das Müllproblem. Anstatt der einzelnen Standard-Mülltonnen, die immer überfüllt waren, schlug ich vor, an einem zentralen Platz große Rollcontainer für getrennten Abfall wie bei uns in Deutschland hinter einer Sichtblende einzurichten.

Mein anderes Projekt war die Wiederbelebung des kleinen botanischen Gartens, der sich an den Stadtpark anschloss und sich oberhalb am Berg hinter dem Fabrikkomplex L & G befand. Durch Erosion und Vernachlässigung war er nicht mehr als solcher zu erkennen. Auf freiwilliger Basis wurde er von Flüchtlingen aus Nordafrika, die in Calella Schutz gefunden hatten, wiederhergestellt.

Mein Lieblingsprojekt war die clevere Nutzung der alten Textilfabrik. Ich hatte vorgeschlagen, den Besitzer einer primitiven Automobilsammlung, Salvador Claret, bei Sils/Girona zu überreden, diese leihweise der Stadt Calella zu überlassen. Leider kam es zu keiner Einigung. Seine Kollektion fristet weiterhin ihr Dasein in ehemaligen verstaubten Schweineställen. Immerhin kam es endlich zu einer vernünftigen Nutzung der Fabrik. Polizei, Feuerwehr, eine Musikschule, die Stadtbibliothek und ein Tourismus-Museum fanden dort Platz. Das Automobilmuseum wäre für die jungen Badegäste bestimmt eine bemerkenswerte Abwechslung gewesen.

Der Alcalde, der dann fast alles umgesetzt hat, musste dann jedoch leider einer Sozialistin, Montserrat Candini, Platz machen, die andere Interessen hatte. Immerhin verlagerte die Alcaldessa die Stadtbücherei in ein altes Gebäude in der Innenstadt mit viel Publikumsverkehr. Sie machte auch den Leuchtturm für die Touristen zugänglich. Ein guter Bekannter war auch Josep Pujal Illias, der Besitzer des hübschen Restaurants »Roca

Pins«, welches regelrecht am Felsen klebte. Er war Klassikerfan und besaß einen Willys Overland Jeep von 1944, einen Rolls-Royce Corniche und einen MG, hatte aber nie Zeit, diese mal zu fahren, weil er vom Restaurant unabkömmlich war. In der kalten Jahreszeit, als das Roca Pins geschlossen war, kümmerte er sich um seinen Besitz. Gleich gegenüber des Leuchtturms befand sich sein Haus, dem sich seine Ranch mit terrassiertem Land und Gewächshäusern und einem Pferdestall anschloss. Um die Puten und Hühner sowie die Anpflanzungen kümmern sich Schwarze aus dem Senegal. Weiter oben in Richtung des Monte-Negro-Gebirges besaß sein Vater eine Ranch, wo Blumen, Datteln und im Sommer Erdbeeren im Freiland angebaut wurden. Was für ein Unterschied zu denen, die man im Supermarkt einkaufte. Im Hinterland begegneten wir bei Wanderungen nie ausländischen Touristen. Die wussten nicht, was ihnen landschaftlich entging.

Das Apartment, zu welchem ich ja den Schlüssel besaß, hatte mein Onkel ursprünglich aus Furcht vor den Russen für seine Familie erworben. Als Kriegsveteran traute er der schlecht ausgerüsteten deutschen Bundeswehr nicht viel zu. Das Problem war nur, wie er nach Spanien kam, wenn es brenzlig wurde und alle Straßen verstopft wären. Zu Fuß über den Jakobsweg Richtung Santiago de Compostela wäre da gewiss nicht die dümmste Alternative, schlug ich dann spaßeshalber vor. Jetzt war Calella ein ideales Ferienziel. Die Wohnung war praktisch und rustikal. Zum Strand waren es zehn Minuten zu Fuß und zum RENFE-Bahnhof dreißig Minuten. Bei kleinen Problemen gab es den für alle drei Apartments zuständigen Hausmeister Pepe. Jeden Samstag kümmerte er sich auch um den Austausch der Gasflaschen. Am Wochenende, wenn er nicht in seinem Blaumann tätig war, erschien er mit seiner Sheriff-Uniform, Schirmmütze und Schlagstock und machte einen Respekt einflößenden Eindruck auf die Besucher aus Barcelona. Ich brachte ihm dann ein paar für ihn nicht erschwingliche Packungen »Benson & Hedges«-Zigaretten aus England mit. Das war mal was anderes als das spanische Kraut, auf das er sonst angewiesen war. Ab und zu lud ich ihn auch mal auf einen Kaffee in der unserem Hauseingang gegenüberliegenden Kneipe ein. In unserem Apartmentgebäude waren unten im Erdgeschoss Lagerräume, die mit motorbetriebenen Stahljalousien verschlossen waren. Derjenige unter unserem Balkon ging frühmorgens regelmäßig auf, um jeweils eine LKW-Ladung getrocknete Brote und Brötchen dort zu deponieren. Wenn genug beisammen war, wurde es als Beifutter an Hühner- und Schweinezucht-Betriebe geliefert. Wenn wir wieder nach Deutschland zurückfuhren, gingen wir nochmal tüchtig einkaufen und beluden den Wagen mit Extra Virgine Olivenöl, Prosecco Schaumwein, Rotwein, Sardinen in Dosen und Serrano oder Bellotas Schinken von Schweinen aus Extremadura, die hauptsächlich mit Eicheln der Korkeichen gefüttert werden.

Meine Frau hat endlich einen Job als OP-Schwester am Kreiskrankenhaus von Weilburg bekommen. Über die ganzen Jahre hatte der OP-Chef Axel S. den Namen meiner Frau in seinem

Notizbuch festgehalten und hatte sie sofort benachrichtigt, als endlich ein Platz in seinem Team wegen Fortzugs frei wurde. Es sei jedoch nur möglich, wenn sie kurzfristig zur Verfügung stehen würde. Ihren Chef, Professor Dr. Stürz in Gießen, zu dem ich zum jährlichen Check-up erschien, bat ich, mal eine Ausnahme zu machen und meiner Frau eine kurzfristige Entlassung zu gewähren. Es klappte vielleicht auch deshalb, weil ich seinen Bruder dienstlich kannte, der manchmal als Flugkapitän auf Boeing 747 mit mir zusammen geflogen war. Er war mit einer Japanerin verheiratet und sprach auch Japanisch wie ich, und wir machten beide an Bord entsprechende Ansagen auf Flügen nach Tokio. Die Fahrt zum Job dauerte nur zehn Minuten und ersparte ihr den vorherigen Stress. Sie spezialisierte sich dann auf Neurochirurgie, weil sie regelmäßig von einer Neurochirurgin Frau Dr. Steinthal und deren Kollegin Frau Dr. Schroth angefordert wurde. Ansonsten war sie bei OPs der Orthopädie und Inneren Medizin tätig. Die Arbeit war zwar sehr ermüdend, aber sie liebte diese anspruchsvolle Tätigkeit.

Zu ihrem 50. Geburtstag hatte ich mir eine ungewöhnliche Überraschung ausgedacht. Im Tierheim von Wetzlar hatte ich nichts Passendes gefunden und hinterließ jedoch meine Telefonnummer. Endlich wurde ich benachrichtigt. Es war genau das Richtige. Der einjährige Zwergdackel war gerade von einem Ehepaar eingeliefert worden, weil sie Deutschland verlassen mussten. Er kam aus den Vereinigten Arabischen Emiraten und hatte bei der Optikfirma Leica gearbeitet und bekam zu Hause in den Emiraten überraschend einen lukrativen Job angeboten. Sie war Deutsche und hatte die einjährige »Aisha« erst seit kurzem erworben. Hunde sind dort nicht beliebt und vertragen auch das Klima kaum. »Kelb« = Hund ist im Arabischen ein beleidigendes Schimpfwort. In dem ganzen Hunde-Durcheinander war der Winzling kaum auszumachen. Sie hatte einen guten Stammbaum und besaß alle erforderlichen Impfungen. Endlich kam sie an den Zaun, beschnüffelte meine Hand und schaute mich herzzerreißend an. Es war Sympathie auf den ersten Blick. Ich erwarb Aisha also und packte sie in den vorsorglich mitgebrachten Korb und ließ sie erst einmal bei einem Nachbarn und bereitete dann einen Karton mit großer roter Schleife vor. Während M. S. am nächsten Tag mit den Geburtstagsgästen beschäftigt war, holte ich Aisha von dem Nachbarn ab und stellte den Karton mit der roten Schleife außen an die Haustür. Die nächsten Gäste machten M. S. dann auf den Karton vor der Haustür aufmerksam. Ich holte dann dieses »mysteriöse« Geschenk herein und alle warteten gespannt auf den Inhalt. Wie groß war dann die Überraschung aller, als Aisha zum Vorschein kam. Als M. S. sie auf die Arme nahm, bepinkelte sie diese in stummer Aufregung über die ihr von allen Seiten erwiesene Aufmerksamkeit. Stumm blieb sie dann auch die nächsten Tage, und wir glaubten schon, sie sei stumm auf die Welt gekommen, bis wir sie mal versehentlich aussperrten und sie dann vor Kälte zitternd und jammernd vor der Terrassentür saß. Sie fing dann an, unser Haus sorgfältig zu inspizieren, wir achteten jedoch von Anfang an darauf, dass sie die vielen Stufen in das Obergeschoss, in den Keller, in die Garage und die 25 Stufen außen zum Hauseingang, die Villa lag ja am Hang, nicht benutzte. Kleine Hunde tendieren zu Wirbelsäulen-Problemen, wenn die Halter nicht darauf achteten. Sie hatte es auch bald begriffen, dass es nicht gut für sie war, und meldete dann immer ihre Wünsche an, besonders wenn sie oben Gäste besuchen wollte oder im Keller auf Mäusejagd ging. Ab und zu verirrten sich auch welche in den Keller, wo es im Vorratsraum etwas zu naschen gab. Anfangs zeigte Aisha die typischen Eigenarten von jungen Hunden wie an Pantoffeln zu nagen, wehende Gardinen zu bekämpfen, Bälle herumzurollen und zu verfolgen. Die genoppten Bälle, die beim Draufbeißen Quietschtöne von sich geben, wurden nach kurzer Zeit zum Schweigen gebracht. »Aisha« trug übrigens den Namen der jüngsten und Lieblingsfrau des Propheten Mohammed. Wie die »Prinzessin auf der Erbse« suchte sie sich immer auf Besuchen bei Freunden den schönsten Platz aus, um sich dort niederzulassen, meist war es ein Seidenkissen. Später besorgte ich für sie einen bequemen Korb, mit dem sie zufrieden war. Unser neues Familienmitglied machte uns große Freude und wurde, wenn es möglich war, überallhin mitgenommen. Allein zu Hause gelassen, jaulte sie endlos vor sich hin. Sie hing natürlich besonders an mir, da ich ja nicht mehr so viel abwesend war wie meine berufstätige Frau. War ich mal länger verreist, saß sie oft endlos traurig an der Haustür. Sie war natürlich auch der Liebling von M. S. und begrüßte diese stürmisch, wenn sie abends von der Arbeit zurückkehrte. In Calella liebte sie den herrlichen Privatstrand, wo mein Freund das exotische Restaurant »Roca Pins« hatte. Er war selbst ein Freund von Rassehunden. Bei niedrigem Wellengang wagte sie sich sogar ins Meer, um dort mit dem Ball zu spielen. Für alle war es dann ein lustiges Schauspiel, wenn sie bei ihren Bemühungen, wie Sisyphus den trockenen Strand zu erreichen, immer wieder vom rückläufigen Wasser ins Meer zurückgeholt wurde. Ich zeigte dann schließlich Gnade und holte sie an das trockene Ufer, wo sie sich von ihren Anstrengungen im Schatten des Felsens erholte. Wir mussten unseren Sonnenschirm jedoch immer dem Sonnenstand anpassen. Unser Dackel-Fräulein genoss auch sichtlich die abendliche Strandpromenade in Calella, wo es immer etwas zu schnüffeln gab. Irgendwo habe ich einmal in einem wissenschaftlichen Buch gelesen, dass der Geruchssinn von Hunden durchschnittlich fünfzigmal so fein wäre wie der von Menschen, dabei sind auch alle Sinne der afrikanischen Buschmänner sehr viel ausgeprägter als die unsrigen, die den Kontakt zur Natur verloren haben. Im »Champonillo« in Calella waren wir dann immer willkommen. Beide jungen Söhne des Besitzers hatten einen Narren an Aisha gefressen und konnten sich arbeitsbedingt nur zu Hause um ihre Rassehunde kümmern.

Dackel

Unter den zahllosen Hundesorten
ist es schwierig den richtigen Typ zu orten.
Auf diesem schwierigen Gebiet ist der
Glatthaardackel mein Favorit.
Unser Hundefräulein passt in jede Tasche rein,
sollte sie mal im Flugzeug sein.
Ihr eigensinniger Charakter macht es schwer,
sich durchzusetzen als ihr Herr.
Kommandos befolgt sie nie oder kaum,
sie interessiert sich mehr für den Baum, wo sie ihre
Visitenkarte hinterlässt, für andere Hunde ein Schnüffelfest.
Appetit hat sie ohne Unterlass,

sie kennt keine Bremse, das ist kein Spaß.
Milch ist ihr Lieblingselixier,
auch Malzbier trinkt sie mit großer Gier. Sie ist ein anschmiegsamer
Zeitgenoss' und ruht am liebsten auf meinem Schoß.
Der schönste Augenblick am Tage,
ist, wenn man heimkommt, das ist keine Frage, unglaublich ist das
Willkommensritual, menschliche Begrüßungen sind dagegen schal.
Wenn ich dusche will sie mit ins Bad hinein, dort mit dem
Ball zu spielen, das ist fein. Auch die Badewanne entzückt sie
sehr, dort plätschert sie bis es geht nicht mehr.
Ins Bett zu kommen habe ich ihr immer verwehrt, doch sie
gibt nie auf, immer wiederkehrt,
mit Herz erweichendem Bettelblick,
das ist ein raffinierter Trick.
Lässt man sie raus in den Garten,
auf die Wiese, kommt es oft zu einer Krise,
denn sie fängt vehement zu buddeln an,
dort wo sie es am besten kann.
Das Salatbeet hat magische Anziehungskraft,
dort sie tiefe Löcher schafft,
auf der Jagd nach Mäusen und anderem Getier,
der Urinstinkt ist zu beobachten hier.
Eichhörnchen und Katzen die durchstreifen unser Revier,
werden wütend gejagt von dem Dackeltier.
Am liebsten begleitet sie uns in den Wald
und sei das Wetter noch so kalt.
Dort ist immer etwas zu entdecken,

vielleicht ein Hase aufzuschrecken,
ein hohler Baum schlägt sie in den Bann, ein Fuchsbau
hat es ihr angetan Jagdfieber wird in ihr geweckt,
wenn eine frische Wildfährte sie entdeckt. »Aisha« träumt
dann laut in der Nacht, von Dingen, die sie am Tag
vollbracht. Dackel liebten schon die Pharaonen,
sie kamen mit ins Grab, um ihre Treue zu belohnen.
Kreuzritter brachten ihn mit ins Abendland,
bis er den Weg nach Preußen fand.
Dort wurde er zum Lieblingshund
des ganzen Volkes, die Geschichte ist bunt.

»My home is my castle«

Aisha konnte nach Anmeldung sogar im Flugzeug mitreisen. Grund war nicht etwa übertriebene Tierliebe, sondern die Schwierigkeit, Betreuer für den Hund in dieser Zeit zu finden. Statt Aisha im Käfigbehälter im eiskalten Frachtraum zu lassen, nahmen wir eine dichte ausgepolsterte Tasche, deren Reißverschluss wir so schlossen und sicherten, dass nur der Kopf hinausschaute, so lenkte das Bodenpersonal ein und wir konnten den Hund in die Kabine mitnehmen. Die längste Reise ging nach Oporto und von da weiter nach Madeira im Atlantik. Eigentlich sollte sie bei portugiesischen Bekannten bleiben, als sie das jedoch bemerkte, wurde sie ungewohnt bitterböse und wehrte sich dagegen. Das konnten wir unseren gastfreundlichen Portugiesen natürlich nicht zumuten und nahmen sie mit. Am Schalter der TAP wurde sie dann gewogen. Es ergab 5 kg, sie hatte gut gefuttert. Im Flugzeug lernten wir dann ein kultiviertes russisches Ehepaar aus Moskau kennen, die auch Hundebesitzer waren und Aisha ins Herz schlossen. Sie war Herausgeberin einer Frauenzeitschrift und er Finanzmakler. Im Gegensatz zu uns hatten sie bereits ein Hotel per Internet gebucht und wir baten sie, das Taxi mit uns zu teilen. Wir hatten Glück und fanden im selben Hotel noch Quartier und erforschten dann gemeinsam die schöne, subtropische, am vulkanischen Berghang gelegene Hafenstadt Funchal, die gerne von Kreuzfahrtschiffen besucht wurde.

Das Faszinierende war, dass auf der Nordseite ein gemäßigtes, regenreiches Klima vorherrschte. Die Südseite war dagegen subtropisch warm mit unglaublich prächtiger Vegetation. Das gelang, weil die Bewohner den reichlichen Regen der Nordseite durch unterirdische Kanäle auf die Sonnenseite der Insel umleiteten und durch ein fein ausgeklügeltes System von Kanälen zur Bewässerung verteilten. Wegen des vulkanischen Ursprungs gab es natürlich keine von den Touristen so begehrten Sandstrände.

Da es nirgendwo einen flachen Bereich für einen größeren Flughafen gab, wurden Architekten und Ingenieure vor eine schwierige Aufgabe gestellt, eine solide, erdbebensichere Piste zu erstellen. Das schließliche Endresultat war dann eine an dem Bergkamm entlanglaufende Lande- und Startbahn auf Betonstelzen, die jedoch nicht bei ungünstigen Windverhältnissen benutzt werden konnte. Für diese extrem kostspielige Maßnahme hatte die EU tief in den Hilfsfonds greifen müssen. Diese Investition war eigentlich überflüssig gewesen, denn auf der nördlich gelegenen Nachbarinsel Porto Santo gab es seit dem Zweiten Weltkrieg einen ausgedehnten Luftwaffenstützpunkt, wo auch große Maschinen landen konnten. Seine Kapazität wurde kaum ausgenutzt. Dort hätten alle Zivilmaschinen landen können. Der Transport der Passagiere mit dem Hydrofoil nach Funchal hätte kaum eine Stunde gedauert. Solch eine Fehlinvestition war schon einmal passiert. Ein Stückgutfrachter war auf der Route von England nach Freetown/Liberia, um dort sieben Windgeneratoren abzuliefern. Auf halber Strecke musste der Kapitän den Frachter stoppen, um neue Order abzuwarten. In Liberia war ein blutiger Bürgerkrieg ausgebrochen. Der Hersteller und der Reeder wandten sich daraufhin an die Europäische Union, um zu erfahren, ob irgendwo Bedarf an den Generatoren bestehen würde. Man kam dann auf die Idee, die sieben Geräte nach Porto Santo zu schicken und dort aufzustellen. Bisher hatten Dieselgeneratoren für den notwendigen Strom gesorgt. Diese waren jedoch sehr alt und störanfällig. Der Frachter entlud die Geräte dann in Porto Santo, wo sie an ihre vorgesehenen Positionen transportiert und von Spezialisten des Generatoren-Unternehmens aufgestellt und in Betrieb genommen wurden. Sie liefen dann alle, bis sie wegen schlechter Wartung nach und nach ihren Geist aufgaben und die Dieselaggregate wieder eingesetzt wurden. Es dauerte dann ein paar Jahre, bis eine neue Regierung sich entschied, der Blamage ein Ende zu bereiten, und Experten beauftragte, die Generatoren wieder zum Leben zu erwecken. Heute funktionieren sie wieder und werden von gut ausgebildeten Fachkräften überwacht. Solche Fehlinvestitionen passieren auch bei uns mitten in Europa. Wir haben alle den Skandal um den neuen Regierungsflughafen in Berlin mitbekommen. Es gab jahrelange Verzögerungen bei der Fertigstellung, und die Verantwortlichen wurden nie zur Rechenschaft gezogen. Ich erinnere mich noch an einen unglaublichen Vorfall im afrikanischen Nigeria, einem der Erdöl exportierenden OPEC-Staaten. Dort wurde dringend ein neuer Hafen benötigt. Der spezielle Flüssigbeton wurde mit alten Frachtern aus Deutschland gebracht. Man stellte dann jedoch fest, dass die Schiffe nicht rechtzeitig ihre Fracht loswurden, weil der Hafen völlig überlastet war. Die Firma Hoch & Tief entschied sich dann, die Schiffe abzuschreiben und im neuen Hafen zu versenken, um sie als Fundament für die Kais zu nutzen. Ähnlich war man schon in Hongkong mit dem Unterteil des Kreuzfahrtschiffes »Elizabeth I.« verfahren.

Meine beiden Rover P6 hatten schließlich ihren Oldtimer-Status erreicht und ich kam in den Genuss der dafür vorgesehenen Versicherungs- und Steuerprivilegien. Ich fuhr sie nur noch gelegentlich zu Oldtimer-Veranstaltungen. Sie waren in einer Industriehalle in Weilburg untergestellt, wo auch die Kollektion des Besitzers von sieben Oldtimern deponiert war. Einem Bekannten, der mit englischen Edelkarossen handelte, gab ich dann den Auftrag, in England nach einem Bentley S1 aus den 50er Jahren Ausschau zu halten, der reparaturbedürftig und nicht zu teuer wäre. Seit meiner Jugend habe ich insgeheim von diesem würdigen und ästhetisch einzigartigen Klassiker geträumt und nie geglaubt, einmal einen solchen zu besitzen. Mittlerweile war ein regulärer Rover Club entstanden, der auch ein Magazin »Rover Drive« herausgab, welches bald auch aus Kostengründen vom Österreichischen und Schweizer Club mitgenutzt wurde. Im Club war ich Referent für den Rover P6 und konnte Neulingen im Club bei diversen Fragen weiterhelfen. Bei der ersten großen Hauptversammlung propagierte ich, erstmals ein internationales Rover-Club-Treffen zu organisieren. Mein Vorschlag wurde mit frenetischem Beifall begrüßt. Als das Wo und Wer zur Sprache kam, schauten fast alle zum Fenster hinaus. Ich äußerte mein Verständnis dafür, denn die meisten waren berufstätig, und das wäre natürlich eine große Belastung gewesen. Da der Vorschlag von mir gekommen wäre, würde ich die Sache übernehmen. Da in meiner Region kein Clubmitglied lebte, musste ich die Sache alleine organisieren. Als Austragungsort schlug ich die wunderschöne Residenzstadt Weilburg an der Lahn vor, die 10 km von mir entfernt war. Das Meeting war im folgenden Jahr an drei Tagen des Pfingst-Wochenendes 2003 geplant. Die Benachrichtigung der Clubmitglieder und die Herstellung der Rallye-Schilder übernahm der Clubpräsident Herr Hemmersbach. Als Unterbringung hatte ich ein Hotel garni vorgesehen. Da das wegen der vielen Anmeldungen nicht ausreichte, mietete ich die ehemalige pompöse Jugendstilvilla mit Park des ehemaligen Hessischen Bergbau Generaldirektors dazu, welche zum Hotel gehörte. Dort gab es zwar kein Servicepersonal, ich übernahm dann zusammen mit meiner Frau die Versorgung mit Sekt, sonstigen Getränken und Snacks. Im Sommer wurden hier auch Apartments vermietet, die zum Teil im exotischen Stil eingerichtet waren.

Im großen Kaminzimmer kamen wir dann zum Apero/Welcome Drink zusammen. Zum Dinner begaben sich alle dann zu Fuß durch das Landtor, durch den Schlossgarten, am Neptunbrunnen vorbei zum Restaurant, das damals noch zur Weilburger Brauerei gehörte. Das Wildmenü wurde von allen genossen. Zur anschließenden Unterhaltung hatte ich mir etwas Besonderes ausgedacht. Den Bandleader der Westerwald Pipers, den Schotten Jimmy McCowat, hatte ich gebeten, meine Gäste zu unterhalten. Die Überraschung war gelungen und plötzlich erschienen von überallher Leute, die sich an dem ungewohnten Dudelsack-Konzert erfreuten. Anschließend traf man sich noch im Kaminzimmer der Villa.

Am nächsten Morgen erhielten alle nach dem Frühstück eine meiner Baumwolltaschen, gefüllt mit dem nummerierten Rallyeschild, Tourenbeschreibung und Goodies von ADAC, Lufthansa, Deutscher Bank, Flughafen AG, P&O Ferries, Frankfurter Volksbank und Rover Company. Nachdem alle In- und Ausländer ihre Schilder montiert hatten, gab ich mit meiner Fanfare das Abfahrtssignal zum Jagdschloss des Herzogs am Rande der Stadt. Der ursprünglich geplante Ausstellungsplatz rund um den Neptunbrunnen auf dem Marktplatz war wegen Verlegung von neuem Pflaster gesperrt. Ich hatte rechtzeitig die Redaktion des »Weilburger Tageblatts« informiert. Das kleine Jagdschloss ist von zwei Kasernen eingerahmt, wo früher die Leibgarde des Herzogs untergebracht war. Jetzt dienten sie als Logis für Studenten der Technikerschule, die damals hauptsächlich aus China kamen. Ich hatte mir dort vor dem Treffen einen Studenten gesucht, der gute Sprachkenntnisse in Deutsch hatte. Mir wurde Chang di empfohlen, der dann mein Schreiben, welches das Rover-Treffen erläuterte, ins Chinesische übersetzte und am Schwarzen Brett aushängte. Ich lud ihn dann ein, an der folgenden Ausfahrt teilzunehmen. Dank seiner Hilfe war seine Präsentation ein voller Erfolg. Ich blies wieder die Fanfare und es ging dann durch das landschaftlich schöne Lahntal Richtung Wetzlar, wo J. W. v. Goethe als Autor des Bestsellers »Die Leiden des jungen Werther« und Gerichtsassessor seine Spuren hinterlassen hat. Vor der Stadt links tief im Wald hatte ich einen Besuchstermin für das ehemalige Krupp-Eisenerzbergwerk »Fortuna« arrangiert, und wir kamen gleich dran, nachdem jeder einen Schutzhelm erhalten hatte. Mit dem Lastenaufzug ging es dann tief in den Berg. Unten stiegen wir dann rittlings auf eine offene Grubenbahn um, die uns zu einem der ehemaligen Abbauplätze fuhr. Dort funktionierten alle Geräte noch und uns wurde der Gebrauch demonstriert. Die Gänge unterhalb von unserem waren ersoffen und dienten der Stadt Wetzlar als Trinkwasserreservoir. Der Eisengehalt des Gesteins war 44 %. Trotz dieses hohen Gehalts waren die Unterhaltungskosten und Löhne so hoch, dass der Abbau nicht mehr rentabel war und Krupp beschloss, das Bergwerk zu schließen. Unser Tourist-Guide hatte früher in Ostdeutschland im Uranbergbau gearbeitet und kannte sich ausgezeichnet aus. Fortuna war das letzte Bergwerk der Region, das aufgegeben wurde. Die Eisenschmelze von Buderus in Wetzlar wurde dann wegen Mangels an »Futter« auch geschlossen. Buderus stellte Öfen, Kanaldeckel, dekorative Brunneneinfassungen, Schienen für Schmalspurbahnen und Stahlröhren her. Durch schöne Waldungen ging es dann weiter nach Preußisch-Tiefenbach, wo es die Gaststätte »Lindenbaum« gab. Der Wirt hatte sich auf unsere hungrige Meute von über 50 Teilnehmern vorbereitet. Es gab Schnitzel. Währenddessen bewunderte die Bevölkerung die gepflegten Klassiker aus aller Herren Länder. Für alle Fälle hatten wir einen Mechaniker dabei und einen Hanomag-Abschleppwagen von 1936, der einem Fernfahrer in meinem Ort gehörte. Es passierten jedoch keine Pannen. Am Nachmittag brachen wir wieder auf mit dem Ziel »Hessenpark«, wo wir als Attraktion im Innenbereich parken durften. Der Hessenpark ist eine Ansammlung von bäuerlichen Fachwerkhäusern belebt mit Hühnern, Schweinen, Kühen und Misthaufen, die weiter betrieben werden. Hinzu kamen Schmiede, Sparkasse, Schreinerei, Wagen- und Radbauer, Töpfer und Fassbinder. In den Häusern zeigte man die damalige Wohnkultur. Frauen waren mit dem Webstuhl und der Kleiderherstellung beschäftigt. Alle Fachwerkhäuser waren irgendwo in Hessen vor dem Abriss gerettet worden. Für Kulturhistoriker war alles eine wahre Schatzkiste. Weiter ging es dann zum Five o'Clock Tea zu einem Restaurant, wo ich gerne Gast war. Unsere Rover-Club-Teilnehmer konnten sich unter den verschiedenen Kuchensorten etwas nach ihrem Geschmack aussuchen. Die Rückkehr ging dann durch das malerische Weiltal. In einem kleinen Ort an der Strecke gab es einen diskreten Erotikclub namens »Flamingo«. Der tüchtige Manager war ein Bekannter eines Freundes, beide Harley-Davidson-Biker. Mit ihm machte ich aus, dass seine Girls bei unserer Vorbeifahrt mit der englischen Fahne, die ich ihnen ausgehändigte, winken sollten. Alle amüsierten sich über diesen Einfall. Eine Pause wurde dann noch am Weilburger Schiffstunnel von 1849, einmalig in Deutschland, eingelegt, bevor es zum Hotel und der Villa zurückging, um sich für das »Candle Light Dinner« im Schlosshotel umzuziehen. Der Anbau, in dem früher die Kutschen und Pferde des Herzogs und der Gäste untergebracht waren, diente jetzt als Luxushotel. Im großen Rittersaal genossen wir dann das vorzügliche Dinner. Der Bürgermeister Schick hielt dann eine lange Rede, in welcher er auf die bemerkenswerten geschichtlichen Aspekte der Stadt Weilburg zu sprechen kam. Der jetzige Großherzog von Luxemburg ist ein direkter Nachfahre der Nassauer Grafen, Prinzen, Fürsten und Herzöge von Nassau-Weilburg, die alle in Sarkophagen in dem Gewölbe der Gruft unter der beeindruckenden evangelischen Schlosskirche beigesetzt sind. Dieser Bereich ist laut Staatsvertrag großherzoglich luxemburgisches Staatsgebiet, ein historisches Relikt aus der Vergangenheit. Er führte auch aus, dass der Sohn des Chef-Ministers des Herzogs Wilhelm, H. C. Freiherr von Gagern, der Präsident der ersten deutschen Nationalversammlung 1848 in der Frankfurter Paulskirche war. Die beiden Brüder des Präsidenten Heinrich von Gagern waren an der Ausarbeitung der Verfassung beteiligt. Als Repräsentant des Königreiches Preußen war Otto von Bismarck Mitglied dieses leider kurzlebigen Parlaments. Nach dem ereignisreichen und anstrengenden Samstag strebten die meisten außer ein paar Unermüdlichen ins Hotel.

Das Wetter spielte am nächsten Tag wieder mit und nach dem Läuten der Glocken der Schlosskirche stand das Rover-Team wieder bereit und wartete auf mein Fanfarensignal zur Abfahrt. Es ging Richtung Osten. Bei Biskirchen passierten wir die »Westerwald Quelle«. Ein Bekannter von mir, Herr Schmidt, der Besitzer des Mineralwasser Unternehmens bei Biskirchen, überreichte allen Fahrzeuginsassen je eine Flasche für unterwegs. Unser Ziel war das mittelalterliche Braunfels mit seinem vollkommen erhaltenen Schloss, welches sich auf einem Berg über dem Städtchen erhebt. Ich hatte die Genehmigung des Bürgermeisters eingeholt und unsere Klassiker durften auf dem schönen, sonst autofreien Marktplatz ausgestellt werden. Im Schloss hatte ich uns zu einer Besichtigung mit Führer angemeldet. Um das auf Hochglanz getrimmte Holzparkett zu schonen, wurden jedem von uns Filzpantoffeln verpasst. Der Rittersaal war mit diversen Rüstungen, Kettenhemden, Helmen, Schwertern und einem voll ausgerüsteten, ausgestopften Pferd ausgestattet. Zur Zeit der Kreuzzüge waren die Menschen kleiner als jetzt. Keinem von uns hätte eine der ausgestellten Rüstungen gepasst. Die Tageshelligkeit in den verschiedenen Räumen täuscht, denn die großen Scheiben gab es damals nicht, es wurden farbige oder farblose runde Butzenscheiben verwendet, die mit Blei eingefasst wurden. Es hatte den Vorteil, dass die Butzenscheiben leichter zu ersetzen waren, falls eine mal kaputtging. Schlichte Fenster von Bürgerhäusern waren mit lichtdurchlässigen dünnen Tierhäuten bespannt, die als Pergament bezeichnet wurden. Diese Methode wurde nach der griechischen Stadt Pergamon benannt, wo es erfunden wurde, um ein Exportverbot Ägyptens von Papyrus zu umgehen. Schlösser sind oft mit sehr aufwendigen Tapeten versehen. Die ganz teuren sind aus Seide. In Braunfels sind die Möbel speziell für die hohen Räumlichkeiten angefertigt worden. Sie würden in keine Apartmentwohnung hineinpassen. Fast alle Möbel sind aus massivem Holz hergestellt. Besonders interessant sind die vielen Heizsysteme. Es gab offene Kamine oder dekorative Eisenöfen. Bei Kachelöfen erfolgte die Heizung vom Gang aus. Der für die Heizung zuständige Dienstbote brauchte in diesem Fall den Raum nicht zu betreten. Die Beheizung und Entsorgung der Asche erfolgte von außerhalb. Im Winter wurden natürlich nur einige wenige erforderliche Räume beheizt und genutzt. Die Hygieneeinrichtungen waren recht frugal. Die Kammerzofe brachte einen Holzeimer mit heißem Wasser aus der Küche und füllte dieses in eine Porzellanschüssel und Krug um. Der Holzzuber für das große Bad wurde üblicherweise am Samstag genutzt. Man gebrauchte einfache Kernseife. Recht teure Importware kam aus Frankreich wie auch das Parfum. Plumps-WCs habe ich bei Führungen nie entdeckt. Sie waren irgendwo verborgen. Häufig funktionierte es mit Nachtstuhl oder Nachttopf. Da es damals noch keine chemische Reinigung gab, war die Garderobe recht kurzlebig. Die begehrten Schneider waren ständig damit beschäftigt, den »Herrschaften« neue Kleider anzufertigen. Jeden Tag nahm das Rasieren sehr viel Zeit in Anspruch. Während der Leibbarbier damit beschäftigt war, sein Rasiermesser am Lederriemen zu schärfen, informierte er »Seine Durchlaucht« über den aktuellen Tratsch in »urbi et orbi«, bis die Zeitung diese Informationsquelle teilweise ersetzte. In den Wohnräumen hingen überall Ölgemälde von Vorfahren der Fürsten von Solms. Die Familie bewohnte einen modernisierten Flügel, welcher der Öffentlichkeit nicht zugänglich war. Durch Heirat waren die Fürsten von Solms-Braunfels mit Adelsfamilien in ganz Europa verwandt. Eine Vorfahrin, die große Sehnsucht nach ihrer Heimat England hatte, brachte ihren Ehegemahl dazu, einen Teil des Schlosses im Tudorstil umbauen zu lassen. Wir verließen dann das Gebäude und begaben uns auf die mit Kanonen bestückte Terrasse, von welcher wir einen herrlichen Blick auf das Lahntal hatten. Wir begaben uns dann über die endlosen Treppen durch drei wehrhafte Tortürme hindurch und am Gefängnis vorbei zum Brunnen, der früher für die Wasserversorgung der Stadt zuständig war. Ein großes Schild wies darauf hin, wie man sich hier korrekt zu verhalten habe. Für Übeltäter gab es einen Pranger am nächsten Tor ein paar Schritte weiter. Wir schauten uns noch ein wenig in der Altstadt um und bestaunten den am Hang gelegenen Park. Im gemütlichen Café am Marktplatz tranken wir noch etwas und dann begleitete ich alle zur Schnellstraße im Tal, wo wir uns schließlich voneinander verabschiedeten. Allen hatte dieses erste Internationale Treffen denke ich gefallen und wir waren schon gespannt, was sich die Österreicher im Folgejahr einfallen lassen würden. Leider schloss Rover zwei Jahre später seine Tore für immer und alle Anlagen gingen nach China, nachdem 2004 noch wie bei Rolls-Royce das 100-jährige Firmenjubiläum gefeiert worden war. »Aisha«, unser Dackelchen, wurde dann irgendwann einmal zum Clubmaskottchen erkoren.

Aus der Zufallsbekanntschaft mit dem chinesischen Studenten entwickelte sich eine feste Freundschaft. Er war einen Monat älter als meine Tochter und kam uns oft besuchen. Als er ausgewiesen werden sollte, da seine Aufenthaltserlaubnis abgelaufen war, sprang ich ein und bürgte für ihn. So konnte er seinen Abschluss an der Weilburger Technikerschule machen und ein Studium als Informatiker beginnen. Nebenbei verdiente er gut bei einer chinesischen Tourist-Company in Frankfurt. Touristengruppen aus dem Reich der Mitte durften seit kurzem Europa bereisen. Chang di war damit beschäftigt, Verträge mit Busunternehmen, Hotels und Restaurants abzuschließen und interessante Touristenziele auszuwählen. China hatte sich auch geöffnet und westliche Touristengruppen konnten das Land der Mitte besuchen.

Auch mein Bruder, Präsident einer kleinen Filmgesellschaft, profitierte davon. Er wurde gebeten, einen TV-Sender in der Provinzhauptstadt Kunming in Yunnan zu beraten. Später erhielt er dann auch die Genehmigung, dort seinen ersten Dokumentarfilm über diese Provinz zu drehen, dem über zwanzig weitere der »Mysterious China«-Serie folgten, die mit zahlreichen Awards ausgezeichnet wurden. Er und sein Filmteam aus Hollywood erhielten auch Dauervisa, um ohne bürokratische Einmischung unpolitische Dokumentarfilme durch Weiterempfehlung in anderen Provinzen drehen zu können. Der Provinzgouverneur von Qinghai, der in der Provinzhauptstadt Xining residierte, empfahl ihn an den damaligen Präsidenten weiter, der mal Gouverneur von Xizang (Tibet) gewesen war. Aus kurzen Film-Sketchen, die er als Amateurfilmer gedreht hatte, wünschte er sich einen Dokumentarfilm zu machen, den er Freunden und Bekannten vorführen konnte. Mein Bruder schaffte es, seinen Wunsch zu erfüllen, und war dann so angesehen, dass er später Aufträge von der Regierung erhielt.

Chang di, mein chinesischer Protegé, hatte sein Informatik-Studium mittlerweile auch abgeschlossen, blieb jedoch in der lukrativen Touristikbranche selbständig tätig. »Didi di« = »Younger Brother Di« war mittlerweile mit einer bildhübschen cleveren Mandschurin liiert, die in Frankfurt Wirtschaft studiert hatte. Sie war fähig, sich auch um seine Geschäfte zu kümmern. Dank von Draghi, dem Chef der Europäischen Zentralbank, initiierten niedrigen Kreditzinsen, konnte er sich einige sanierungsbedürftige Immobilien in Frankfurt anschaffen und sie mit Hilfe von tüchtigen chinesischen Bekannten restaurieren. Er besitzt sie noch heute und freut sich über die zuverlässigen Mieteinnahmen von Landsleuten. Mit deutschen Mietnomaden, die laut

Gesetz nicht einfach auf die Straße gesetzt werden können, will er nichts zu tun haben.

2004 herrschte bei der Techno Classica Messe in Essen noch Hochstimmung, denn Rover, der ursprüngliche Fahrrad-Produzent, hatte 1904 sein erstes Auto auf den Markt gebracht. Im gleichen Jahr hat Rolls-Royce mit dem »Silver Ghost« seine Karriere begonnen. Bei der Messe hatte der Unternehmer H. J. Zach, ein privater Sammler, seinen schönsten Rolls-Royce, den »Star of India«, einen offenen Jagdwagen, der ursprünglich dem Maharadscha von Rajkot gehörte, in der Galerie präsentiert. Der Rover-Stand war nicht weit entfernt und ich packte die Gelegenheit am Zopf und erschien mit einer Flasche Bordeaux unter dem Arm bei ihm, um den Doppelgeburtstag zu feiern. Auf seine Einladung hin besuchte ich ihn dann und bestaunte seine einzigartige Sammlung von Edelkarossen, Möbeln, Statuen und Gemälden. Gut, dass es Exzentriker gibt! Ohne die wäre die Welt recht armselig. Wegen gesundheitlicher Probleme entschloss er sich, die Hälfte seiner Rolls-Royce-Karossen in Monaco zu versteigern. Was übrig blieb, ist immer noch sensationell.

Noch etwas Amüsantes die »Emily« genannte und offiziell »Spirit of Ecstasy« bezeichnete Kühlerfigur betreffend. Für diese soll die Sekretärin und Geliebte von F. H. Royce Model gestanden haben. Was für ein bemerkenswertes Denkmal. Als er starb, wurde die rote Markenbezeichnung RR auf schwarz geändert.

**

Exzentriker

Aus Esthétique — Proportio Divina S. 156-163

Exzentriker sind vorwiegend sehr vermögende Leut,
die sich um die Meinung der Masse scheren keinen Deut.
Oft werden diese Sonderlinge als verrückt erklärt,
doch hat diese Beurteilung nicht den geringsten Wert,
denn sie sind vorwiegend äußerst erfolgreich im Leben,

das ist etwas, wonach die meisten Zeitgenossen vergeblich streben.
Als Beispiel bietet sich da ein
französischer Advokat aus Perigeux an,
das ferne Chile schlug ihn als Land der unbegrenzten
Möglichkeiten in den Bann.
Nach intensiven Recherchen veräußert
Antoine de Tounens sein gesamtes Vermögen
und segelte Mitte des 19. Jahrhunderts zum Land
seiner Träume mit des Priesters Segen.
In der Hafenstadt Coquimbo gelandet, beginnt er
sich monatelang auf seine Aufgabe vorzubereiten,
er lernt auch Spanisch, Fechten und das Reiten.
Mit einem Schiff reist er in den vergessenen Süden und gewinnt
die Herzen eines Häuptlings und der Ureinwohner im Nu,
wie einem Messias folgen die Indios seinem Rat und hören ihm zu.
Sie erheben ihn schließlich zu ihrem charismatischen Führer,
die ferne chilenische Staatsmacht mischt sich anfangs nicht
ein, denn er ist kein Aufrührer.
Die Provinz blühte auf unter seiner lenkenden Hand,
schließlich das vereinte kleine Königreich Arkadien daraus entstand.
Er wurde gekrönter Herrscher und regierte bescheiden
18 Jahre lang mit allen Ehren,
doch der chilenische Staat musste die Anerkennung verwehren.
Schließlich wurde man seiner habhaft und er wurde zum
Bedauern seiner Untertanen nach Frankreich deportiert,
denn die Unabhängigkeitsbestrebungen wurden von der
Zentralmacht in Santiago de Chile moniert.

Auf Grund eines Versprechens errichtete der Graf von
Hohenems für seine Geliebte in Salzburg ein Schloss
er benötigte 1615 nur vier Wochen dafür,
zum Geburtstag der Lady war es fertig, sie war sprachlos.
Karl von Württemberg konstruierte in Karlsruhe ein noch
heute existierendes sternförmiges Straßennetz,
er hatte noch ein anderes Hobby, es war Tarock,
ein Kartenspiel, ich schätz.
Er spielte es regelmäßig mit seinen
72 Gartenmädchen als Abendamüsement,
diejenige, die verlor, verbrachte die Nacht mit ihm,
so war das Arrangement.
Fürst Pückler, der exaltierte Reisende,
brachte eine blühende Schönheit mit aus dem Morgenland,
die Fürstin akzeptierte dieses ohne Eifersüchteleien,
welch ein Comportement, man fand!

Nach dem Ableben seiner Odaliske errichtete
er eine Pyramide über ihrer Ruhestätte,
eine großartige Geste, den Pharaonen nachempfunden, ich wette.
Ein Milliardär erwarb die berühmte London-Bridge und ließ
sie demontieren Stein für Stein, welch eine Aktion,
um sie im Süden der Staaten wieder aufzubauen,
heute eine Touristenattraktion.
Andere Exzentriker taten es ihm nach und importierten
besonders zerlegte schottische Burgen und Schlösser,
mitsamt des Inventars und der im Keller
lagernden Whiskyfässer.
Ein anderer Krösus hat ein komplettes Kloster
in Süden Europas demontiert
und Stück für Stück in die Vereinigten Staaten importiert.
Im Norden von New York wieder aufgebaut,
heute ein Touristenmagnet, das Museum
enthält auch Artifakte, die geklaut.
Lord Sandwich, der es nicht schätzte, sein Cricket-
oder Polospiel wegen des Lunchs zu unterbrechen,
erfand deshalb das Sandwich, möglicherweise wollte er
sich damit auch an den englischen Köchen rächen!
Ein amerikanischer Aussteiger hat sich in Mexico
eine schwimmende Insel aus weggeworfenen
Plastikflaschen konstruiert,
es ist unglaublich, doch dort lebt er,
zieht Gemüse, es funktioniert!
Calouste Gulbenkian, auch Mister 5 %,

wegen seiner arabischen Ölanteile genannt,
wurde bald wegen seiner Extravaganzen bekannt.

Er pflegte sich mit einem luxuriös umgerüsteten Austin-Taxi
anstatt in einem Rolls-Royce durch Großbritannien zu bewegen,
es war an seiner interessanten Flechtwerkbemalung zu
erkennen, das schien die Gemüter zu erregen.
Ständig trug er im Knopfloch eine frische weiße Orchidee,
wo immer er auch war in der Welt,
er sparte für diese Extravaganz kein Geld.
Er verzichtete auf ein Privatflugzeug, doch in der FC
im Linienflugzeug war immer der Platz neben

ihm für seinen Bowlerhat reserviert,
er legte keinen Wert auf neugierige Sitznachbarn und
hat deshalb seine Kopfbedeckung dort deponiert.
Howard Hughes, in den 30er Jahren eine der erfindungsreichsten
und schillerndsten Persönlichkeiten mit Geld,
war damals mit selbstentworfenen Flugzeugen
der schnellste Pilot der Welt.
Frauen besonders Hollywoodstars
wechselte er wie die Hemden im Nu,
das Publikum schaute seinem Treiben empört oder begeistert zu.
Der betuchte deutsche Baron von Maltzahn
errichtet gerade ein mittelalterliches Palais,
mit original Materialien und Baumethoden,
eine einmalige Initiative, so ich das seh.
Elvis Presley, als er als GI stationiert
war im deutschen Hessenland,
steckte einmal in einer Kneipe seine Havanna-Zigarre
mit einem 100-DM-Schein in Brand.
Die anwesenden Arbeiter fanden diese Show nicht besonders
amüsant und verabreichten ihm eine Abreibung, das ist bekannt.
Ein nicht so vermögender US-Bürger mit
Phantasie verwirklichte eine skurrile Idee,
jahrzehntelang sammelte er leere Coca-Cola-Dosen und baute
sich daraus ein gut isoliertes Palais.
Cleopatra, um ihre Schönheit zu erhalten,
pflegte in Eselsmilch zu baden,
zumindest schien es ihrem Alabasterkörper nicht zu schaden.

Joséphine de Beauharnais hatte ähnliche Allüren,
um nach Schönheit zu streben,
sie versenkte ihren edlen Körper zur Weinlesezeit in
ein Fass mit frischem Traubensaft von Burgunderreben.
Der kalifornische Zeitungsmogul Randolph Hearst benötigte
fast 20 Jahre, um zu erbauen eine einmalige Residenz,
in dem Schloss in San Simeon empfing er dann
Berühmtheiten aus Politik, Wirtschaft und besonders
die gesamte Hollywood-Filmprominenz.
Ein arabischer Sultan, dem das würdevolle
Auftreten eines Bettlers gefiel,
machte diesen zu seinem Minister und Vertrauten,
ein Glücksfall für das Land, es profitierte davon viel.
Ein bedeutender deutscher Werkzeugmaschinenhersteller
und Self-Made-Man mit Geld
besaß bis vor kurzem die größte Privatsammlung von
fahrbereiten historischen Rolls-Royce-Automobilen in der Welt.
Er erwarb auch den »Star of India«, die berühmte und
wunderschöne Jagdkarosse eines Maharadschas a. D.,
die kürzliche Versteigerung der Kollektion aus
gesundheitlichen Gründen tat ihm entsetzlich weh.
Ein bekannter und wohlhabender Inder und ständiger Gast im
New Delhi Oberoi Hotel hatte Stil,
er orderte sein Menü oft aus der Personalküche des Hotels,
weil ihm die internationale Kost im Luxusrestaurant nicht gefiel.
Ein deutscher Baron aus dem Badischen nahm ständig sein
kostbares Familiensilberbesteck in einem samtausgeschlagenen

Mahagonikästchen mit auf Reisen,
um damit in den vornehmsten europäischen Hotels
und Restaurants zu speisen.
Ein lebensfreudiger englischer Lord genoss es,
neben seiner Lady mehrere Geliebte zu unterhalten,
es waren ausschließlich temperamentvolle
kupferrothaarige Gestalten.
Paul Getty, der Ölmilliardär, ließ sich ein Museum im
original-römischen Stil in Malibu bei Los Angeles errichten,
er hat es jedoch nie in seinem Leben betreten
laut Zeitungsberichten.
Ein deutscher Industrietitan schuf sich eine feudale Villa
in dem Nobelort Bad Homburg, er schien sie zu schätzen,
als ihm nach Fertigstellung die Aussicht von der Terrasse
nicht gefiel, ließ er das Gebäude aufwendig heben,
um es um etliche Meter zu versetzen.
Chinesische Taipans pflegen zum Frühstück Gelée Royal
und frische Ginsengwurzeln zu verspeisen,
ein teures Vergnügen, doch als Langlebigkeit
spendend pflegt man beides zu preisen.
Der touristische Mondshuttle und die Umrundung der Erde
im Orbit wird bereits schon jetzt für die nahe Zukunft von
einem diesbezüglichen Unternehmer angepriesen,
einige Superreiche haben schon einen Platz vorgebucht,
ein astronomisch teures Vergnügen, das ist bewiesen …
ein Nonplusultra … eine nicht zu überbietende Extravaganz,
die wegen zu hoher Risiken nicht versichert wird von der Allianz!

Es wäre noch viel zu berichten über diese besondere Spezies des »Homo sapiens«,
doch belassen wir es dabei und schonen die Prominenz.

***

Nach langer Zeit, ich hatte die Sache bereits schon aus dem Auge verloren, bekomme ich einen Anruf von meinem Edelkarossen-Händler in Bayern, in dem er mir mitteilt, dass sein Mitarbeiter in England fündig geworden sei und mein jahrelang gesuchter Bentley zur Inspektion bereitstände. Es müsste besonders am Chassis einiges gemacht werden, aber der moderate Preis würde das ausgleichen. Ich verkaufte daraufhin einige meiner Wertpapiere mit Gewinn und packte das Geld dann in den berühmten braunen Umschlag und machte mich nach Terminabsprache mit der Bahn auf den Weg in den Süden. Standesgemäß wurde ich dann mit dem Rolls-Royce am Bahnhof abgeholt. In seiner Werkstätte angekommen, legte ich mich erst einmal unter das gute Stück, um die Korrosionsschäden zu begutachten. Nach damals 57 Jahren hatte er die erwarteten Schäden, die beseitigt werden konnten. Die sonstige Patina entsprach dem Alter. Verärgert war ich nur darüber, dass der Hersteller es nicht für nötig befunden hatte, eine Hohlraumversiegelung vorzunehmen. Vielleicht war das Absicht, Automobile sollten schließlich nicht ewig leben. Der 6-Zylinder-Motor hatte eine tadellose Kompression und war mit seinem 4,9-Liter-Hubraum recht durstig. Die amerikanischen Reifen von Goodyear hatten zwar noch 7 mm Profil, hatten jedoch alle Flexibilität eingebüßt und mussten erneuert werden. Die Suche war schwierig. Ausgerechnet in Taiwan wurde ich fündig. Viele andere Dinge standen zur Überholung an, aber ich hatte ja viel Zeit, eine trockene Unterbringung, Erfahrung und vor allen Dingen einen Diplom-Ingenieur in der Nähe, der sich mit solchen Exoten gut auskannte. Der Bentley S1 Baujahr 1959 war übrigens ein Zwillingsbruder des Rolls-Royce Silver Cloud. Sie unterschieden sich lediglich durch die Kühlerform. Ein Club-Bekannter besaß einen im benachbarten Braunfels und stand mir mit hilfreichen Tipps zur Seite. Die englischen Fahrzeugpapiere wiesen als Erstbesitzer den Manager der Metal Import Company in London aus, der später mit anderen Gesellschaften dieser Branche fusionierte. Sie gehörte damals zu den Firmen, die in Afrika Metalle günstig aus Ländern erwarben, wo diese unter menschenunwürdigen Verhältnissen gefördert wurden. Nach wenigen Jahren kam es zu kurzzeitigen Besitzerwechseln, bis sich der Elektroingenieur Robinson des Fahrzeugs annahm und es fast 40 Jahre behielt. Dann kam ich an die Reihe. Trotz einiger Kopfschmerzen hat er mir viel Freude bereitet. Ersatzteile waren ein Problem. Ich bekam sie bei »Flying Spares« in England oder bei dem größten B & R Recycling-Unternehmen der Welt in Los Angeles ganz in der Nähe der Firma meines Bruders. Kleinteile nahm ich im Koffer mit, als ich mal in Los Angeles war. Größere Teile mussten per Fracht geschickt werden.

Ich wurde dann auch Mitglied des Bentley & Rolls-Royce Touring-Clubs »The Other Club«, nicht zu verwechseln mit dem politischen Club gleichen Namens, den Winston Churchill zusammen mit einigen Exzentrikern nach dem Ersten Weltkrieg gründete. Außer, dass ich mal ein paar Artikel im Clubmagazin »Continental Express« verfasste, nahm ich hier keine Club-Aufgaben wahr. Nur ein Mal schlug ich vor, ein deutsch-polnisches Treffen in Breslau/Schlesien zu veranstalten. Wir wären in dem geschichtsträchtigen Schloss des Fürsten Marschall Blücher von Wahlstatt untergekommen, welches ein neuseeländischer Freund von mir während der Perestroika erworben und restauriert hatte. Touristische Sehenswürdigkeiten gab es genug und der Bürgermeister von Breslau/Wroclaw hätte unser Meeting voll unterstützt. Abgelehnt wurde es wegen der zu großen Entfernung und vermutlich auch wegen der geheimen Vorurteile gegenüber Polen.

Eine lustige Geschichte passierte mir anlässlich des einhundert-
jährigen Jubiläums von Bentley beim Klassikertreffen in Baden-
Baden. Beim Gala Diner hatte ich keinen festen Platz reserviert
und kam neben einem französischen Ehepaar zu sitzen, welches
mit seinem Rolls-Royce aus der Normandie angereist war. Nach
dem vorzüglichen Menü und Gespräch auf Französisch ging es um
Einzelheiten aus ihrem Leben nahe Deauville und Exkursionen in
das nahe gelegene England, auch ich begann zu berichten und erwähnte auch meine schriftstellerische Tätigkeit unter dem Autoren-
Pseudonym meiner französischen Hugenotten-Vorfahrin Comtesse
M. de Mons. Madame Monier suchte darauf in ihrer Tasche und
reichte mir dann ihre Carte d'identité, auf der auch ihr Geburts-
name neé Monique de Mons vermerkt war. Dieser Zufall wurde natürlich mit Champagner begossen. Da gab es auch noch eine zweite
Hugenotten-Verbindung, die D'Orville, die ebenfalls eine neue
Heimat in Preußen fanden und in die Familie meiner Großmutter, den Grafen von der Schulenburg, einheirateten. Sie waren geschäftstüchtige Tuchmacher in Offenbach und erhielten vom Kaiser
dann noch den deutschen Adelstitel Freiherren von Löwenklau.

Meine Tochter hatte ihr Wirtschaftsstudium erfolgreich ab-
gelegt, verspürte aber keine Lust, eine Tätigkeit aufzunehmen.
Schließlich heiratete sie ihren Schul- und Studienfreund. Mein
Enkel Theodor erblickte drei Jahre später das Licht der Welt.

Ich musste mich dann meiner ersten OP seit Jahren unterziehen
und bekam links ein künstliches Hüftgelenk verpasst. Ich be-

schaffte mir dann einen schönen Stock mit silbernem Hunde-
kopf, der mir beim Gehen ein sicheres Gefühl gab.

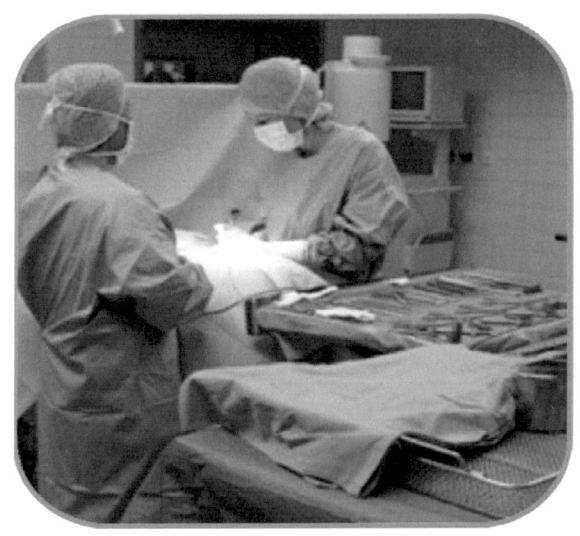

RundumerNeuerunG

Ein Papagei trifft Jesus 55-58

Wie ein Blitz aus heiterem Himmel
traf es mich mitten im Menschengewimmel.
Der Rücken streikt, ich bin halb gelähmt,
konnte kaum noch laufen, ich hab mich geschämt.
Betäubende Schmerzen, sie sind eine Tortur,
verdammt, was hilft denn dagegen nur.
Ich werde durchleuchtet und therapiert,

mit Injektionen und Pharmaka traktiert.
Mit endlosen Ratschlägen wird nicht gegeizt,
verständlich, ich bin extrem gereizt.
Geduld heißt das neueste Konzept,
die älteste Medizin neu entdeckt.
Ich quäle mich weiter so manche Tage,
mich nutzlos fühlend in dieser Lage.
Es verstreichen quälend die schlaflosen Nächte,
ausgeliefert an die bösen Mächte.
Einen Trost nur haben wir,
anderen geht es noch übler als mir.
Heilung ist noch nicht in Sicht,
zum Mond fliegen erscheint eine simplere Geschicht.
Falls man glaubt, das Problem ist bezwungen,
die Rückkehr in den Alltag ist endlich gelungen,
da schlägt das Schicksal wieder zu,
im Hospital ist man im Nu.
Der Untersuchungszirkus fängt wieder an,
man sich nicht dagegen wehren kann.
Es handelt sich um eine gravierende Thrombose,
das sagt die neueste Röntgen-Diagnose,
da gibt es ein Nierenproblem, eine gefährliche Lungenembolie,
die bösen Überraschungen, sie enden nie.
Ich darf nun liegen wie ein schwerkranker Mann,
nicht mal zum Waschraum ich mich begeben kann.
Als überwunden diese Hürde
und zurückgewonnen die menschliche Würde,

da heißt es zu reduzieren die gesunde Kost,
denn Grünzeug ist Gift, sagt Dr. Frost.
So geht das ständig immer weiter,
es ist zwar logisch ... doch nicht heiter.
Dann die ersten Rechnungen treffen ein,
es schwinden die Sinne vor lauter Pein.
Nur ... Patienten, die zahlen alles selber,
verhalten sich nicht wie unwissende Kälber.
Vergessen würde ich das alles gern,
doch die begehrte Freiheit ist noch fern.
Dann plötzlich meldet sich das rechte Knie,
davor gab es Probleme nie.
Nach endloser Behandlung und Medikamentenschluckerei
konstatiert der Arzt: der Meniskus ist entzwei!
Eine Operation ist damit angesagt,
damit man sich nicht weiter plagt.
Nach Hospital und Rehabilitation,
ich endlich wieder zu Hause wohn.
Wer glaubt nun wäre endlich Schluss,
den leider ich enttäuschen muss.
Die Hüfte schmerzt, ich kann nicht schlafen,
das Schicksal will mich wieder strafen.
Da hilft kein Jammern und kein Klagen,
eine künstliche Hüfte wird mir angetragen.
Es folgt die gleiche Prozedur wie das letzte Mal,
das ständige Warten ist die größte Qual.
Kaum habe ich mich mit meinem Zustand abgefunden

und mache mit Gehhilfen meine Runden,
da machen Probleme Schulter und Arm,
der Spezialist schlägt wieder mal Alarm.
Mit Tabletten und Injektionen werde ich traktiert,
mit der Apotheke bin ich liiert.
Die ganzen Behandlungen helfen hier nie,
die Einzige, die profitiert, ist die Pharmaindustrie.
Wer verschont wird von Ärzten und medizinischem Gerät,
der kann sich glücklich schätzen von früh bis spät!

**

Häufig besuchte ich im Sommer meine italienische Freundin Grazia in Magenta nahe dem Flughafen Malpensa und dem Lago Maggiore, wo Lufthansa auch häufig landete. Ein Freund von Grazia besaß am Lago d'Orta ein Segelboot, mit dem wir dort kreuz und quer segelten. Wenn es beruflich ging, kam auch M. S. mit in die Schweiz, wo wir die herrliche Berglandschaft im Süden erforschten. Unseren Internationalen Rover-Club-Treffen waren immer touristische Ausfahrten angeschlossen, die uns Regionen erschlossen, die wir sonst vielleicht nie kennengelernt hätten.

Etwas Schreckliches passierte mir auf einer Reise zusammen mit Klaus an die mir kaum bekannte Ostseeküste. Wir hatten beide unsere Hunde dabei, die sich gut miteinander verstanden. Unterwegs besuchten wir auch meine Cousine, die mit Hilfe von pol-

nischen und russischen Handwerkern dabei war, das heruntergekommene Landschloss meines Großonkels Leopold Graf von
der Schulenburg zu restaurieren, welches sie nach der Wiedervereinigung vom Staat erworben hatte. Sie lebte in London und
konnte sich nur im Sommer darum kümmern. Dieser Besitz war
nach Kriegsende von den Kommunisten enteignet worden. Auf der
Weiterfahrt suchte Klaus dann eine alte Liebe auf, die mit ihren
Kindern einen alternativen Bauernhof bewirtschaftete. Am Nachmittag saßen wir draußen im Hof beim traditionellen Kaffee und
Kuchen zusammen. Während die Hunde der Besitzerin und der
Windhund umhertollten, hatte ich Aisha, der das zu viel wurde,
auf den Arm genommen. Plötzlich kam der englische Kampfhund
angeschossen, riss mir Aisha aus dem Arm und begann, sie am
Hals zu zerfetzen. Mit einem Knüppel gelang es der Besitzerin,
das Biest, welches sich aus dem Haus befreit hatte, zu vertreiben.
Ich wickelte fest ein Handtuch um den Hals von Aisha und fuhr
dann mit der Tochter zum Tierarzt, der die große Wunde sofort
vernähte. Ich achtete dabei nicht auf zwei Blitzgeräte, denen ich
dann hohe Geldstrafen und einen Verkehrssicherheitskurs mit
einem einmonatigen Führerscheinentzug verdankte. Der Windhund, der sich mit dem Dackel angefreundet hatte, kümmerte
sich in seiner Art um sie, indem er sie ständig ableckte. Bei einer
anderen Verflossenen von Klaus, die zufällig Tierärztin war, erhielt Aisha dann zwei Tage lang professionelle Behandlung. Anschließend besuchten wir seinen Jugendfreund J. Baumgarten, der
früher auch Motorradrennfahrer gewesen war. Er hatte das jedoch
aufgegeben und war erfolgreicher Unternehmer geworden. Er war

Hersteller von Spezial-Schmierstoffen und Ölen mit der Bezeichnung German Oil in Wittenburg. Er besaß auch ein Truckerhotel im Gewerbegebiet, wo wir als seine Gäste mehrere Tage nächtigen konnten. Er besaß ein kleines Schlösschen, welches er nach der Wiedervereinigung erworben und restauriert hatte. Er vermietete es für besondere Festlichkeiten. Eine Halle auf seinem Firmengelände war für klassische Automobile diverser Marken reserviert. Einige gehörten ihm und andere Freunden und Bekannten, die Garagenprobleme hatten. Ein besonderes Event war die Feier des 90. Geburtstages eines Bekannten von ihm. Dieser war Besitzer einiger Nachtclubs und eines Eroscenters des Hamburger »Red Light Distrikts« Reeperbahn. Er hatte auch einige Edelkarossen in den ehemaligen Pferdeställen seines Landbesitzes stehen. Zu der lockeren Party waren die Prominenz aus TV, Film und Unterhaltung wie Otto Walcke erschienen, um dem noch erstaunlich rüstigen Lebemann ihre Referenz zu erweisen. Auch Damen aus dem Eroscenter waren zahlreich erschienen, um das Publikum aufzumischen. Wieder zu Hause musste ich trotz meiner Unschuld eine Gardinenpredigt wegen Aisha über mich ergehen lassen. Sie hatte durch den Schock all ihre Vitalität verloren und begegnete anderen Hunden mit größtem Misstrauen, was man ihr ja auch nicht verübeln konnte. Die Kosten für die tierärztlichen Behandlungen wurden von der Versicherung getragen. Ich verlor meinen Führerschein für einen Monat und musste an einem Kurs für Verkehrsdelinquenten teilnehmen. Mein Argument, dass es sich um eine Lebensrettung gehandelt habe, und die Vorlage der Tierarztrechnungen als Beweis, wurden völlig ignoriert. Von sa-

lomonischer Rechtsprechung hatte der zuständige Richter noch
nie etwas gehört.

***

Sᴀᴍᴍʟᴇʀᴡᴜᴛ   – Cᴏʟʟᴇᴄᴛɪᴏɴɴᴇᴜʀ

Eɪɴ Pᴀᴘᴀɢᴇɪ ᴛʀɪꜰꜰᴛ Jᴇsᴜs S. 84-85

Diese Spezies ist sehr verbreitet,
die Sammlerwut ihn ständig leitet.
Er scheut keine noch so großen Kosten,
zu erwerben einen seltenen Briefmarkenposten.
Sei'n es alte Waffen, Gemälde, Porzellan,
nichts ist sicher vor seinem Sammlerwahn.
Antike Bronzen, Möbel, Mokkatassen
kann er sich nicht entgehen lassen.
Er erst vor größeren Problemen steht,
wenn es um Veteranenautos geht.
Sei es Bentley oder Rolls-Royce

oder sind Bugatti, Lagonda seine Choice,
er benötigt Platz für diese Schätze,
und es beginnt eine neue Hetze nach Ersatzteilen, teuer wie Gold,
damit die Karosse auch richtig rollt.
Ohne Spezialist hat das Ganze sowieso keinen Zweck,
da bleibt der Wagen unbewegt auf seinem Fleck.
Was immer du auch sammelst hier,
Hauptsache ist, es macht Freude dir!

***

Jedes Mal wenn mein Freund aus Neuseeland nach Polen kam,
um bei seinem Schloss Krobielowice nach dem Rechten zu
schauen, lud er mich ein, ein paar Tage bei ihm zu verbringen.
Mir machte es Freude, mich kreativ zu beschäftigen und kleine
Restaurierungsarbeiten vorzunehmen und Ideen zu verwirklichen. Eines meiner beiden Boote, die ich aus meinen Öltanks
gebaut hatte, überließ ich ihm, um den Schilf zu beseitigen, der
die umliegenden Teiche zu verlanden drohte. Dann richtete ich
in einem gemütlichen Raum im Obergeschoss eine Bibliothek

ein, damit die Hotelgäste sich bei unwirtlichem Wetter nicht langweilten. Der wunderschöne Golfplatz bereitete leider Kopfschmerzen, da die zahllosen Wildschweine ihn auf der Suche nach schmackhaften Wurzeln umgruben. Christopher durfte weder selber auf die Jagd gehen noch einen Förster einstellen, um das Problem zu beseitigen. Ein architektonisch ansprechender Viehstall aus dem 19. Jahrhundert hätte ein schönes Technik- und Automobil-Museum ergeben, doch wichtigere Vorhaben haben solcher Initiative einen Riegel vorgeschoben. Ein solches war zum Beispiel eine neue Heizungsanlage im Schloss und die Wiederherstellung des ehemaligen ansprechenden Verwalterhauses.

Einmal erlebte ich ein großartiges Sommerfest, welches von Amazon/Polen dort veranstaltet wurde. Das Schloss, welches er in der Zeit von Perestroika günstig vom polnischen Staat erworben hatte, war ein Fass ohne Boden. Es dauerte endlos lange, bis die ersten Gäste es nutzen konnten. Früher, zur Zeit von Fürst Blücher, hatten große landwirtschaftliche Latifundien dafür gesorgt, das Schloss zu unterhalten. Christopher Vale hatte bei der Restaurierung so viel Freude gehabt, »den Aufstieg des Phönix aus der Asche« zu erleben, dass er es sich nicht vorstellen konnte, es in fremde Hände zu geben. Ein Raum im Erdgeschoss war ein Privatmuseum, wo Waffen an Wänden oder in Glasvitrinen ausgestellt waren. Eine zeigte mit kostbaren Zinnsoldaten, Pferden und Kanonen eine Show der Schlacht von Waterloo/Belle Alliance, in der Blücher und Wellington 1815 Napoleon Bonaparte besiegten und nach St. Helena schickten.

Bei Regenwetter saßen wir dann im Museum an einem Tisch und putzten die Orden und sortierten diese. Von mir erhielt er einen US-amerikanischen Trommelrevolver aus dem 19. Jahrhundert. Ich zog auch mal Uniformen an, die in den Kleiderschränken zur Verfügung standen. Zu Beginn war das Schloss nicht möbliert. Ich begleitete Christopher dann zu Antiquitätenhändlern in Polen, Tschechien und der Slowakei, wo viele nach Plünderungen in Privathäusern gelandet waren. So kam es, dass jedes Zimmer anders möbliert war, was dem ganzen Ambiente jedoch nicht schadete.

Mit Hilfe von Karten 1:25000 aus den 30er Jahren, die ich vom Institut für Geodäsie in Berlin bezog, gingen wir dann auf Entdeckungsreise in Nieder- und Oberschlesien. Ab und zu ging es dann auch in das nahe gelegene Breslau, um dort Hotelbedarf-Einkäufe zu machen. Wir besuchten dann auch den Dombezirk auf der Oderinsel, das lebendige Studentenviertel in der Altstadt, die Museen und den Rynek = Ring um das alte Rathaus im gotischen Baustil herum. Der Rathauskeller, jetzt ein teures Restaurant, war vor dem Krieg eine Studentenkneipe gewesen, wo sich mein Vater mit seinen Kommilitonen getroffen hatte.

Wir besuchten dann auch oft das Schloss Morava/Murau bei Striegau/Strzegom, ca. 50 km von Krobielowice entfernt, wo sich zur großen Verblüffung aller eine unternehmungslustige Tante von mir niedergelassen hatte. Das imposante Schloss hatte vor dem Krieg ihrem Vater gehört und Tante Melitta war dort geboren. Nach dem Krieg wurde es von der Regionalregierung als landwirtschaftliche Schule genutzt. Sie mietete Murau dann an und gründete eine Stiftung mit einem Kindergarten für Kinder aus sozial beeinträchtigten Verhältnissen und Waisenkinder. Ihre Herkunft verriet sie anfangs niemandem. Die Stiftung trägt den Namen »Jadwiga = Hedwig«, den Namen einer polnischen Nationalheiligen. Tante Melitta hatte früher als Stewardess für eine italienische Airline gearbeitet und war dann als Au-pair-Mädchen an der Côte d'Azur tätig. Dort hatte sie den ungarischen Kaffeefarmer Sallai kennengelernt und ihn geheiratet. Als er starb, führte sie allein die Kaffeeplantage in Portugiesisch-Angola weiter, musste jedoch wegen des Bürgerkriegs die Farm aufgeben. Ihr Bankkonto in Luanda nützte ihr nichts, da sie das Geld nicht eintauschen und ausführen durfte. Mit leeren Händen verließ sie das Land und hielt sich durch die Pflege von meist adeligen Behinderten über Wasser. Sie hatte in ihrer Jugend Polnisch gelernt und kam dann auf die Idee, es nutzbringend anzuwenden. Neben dem Kinderhort, um den sich zwei Pflegerinnen kümmerten, ergaben sich noch weitere Finanzquellen. Für Nostalgie-Reisende aus ehemals schlesischen Adelsfamilien, die oft ihren Enkeln die ehemalige Heimat zeigten, richtete sie 16 rustikale Gästezimmer ein, die zumindest im Sommer gut ausgebucht waren. Außerdem ermöglichte sie dem Goethe Institut, dort Deutschkurse für Polen abzuhalten. Auch hatte sie Kontakt zu deutschen Schulen, die dort Ferienkurse in Musik abhielten.

Die Mahlzeiten dort erinnerten mich an die in den Refekto-
rien von Klöstern. In der Küche lief es wie in alten Zeiten, wo
eine resolute Köchin das Zepter schwang. Tante Melitta war
hochbetagt und bei allen beliebt. Von der polnischen Regierung
erhielt sie als Auszeichnung die polnische Ehrenbürgerschaft.
Ich brachte ihr bei Besuchen immer gebrauchte Kleidung mit.
Sie beglückte dann Bedürftige damit. Sie verstand sich ausgezeichnet mit Christopher Vale, den sie wegen seiner Tatkraft
bewunderte. Sie hatte ein Faible für Engländer. Kein Wunder,
ihre Mutter war aus dem schottischen Clan der Johnstons. Ihre
jüngste Schwester Thesi von Werner übernimmt jetzt langsam
die Regie. Als Gewinnerin von zahlreichen Pokalen bei internationalen Reitturnieren ist sie noch erstaunlich fit.

Ich kann nicht alle Privat-Reisen, die ich bzw. wir vor und nach
meiner Pensionierung gemacht haben, beschreiben. Einige waren
sehr abenteuerlich und waghalsig, und ich kann nur den Kopf
schütteln und froh sein, dass ich sie ohne Schaden überstanden
habe. Bei einem netten Zusammentreffen mit internationalen
Bekannten wurde ich einmal gefragt, welches Gebiet der Erde
ich gerne noch kennenlernen würde. Ich sagte, dass es der sechste
Kontinent, die Antarktis sei. Dann fragte man mich, welches
mein liebstes und interessantestes Land sei. Darauf antwortete
ich, dass ich diese Frage unmöglich beantworten könnte, denn
auch das heruntergekommenste Land hätte überraschende Licht-
seiten. Am wichtigsten wären jedoch die Menschen, und außergewöhnliche Exemplare davon gibt es überall.

Meine letzte große Reise nach den häufigen nach Südkorea war die nach Sri Lanka/Ceylon. Vor einem halben Jahrhundert hatte ich als Mitglied der Schiffsbesatzung der MS Schwabenstein des Norddeutschen Lloyds den Hafen Colombo drei Mal angelaufen. Das waren nur kurze Aufenthalte, die mir keine Zeit ließen, Land und Leute kennenzulernen. Das wollte ich nun einmal nachholen und überließ es mal einem Reiseveranstalter, sich um alles zu kümmern.

Auf dem Flugabschnitt Frankfurt–Dubai hatte ich erstmals Gelegenheit, das größte Passagierflugzeug der Welt, den Airbus 380 der Emirate Airlines, kennenzulernen. Durch geschickte Aufteilung der Hauptkabine hatte man gar nicht das Gefühl, in einem Massentransportmittel zu reisen.

Bei Immigration in Colombo hatte der Beamte Probleme mit der Passagierliste, denn dort war nur einer meiner Vornamen aufgeführt. Außer meinem Pass legte ich auch noch meine ID-Card, Visa Creditcard und meinen Internationalen Führerschein vor. Sieben Vornamen und Autorenname die hatten auf der Liste keinen Platz. Plötzlich behandelte man mich wie eine königliche Hoheit. Der Einreisestempel wurde mir erteilt und ein anderer herbeigerufener Beamter trug mein Handgepäck bis zur Kofferausgabe und entschuldigte sich bei mir für die Verzögerung. Draußen wartete schon der Transport. Es kam noch ein Ehepaar. Zwei weitere Teilnehmer kamen mit einem späteren Flug von den Malediven. Im Hotel wurde jedem Paar ein Bungalow zugewiesen und eine Uhrzeit zum Treffen mit dem Tourguide festgelegt. Im Dunkel später stolperten wir fast über einen der seltenen Warane. Der große Park gehörte sicherlich zu seinem Revier. Jetzt waren wir vollzählig und unser Guide hieß uns willkommen. Die Tour wurde besprochen und wir erhielten noch einige allgemeine Instruktionen. Dann hatten wir Gelegenheit, die lokale Küche kennenzulernen. Anschließend schwammen wir noch einige Runden im Pool. Wegen der hohen Luftfeuchtigkeit und Wärme wirkt der Mond viel größer und heller als bei uns, wenn er durch die Palmenwipfel scheint. Zurück im Bungalow, wurden wir von zwei Geckos überrascht, die fleißig dabei waren, Insekten zu jagen. Diese Verwandten der Eidechsen haben die erstaunliche Fähigkeit, an der Zimmerdecke laufen zu können. Sie werden wie viele nicht giftigen Schlangen als Haustiere betrachtet.

Sri Lanka gilt zwar als tropisches Paradies, aber blieb in der Vergangenheit nicht von Unruhen verschont. Im Norden waren es eingewanderte Tamilen aus Südindien, die den eingeborenen Singhalesen das Land streitig machten. Ein immer wieder aufflammender Bürgerkrieg hat bereits viele Opfer gekostet. Der Buddhismus ist die verbreitetste Religion. Eine Minderheit von Muslimen stammt von arabischen Händlern ab.

Eines der Exportgüter von Sri Lanka ist ein erstklassiger Tee, der ursprünglich aus Yunnan/Südchina kam. Der chinesische Kaiser hatte die Ausfuhr von Teepflanzen explizit verboten und den Verstoß gegen die Verordnung unter strengste Strafe gestellt. Engländern war es durch Bestechung gelungen, dieses Verbot zu umgehen, und sie hatten festgestellt, dass im Bergland von Ceylon ideale Anbauvoraussetzungen herrschten. Es fanden sich noch zwei weitere Anbauregionen, wo er gedieh, und zwar an den Himalaya-Hängen von Darjeeling und Assam. Damit war das uralte Exportmonopol Chinas auf Tee gebrochen. Die jungen Blätter werden von geschickten Frauen in großen über den Rücken geworfenen Baumwollsäcken eingesammelt. Frauen, die ihre Mens haben oder Nachwuchs erwarten, werden von dieser Arbeit ausgeschlossen, da ihr Schweiß nachweislich negative Auswirkungen auf den Tee hat. Der schwarze Tee wird einem aufwendigen Fermentierungsprozess unterworfen, was bei dem grünen Tee nicht der Fall ist. Am teuersten ist der »Gunpowder Tea«, der besonders von den Japanern geschätzt wird. Er stammt von den winzigen ersten Knospen der Teepflanze ab. Weitere Exportgüter sind Gewürze wie Nelken und Zimt, ganze Kokosnüsse, Kopra = das getrocknete Innere der Kokosnuss, Textilien, Edel- und Halbedelsteine.

Einer der wichtigsten Devisenbringer ist jedoch der Tourismus. Besondere Anziehung besitzen die asiatischen Elefanten, die im Gegensatz zur afrikanischen Spezies schon immer zu Arbeiten im schwer zugänglichen Dschungel trainiert werden. Ein besonderer Anblick ist es, wenn sie nach getaner Arbeit von ihren Treibern abends im Fluss gewaschen und gebürstet werden. In Sri Lanka gibt es noch Vögel, die woanders schon längst ausgestorben sind. Nach der Ernte besonders von Reis sammeln sich Scharen von weiß gefiederten Vögeln, die dort Nachernte halten.

In einer Stadt bewunderten wir dann in offenen Höhlen riesige, aus dem Felsen geschlagene liegende und sitzende Buddha-figuren. In der Nähe war das Zentrum der Edelsteinsuche. Die Gewinnung geht primitiv manuell vor sich. Es werden Brunnen ausgeschachtet, deren Grabungsinhalt von dem Partner oben durchgesiebt wird. Ohne behördliche Genehmigung geht das natürlich nicht. Manchmal werden die Schürfer von Gesteinsmassen verschüttet, das ist halt Schicksal. Die ergiebige Schürfstelle zu finden ist ein Geheimnis für sich. Diamanten und Smaragde sind die härtesten Steine, die existieren, trotz sie nichts anderes sind als Kohlenstoff. Die Masse der hässlichen unter ihnen, die sich nicht als Schmucksteine eignen, werden als unübertreffliches Schleifmittel in der Industrie benutzt. In der Vergangenheit dienten die Halbedelsteine zur Verzierung von Prunkbauten wie dem Taj Mahal. Im Norden von Sri Lanka gibt es einen Monolith namens »Sigirya« = Lions Rock, auf dessen ausgedehnter Spitze sich früher die Hauptstadt eines Königreiches befand, die nur mit Seilwinden erreichbar war. Von den Palästen sind nur die Fundamente erhalten. Heute führt nur eine stählerne Treppe nach oben, von wo man einen herrlichen Blick über das ganze Land hat. Nicht weit davon entfernt befindet sich im kühlen Hochland ein Städtchen, in welches die Engländer sich im Sommer zurückzogen. Alle öffentlichen Einrichtungen wie der Central Market, das Post- und Telegraphenamt usw. sind im englischen Stil erbaut. Die Küche der Singhalesen ist übrigens vorzüglich und appetitanregend. Wie in Indien wird viel mit Curry, Kurkuma und Pfeffer gekocht. Im Südosten des Landes liegt ein großes Naturschutzgebiet, in welchem die Tierwelt zu besichtigen ist. Wir hatten unseren Aufenthalt verlängert und verbrachten noch eine Woche in Hotel an einem mit Palmen gesäumten Strand. Wir unternahmen dann noch eine Flussfahrt, bei der wir Krokodile, Affen und seltene Vögel beobachteten.

Wieder zu Hause, holten wir Aisha von Bekannten ab, die uns mit tieftraurigen Augen anschaute. Sie hatte Inkontinenz und Blasenkrebs und der Tierarzt war machtlos. Sie schlief dann schließlich in meinen Armen ein. Als ihre Ruhestätte wählten wir eine Stelle am Teich, wo sie so gern mit dem Ball gespielt hat. Wir vermissen das treue Wesen immer noch.

Das erste Mal war ich mit meinem Rover P6 V8 »Penguin« zu einem Internationalen Treffen in Österreich eingeladen worden. Auf dem Rückweg machte ich auch Station bei einer Tante, die in der Nähe von Berchtesgaden eine Gästepension in landschaftlich wunderschöner Umgebung besaß. Hinter dem Haus floss ein lebendiger Bach ins Tal. An diesem entlang machten wir einen Spaziergang, bei dem wir zahllose Weinbergschnecken entdeckten. Wir kannten Schnecken von Frankreich und Griechenland her und schätzten sie als eine in Deutschland meist verschmähte Köstlichkeit, wenn sie mit Butter und Knoblauch zubereitet werden. Wir sammelten also eine große Tasche voll ein und fügten einige Makkaroni zur Darmreinigung bei. Unterwegs nach Hause besuchten wir noch das Schloss Hohenlohe, dessen Besitzer im Nebengebäude ein kleines Privatmuseum für klassische Automobile betrieb. Als wir das Schloss wieder verließen, erblickten wir eine japanische Reisegruppe, die mit gezückten Kameras unseren Rover umstand. Kein Wunder, den Schnecken war es in der Tasche zu warm geworden und sie hatten sich über das Interieur des Fahrzeugs verbreitet und klebten an den Scheiben, auf dem Lenkrad und auf dem Schalthebel der Automatik. Wir sammelten sie ein und entließen sie unterwegs an einem Bach in die Freiheit.

Ein gravierender technischer und kostspieliger Vorfall mit dem P6 V8 passierte mir in der Nähe von Aachen auf der Autobahn. Ich war vom TOC Club zu einem Event der Kfz-technischen Abteilung der Universität Aachen eingeladen worden, hatte es jedoch vorgezogen, mit meinen Rover anstatt meines Bentleys zu kommen, um ihn auf der Teststrecke auszuprobieren. Das Schicksal wollte es, dass auf der Mittelspur der Autobahn ein großes Metallteil lag, dem ich wegen des dichten Verkehrs nicht ausweichen konnte. Dieses zerstörte meine Ölwanne und führte wegen des Schmier-Abrisses zur Zerstörung des Motors. Mit eingeschalteter Warnlichtanlage ließ ich den Wagen ausrollen und schaffte es gerade noch bis zur nächsten Ausfahrt. Dort parkte ich das Fahrzeug und klemmte vorsichtshalber die Batterie ab und rief den ADAC an. Als er gleich kam, fragte er: »Soll ich ihn gleich auf den Schrott fahren?« Die Frage war nicht unberechtigt, denn die Suche nach einem Ersatzmotor erwies sich als äußerst schwierig, denn die angebotenen Motoren waren alle zu alt. Schließlich erhielt ich einen Anruf unseres Club-Meisters, der mir den für seinen P6 generalüberholten Motor anbot, er hätte genug Zeit, einen anderen Motor zu restaurieren. Bei Aachen konnte ich dann veranlassen, dass

mein Wagen mit einem Sammeltransport zu meiner Vertrau-
enswerkstätte transportiert wurde. Ich mietete mir dann ein
Clubfahrzeug vom ADAC und schaffte es immerhin noch, zum
Meeting zu erscheinen.

Mein »Penguin« erhob sich dann wie »Phönix aus der Asche«.
Welcher Klassiker kann schon mit einem praktisch neuen Mo-
tor aufwarten? Lange konnte ich das nicht genießen, denn am
Horizont kündigte sich schon Covid-19 mit Reiseverboten an.

Mein Bruder, der im Westen von China einen Dokumentarfilm drehte, unterbrach seine Arbeit wegen anhaltendem Schnee-
sturm und flog mit seinem Team zwei Tage vor Ausbruch der
Corona-Epidemie in Wuhan zurück nach Los Angeles.

Mit meinem Bruder hatte ich besprochen zu versuchen mein
Filmscript im muslemischen westlichen Teil von China zu verwirklichen. Dort waren die Kosten und sonstigen Aufwendungen
sehr viel geringer als woanders. Der Nahe- und Mittlere Osten
kamen wegen der politischen Unruhen nicht in Frage. Durch
sein Ableben im Juni 2021 fiel das Projekt leider ins Wasser, weil
in seiner weiter existierenden Filmgesellschaft in Los Angeles
wegen der Pandemie Ebbe in der Kasse herrschte.

Ich möchte hier eine Kurzfassung der Story bringen auf der
das Filmscript basiert. Vielleich gelingt es doch noch irgendwann
eine Filmgesellschaft dafür zu gewinnen, das folgende Filmpro-
jekt zu verwirklichen.

***

Seidenstraßen & Oasen Story

Irgendwo in den ausgedehnten Wüsten des Mittleren Ostens war der französischer Archäologe und Ethnologe Jerôme d'Orville dabei nach den Ursprüngen einer verlorenen religiösen Sekte zu forschen. Wieder ist er aus Frankreich angereist, um eine bisher nicht aufgesuchte Wüstenregion unter die Lupe zu nehmen. In einer Karawanserei erwirbt er ein kräftiges Pferd und verlässt gut ausgerüstet die Karawanserei in Richtung der aufgehenden Sonne. Nach vielen Tagen des ereignislosen Ritts beginnt ein anhaltender Sandsturm zu blasen der sich zu einem mächtigen Sturm entwickelt. In einem weitläufigen Höhlentrakt eines Gebirgszuges findet er Schutz und legt sich zur Ruhe, da er von plötzlichem Schüttelfrost überfallen wird. Nach endlosen und wilden Fieberträumen wacht er auf und stellt zu seinem maßlosen Schrecken fest, dass sein Pferd mit seinen verbliebenen Vorräten verschwunden ist. Glücklicherweise sind ihm eine Feldflasche Wasser und einige getrocknete Datteln verblieben. Er stärkt sich und stellt fest, das sein Fieber sich gelegt hat. An den Höhlenwänden entdeckt er herrliche Malereien und Mosaiken. Sie stammen von der religiösen Sekte der Manichaeaner, nach deren Spuren er nun schon seit vielen Jahren geforscht hat. Er tritt vor die Höhle, der Sandsturm hat sich gelegt und es herrscht strahlender Sonnenschein. Weit unten im Tal entdeckt er zu seinem maßlosen Erstaunen eine ausgedehnte Oase mit einer beindruckenden befestigten Stadt. Aus der Entfernung sieht es so aus, als ob sie gerade erst vom Sandsturm freigelegt wurde.

Als er hinunterwandert belebt sich die Oase einer Fata Morgana gleich. Die Dattelpalmen begrünen sich, Karawanen nähern sich aus verschiedenen Richtungen der Stadt und andere verlassen diese schwer beladen mit diversen Handelsgütern. Bauern bearbeiten vor der Stadt die Felder, Gärten und Obstplantagen. Er hört auch den Lärm der Kamele, Esel, Ziegen, Schafe, Hähne und der Pfaue, der von dem Ruf der Muezzins übertönt wird, die von den Minaretts aus die Gläubigen fünf Mal täglich mit Rufen ermahnen ihre Gebete zu verrichten und Allah und seinen Propheten Muhammad zu ehren.

Als er die belebte Stadt betritt, betrachten ihn die Einwohner und Fremden neugierig wegen seiner ungewöhnlichen Bekleidung und sonstigen Aussehens. Auch fällt sein seltsames Arabisch auf. Trotz vieler, exotischer Sprachen verständigt man sich hauptsächlich mit einem altmodischen Arabisch und Farsi, die Sprache der Perser. In seinem Lederbeutel besitzt er noch eine Anzahl von französischen und syrischen Münzen und Geldscheinen. Er begab sich zu einem der vielen Geldwechsler, der mit den Scheinen nichts anzufangen wusste. Die Münzen erregten jedoch seine Neugierde und er betrachtete sie eingehend und zeigte sie auch seinen anderen Kunden, bis er ihm wegen ihres Seltenheitswertes eine Handvoll Münzen in die Hand drückte, die seinen Lederbeutel wieder füllten. Statt Banknoten waren für höhere Werte Silber und Goldmünzen im Umlauf. Er beginnt dann durch den Wirrwarr der Gassen die seltsame Stadt zu erforschen und kommt schließlich zu einem Platz, an dem die prachtvollste Moschee der Stadt lag. Er entledigt sich seiner verstaubten Lederstiefel, reinigt wie üblich seine Füße und betritt das imposante Gebäude. Während er die großartige Innenarchitektur mit seiner beeindruckenden Ausschmückung von Arabesken bewundert betrachtet ihn einer der anwesenden Imame aufmerksam und spricht ihn auf Griechisch an. Als Wissenschaftler, der Griechisch und Latein gelernt hat sind beide in der Lage sich gut miteinander über Gott und die Welt zu unterhalten. »Aziz« der Imam berichtet ihm von einem Aufenthalt in einem fernen Land, in welchem Griechisch gesprochen wird und eine wunderschöne Stadt an einer Meeresenge liegt. Dort herrscht ein mächtiger Khan über ein Volk, welches an einen Propheten Allahs Isa Ibn Maryam glaubt. »Der Fremde«verschweigt ihm aber sein Sandsturm Abenteuer, um nicht als Phantast zu gelten. Sie trennen sich als gute Freunde. Bei dem Wasserverkäufer »Ali« erfrischt er sich mit Limone und Wasser. Auf einem mit Palmen beschatteten Platz setzt er sich zu einer Gruppe die den Geschichten eines Märchenerzählers »Abdulla« lauschen. Als dieser den Namen »Sheherazade»erwähnt wird es ihm klar, dass es sich um eine Erzählung aus den persischen Geschichten aus *Tausendundeiner Nacht* handelt. Dem Märchenerzähler berichtet er dann während einer Pause von seinem unglaublichen Erlebnis, welches dieser mit einigen Ausschmückungen an seine faszinierten Zuhörer weitergibt, die am Ende in Begeisterungsrufe ausbrechen.

Im Bazar bewundert er die geschickten Kupfer- und Eisenschmiede, die verzierte Platten, Kessel, Gebrauchsgegenstände, Dolche und Krummschwerter herstellen. Andere befassen sich

mit Drechsler- und Schnitzarbeiten zur Verzierung von Stuhl-
beinen, Sandelholzkisten, Möbelstücken, wobei primitive, aber
geniale Geräte zum Einsatz kamen. Lange verblieb er in einem
Geschäft, in welchem wohlriechende Öle von zahllosen Blüten
und Blumen angeboten wurden. Es gab sogar sein Lieblings Öl
von Jasmin Blüten, welches er zu Haus in Paris in Form von
Parfum zur Erfrischung benutzte.

Gebannt blieb er plötzlich vor dem Emporium eines Teppichhändlers stehen. Unter anderen war dort ein Seidenteppich
aus Persien ausgestellt, dessen Eleganz und Farbwahl alle bisher in seinem Leben gesehene weit übertraf. Der Eigentümer
»Hassan« hatte sofort bemerkt, dass es sich bei dem seltsamen
Fremden um einen ausgesprochenen Kenner und Liebhaber von
Teppichen handelte und bat ihn in sein Geschäft, wo sie sich
bei zahllosen Tassen Tee und Datteln unterhielten, bei dem sie
nur gelegentlich von Kunden unterbrochen wurden. Auf Einladung des Teppichhändlers hin besucht er diesen häufig, um
mit ihm bei Tee zu plauschen und immer wieder den außergewöhnlichen Perserteppich zu bewundern, den er sich ja nie
würde leisten können.

Er ging dann weiter und stärkte sich mit einem noch warmen
Fladenbrot, welches mit geschabtem und gerösteten Hammel-
fleisch, Hummus und Tahina und Gemüse gefüllt war. Dann
gönnte er sich eine köstliche Mango, um sich dann endlich auf
Suche nach einem billigen Quartier zu machen. Der strenge Duft
nach Kamel- und Eselsdung führte ihn dann zum Portal einer
Karawanserei, wo er nach der üblichen endlosen Feilscherei eine

schmale Schlafstelle unter einem Steinaufgang zugewiesen bekommt.

Nach einigen Tagen erkannte er die Notwendigkeit, sich um eine einträgliche Tätigkeit zu bemühen, um nicht als Bettler vor der Moschee zu enden. Auf der Suche danach trifft er auf einen verständnisvollen Juwelier und Edelmetallhändler »Haddji Suleiman«, der sofort sein Potential erkennt und sich bereit erklärt zu helfen. Er überlässt das das Emporium seinem Assistenten und begleitet ihn zu einem Geschäftsfreund. Alle sind ungemein verblüfft als es sich herausstellt, dass der Freund »Hassan« , der Teppichhändler ist. Ein Glücksfall! Nach sorgfältiger Einweisung durch den Assistenten, wurde er mit manueller Tätigkeit und zwar der Ausbesserung von beschädigten Baumwollteppichen beschäftigt bis er in der Lage war auch im Kundenverkehr mitzuwirken. Sein geliebter Seidenteppich wurde wegen des sehr hohen Preises nie veräußert, so konnte er und die Kunden sich tagtäglich an seiner Schönheit erfreuen.

Eines Tages wird er schwer krank und lagert mit Schüttelfrost unter seinem Steinaufgang in der Karawanserei. Hassan und Suleiman seine Beschützer vermissen ihn und senden schließlich Suchtrupps aus, um ihn aufzuspüren. Schließlich wird man fündig. Der »Tabib« (Wundhheiler) hüllt ihn in extra Decken ein und verabreicht ihm hilfreiche Medizin. Zur weiteren Pflege wird er in das Haus des Juweliers »Haddji Suleimans« gebracht und dort von der bezaubernden und tüchtigen Tochter »Aishé« gesund gepflegt, dabei entwickelten »Der Frende« und sie eine große Zuneigung zueinander. Als er wieder gesund ist nimmt er seine Tätigkeit in Teppich Emporium wieder auf und wird regulärer Geschäftspartner.

Einmal wöchentlich am Freitag, dem muslemischen Feiertag, kommt der kleine Freundeskreis Suleimans nach dem Morgengebet in der großen Moschee in seinem herrlichen Park außerhalb der Stadtmauern zusammen. Neben einem kleinen See erhebt sich ein uralter geräumiger Wachturm, in welchem eine beeindruckende weise Wahrsagerin »Fatima« residiert und über das Anwesen wacht. Außer dem »Fremden« gehört auch der uns schon bekannte Märchenerzähler »Abdullah« zur Runde. dazu. Bei großer Hitze ziehen sich alle in den Schatten des obersten Turmzimmers zurück, wo köstliche Kleinigkeiten und Obstsäfte angeboten werden. Von dort oben hat man einen großartigen Blick über die alte Stadt, die Oase, den Gebirgszug und die endlose Wüste. Man trifft sich, um über die letzten Geschehnisse zu diskutieren. Weitere Themen sind Philosophie, Landwirtschaft, Jagdfalken- und Tierzucht, Kunst und Dichtung. Am aufregendsten sind die Berichte des Juweliers, der oft Monate lang abwesend ist, weil er mit seiner schwer bewachten Karawane auf dem Wegen nach Transoxanien, China oder Indien ist, um dort seinen wunderschönen Schmuck zu veräußern und wertvolle Edelsteine zu erwerben, die er zur Herstellung seiner Preziosen benötigt. Er berichtet von seinen Eindrücken und Erlebnissen in ausländischen Königreichen und Sultanaten, von Kämpfen mit Räuberbanden, die eine ständige Plage der Seidenstraße waren. Am faszinierendsten waren seine unglaublichen Bericht von einer gigantischen Mauer, welche das chinesische Kaiserreich vor den wilden Reiterhorden der Mongolen beschützten. Tief beeindruckt war er auch von dem Kaiserkanal der Südchina mit der Residenz im Norden verband, wo der gelbe Kaiser in der verbotenen Stadt von seinem Drachenthron über seine Untertanen herrschte. In Indien hatte er Paläste erblickt deren ganze Fassade mit Halbedelsteinen besetzt war. Wunderschöne in Seidengewänder gekleidete Frauen trugen filigranen aus Golddraht geflochtenen Halsschmuck und Ohrenanhänger. Die dortigen Herrscher pflegten dort mit Goldpulver bedeckte Süßspeisen und Feingebäcke zu sich zu nehmen. Die vornehmen Frauen verwandten Blütenöle um angenehm zu duften. Ungewöhnlich für Muslime waren sie lebendigen Darstellungen der Künstler von der Natur, Tieren und Menschen, deren Darstellung der Prophet im Koran ja strengstens verboten hatte. An deren Stelle waren dann die Arabesken als Kunstmittel getreten. »Suleiman« der Juwelier war auch einiger der wenigen Würdenträger der seinem Namen den Titel »Haddji« hinzufügen durfte, da er als Pilgrim schon zwei Reisen in das ferne Mekka im Westen unternommen hatte. Seine Zuhörer waren äußerst beeindruckt von der Beschreibung der vielen Rituale die mit dem Aufenthalt dort verbunden waren. Da musste der verhüllte heilige schwarze Meteorit, die Kaaba sieben Mal betend in Richtung Sonnenaufgang umkreist werden und Allah mit Rufen wie *Allah ul akbar!* (Allah ist allmächtig!) geehrt werden. In Mekka nahe der Kaaba befindet sich eine Brücke deren Stelen die teuflische Versuchung symbolisieren. Der »sheitan« (Teufel) wird dann während des muslimischen Opferfestes von den Pilgrims gesteinigt. Was den Koran betrifft kennen die Gläubiger zu dieser Zeit seinen Inhalt nur aus den Predigten der Imame und Mullahs, denn die Masse der Bevölkerung ist weder des Lesens noch des Schreibens kundig. Das trifft auch auf den Propheten Muhammad zu. Er war Analphabet. Erst seine Nachfolger und Schriftgelehrten haben sich mit dem Koran befasst und seine Lehren dort niedergeschrieben und weiter ausgestaltet.

Endlich hatte der Juwelier, der keinen Sohn hatte, den »Fremden«, der zum Islam übergetreten war und den Namen »Al Kismet« angenommen hatte, als Schwiegersohn akzeptiert und ihn in sein Geschäft übernommen und in die Kunst der Herstellung von feinen Schmuckstücken eingewiesen. Zur Hochzeitszeremonie steckt Suleiman ihm und seiner Tochter »Aishé« je einen wundervollen eingravierten blauen Lapislazuli Goldring an die Ringfinger.

Nach diesem schönen Ereignis begab sich der Goldhändler wieder auf Reise, kehrte jedoch schon bald zurück. Bei dem üblichen Freitagstreffen auf dem Turm im Park berichtete er von Gerüchten die ihn veranlasst hätten sofort umzukehren. Bei denen ging es über große wilde und schwer bewaffnete Reiterhorden, die auf ihrem Zuge nach Süden ganze Provinzen und Städte verwüsteten. Die Wahrsagerin »Fatima« warnte auch vor einer dunklen Bedrohung. Sie diskutierten das Problem eingehend und entschieden sich sofort zu agieren. Sie überzeugten die Stadtoberhäupter davon, dass die in der langen Zeit des Friedens vernachlässigten Befestigungsanlagen sofort instand gesetzt wurden. Dazu wurde die gesamte Bevölkerung mit einbezogen. Außerdem wurden junge Verteidiger trainiert und die Schmiede hatten alle Hände voll zu tun, den Aufträgen nach Pfeilspitzen und Krummschwertern nachzukommen. Dann wurde der »Dschihad« (Heilige Krieg) ausgerufen.

Einige Zeit danach erschallte dann der Ruf der Wahrsagerin »Fatima« vom alten Wachturm, dass am Horizont im Osten eine riesige Staubwolke das Reiterheer ankündigte. Schnell bereitete man sich auf den Überfall vor. An den Stadttoren wurde Verpflegung und Wasser für die Pferde und Krieger der Mongolen bereitgestellt und die Tore fest verschlossen. Als die Mongolen eintrafen, waren sie überrascht auf keinen Widerstand gestoßen zu sein. Als sie sich versorgt hatten und die Gemüter sich abgekühlt hatten, wurde ein Abgesandter des Mongolen Khans »Barbur«gebeten die Stadt zu betreten, um die gut bewaffneten Verteidiger und tadellosen Befestigungsanlagen zu inspizieren und dem Khan zu berichten. Eine Abordnung der Stadt bot dem Khan dann einen angemessenen Tribut an, um die Stadt vor Angriff, Belagerung und Plünderung zu verschonen. Der kluge Khan ging darauf ein nachdem ihn noch Reiseverpflegung zugesichert wurde und zog weiter, um seine Raubzüge fortzusetzen.

Nach diesem glimpflich abgelaufenen Ereignis gab es im Hause »Haddji Suleimans« eine große Überraschung. »Aishé« gebar einen prachtvollen Jungen, der ungewöhnlich zu anderem Nachwuchs blondes Haar bekam. Er wurde »Karim« genannt und wie ein kleiner Prinz behandelt. Man traf sich weiterhin jeden Freitag im Turm bei der alten »Fatima« und diskutierte über Allah und die Welt. Dank vieler neuer Ideen unseres »Fremden« die er in der Juweliers Werkstätte einführte gedieh das Geschäft großartig. »Hassan« hatte auch endlich geheiratet und sie trafen sich oft außerhalb in der Oase bei Ausübung ihrer Liebhaberei der Jagdfalknerei. »Aishé« und Hassans Frau saßen während-dessen zusammen und waren mit dem Sticken von herrlichen Brokatbändern beschäftigt.

Eines Freitags hatte »Fatima« wieder einmal schreckliches Unheil vorausgesagt und alle Menschen gewarnt und veran-lasst die Stadt und Oase zu verlassen und eine neue Existenz zu suchen. Nur wenige folgten Ihrem Rat. Ein paar Wochen später begann dann ein erst leichter nicht offensiver Sandsturm zu wehen, der sich dann aber nach Tagen zu einem Orkan ausweitete. Viele Couragierte versuchten noch zu fliehen. Die Brunnen und Quellen der Oase versiegten und Krankheiten breiteten sich aus. Dann wurden die ersten Cholera Fälle be-kannt und in Panik verließen die letzten Überlebenden die Stadt und Oase, um vermutlich im anhaltenden Orkan um-zukommen. Der »Fremde« war allein zurück geblieben. Alle seine Freunde und »Aishé« und sein Sohn »Karim« waren Opfer der Cholera geworden und längst in den unterirdischen Kata-komben beigesetzt worden. Als nur noch wenige Kranke in der Stadt ausharren die langsam vom Sand vergraben wird, entscheidet er sich in seiner Verzweiflung den Bergzug zu er-reichen, von dem er vor langer Zeit einmal gekommen war. Als er nach mühsamem Aufstieg glücklicher Weise den Bergrücken erreicht, hört oben plötzlich der Orkan auf und es herrscht strahlender Sonnenschein. Er blickt dann zurück auf das Tal und bemerkt nur, das dort wo er die Oase vermutet eine gigantische graue Staubwolke über der Wüste lagert. Dann entdeckt er den Eingang zu seinem Höhlentrakt der verlorenen Sekte. Zu seiner Verblüffung trifft er dort auf eine Gruppe von Mönchen in Safran gelben Roben, die sich dort aufhalten und ihn erstaunt begrüßen, versorgen und ihm nach dem Abendgebet einen Schlafplatz zuweisen. Nach schweren Alpträumen wird er am nächsten Morgen gut mit Fladenbrot und Wasser versorgt. Trotz der Gastfreundschaft der Mönche entschließt er sich gut mit Proviant versorgt dem Bergzug in westlicher Richtung zu folgen. Er wirft noch einmal einen Blick auf das Tal und sieht nur noch endlose Wüste. Nach ein paar Tagen Wanderung entdeckt er in einem anderen Tal eine schwer beladene nach Westen strebende Kamelkarawane. Es gelingt ihm diese noch einzuholen. Der verständnisvolle Führer der Gruppe akzeptiert ihn als Mitglied und bietet ihm sogar ein nicht Lasten tragendes junges Kamel als Transportmittel an. Er besitzt noch immer einen Lederbeutel mit Gold- und Silbermünzen die später beim Geldwechsler und besonders bei Münzsammlern wegen ihrer Seltenheit hohe Erträge erzielen. Nach einem mühsamen und abenteuerlichen Trip erreicht die Karawane die syrische Hafenstadt Latakia, wo er Glück hat und einen Stückgutfrachter nach Genua und Marseille erwischt. Wie freut er sich endlich mal wieder französische Laute zu vernehmen und einen kräftigen Bordeaux zu kosten. Als er endlich Paris erreicht, wird er an der Sorbonne begeistert von seinen Kollegen und Studenten, die ihn schon aufgegeben hatten, begrüßt. Er berichtet, dass er sehr krank gewesen sei. Auch die Frage, ob er die verschollene Sekte gefunden hätte, beantwortete er mit »Nein«. Hätte er die tatsächliche Geschichte erzählt, dann hätten alle angenommen er hätte sich in der weiten Wüste einen Sonnenstich zugezogen. Eines Tages saßen er und ein Professor und Freund im Café Fouquet an den Champs -Élysées bei Cognac und Café. Während der Unterhaltung wurde dieser auf seinen wertvollen Lapislazuli Ring, das Hochzeitsgeschenk seines Schwiegervaters, aufmerksam. Auf die Frage: »Wo hast Du denn dieses Juwel her?« antwortete er schlicht: »Den habe ich irgendwo im Sand gefunden!«

Protagonist: »Der Fremde« »Al Kismet« französischer Ethnologe/Archäologe
Teppichhändler: »Hassan«
Juwelier/Edelmetallhändler: »Haddji Suleiman«
Tochter: »Aishé« & Sohn »Karim«
Märchenerzähler: »Abdullah«

Wahrsagerin & Poetin: »Fatima«
Imam/Vorbeter: »Aziz«
Wasserhändler: »Ali«
Mongolischer Heeresführer: »Babur Khan«

***

Europäischer Samurai im Kampf gegen Corona.

An die Reise nach Neuseeland und auf die Cook Islands auf Einladung meines Freundes Christopher hin war nun nicht mehr zu denken. Also suchte ich nach einer kreativen Tätigkeit, die mir Kontakte mit Menschenmassen ersparte und Freude machte.

Vom Staat habe ich dann ein seit 1969 stillgelegtes Bahnobjekt erworben, für das sich nie jemand interessiert hatte. Es gehörte zu einer Strecke, die 1889 von Kaiser Wilhelm II. eingeweiht wurde und seit 1909 Frankfurt mit Weilburg verband. Die Stilllegung erfolgte im Zusammenhang mit der Aufgabe des Eisenbergbaus wegen zu hoher Löhne und Unterhaltungskosten. Das Objekt besteht aus zwei Brückensockeln (die Brücke wurde vor Jahrzehnten demontiert), die jetzt schienenlose Trasse mündet in einen 300 m langen Tunnel, der etwas nach links gebogen verläuft. Das Tunnelportal und das Gerätehäuschen daneben sind dekorativ und denkmalgeschützt. Auf dem Wartungshäuschen befindet sich eine durch verzinktes Geländer geschützte Terrasse, von der man einen schönen Blick auf die Eisenbahnlinie, Lahn und die untere Orangerie des Schlosses hat. Dort hinauf hat man nur mittels Auszugsleiter Zugang. Diese war zwar angeschlossen, wurde aber trotzdem gestohlen. Der Tunnel ist naturgeschützt, weil dort eine Fledermauskolonie existiert. Hinter dem Südausgang des Tunnels führt die Trasse über die Steinbrücke des ehemaligen Mühlgrabens in Richtung des Flusses Weil. Links neben der Trasse entstand durch Aufschüttung beim Tunnelbau ein 4 m über dem Talgrund liegendes Biotop. Die Bahntrasse führt dann zur Krupp-Stahlbrücke über die Weil, auf der noch Schienen liegen. Die Schwellen sind nach über 130 Jahren so verrottet, dass Bäume aus den Schwellern sprießen. Die Brücke ist auf beiden Seiten mit schweren Absperrgittern versehen. Die weiterführende Trasse wurde zum Weiltal-Fahrradweg umfunktioniert. Bis Freienfels, wo er dann abbiegt, ist es auch ein Teil des Jakobsweges nach Santiago de Compostela. Man kann sich kaum vorstellen, was für ein Betrieb auf der Strecke mal geherrscht haben muss mit dem Abtransport von Eisenerz, Mangan, Schamott, Basalt, Silbererz, land- und forstwirtschaftlichen Produkten. Ein so genannter Heckenexpress ging von Frankfurt über Weilburg und Limburg nach Köln.

Wegen schwerer Zugänglichkeit war das ganze Areal völlig verwildert. Mit Kettensäge, Ast- und Zweigschere bewaffnet, hatte ich erst einmal Wochen damit zugebracht, den Dschungel zu beseitigen. Zum Ausruhen hatte ich mir dann eine Hängematte zwischen zwei Bäume gehängt. Das Holz, welches ich mangels einer Zufahrt nicht abtransportieren konnte, stapelte ich längs im Tunnel. Vor dem Südportal war dann genug Platz für Bänke und Sitze. Ich hatte vor, dort Freilichtkino und Jazzkonzerte zu veranstalten.. Als Nächstes schaffte ich alles Hinderliche aus dem Tunnel und schaffte seitlich einen Fußweg, da der grobe Basalt-Schotter schwer begehbar war. Rechts gab es 17 Schutzbögen, in welchen sich die Bahnarbeiter zurückziehen konnten, wenn ein Zug kam. Im Biotop hängte ich ein paar Nistkästen auf, die gleich von Siebenschläfern in Beschlag genommen wurden. Am Steilhang des Flusses nahe der Brücke hatte sich ein Paar der seltenen Eisvögel angesiedelt. Das dekorative Nordportal war von Efeu überwachsen. Ich beließ es so, da es zu gefährlich war, es zu beseitigen. Das Gerätehaus befreite ich jedoch davon und beseitigte den Schutt, der sich im Inneren angesammelt hatte. Das Fenster war zerstört. Ich hing dort lediglich eine Kunststoffbahn und einen Rattanvorhang davor. Die schweren Türangeln waren noch vorhanden, ich konstruierte deshalb eine solide Holztür mit Fischgrätenmuster, die ich dann nie verschloss, um Einbruchschäden zu vermeiden. Meine Arbeitsgeräte und Baumaterialien verbarg ich jedoch unter dem Reisig und Ästen im Südbereich des Tunnels. Im Winter stapelte ich dort auch Stühle und Bänke. Im Tunnel waren bis auf wenige alle reflektierenden Platten an den 17 Schutzbögen zerstört worden. Ich ersetzte sie, indem ich mir Reflektoren von der Straßenbaubehörde besorgte. An der

Brückenauflage Nord befindet sich ebenfalls ein Sperrgitter, an welchem ich für alle entgegenkommende Autofahrer gut sichtbar Banner von »Greenpeace« und später »Antik und Trödel« hing.

Seitlich über dem Mühlgraben fehlten die Schutzgeländer, die ich durch Ketten ersetzte. Die Brücke musste erst einmal gangbar gemacht werden, bevor ich mit ihrer Restaurierung begann. Nach Entrostung der tragenden Stahlträger und Streben passte ich dort passende Querträger aus Holz ein, die ich mir bei der nahen Firma Arnold holen durfte, bei der viel solides Verpackungsmaterial anfiel. Sägearbeiten musste ich jedoch meist zu Hause ausführen, wo mir eine Kreissäge zur Verfügung stand. Es dauerte Monate, bis ich zuerst mit der Rostumwandlung fertig war. Die flussaufwärts gerichtete Seite war ja bereits schon begehbar, doch noch eine Improvisation, solange die gesamte Restaurierung nicht beendet war. Auf der flussabwärts liegenden Seite arbeitete ich mit Hilfe einer langen Aluminiumleiter, auf welcher zwei Bretter lagen. Das Ganze konnte je nach Bedarf verschoben werden. Die Brücke war entrostet und rostgeschützt. Die endgültige Schutzlackierung war dann fast abgeschlossen.

Der Bewohner eines ehemaligen Munitionswerkes nahe meiner Brücke informierte mich dann, dass Polizei und Feuerwehr einen Brand im südlichen Teil des Tunnels festgestellt hätten. Ich bat dann die Polizei, zusammen mit mir den Ort des Vorfalls zu inspizieren. Dort war fast das ganze aufgeschichtete Holz verbrannt. Dabei waren alle darunter verborgenen Werkzeuge, Generator, aufgerollte Filmleinwand, Sitze, Bänke und fast alles Bauholz zerstört worden. Die Polizei informierte mich, dass sie schon mehrfach Meldungen über einen Pyromanen erhalten hat der Scheunen von Bauern in Schutt und Asche gelegt hatte. Da ich nicht versichert war, musste ich den Schaden als Totalverlust abschreiben.

Es war endlich trockenes Wetter und ich konnte mit meinem Schutzanstrich der Brücke fortfahren. Es fehlten noch etwa 15 m für die Beendigung dieser Arbeit. Bei einem Augenblick der Unachtsamkeit trat ich am Ende der Leiter ins Leere und stürzte auf die gegen Erosion verteilten 6 m unter mir im Wasser liegenden Basaltsteine. Vom eiskalten Wasser der Weil wurde ich dann weiter geschwemmt und konnte mich dann an ein paar Büschen festhalten. Schmerzen verspürte ich keine, zum lauten Rufen fehlte mir die Kraft. Schließlich wurde ich von Herrn S. entdeckt, der die Fische füttern wollte. Ein Anruf genügte und das Rote Kreuz war zur Stelle, um mich mit einer untergeschobenen Plane vorsichtig an Land zu ziehen. Der Transfer auf die Tragbahre klappte auch. Nicht weit entfernt stand auf dem Betriebsgelände der Firma Arnold auch bereits schon ein Rettungshubschrauber bereit, der mich zur Uniklinik nach Gießen beförderte, wo ich sofort operiert wurde. Ein paar Tage später folgte die zweite OP von der anderen Seite her. Beide befassten sich mit der Reparatur und Stabilisierung des Rückgrats. Ab Lendenwirbelknochen 1 waren sämtliche 31 Nerven gekappt. Ich war also von der Gürtellinie nach unten querschnittsgelähmt mit der lästigen Begleiterscheinung Inkontinenz, was bedeutet, dass ich keinen Einfluss mehr auf meine Ausscheidungen habe. Kismet! = Schicksal! Wie die Araber sagen. Ich war immerhin am Leben, konnte meine Arme noch bewegen und hatte kein Covid 19. Ich war völlig isoliert und konnte keinen Besuch empfangen. Da mir keine Trainingsmöglichkeiten zur Verfügung standen, ließ ich mir von einer Krankenschwester zwei doppelte Latexhandschuhe mit Wasser füllen und zuknoten. So konnte ich wenigstens meine Arme trainieren. Bei meinem Sturz von der Eisenbahnbrücke war meine Brille zerstört worden und ich konnte deshalb nichts lesen. Ich hätte ja über meinen Optiker eine neue ordern können, ließ es aber sein, da ich nicht wusste, ob meine Sehkraft durch die erlittene Gehirnerschütterung nachgelassen hatte.

Eine besondere Überraschung erlebte ich, als plötzlich der Notfallarzt der Hubschrauberbesatzung des Roten Kreuzes, die mich transportiert hatte, an meinem Bett stand, natürlich mit Sondergenehmigung des Professors. Er hatte gerade einen anderen Patienten eingeliefert und war neugierig, was aus mir geworden war. Wir hatten ein sehr interessantes Gespräch, in dem es nicht nur um meinen ungewöhnlichen Unfall und die OPs ging.

Während meiner achtmonatigen Aufenthalte in vier verschiedenen Kliniken fühlte ich mich wie ein Wanderpokal und hatte natürlich Kontakt mit vielen bemerkenswerten Ärzten, Pflege- und Trainingspersonal, Patienten und anderen Menschen. Einige werde ich erwähnen. Mit meinem Leitspruch: »Humor ist, wenn man trotzdem lacht!« kam ich überall sehr gut an. Bei Visiten der für mich zuständigen Professoren und sonstigen Ärzte lockerte ich die übliche Routine schon bei der Begrüßung auf, indem ich sie darauf aufmerksam machte, dass die Frage: »Wie GEHT es Ihnen?« in meinem speziellen Zustand unangebracht sei und die Formulierung »Wie fühlen Sie sich heute?« die diplomatischste sei.

In Gießen wurde ich dann endlich in ein Zweibettzimmer verlegt. Die Mitbewohner wechselten recht schnell, da sie kleinere Probleme hatten. Ich hing noch am Tropf und bekam Sauerstoff und zahllose Medikamente, Injektionen und machte Atemübungen mit einem Gerät. Das Blut für Laboruntersuchungen wurde auch regelmäßig abgenommen. Die routinemäßigen Temperatur-, Blutdruck-, Pulsmessungen, Stuhl- und Urinkontrollen setzten sich über die gesamten Klinikaufenthalte fort. Fünf Monate konnte ich nicht duschen. Waschen, Stuhlgang und Harnlassen geschahen im Bett. Die Gelegenheit zur Nassrasur erhielt ich selten und Haarwäsche bekam ich nie. Personalmangel machte sich in allen Krankenhäusern bemerkbar. Ohne ausländische Arbeitskräfte käme alles zum Stillstand. Zu meinen Behinderungen kamen dann noch Motorikprobleme beider Hände hinzu. Trotz allem kümmerte sich eine bildhübsche Krankenschwester aus Madagaskar um mich, die sich sehr darüber freute, dass ich Französisch sprach. Sie war so vielseitig und intelligent, dass ich sie fast an meinen französischen Freund Jerôme »verkuppelt« hätte, der gerade Witwer geworden war. Ich erhielt dann reguläre Mahlzeiten und keine flüssige Nahrung mehr.

Endlich konnte ich mit Sitzübungen beginnen. Der versierte Trainer hob mich dann später täglich in den Rollstuhl, den er auf meine Bitte hin organisiert hatte, und animierte mich, während er sich um andere Patienten kümmerte, im endlosen Korridor hin und her zu rollen, um meine Arme zu trainieren. Als er hörte, dass ich sehr belesen sei und vier Bücher publiziert hatte, hatten wir viel Gesprächsstoff, denn er war ein Literaturfan.

Ein weiterer Krankenpfleger, der für mich zuständig war, war ein Syrer, der schon lange vor dem Bürgerkrieg nach Deutschland ausgewandert war. Ein netter Bekannter von mir aus Damaskus war für die Nachtaufsicht der berühmten Umayyad Moschee zuständig, in deren offenen Innenbereich ein dekorativer Pavillon steht, ein Geschenk unseres deutschen Kaisers an den berühmten Sultan Abdul Hamid. Dieser war Kalif, also höchster muslimischer Würdenträger, und herrschte über das Osmanische Reich. Da ich auch das Land bereist hatte, gab es viel zu erzählen, und ich hatte Gelegenheit, meine spärlichen Arabischkenntnisse etwas aufzufrischen. Die deutschen Kollegen, die mir das Frühstück brachten, hatten ablehnend reagiert, als ich sie um heiße Milch statt Kaffee oder Tee bat. Als Suleiman das mitbekam, organisierte er mir immer meine heiße Milch, wenn er Dienst hatte. Das durch Kühlung immer nasse Graubrot schaffte er zu toasten und besorgte mir am Sonntag ein extra gekochtes Ei, was andere Patienten nicht gewollt hatten. Beides war reine Liebenswürdigkeit, ich hatte nicht darum gebeten. Ich weiß genau, dass der ganze Betrieb zusammenbricht, wenn man bei dem herrschenden Personalmangel Extrawünsche hat.

Traurig ist, dass ich bis heute meinen Geschmack, Appetit und Durst fast vollständig verloren habe, was vermutlich dem hohen Medikamentenkonsum zuzuschreiben ist. Nach der wochenlangen unfreiwilligen »Liegekur« entwickelte sich Dekubitus an der Sitzfläche, was ich selbst weder fühlte noch sah. Zur besseren Heilung wurde ich Tag und Nacht abwechselnd rechts und linksseitig gelagert, was ich dann als »Tournitis« bezeichnete.

***

Diplomatischer Schachzug

Esthétique   – Proportia Divina ... S. 102–105

Oft verändern nebensächliche
Vorkommnisse die ganze Weltgeschichte,
ich denke da an das Attentat von Sarajewo,
wir kennen die Berichte.
Ein Funke sprang über und entwickelte
einen europäischen Flächenbrand,
die Folgen des Ersten Weltkrieges liegen auf der Hand.
Bismarcks Bündnispolitik hatte für Entspannung in Europa gesorgt,
es knallte nur, wenn die Champagnerflaschen wurden entkorkt.
Ich möchte hier eine Hypothese stellen in den Raum,
die mir erschienen ist in einem Traum.
Schon als Kronprinz bereiste der
spätere Kaiser Wilhelm II. den Orient,
den man aus der Geschichte als osmanisches Empire kennt.

Eine besondere Freundschaft verband
ihn mit Sultan Abdülhamid II. am Bosporus,
das wurde wohlwollend gewertet als diplomatisches Plus.
Bei einem seiner Besuche in Konstantinopel
im Dolmabahçe-Palast
hat er leider eine einmalige Chance verpasst.

Der Sultan stellte ihm damals seine
jüngste und Lieblingstochter vor,
eine blendende Schönheit, westlich gebildet,
vielsprachig und mit großem Charme und Humor.

Hätte er sich bei dieser Gelegenheit
mutig für die Prinzessin entschieden,
dann hätte er zwar keinen diplomatischen Eklat vermieden,
die Zeitungen und Telegraphie hätten
die Sensation weltweit verbreitet,
aber neue Maßstäbe hätten die
internationale dynastische Politik geleitet.
Die diplomatischen Implikationen wären gewesen enorm,
das Deutsche Reich hätte gewonnen an Form.
Familienbande über die Religionsschranken hinweg hätten
erfüllt einen sehr guten Zweck, denn der Sultan
war als Kalif gleichzeitig Führer des Islam,
das Signal hätte begriffen jeder Imam.

Es hätte rechtzeitig für Entspannung
gesorgt zwischen Orient und Okzident
und die moderne Türkei hätte schon
längst als Währung den Eurocent.
Der Erste Weltkrieg wäre möglicherweise nicht entstanden,
denn andere Probleme waren vorhanden.
Die Modernisierung wäre auch der
»Hohen Pforte« auf sanfte Art gelungen,
Kemal Atatürk hat sie nach Verlust des Empires seinen
Landsleuten diktatorisch aufgezwungen.

***

Endlich bekam meine Frau Erlaubnis, mich mal aufzusuchen. Ich war ja praktisch nackt eingeliefert worden und besaß lediglich meine Alltagsdokumente, die man in den Taschen des zerschnittenen Arbeitsanzugs gefunden hatte. Dank dieser war die Polizei in der Lage, meine Frau gleich zu informieren, da sie zu Hause war. Mir genügte ja das praktische und hinten offene OP-Nachthemd. Nun überrollten mich wie ein Tsunami die Lästigkeiten des täglichen Lebens. Geduldig erklärte ich ihr dann die Abwicklung aller Dinge, die das Finanzamt, private Krankenversicherung, Versicherungen, Handwerker, TÜV für Kfz, Rechnungen, Post etc. betrafen. Gott sei Dank wurde sie durch ihre ehrenamtliche Beschäftigung beim Roten Kreuz abgelenkt. Sie kümmerte sich um die Covid-19-Impfungen für die Bevölkerung des Kreises Limburg-Weilburg. Die Polizei übergab ihr den Schlüssel für meinen Peugeot Kombi und brachte sie zu meinem Privatparkplatz an der Eisenbahnbrücke und sie verlud Werkzeugkasten, Pinsel und Farbe etc. und bedankte sich bei meinem Retter, bevor sie nach Hause fuhr. Sie hatte mir einen Zeitungsbericht über den Unfall mitgebracht, in dem mein Name vernünftigerweise nicht erwähnt wurde.

Ich war nun der am längsten verbleibende Patient auf der Station. Nun begann die endlose Suche nach einem Platz in einer Reha-Klinik, die auf Querschnittslähmung spezialisiert war. Vergebens, in der Nähe war nirgendwo ein Platz frei. Durch die Beziehung meiner Ärztin wurde ich dann in einer 800 km weiten Klinik in Greifswald bei Rügen an der polnischen Grenze aufgenommen. Dort kam ich jedoch sofort nach Aufnahme gleich wieder unters Messer in der benachbarten Uniklinik, da ein großer Dekubitus am Anus operiert werden musste, den die Ärzte der Uniklinik Gießen in ihren Überweisungsdokumenten nicht erwähnt hatten. Anstatt mein Trainingsprogramm zu absolvieren, lag ich nun wieder im Bett.

Ausgerechnet in dieser besch… Situation erreichte mich die traurige Nachricht aus Los Angeles, dass mein Bruder an Lungenkrebs gestorben sei. Da er nicht mehr in der Lage gewesen war, ein Testament und eine Vollmacht für seinen Stellvertreter aufzusetzen, war nur ich als nächster Angehöriger bevollmächtigt, die Ausstellung einer Sterbeurkunde (Death Certificate) zu beantragen, dieses müsste jedoch durch mich persönlich über einen dortigen Notary geschehen. Da das in meinem Zustand natürlich nicht ging, wäre noch die Möglichkeit, den Antrag beim amerikanischen Generalkonsulat in Frankfurt/Main durch persönliches Erscheinen dort von ihrem amerikanischen Notar beglaubigen zu lassen. Es müsste jedoch ein Termin vereinbart werden. Nach meiner Entlassung aus der Reha bemühte ich mich um diesen Termin. Wegen totaler Überlastung und Abwesenheit des Notars musste ich drei Monate warten, bis ich diese Angelegenheit endlich erledigen konnte. Per Fax schickte ich den beglaubigten Antrag an die zuständige Behörde in Los Angeles. Als ich nach circa sechs Wochen kein Death Certificate erhielt, beschwerte ich mich. In der Antwort hieß es, dass der Antrag an die Abteilung gegangen wäre, die für inneramerikanische Anträge zuständig sei, mir hätte man versehentlich diese Fax-Nummer mitgeteilt. Ich möchte doch bitte den Antrag noch einmal an die jetzt angegebene internationale Fax-Nummer schicken. Nach einer Woche hielt ich endlich die Urkunde in den Händen und konnte diversen Stellen mitteilen, dass mein Bruder verstorben sei. Auf das Erbe hatte ich offiziell verzichtet, um nicht für die Schulden meines Bruders, die sich während der Corona-Zeit angehäuft hatten, aufkommen zu müssen. Er wollte sein Filmteam nicht entlassen und hatte es weiter bezahlt in der Hoffnung, in China weiter filmen zu können. Ich hatte ihn auch mit 40.000 Dollar unterstützt. Die habe ich jedoch mittlerweile abgeschrieben. Immerhin existiert seine Monarex Hollywood Corporation noch. Dem Vizepräsidenten ist es gelungen, die Company mit einem neuen Geschäftsfeld am Leben zu erhalten.

Zurück zur Reha in Greifswald. Die Reha-Klinik liegt ganz in der Nähe der ehemaligen Raketenversuchsanstalt des Ingenieurs Baron W. v. Braun in Peenemünde. Da die Reha nicht in dem von der Krankenkasse vorgeschriebenen Radius von 100 km lag, weigerte sie sich anfangs, die Transportkosten zu übernehmen. Dank Einspruchs meiner Ärztin und Androhung juristischer Auseinandersetzungen lenkte der Versicherer schließlich ein. Endlich erhielt ich von zu Hause die notwendigen T-Shirts, Trainingsanzug, Schuhe, einen Laptop und ein Mobile Phone. Auch hatte sich noch eine alte Lesebrille gefunden, die vorläufig ihren Dienst tat.

Zum Entlassungstermin des Gießener Krankenhauses stand unten am Nebeneingang ein Johanniter Krankenwagen mit Liege bereit, auf der ich festgeschnallt wurde. Ein Team von zwei sehr professionellen jungen Mädels wechselte sich bei der langen Strecke von 800 km beim Fahren ab. Bei den Zwischenstopps sorgten sie natürlich für die Leerung meines Urinbeutels und den Lagewechsel. Ich schlug vor, anstatt des nervigen Werbe-Hörfunks meiner Autorenlesung aus meinem Satiren Buch »Ein Papagei trifft Jesus« zu folgen, was sie super fanden. Am Ziel sagten sie mir, dass sie noch nie solch einen unterhaltsamen und lustigen Transport miterlebt hätten. Die beiden Mädels lehnten übrigens meinen Tip kategorisch ab, die Johanniter Organisaton hätte die Annahme strikt untersagt.

Jetzt möchte ich ein Tabuthema ansprechen, welches besonders Querschnittsgelähmte tangiert oder wie man sich vornehm ausdrückt »ihre Zeugungskraft verloren haben«. Ich zitiere hier die osmanische Beschreibung eines Eunuchen, die ja die exklusive Aufgabe hatten, den Harem vor ungebetenen Eindringlingen zu beschützen: »Er weiß zwar, wie man es macht, aber er kann es nicht!« Ich hatte vor kurzem die komplette Sammlung von Wilhelm-Busch-Geschichten in den Händen. Er ist doch eigentlich der Schöpfer der Cartoons. Einen Spruch aus seinen Zeichnungen »Die Entführung aus dem Serail« habe ich mir gemerkt: »Der Sultan winkt, Suleika schweigt, sie zeigt sich völlig abgeneigt.« Für viele, besonders junge Opfer von schweren Unfällen mit Resultat Impotenz, ist das eine körperliche und seelische Katastrophe. Im hohen Alter spielt Sex jedoch kaum noch eine Rolle, doch ist es deprimierend, darauf verzichten zu müssen. Nüchtern betrachtet ist der ganze Sex-Zirkus einfach lächerlich. Die Natur hat das nun mal so eingerichtet und es geht ihr dabei nur um die Fortpflanzung und Erhaltung der Spezies »homo sapiens« und aller sonstigen Lebewesen.

Juden beim Heiratsvermittler: Einer äußert den ungewöhnlichen Wunsch nach einer buckligen Frau. Nach dem Grund gefragt meint der Kunde weise: »Die wird mir wenigstens nicht fremdgehen!« Nun gibt es da noch eine Steigerung, die alles auf den Kopf stellt. Dieses Mal spielt es sich in der Tierwelt ab: Es geht um Kamele. Der Heiratsvermittler versucht eine Kamelstute an den Mann bzw. Kamelbullen zu bringen. Er preist ihre Schönheit, Tüchtigkeit, Klugheit, Bildung, ihre Herkunft aus einer prominenten Familie und ihre beachtliche Mitgift an. Nachdem er alle ihre positiven Aspekte aufgezählt hat, fügt er hinzu, »aber um ehrlich zu sein, sie hat einen kleinen Fehler, sie besitzt keinen Buckel«.

Trotz des Wochenendes wurde ich von der diensthabenden Stationsärztin gründlich durchgecheckt. Dazu wurde ich mit meinem Bett durch endlose Gänge zum vorgesehenen Untersuchungsraum gefahren. Dort wurde festgestellt, dass mein Dekubitus (Sitzflächen-Entzündung durch langes Liegen) sich so stark vergrößert hatte, dass sofort am folgenden Montag ein OP-Termin mit Hauttransplantation in der nahe gelegenen Uniklinik festgelegt wurde. Entweder hatten die Assistenzärzte diesen Zustand nicht zur Kenntnis genommen, weil er unter großem Pflaster verborgen war, oder sie benötigten mein Bett dringend für andere. Die Reha ist dazu da, um Querschnittsgelähmte durch intensive Trainingsmaßnahmen und Anleitung zur Selbständigkeit im gegebenen Rahmen auf den Alltag nach Entlassung aus der Klinik zu präparieren. Bei meinem Heilungsprozess des Dekubitus war ich über vier Wochen wie ein Galeerensklave an das Bett gefesselt und konnte keine Trainingsmaßnahmen in Anspruch nehmen, somit war es sinnlos vergeudete Zeit. Mir stand nur ein Theraband für das Armtraining zur Verfügung. Zur geistigen Beschäftigung hatte ich ja nun den Laptop und das Mobile Phone. TV interessierte mich absolut nicht mehr. Damit konnte sich mein jeweiliger Zimmerpartner amüsieren. Ich bat ihn nur, Kopfhörer zu benutzen.

Die endlose Bettlägrigkeit bei schönstem Sonnenschein ging mir so auf die Nerven, dass es mir gelang, den für mich zuständigen Arzt dazu zu überreden, mir einen Aufenthalt an der frischen Luft zu verordnen. Eine Betreuerin rollte mich dann mit dem Bett durch endlose Korridore zu einem geräumigen Fahrstuhl, der uns zum hinteren Erdgeschoss beförderte. Dann ging es durch eine automatische Tür nach draußen. Ich wurde dann an dem dortigen Goldfischteich abgestellt. Was für eine ungewöhnliche Abwechslung. Meine Begleiterin erklärte mir, dass sie mich jetzt allein ließe, da sie sich noch um andere Patienten kümmern müsse. Sie würde mich in einer Stunde wieder abholen. Außer dem Blick auf die quietschfidelen Goldfische beobachtete ich die besonders gesundheitsbewussten Patienten im Raucherpavillon, die sich dem Genuss ihrer besonders vitaminreichen Zigaretten widmeten. So war ich das erste Mal seit meinem Unfall in den Genuss der Sommersonne gekommen. Ich bedankte mich bei meinem verständnisvollen Arzt und schlug ihm spaßeshalber vor, mich das nächste Mal im Bett durch die Innenstadt von Greifswald rollen zu lassen. Er meinte dann, dass diese Aktion an den hohen Bordsteinen scheitern würde.

Greifswald liegt nordöstlich im Bundesland Mecklenburg-Vorpommern, welches die geringste Bevölkerungsdichte in der Bundesrepublik hat. Entsprechend gering fielen die Investitionen in die Infrastruktur von Internet und Kommunikation aus. Als Ergebnis fallen ständig Internet und Telefon aus. Die Ärzte benutzten ein anderes System und waren davon verschont. Die Spams, die ich dort erhielt, waren überwiegend in Russisch oder Polnisch.

In der BDH-REHA und in der benachbarten Uniklinik waren sehr viele Ausländer beschäftigt. Das Bundesland selbst hat jedoch den geringsten Anteil an Ausländern. Viele vietnamesische Gastarbeiter haben es vorgezogen, nach der Auflösung der DDR in Deutschland zu bleiben. Bemerkenswert ist die Tatsache, dass alle Ärzte und Krankenpfleger aus Ostdeutschland waren. Die Ausländer davon kamen aus Polen, Albanien, Nordmazedonien und aus dem Kosovo. Die Praktikanten kamen ausnahmslos von der Uniklinik und waren außer einer Iranerin deutsche Medizinstudenten. Eine ältere Pflegerin berichtete mir, dass ihr Mann Afrikaner aus dem Senegal sei. Meine Reinigungsfrau, die auch für die Desinfektion der Betten und Geräte von entlassenen Patienten zuständig war, kam aus Thailand und sprach kaum Deutsch oder Englisch. Ich machte ihr eine große Freude damit, dass ich sie jeden Morgen mit ein paar thailändischen Worten begrüßte und ihr ein paar nützliche deutsche und englische Begriffe beibrachte. Eine Assistenzärztin aus Serbien machte ihre

Patienten-Visiten im Rollstuhl. Eine Krankenschwester aus dem Balkan, die für die regelmäßige Blutabnahme für das Labor zuständig war, schaffte es leider nie, auf Anhieb die richtige Stelle für die Nadel zu finden, und vergeudete jedes Mal bis zu einem halben Dutzend Nadeln, bis es endlich gelang. Schließlich markierte ich die idealen Stellen mit einem Stift, um ihr die Arbeit zu erleichtern. Die Markierungen halfen auch den Kollegen, die für das Anlegen einer Drainage verantwortlich waren. Die Drainage diente hauptsächlich dazu, um mir flüssige Medikamente zuzuführen, die eine Blutverklumpung und Embolie verhinderten. Irgendwann ertönte dann ein Signal, das ankündigte, dass der Tropfbehälter leer war, der Schlauch geknickt und damit blockiert sei oder die Drainage am Arm ausgefallen war. Ich musste dann sofort den Rufknopf betätigen. Draußen an jeder Zimmertür war eine optische Signalanlage, die den Pflegern anzeigte, wo Hilfe benötigt wurde. Manchmal dauerte es ewig, bis jemand kam, weil das knappe Personal woanders beschäftigt war. Es gab keine Signalvorrichtung für extreme Notsituationen. Nachts war das eine Zumutung, denn andere Patienten wurden auch aus dem Schlaf gerissen. Die Nachtschwester musste sich auf folgende gängigen Ereignisse einstellen: Tropf wechseln, Schmerzlinderung, Verbandswechsel, Nässen und Stuhlgang ins Bett und Bettwäsche wechseln, Urinbeutel leeren, Katheter wechseln, Seitenlage ändern, Erbrochenes beseitigen, Medizin verabreichen, und alles muss dokumentiert werden. Es kommt vor, dass ein Patient einen Herzinfarkt erleidet oder sogar stirbt. Um andere nicht zu erschrecken, werden solche Vorkommnisse diskret und schnell abgewickelt. Aus einer anderen Station wird Verstärkung gerufen und der diensthabende Arzt informiert. Um das Personal zu entlasten, lernte ich sieben Mal am Tag, selbst den Einmalkatheter zu legen. Das ging bis zu meiner Entlassung im November 2021. Außerdem musste ich Tag und Nacht meine seitliche Liegeposition ändern, um meinen Rücken zu entlasten. An ruhigen, durchgehenden Schlaf war unter diesen Umständen nicht zu denken.

Ich begann dann endlich mit dem Deckenlift den Transfer vom Bett und in den Rollstuhl und umgekehrt zu trainieren, als mich eine Mail vom Vizepräsidenten der Company meines Bruders erreichte, dass dieser wegen Lungenkrebs in das Santa Monica Hospital eingeliefert worden sei und nicht ansprechbar sei. Ich hatte ihm schon vorher vertraulich meine Situation beschrieben und gebeten, meinen Bruder nicht damit zu belasten. Er hatte schon ohnehin sehr darunter gelitten, dass er die Produktion seines momentanen Films im Westen Chinas wegen Corona nicht hatte beenden können und dass seine anderen Projekte ins Wasser gefallen waren. Kurz danach starb er und konnte dank der US-amerikanischen Bürokratie erst nach vielen Monaten eingeäschert werden. Die Asche wurde dann von der Yacht eines Freundes im Pazifischen Ozean verstreut. Für mich problematisch war dann, dass mein Bruder weder ein Testament noch eine Vollmacht hinterlassen hatte und ich als einziger Bruder/next of kin für die Behörden für die Abwicklung verantwortlich war. Alleine schon für die Beantragung des »Certificates of Death« (Todesanzeige) war mein persönliches Erscheinen bei einem autorisierten amerikanischen Notar in Los Angeles erforderlich. Da das nun mal nicht ging, musste ich das auf meine Entlassung aus dem Krankenhaus verschieben und sehen, dass sich die Sache über die US-Botschaft erledigen ließ. Mein Bruder hatte fast 50 Jahre in den USA gelebt und besaß die begehrte »Green Card«, die ihm unbeschränkten Aufenthalt und Tätigkeit in den Vereinigten Staaten gewährte. Er hatte trotzdem nie die amerikanische Staatsbürgerschaft beantragt. Um die deutsche Staatsbürgerschaft zu behalten, musste er meine Villa als ersten festen Wohnsitz angeben. Die Beantragung eines neuen Passes und internationalen Führerscheins ging hier leicht vonstatten. Als mein Geister-Mitbewohner mal nach Europa kam, logierte er bei seiner geschiedenen Ehefrau oder bei unserer Mutter in München. Nach seinem Ableben verzichtete ich auf das Erbe, um nicht für eventuelle Schulden aufkommen zu müssen. Die 40.000 US-Dollar, bei denen er bei mir in der Kreide stand, habe ich bereits abgeschrieben. Vor Jahrzehnten hatte ich mit Hilfe von Dokumenten, die ich für ihn aufbewahrte, bei der Rentenkasse durchgesetzt, dass er für die Zeit vor seiner Auswanderung in die USA eine winzige Rente auf sein Konto bei der Deutschen Bank erhielt. Dabei wurde auch seine Dienstzeit beim Militär angerechnet. Es waren nur 60 Euro monatlich. Taschengeld in seinen Augen. Meine mündliche Abmeldung bei der Deutschen Rentenversicherung wurde nicht akzeptiert und das Geld weitergezahlt, bis dann nach einem Jahr das amerikanische Death Certificate endlich vorlag. Der überzahlte Betrag wurde dann von mir an die Rentenkasse zurückgezahlt. Als ich die ganzen bürokratischen Hürden dem Deutschen Generalkonsulat in

Los Angeles schriftlich darstellte und um Hilfe bat, meinte die juristisch Verantwortliche, es sei eine Privatangelegenheit, für die sie nicht zuständig seien. Der Vize meines Bruders wurde ähnlich abgefertigt. In meinem gesundheitlichen Zustand belastete mich diese Familienangelegenheit auf internationaler Ebene sehr. Die Chefsekretärin der Reha hatte volles Verständnis für meine Situation und stellte mir ihr internationales Fax-Gerät zur Verfügung, um mit den amerikanischen Behörden schnell korrespondieren zu können.

Bei dem ganzen Stress begann jetzt mein reguläres Reha-Training mit vierwöchiger Verspätung dank Mobilität mit einem zur Verfügung gestellten Rollstuhl. Ich freute mich über meine plötzlich wiedergewonnene Beweglichkeit. Meine vielgereiste Betreuerin machte mir dann den Vorschlag, anstatt mich mit Geschicklichkeitsspielen zu beschäftigen, eine Rundfahrt durch das neben der Klinik liegende Arboretum zu machen. Es war herrliches Sommerwetter und ich lernte auch unbekannte Bäume kennen, die jedoch unser Klima gut vertrugen. An einem lauschigen Plätzchen bat ich sie dann, sich auf der Bank von der Schieberei auszuruhen und las ihr dann aus meinem Satirebuch »Ein Papagei trifft Jesus« vor. Diese kleine Autorenlesung hat ihr sehr gefallen und wir wiederholten diese Touren, solange das prachtvolle Wetter anhielt. Am Ausgang des Parks hing am Zaun eine Drahtbürste, mit welcher man die Profile der Reifen säuberte.

In eingeschränkten Zeiten konnte ich mich nun im Rollstuhl im Bad am Waschbecken zumindest rasieren und Zähne putzen und am Tisch meine Mahlzeiten einnehmen.

Zwischen den Trainingsterminen außerhalb des Zimmers musste ich darauf achten nicht Blutabnahmen, Puls-, Temperatur- und Blutdruckmessungen, Katheterwechsel, das Leeren des Urinbeutels, Medikamenteneinnahme und Arztvisiten etc. zu versäumen.

Dann gab es noch Gruppen- und Einzeltherapien. Besonders der Umgang mit dem Rutschbrett beim Transfer vom Bett auf den Rollstuhl und umgekehrt sowie das An- und Ausziehen im Bett mussten lange trainiert werden.

Die Aufgabe einer Psychologin war es, die Zurechnungsfähigkeit und geistige Beweglichkeit von Patienten nach einer schweren Gehirnerschütterung und den seelischen Zustand festzustellen. Nachdem ich alle Tests absolviert hatte, kam sie auf meinen farbigen Lebenslauf und auf die momentanen Belastungen durch Unfall und Verlust meines Bruders zu sprechen und meinte, ob ich nicht schreckliche Depressionen hätte und Hilfe brauche. Ich fragte sie dann schlicht, was Depressionen seien … Ich hätte keine Ahnung?! Nun wusste sie, dass ich nicht so schnell aufgeben würde, ließ mich in Ruhe und fuhr mich stattdessen auch im Arboretum spazieren.

Wegen einer hartnäckigen Blasenblockade wurde ich wieder einmal zur Uniklinik gekarrt. Dort wurde zwei Stunden lang Blase und Harnweg durchspült und von Harnstein-Sedimenten befreit. Heftige Magenbeschwerden machten mir plötzlich Probleme. Röntgenaufnahmen ergaben nichts Gravierendes. Ich musste jedoch eine Magenschleimhautentzündung auskurieren und stellte meine Ernährung radikal auf Haferflocken mit Milch,

Bananen, gemischten Salat und Weißbrot um. Die ganze Situation und die maßlose Zufuhr von Pharmaka waren mir sichtlich auf den Magen geschlagen.

Über die Krankenhausverpflegung wird gerne gelästert, denn es muss auf so vieles geachtet werden, wobei das Budget die Hauptrolle spielt. Auf Gewürze verzichtet der Koch auf Wunsch der Ärzte, weil diese den Patienten oft nicht bekommen. Massen zu ernähren ist wirklich eine logistische Anforderung. Problematisch wird es, wenn die Mahlzeiten von auswärts angeliefert werden. Weil ich seit Monaten weder Appetit noch Hunger und Durst verspürte, war mir die Verpflegung absolut gleichgültig. Man musste mich immer auffordern, mein Pensum von 2.5 Litern Flüssigkeit täglich zu mir zu nehmen. Noch nie in meinem Leben habe ich so viel Fenchel-, Kamillen- oder Pfefferminztee getrunken wie in unseren Krankenhäusern.

Meine Betreuerin verriet mir dann, dass es in der Klinik einen Raum gebe, in dem Bücher aus Spenden aufbewahrt wurden. Sie hatte diese einmal in einem Rollregal den Patienten angeboten, aber wegen Desinteresse wurden sie wieder weggeräumt. Meine Neugier wurde geweckt und mir wurde der Raum gezeigt, der mit einer Menge Kolportageliteratur, aber hauptsächlich Perlen der Weltliteratur vollgestopft war. Für meine Lieblingszerstreuung war fortan gesorgt. Ich brauchte sie nur um den Schlüssel für das »Sesam, öffne dich!« zu bitten.

Durch meine größere Beweglichkeit hatte ich auch Kontakt mit Menschen im Aufenthaltsraum und in den Wartebereichen. Außer den unvermeidlichen Krankenberichten erfuhr ich auch viel Historisches aus Ostdeutschland, aus welchem alle Patienten stammten. Meines Wissens war ich der einzige Patient aus Westdeutschland und zudem noch Mitglied einer Privatkrankenkasse. Besuche hatte ich strikt untersagt, da ich über 800 km von zu Hause entfernt war. Besucher der anderen Patienten kamen alle aus der näheren Umgebung von Greifswald und bekamen deshalb regelmäßig frische Wäsche. Ich war auf eine Wäscherei von außerhalb angewiesen.

Was mich besonders nervte, war, dass ich ständig auf Hilfe angewiesen war, sei es, dass ein Blatt Papier oder ein Kugelschreiber auf den Boden gefallen war, ich an die Schublade unten im Blechschrank nicht herankam oder dass ich die Steckdose für das Kabel meines Laptops nicht erreichte, alles auch für Betreuer recht lästig. Manchmal verschwand auch der Ruf- und Lichtschalter unter dem Bett, der eigentlich gut erreichbar am Kopfende seinen Platz hatte. Im Tagesdienst hatte eine Krankenschwester sechs Patienten unter sich. Bei plötzlicher Überbelastung einer benachbarten Kollegin war sie verpflichtet einzuspringen und zu helfen.

Vom Sozialdienst wurde ich dann um die Adresse meines Sanitätsgeschäftes gebeten, um die Ausrüstung mit notwendigen Pflegehilfsmitteln zu Hause in die Wege zu leiten. Per E-Mail bevollmächtigte ich dann meine Frau, alles telefonisch Besprochene umzusetzen. Ich orderte dann ein elektrisch steuerbares Hospitalbett mit Dekubitus-Matratze, einen Lift, einen WC-Rollstuhl, einen elektronisch unterstützten Haus-Rollstuhl, ein Transfer-Rutschbrett. Für die Beförderung hinunter in den Keller und anschließend weiter in die Garage orderten wir dann zwei Liftanlagen, die sich im Laufe des Gebrauches als untauglich erwiesen. Außerdem musste unser Bad völlig neu gestaltet werden, Badewanne und Duschkabine wurden dabei beseitigt. Teppichboden in Schlafzimmer, Durchgang, Umkleideraum und Bibliothek wurden durch pflegeleichte Vinylböden ersetzt. Außen wurde die Terrasse repariert und eine Mauer gegen Erosion errichtet, die allerdings immer noch nicht fertig ist. Die Suche nach guten Handwerkern in Deutschland ist ein wahrer Alptraum.

Gerade als die Termine alle lückenlos liefen, kam es zu einem äußerst negativen Ereignis. Trotz rigoroser Vorsichtsmaßnahmen war durch irgendwelche Patienten oder Besucher die MRSA-Epidemie eingeschleppt worden, die sich schnell im ganzen Krankenhaus verbreitete. Als Folge davon wurde kein Besucher mehr eingelassen, Termine wurden gestrichen und alle Betroffenen wie ich kamen in Isolierhaft, in der ich bis zu meiner schließlichen Entlassung verblieb. Situationsbedingt war ich wieder ans Bett gefesselt und fühlte mich wie ein Galeerensklave.

Schließlich wurde ich mit akuter MRSA nach Hause entlassen und es hat noch Monate gedauert, bis ich das loswurde. Ich trainierte dann täglich am Gerät passiv, besonders mein völlig steifes rechtes Bein. Beim Transfer vom und zum Bett war es extrem lästig. Zur Entlastung meiner Frau nahmen wir den Pflegedienst der Diakonie und später des Roten Kreuzes zumindest morgens beim Aufstehen in Anspruch. Die Mitarbeiter wechselten ständig und waren meist ungelernte Kräfte, die noch nie einen Querschnittgelähmten zur Pflege hatten und meine Frau kaum entlastet wurde.

Da es mir zu Hause zu langweilig wurde und ich gut etwas Abwechslung gebrauchen konnte, entschied ich mich, die »Retro Classica Messe« am Stuttgarter Flughafen für Veteranen-Autos und Zubehör, wo auch alle Clubs vertreten waren, zu besuchen. Als altes Mitglied des Deutschen Roten Kreuzes erreichte ich es, dass mir ein Notfallwagen mit einer interessierten Besatzung zur Verfügung gestellt wurde. Ich nahm auch meinen schwarzen Chauffeur Hektor mit, um ihm eine Freude zu machen. Die Verblüffung der anwesenden Mitglieder der RFD = Rover Freunde Deutschland und der anderen Clubs des »English Corners« war groß, als ich im Rollstuhl und im Schotten-Look, begleitet von Hektor und dem Roten-Kreuz-Team, am Stand auftauchte. Hektor schob mich dann geduldig durch die weitläufigen Messehallen mit den ausgestellten oft vergessenen Zeugen automobiler und technischer Vergangenheit. Hier, nahe den Produktionsstätten, dominierten selbstverständlich Modelle von Daimler und Benz. Ein besonderer Publikumsmagnet war natürlich die Benzinkutsche, mit welcher als erste weibliche Fahrerin Bertha Benz erhebliche Strecken zurückgelegt hat. Der ganze Ausflug war eine wohltuende Abwechslung nach meinem bisherigen Galeerensklaven-Dasein in Hospitälern und zu Haus. Anlässlich eines unkomplizierten Hernia-Eingriffs hatte ich auch den Orthopäden gebeten, mein rechtes Hüftgelenk zu überprüfen. Der Schaden durch Verkrustung und mangelnde Bewegung erforderte eine sofortige Operation und Einsatz eines künstlichen Hüftgelenks. Die OP brachte leider nicht die erwünschte Besserung. In der Reha stellte man bei der Aufnahme MRSA und einen Harnstein fest, der dann sofort endoskopisch beseitigt wurde. MRSA führte dazu, dass ich wieder isoliert wurde. Training fand kaum statt. Ich hätte gern schwimmen gelernt, das war mein Lieblingssport. Situationsbedingt ging das natürlich nicht. Zu Hause gelang es meiner Frau, Handwerker zu finden, die während meiner Abwesenheit den alten Spannteppichboden beseitigten und neuen pflegeleichten Vinylboden verlegten.

Trotz aller Komplikationen denke ich einen Weg zu finden, der es mir erlaubt, mich wieder unter die Menschen zu mischen und lange Reisen machen zu können. Es ist nicht nur eine Frage des Willens und des Geldes, sondern der Fortschritt der Wissenschaft, der das vielleicht möglich macht. Der US-amerikanische Präsident Franklin D. Roosevelt, der einmalig in der amerikanischen Geschichte in vier Legislaturperioden regiert hat, verbrachte den größten Teil seines Lebens im Rollstuhl. Er verfügte zugegebenerweise über alle Ressourcen, die es ihm ermöglichten, diese wichtige Position in der Politik zu bekleiden.

Ich habe viele Menschen kennengelernt, in deren Leben ich eingegriffen habe oder die mich beeinflusst haben. Andere waren oder sind gute Freunde und Bekannte. Die meisten habe ich nicht erwähnt, denn es würde den Rahmen dieses Buches sprengen. Ich weiß nicht, wie lange es mir noch vergönnt ist, mit meinen Beeinträchtigungen zu leben. Vielleicht gelingt es mir wieder einmal, ein Buch mit Satiren zu schreiben oder einen Abenteuerroman. Wer weiß? Leider sehe ich mit Bedauern, dass immer weniger Menschen ein Buch zur Hand nehmen und sich stattdessen mit den Medien beschäftigen. Das Buch gibt einem Zeit zum Denken, die Medien vermögen das nicht.

Den Lesern danke ich für die Lektüre dieser Story und würde mich sehr darüber freuen wenn sie auch meine andere Story und meine Satiren und Reportagen lesen würden.

Vielen Dank!
Der Autor: Jean-Christian de Mons
Frühjahr 2024

Vom Autor Jean-Christian de Mons wurden weiterhin folgende Titel publiziert:

DIE FLUCHT ... Kindheitserinnerungen 1944-55, ISBN 9783749437900

EIIN PAPAGEI TRIFFT JESUS ISBN 9783748106982

ESTHÉTIQUE ... Proportio Divina ISBN 9783749437894

ON THE RUN ...Childhood memories 1944-55 ISBN 9783752874785